全国高校古委会项目 “新出唐—清买地券整理与研究” （1710） 成果

西南大学中央高校基本科研业务费项目 （SWU1809013） “巴蜀地区出土买地券整理与研究” 成果

出土文献综合研究专刊之十五

# 新见魏晋至元买地券整理与研究

李明晓——著

人民出版社

责任编辑：车金凤

**图书在版编目（CIP）数据**

新见魏晋至元买地券整理与研究 / 李明晓著．—北京：人民出版社，2020.4

ISBN 978－7－01－021986－8

Ⅰ．①新…　Ⅱ．①李…　Ⅲ．①葬俗—研究—中国—魏晋南北朝时代—元代

Ⅳ．① K892.22

中国版本图书馆 CIP 数据核字（2020）第 050126 号

**新见魏晋至元买地券整理与研究**

XIN JIAN WEIJIN ZHI YUAN MAIDIQUAN ZHENGLI YU YANJIU

李明晓　著

人民出版社 出版发行

（100706　北京市东城区隆福寺街 99 号）

环球（东方）北京印务有限公司印刷　新华书店经销

2020 年 4 月第 1 版　2020 年 4 月北京第 1 次印刷

开本：710 毫米 ×1000 毫米　1/16　印张：21

字数：335 千字

ISBN 978－7－01－021986－8　定价：78.00 元

邮购地址 100706　北京市东城区隆福寺街 99 号

人民东方图书销售中心　电话（010）65250042　65289539

# 目录

# 绪论

买地券是中国古代以地契形式放置于墓葬中的一种迷信随葬品，又称“地券”“地莂”“墓莂”“墓券”“墓契”“阴契”“幽契”“幽券”“券式”“阳券”“坟地契”“买地契”“买墓地券”等①。其中地券之名最早见于唐朝后期，它的出现，是买地券制进入自觉时期的标志②。根据买地券的内容，可分为两大类：一类为摹仿真正的土地契约；另一类则加入了镇墓解谪的文字，成为纯迷信用品。真正的买地券在东汉时期出现，一直延续至今。

目前出土的东汉至清买地券，除了黑龙江、吉林、西藏三省区外，其他各地均有公布。另外，韩国、日本也曾出土买地券。就目前而言，以四川（尤其是成都）、江西两省出土的买地券最多，当然这与此两地公布的买地券材料最多有着紧密的关系。

自清末始，部分学者开始致力于买地券的著录与考释。近百年来，关于中国历代买地券的整理成果可以分作以下三类③：

1. 综合整理。代表性成果有罗振玉（1918），[日]池田温（1981），陈槃（1981），黄景春（2004），张勋燎、白彬《中国道教考古》（2006），张传玺（2014），鲁西奇（2014），黄景春（2018）。

---

① 台湾有些地区在庙宇或民宅中将买地砖契埋入土中以宣告土地所有权的习俗，即阴阳券。具体可见叶钧培《金门碑铭石刻调查与研究》，福建师范大学博士学位论文，2015 年，第 151 页。福建厦门出土清咸丰七年（1857）石氏买宅砖券，亦是民宅地券，与一般墓葬地券不同，参见何丙仲、吴鹤立：《厦门墓志铭汇粹》，厦门大学出版社 2011 年版，第 290 页。

② 张传玺：《买地券用名的历史考察》，载北京大学历史学系：《北大史学 12》，北京大学出版社 2007 年版，第 25—36 页；另见张传玺：《契约史买地券研究》，中华书局 2008 年版，第 230—241 页。

③ 为行文简洁，本书引用前修时贤之说时，均不加敬称，祈敬谅解。研究综述中所引论著仅出作者、时间，具体论著信息见本书所附主要参考文献。

其中,《地券征存》是发轫之作,《中国古代买地券研究》《中国宗教性随葬文书研究》则是集大成之作。

2. 断代整理。代表性成果有石英(2007),高朋(2009, 2011),祝庆(2015),贾小军、武鑫(2017),李春圆(2018)。

3. 分域整理。代表性成果有刘雨茂、荣远大(2012),刘丽飞(2015),李桥(2016),荆菁(2016),员鑫(2017)。

关于中国历代买地券的研究成果可以分为四类。

1. 对买地券进行辨伪并探讨其性质。主要成果有方诗铭(1973),李寿冈(1978),方诗铭(1979),吴天颖(1982),袁祖亮(1984),张传玺(2008)。引起争议的主要是未经科学发掘的收藏品,传世西汉买地券皆可证其伪。

2. 关于买地券著录与研究的综述性成果,聚焦于东汉至南北朝买地券,主要有吕志峰(2003),[日]江优子(2005),黄景春(2007),褚红(2016)。

3. 关于买地券语言文字研究的主要成果,可分三小类:

一是字形分析、字体研究,往往与买地券书法价值相结合。主要有陈锟键(2006),吕志峰(2010),贾晓丽(2015)。

二是文字校补、词语考释。主要有姚美玲(2004),蔡子鹤(2009),陈杏留(2009),蔡子鹤、陈杏留(2009),陈杏留、蔡子鹤(2010),陈杏留(2010),陈杏留(2013),褚红(2016),凌僖、姜同绚(2018)。

三是复音词词义分析。主要有李娟娟(2016),王海平(2016),邵海欢(2016)。

4. 是关于买地券专题研究,主要涉及:

一是买地券的名称、类型、格式、特点;二是买地券的民间习俗、仪式及其宗教观念;三是买地券反映的经济社会问题;四是买地券反映的法律意识;五是买地券涉及的地名沿革等。

综上,百年来对东汉到清买地券的整理与研究以 20 世纪 90 年代为界,此前主要以买地券著录与考释为主,间有辨伪。20 世纪 90 年代至今,学者则在买地券释文整理的基础上进行多元化研究,本体研究主要是买地券的格式、功能、类别、特点与分期以及其反映的词语构成,应用研究则是分析其反映的经济问题(主要是土地买卖)、民间信仰(道教因素)等。

中国历代买地券整理与研究尽管硕果累累,但并不均衡。

从时代来看,东汉至南北朝买地券成果相当丰富,唐、宋、元买地券在 2000

年以后逐渐受到重视，而明清、民国买地券研究力度还很不充分。

从地域来看，四川、江西买地券整理成果相对丰富，其他散见成果亦主要是南方地区出土材料的刊布，涉及北方出土买地券的成果集中于河南、山西、甘肃三省。

从研究内容来看，买地券的宗教观念与语言文字研究成果较多，买地券与告地书、镇墓文、衣物疏等其他丧葬文书、墓志、契约文书等之间的关系则关注较少，中国古代买地券与韩国、日本出土买地券间的对比考察尚未展开，买地券的形制、材质、额题、书写形式等外在形式更容易被忽视。

因此，买地券文本的整理和字词的考释工作还有待加强；买地券的内容格式断代与分域研究要进行细化，尤其是结合外在形式综合分析；买地券与其他相关材料之间的关系亦要加强综合考察。

# 研究篇

# 第一章
# 中国古代买地券的外在形式

买地券的外在形式主要指材质(书写材料)、形制、地域分布、书写方式(包括书体、书写方向)、额题等,与之相对的是内容格式(类型)、历时演变及其所反映的语言文字、宗教思想、丧葬习俗、法律意识、民间信仰等。本章主要探讨买地券的材质、形制、书写形式与额题等外在形式。

## 第一节 中国古代买地券的材质与形制

目前已经公布的东汉买地券有20件(排除了疑伪买地券,下同),从材质看,铅券11种(占1/2左右),砖券5种,铁券2种,玉券、锡券各1种①(具体可参见表1-1)。

**表1-1 东汉买地券出土一览表**

| 序号 | 券名 | 时代 | 出土信息 | | 材质 | 形制 | 墓主身份 | 资料来源 |
|---|---|---|---|---|---|---|---|---|
| 1 | 姚孝经买地券 | 永平十六年(73) | 1990 | 河南偃师 | 砖 | 正方形 | | 《考古》1992年第3期,227—231页 |

① 1955年秋,河南陕县(今河南三门峡陕州区)出土东汉买地铁券2件(M107:1,M120:6),长条形薄板状,表面锈蚀已无字迹(图版贰陆,14)。具体见黄河水库考古工作队:《河南陕县刘家渠汉墓》,《考古学报》1965年第1期,第107—197页。1989年,陕西安康市汉滨区出土东汉买地券1件,锡制,长条形,朱书,漫漶不识。具体见王晓洁:《陕西安康出土的墓葑》,《安康文化》2009年第4期,第37—39页。

续表

| 序号 | 券名 | 时代 | 出土信息 | | 材质 | 形制 | 墓主身份 | 资料来源 |
|---|---|---|---|---|---|---|---|---|
| 2 | 刘元台买地券 | 熹平五年（176） | 1975 | 江苏扬州 | 砖 | 七角柱形 | 宗亲 | 《文物》1980年第6期，57—58页 |
| 3 | 刘公买地券 | 光和五年（182） | 1954 | 河北望都 | 砖 | 长方形 | 太原太守 | 《望都二号汉墓》，13页 |
| 4 | 甄谦买地券 | 光和五年（182） | 1957 | 河北无极 | 砖 | 长方形 | 茂陵令 | 《文物》1959年第1期，44—46页 |
| 5 | 龙桃杖买地券 | 建安二十四年（219） | 2007 | 江苏南京 | 砖 | 六角柱形 | | 《考古》2009年第1期，38—44页 |
| 6 | 武孟子男靡婴买地券 | 建初六年（81） | 1892 | 山西忻州 | 玉 | 长方形 | 子男 | 《陶斋藏石记》卷一，9—11页 |
| 7 | 钟仲游妻买地券 | 延熹四年（161） | | 河南孟津 | 铅 | 长条状 | | 《贞松堂集古遗文》卷十五，31—32页 |
| 8 | 王未卿买地券 | 建宁二年（169） | | 河南洛阳 | 铅 | 长条状 | 男子 | 《贞松堂集古遗文》卷十五，26—28页 |
| 9 | 孙成买地券 | 建宁四年（171） | | 河南洛阳 | 铅 | 长条状 | 左骏廄官大奴 | 《蒿里遗珍考释》，1—2页 |
| 10 | 李叔雅买地券 | 光和元年（178） | 2008 | 河南巩义 | 铅 | 长条状 | 男子 | 《华夏考古》2014年第1期，100—102页 |
| 11 | 曹仲成买地券 | 光和元年（178） | | 陕西西安 | 铅 | 长条状 | | 《书道全集》卷三，15页 |
| 12 | 王当买地券 | 光和二年（179） | 1975 | 河南洛阳 | 铅 | 长条状 | 青骨死人① | 《文物》1980年第6期，52—55页 |
| 13 | 戴子起买地券 | 光和六年（183） | 1970 | 安徽亳县 | 铅 | 长条状 | | 《文物研究》第3期，253—258页 |
| 14 | 樊利家买地券 | 光和七年（184） | | 河南洛阳 | 铅 | 长条状 | 男子 | 《贞松堂集古遗文》卷十五，27—29页 |
| 15 | 房桃枝买地券 | 中平五年（188） | | 河南洛阳 | 铅 | 长条状 | 大女 | 《贞松堂集古遗文》卷十五，29—30页 |
| 16 | □□卿买地券 | 中平五年（188） | | 河南洛阳 | 铅 | 长条状 | 男子 | 《中原文物》2010年第3期，74—79页 |
| 17 | 孟叔买地券 | □平□年 | | 河南洛阳 | 铅 | 长条状 | 男子 | 《芒洛冢墓遗文》四编《补遗》，1页 |

① 青骨死人本指长有白色骨头的死者，就是“尸解人”，即通过修炼获得仙道而又以死示人的人。“青骨死人”一词是在尸解观念流行的社会氛围中出现的术语。详见黄景春《中国宗教性随葬文书研究》，上海人民出版社2018年版，第124—130页。

续表

| 序号 | 券名 | 时代 | 出土信息 | | 材质 | 形制 | 墓主身份 | 资料来源 |
|---|---|---|---|---|---|---|---|---|
| 18 | 东汉买地券（2件） | | 1955 | 河南陕县 | 铁 | 长条形 | | 《考古学报》1965年第1期，107—197页 |
| 19 | 东汉买地券 | | 1989 | 陕西安康 | 锡 | 长条形 | | 《安康文化》2009年第4期，37—39页 |

说明：表中买地券按材质排列，同一材质的按时间先后排列。

从上表可见，东汉买地券材质以铅为主，加上铁质与锡质的，金属材料制作的东汉买地券中全是简策状，占三分之二。由于买地券是源自模仿现实生活中土地契约的丧葬文书①，因此也多模仿简策的形制，刻在长条形的铅版上。

至于为什么东汉买地券材质以铅为主，曾有多位学者从不同角度进行了分析。

方诗铭（1979）认为："事实上，今天所发现的历代'地券'（包括'镇墓券'），有玉、陶、石、铁以至木质，不完全是用铅。至于为什么用铅？可能是这样的：《周礼·秋官·司约》说：'凡大约剂书于宗彝，少约剂书于丹图。'郑玄注：'今俗语有铁券丹书，岂此旧典之遗言？'说明东汉末年有'铁券丹书'的俗语。《王未卿买地券》云：'即日丹书铁券为约。'罗振玉说：'券上涂朱，殆即券文所谓丹书也。'（《贞松堂集古遗文》卷一五，引者按）更说明'丹书铁券'不但是俗语，而且是当时买卖文书的一种形式。从《王未卿买地券》来看，铅券涂朱，应即当时的'铁券丹书'，是现实生活中土地买卖文书的一种形式。"②

吴天颖（1982）不同意上述方先生的看法，他认为："总而言之，在历史上和逻辑上，所谓'实在的土地买卖文书'随葬入墓的说法，与缔结这类契约的主旨根本对立，是不能自圆其说的。""铅之用作明器，虽始于周代，但为数不多。汉代铅器如此广泛地用于随葬，特别是东汉的镇墓铅人和买地铅券与日俱增，可能与当时盛行的'黄白之术'及对铅的崇拜密切相关。……汉代买地券和镇墓器

① 鲁西奇根据买地券（冥契）与现世实用契约同置于坟墓的现象，指出二者在起源上很可能存在着相关性，或者说可能是同源的。参见鲁西奇：《中国古代买地券研究》，厦门大学出版社2014年版，第76-77页。此处暂采学者通用说法。

② 方诗铭：《再论"地券"的鉴别——答李寿冈先生》，《文物》1979年第8期，第85页。李寿冈（1978：79—80）此前已经指出买地券并不是人间的土地买卖契约，是用来墓葬，以瓦石或金属做成，价值和证人都是出于虚拟的。见李寿冈：《也谈"地券"的鉴别》，《文物》1978年第7期，第79—80页。

文的作者，往往又与操‘黄白之术’的方士、巫、道们有密切联系，甚或就是一身而二任。因之，他们以铅质买地券作为向冥府‘购买’冢地的凭证，在镇墓文中把‘铅人’与‘金玉’相提并论，就是合乎事理的了。”① 此说指出道家炼丹术对丧葬习俗的深刻影响。

张勋燎（2006）则认为铁券是券版型解注器（即买地券）中一种主要的器型，铅券实际上只不过是铁券的代用品罢了。可惜铁质易于锈蚀，出土铁券文字无一存者，仅略见朱迹而已②。

实际上买地券券文中对地券的称呼与实际埋入坟墓中的地券材质不会完全等同。南京出土西晋太康六年（285）王母买地券，本是铅券，但券文中却称作“铜券为□”，应该是类似的现象。其他如东汉延熹四年（161）钟仲游妻买地铅券、东汉光和五年（182）刘公买地砖券、东汉光和六年（183）戴子起买地铅券均有“尺六桃券”的套语，均是买地券内容格式化的见证。

铁券，俗称“丹书铁券”，一般是指帝王赏赐给勋臣、重臣的一种带有盟约性质的文书，因镌刻在铁制器物之上，故称之为铁券。最初用朱砂填涂，后用黄金、白银镶嵌。其内容主要是著录受赐者的显赫功勋，颂其美德，赐予某种特权③。故而王未卿买地铅券中的“即日丹书铁卷（券）”也不过是一种套语而已。刘宋元嘉九年（432）王佛女买地砖券有“有丹书铁券，事事分明”，广东佛山高明区出土清康熙十一年（1672）罗荣榜、陈氏买地陶券，上有“铁券付慕雨罗公、陈氏安人”亦是相同的用法。

华人德（1994，2008）则指出：“东汉，常用的书写载体是竹木简牍，当时虽已有纸，但质地粗糙，使用未普遍，故东汉的买地券以及形似买地券的镇墓券均为长条形作简牍状，并且以铅制的为多，大概因铅的熔点低，易制作，颜色黑，质地软，又适宜于用朱色书写和镌刻。④ 王宏理（2016）亦持相似看法：“以材料本身而言，金石之寿最为长久，石材经济但金属最为考究。金属之中，铜贵重而铁坚硬，铅材则质软易于镌刻。”⑤ 以上两种说法指出铅的质地软，易于刻写，但这不是当时买地券多使用铅质的主要原因。

---

① 吴天颖：《汉代买地券考》，《考古学报》1982 年第 1 期，第 25、32—33 页。

② 张勋燎、白彬：《中国道教考古》第一卷，线装书局 2006 年版，第 193 页。

③ 洪海安：《唐代铁券相关问题研究》，陕西师范大学博士学位论文，2010 年，第 9—23 页。

④ 华人德：《谈买地券》，《中国书法》1994 年第 1 期，第 34 页；另见《华人德书学文集》，荣宝斋出版社 2008 年版，第 192 页。

⑤ 王宏理：《中国金石学史》（上），华东师范大学出版社 2016 年版，第 460 页。

韩姣姣（2013）曾就东汉买地券书写材料主要是铅这一现象做出较为全面的总结，她指出："买地券虽然是作为一种明器给死者随葬的，但是，在当事人看来，这应该是同地上契约同样具有一定法律效力的，是作为死者阴宅土地的证明，使得死者在阴间能够有所凭恃的。所以，在他们看来，这种契约同样也是神圣不可侵犯的，故土地所有者也就是当事人特别重视这份契约。为了保护其在阴间的土地所有权不被侵犯，他们将这类契约写在铅、砖、玉等坚硬的材质上面，而不是写在竹简、丝帛上面，以便于长久使用、保存及流传下来。""而铅这种材质又为何在这一时期买地券中被广泛运用呢？首先是铅本身的特点，熔点低，颜色黑，质地软，易制作，便于朱色书刻。""另外，在秦汉以来追求长生不老，黄白之术盛行的大时代背景下，铅的地位可以说是超然的。"①不过此说中认为铅"坚硬的材质"与"质地软"自相矛盾。

总的说来，东汉买地券材质以铅为主，主要是因为当时道家盛行的"黄白之术"及对铅的崇拜。

东汉建初六年（81）武孟子男靡婴买地券是玉版，而玉版是非常珍贵的文字物质载体。乌廷玉（1987）指出："这种契约，实际是一种法律手续，具有神圣不可侵犯性质。为了保护土地所有权，土地所有者特别珍视这种契约，将契约刻在砖、石、玉、铁、铅的上面，而不写在竹帛之中。……汉朝土地买卖契约使用'如律令'一语，说明当时的土地私有权，已经得到国家法律的确认。"②韩姣姣（2013）指出："玉价值珍贵，使用玉作为买地券书写材料，也体现了对契约、尤其是对土地的重视。"③王宏理（2016）认为："书于玉版，也应是郑重其事的手段。"④需要指出的是，虽然武孟子男靡婴买地券向来被认为是最真实的土地买卖文书，甚至吴天颖（1982）也认为："建初买地玉券尚未掺入任何迷信色彩，它比后述五件铅券更接近实在的土地买卖文书。"⑤然而此券内容中对所买马氏田、朱氏田的数量并未提及，与实用买地契约迥异⑥。因此，武孟子男靡婴买地券是接近现实契约的丧葬文书，之所以用玉版，最可能体现出的是亡人武孟子男靡婴家人之观念及信仰，与亡人身份没有必然联系，而与家境条件有着一定的关系。

---

① 韩姣姣：《东汉买地券研究》，山西大学硕士学位论文，2013年，第6—9页。

② 乌廷玉：《中国历代土地制度史纲》上册，吉林大学出版社1987年版，第85页。

③ 韩姣姣：《东汉买地券研究》，山西大学硕士学位论文，2013年，第10页。

④ 王宏理：《中国金石学史》（上），华东师范大学出版社2016年版，第461页。

⑤ 吴天颖：《汉代买地券考》，《考古学报》1982年第1期，第25页。

⑥ 具体论述可参见鲁西奇：《中国古代买地券研究》，厦门大学出版社2014年版，第25页。

东汉砖质买地券有5种，其中方形（正方形或长方形）3种，六角或七角柱各1种。东汉永平十六年（73）姚孝经买地券、光和五年（182）刘公买地券、光和五年（182）甄谦买地券是方形，此应是受碑刻形状的影响。一般说来，相对铅、玉券等，砖（陶）券具有取用便捷、成本低廉的优点。但韩姣姣（2013）指出："随便取用砖质作为材料与前面大费周章使用铅是否矛盾呢，这点应该还是应取决于当时民众个人差异以及对取用材料的观念差异。其中，关于砖质地券是否受重视的特殊性，便可从刘元台砖券中所使用的特殊七角形柱体得知。……所以，可以简单判定，能够随葬买地券作为陪葬品的死者身份，应该至少是平民中的富庶人家。……与买地券使用书写材料相关最大的还应该是地券主人观念及信仰等，与买地券主人的身份应该是没有必然联系的。"① 此说最有利的证据是东汉买地券中身份最尊贵的四位中，大奴孙成使用铅券，而宗亲刘元台、太原太守刘公、茂陵令甄谦均使用砖券。其余大部分身份与王当较为接近，为平民中的富庶者或庶族地主、低级官吏。不过，魏晋南北朝以后，在政局稳定时期，身份尊重者的地券内容相对繁富。

东汉熹平五年（176）刘元台买地砖券是七角柱形，建安二十四年（219）龙桃杖买地砖券是六角柱形，此二方买地券内是中空圆形，均出现于东汉晚期。蒋华（1980）曾就刘元台买地券（图1—1）指出："这件地券的形制，与玉琮的形义近似。至于少去一角，可能是由于地券本身即是'八方象地'中的一方。至于中空圆形，乃是'通于天地'的意思。"② 吴大澂（1889）曾指出："《周礼·大宗伯》'以黄琮礼地'，注'琮八方，象地'。今琮皆四方而刻文，每面分而为二，皆左右并列，与八方之说相合。"③ 因此，蒋华认为刘元台买地券形制受到玉琮的影响是可信的，但认为地券本身即是"八方象地"中的一方的说法则可疑。因为龙桃杖买地券是六角柱形，何况玉琮的形制不仅有八角，也有六角等其他形状。由此看来，刘元台买地券、龙桃杖买地券虽然是砖质，但形状特别，制作工艺复杂，成本相对昂贵，非一般平民家庭所能承受。

图1—1　东汉熹平五年（176）刘元台买地券

另外，需要指出的是，目前

① 韩姣姣：《东汉买地券研究》，山西大学硕士学位论文，2013年，第9、11页。

② 蒋华：《扬州甘泉山出土东汉刘元台买地砖券》，《文物》1980年第6期，第58页。

③ （清）吴大澂《古玉图考》，浙江人民美术出版社2013年版，第132页。

出土的东汉买地券多见于北方地区，主要是河南、河北、陕西、山西，尤其是河南出土12件，占60%。而南方地区仅江苏2种，安徽1种。当然今后其他地区也有可能会陆续出土东汉买地券，但从某种程度上说明当时买地券使用地区可能集中于北方地区。另外，就东汉前期买地券仅有永平十六年（73）姚孝经买地券、建初六年（81）武孟子男靡婴买地券2件，其内容格式更接近真实土地买卖契约。①浙江会稽出土东汉章帝建初元年（76）《大吉买山地记》摩崖刻石有"昆弟六人，共买山地。建初元年，造此冢地，直三万钱"。②从中可以推测，兼有买地与镇墓功能为一体的买地券是后起的，很可能受到镇墓文的影响。

目前已知的魏晋买地券共有42种（见表1–2）③，其中18种是金属材质（包括铅质15种，锡、铅锡合铸、铜锡合铸各1种），除了1959年湖北丹江口市出土西晋买地铅券近长方形④，其他全是简策状。木质买地券4方（甘肃3方、安徽1方），全是木牍。砖（陶）质16方，仅有浙江出土西晋太康三年（282）黄仕买地券是简策状，其他15方均是方形。石质4种，均是方形。铅、铁、锡等金属材料的买地券都是浇铸而成；石质亦经过加工打磨光滑；砖质买地券一种系用长条形特制砖入窑烧造，另一种则用一般墓砖刻写。

而南北朝买地券共有34方，除了内蒙古师范大学藏北魏铜质买地券因尚未公布而形制不明，砖（陶）质与石质买地券各占约一半，均是方形。由此可见，南北朝时期以后，买地券的外在形状多已固定作方形。

魏晋南北朝买地券主要分布在南方地区，北方有内蒙古、甘肃、陕西、河北、河南、山西，南方则有江苏、江西、浙江、安徽、湖北、湖南、贵州、广东、广西，仅江苏一省就出土23方，约占30%。从买地券的数量及地域分布看，这一时期南方买地券的数量与材质更为丰富。还需要指出的是，广西出土的9方买地券全是石质，或许也是买地券材质的地域性体现。张勋燎、白彬（2006）曾指出："东吴、西晋时期流行铅券和砖券；西晋以后铅券完全消失不见，盛行的是砖券和

---

① 重庆江北出土西汉宣帝地节二年（公元前68年）石刻《扬（杨）量买山地记》有"地节二年□月，巴州民扬量买山，直（值）钱千百，作业冢，子孙永保，其毋替。"这是目前所见最早的买地石券，虽然不是完全意义上的契约，与作为丧葬文书的买地券也不同，但这一类纪产刻石已然宣告主人对墓地的所有权。当然，此石刻真伪还有待进一步考证。

② 毛远明：《汉魏六朝碑刻校注》第一册，线装书局2008年版，第48—49页。

③ 另有河南洛阳出土晋代买地券，材质、形制及内容均未公布，故不在统计之列。

④ 中国社会科学院考古研究所长江工作队：《鄂西北地区三座古墓》，《考古》1990年第8期，第702、712—716页。

石券。砖券地域分布范围最为广泛，除广西、安徽以外的其他6省（区）都有发现和出土；石券主要分布于两广地区；铅券集中分布在江苏，而锡券和铅（铜）锡合金券仅在安徽、江苏有零星发现。"[①] 就目前公布的魏晋南北朝买地券材料看，上说大多可信。当然，陕西安康出土东晋隆和元年（362）锡康买地铅券[②]，说明铅券在东晋时期还偶有使用。石质买地券除了集中分布在广西外，广东、贵州、江苏、浙江、湖南、河南、山西都有零星分布。

**表 1-2　魏晋南北朝买地券分布表**

| 省份 | 时代 | |
|---|---|---|
| | 魏晋 | 南北朝 |
| 河南 | | 2（石 1、砖 1） |
| 河北 | 铅 1 | 砖 1 |
| 山西 | | 3（石 2、砖 1） |
| 陕西 | 3（砖 2、铅 1） | |
| 甘肃 | 木 3 | 砖 1 |
| 江苏 | 18（砖 10、铅 7、铜锡合金 1） | 5（砖 4、石 1） |
| 浙江 | 3（石 1、砖 2） | |
| 江西 | 4（砖 2、石 2） | |
| 安徽 | 3（锡 1、铅锡合铸 1、木板 1） | |
| 湖南 | | 4（砖 3、石 1） |
| 湖北 | 铅 6 | 砖 4 |
| 贵州 | 石 1 | |
| 广东 | | 4（石 2、砖 2） |
| 广西 | | 石 9 |
| 内蒙古 | | 铜 1 |
| 总计 | 42（砖 16、石 4、铅 15、木 4、铜锡合金 1、铅锡合铸 1） | 34（石 16、砖 17、铜 1） |

现已可知的27种隋唐买地券中，除了10方材制不明外，其他17方中有砖（陶）质9种，石质4方，铁质、木质、纸质各2方，陶罐1方（表1-3）。除了广东出土唐天宝六年（747）陈聪慜及其妻何氏买地券，是阴刻在陶罐之上，因此其形状受载体限制而呈不规则状，其他均是方形（含碑形）。其中，新疆出土唐至

① 张勋燎、白彬：《中国道教考古》第一卷，线装书局2006年版，第878—879页。
② 王晓洁：《陕西安康出土的墓葪》，《安康文化》2009年第4期，第37—39页。

德二年（757）张公买阴宅地契、大历四年（769）张无价买阴宅地契书于纸上，均属吐鲁番文书；而江西南昌出土唐大顺元年（890）熊氏十七娘买地券、江苏扬州出土唐天祐十五年（918）谢府君买地券是木板。需要特别指出的是，福建漳州出土唐咸通二年（861）王楚中买地砖券，碑首两边各截去一角，即抹角长方形。这标志着买地券的形制发生了细微变化，不再是严格意义的方形。

**表 1–3　隋唐、五代买地券分布表**

| 时代 | 省份 | 数量 | 材质 |
| --- | --- | --- | --- |
| 隋 | 河南 | 1 | 铁 |
| | 湖北 | 2 | 不明 |
| | 湖南 | 1 | 陶 |
| | 江苏 | 1 | 不明 |
| 唐 | 北京 | 2 | 砖 |
| | 河北 | 4 | 不明 |
| | 河南 | 1 | 陶 |
| | 山东 | 1 | 砖 |
| 唐 | 新疆 | 2 | 纸 |
| | 甘肃 | 1 | 铁 |
| | 江苏 | 2 | 砖 1、木 1 |
| | 江西 | 3 | 石 2、木 1 |
| | 浙江 | 1 | 砖 |
| | 福建 | 2 | 砖（陶） |
| | 广东 | 1 | 陶罐 |
| | 四川 | 2 | 石 |
| 五代 | 甘肃 | 2 | 石（后晋 1、后周 1） |
| | 江苏 | 4 | 木 3（南唐）、石 1（吴） |
| | 安徽 | 7 | 木 6（吴 3、南唐 3）、石 1（后梁） |
| | 浙江 | 1 | 石（后晋） |
| | 江西 | 1 | 石（南唐） |
| | 湖北 | 3 | 木（吴）2、陶 1 |
| | 四川 | 16 | 石（后唐 1、后蜀 15） |
| | 福建 | 4 | 砖（陶）3（南唐 1、闽国 1、五代 1）、石 1（后周） |
| | 广东 | 7 | 石（南汉） |

说明：1. 表中“不明”指原报告未标明买地券材质，下同。2. 砖券与陶券实质相同。

目前可知的45种五代买地券中有石、木、砖(陶)三种书写材料,多是方形。其中石质有30方,木质有11方,砖(陶)质有4方。砖(陶)质买地券均是方形。石质买地券多是方形(长方、正方、碑形),而安徽出土后梁龙德二年(922)郝璘买地券阴刻在红石上,呈梯形。四川出土的唐、五代买地券均为石质,这可能与当地多山的环境有着密切的关系,方便就地取材。湖北武汉出土五代吴武义元年(919)随氏娘子买地券、湖北武汉出土吴乾贞二年(928)王府君买地券、安徽合肥出土吴大和三年(931)李赞买地券、安徽合肥出土吴大和六年(934)汲府君买地券、安徽合肥出土吴天祚三年(937)赵氏娘子买地券、江苏扬州出土南唐升元元年(937)田氏买地券、江苏扬州出土南唐升元二年(938)陈尊买地券、安徽合肥出土南唐保大三年(945)佚名买地券、安徽合肥出土南唐保大四年(946)汤氏县君买地券、安徽合肥出土南唐保大十年(952)陈氏十一娘买地券、安徽合肥出土南唐保大十一年(953)姜氏妹婆买地券、江苏扬州出土南唐保大十二年(954)孙氏买地券均书于方形木板之上。值得注意的是,当前公布的5种五代吴国买地券均为木质,且在湖北、安徽境内出土。而9种南唐买地券中,木质的亦有7种,出土于江苏、安徽境内,应是杨吴葬俗的延续①。由上可见,木质买地券集中出现在江南地区应该是地域性的体现②。

目前发现最早的买地木券是甘肃省出土的三方十六国买地券。1998年4月,甘肃省张掖市高台县骆驼城遗址东南墓葬出土前凉建兴二十四年(336)周振、孙阿惠买地木牍③。甘肃省张掖市高台县骆驼城遗址周围古墓出土前凉建兴二十四年(336)三月廿八日佚名买地木牍,出土时间不详。④ 2001年1月,甘肃省张掖市高台县骆驼城遗址前秦墓葬出土前秦建元十八年(382)高俟买地木牍。⑤ 以上三方买地券格式带有鲜明的地域特色,如详细记录随葬物品,"金银钱财,五谷粮食,荔子黄远,牛羊车马,猪狗鸡雏,楼舍帷帐,栝(杯)杅盘案,彩帛

---

① 福建出土南唐保大十年(952)范韬买地砖券是正方形,江西出土南唐保大十二年(954)周氏一娘买地石券是长方形。

② 高朋认为木质买地券在东南和西北地区都有不少的发现,地域特征应该不是十分明显。参见高朋:《人神之契:宋代买地券研究》中国社会科学出版社2011年版,第21页。

③ 曹国新:《骆驼城出土珍贵文物》,《丝绸之路》1999年第3期,第54—55页。

④ [日]町田隆吉:《甘肃省高台县出土魏晋十六国汉语文书编年》,中共高台县委、高台县人民政府、甘肃敦煌学学会、敦煌研究院文献所、河西学院编:《高台魏晋墓与河西历史文化研究》,甘肃教育出版社2012年版,第155—167页。

⑤ 赵雪野、赵万钧:《甘肃高台魏晋墓券及所涉及的神祇和卜宅图》,《考古与文物》2008年第1期,第85—90页。

脂粉”。应该说，这种格式的买地券与战国遣策有相似之处，而遣策一般是竹木质[①]。值得注意的是，甘肃出土宋元时期西夏乾祐十六年（1185）曹铁驴买地券、西夏乾祐二十三年（1192）窦依凡买地券、元至元二十六年（1289）蒲法先买地券，均为木质，可以说是西北十六国买地券的遗风，当然也与当地气候干燥，利于保存有着密切的关系。

池田温就注意到木质买地券在江南地区比较集中，但不能确定此种现象是地域性还是偶然性[②]。鲁西奇亦指出长江中下游类型的买地券最显著的特点是其所使用的材料均为木质，即墨书写于木板之上（木板之形状、大小亦相差不大；券文多为自左至右书写）[③]。可以说，江南地区唐五代时期买地券中多木质，这种现象应该不是偶然性。

李桥认为木质“在制作成本上低于石质，在古代以木质为地券者，笔者推测不在少数。但可能因木质易朽，又埋于地下，故在出土数量上，仍无法与石质买地券相提并论。……值得注意的是，宋代官修的《地理新书》明确要求用铁为地券，但是宋代出土买地券中，用铁为地券的确实寥寥无几。……因地制宜是古人选择地券材质的重要因素。江西地区多山，石料资源丰富，居民采用石质买地券取材方便，成本低廉，由此可见在江西地区少见铁券也就属正常”。[④]此说点出了选择买地券材质的重要因素之一是因地制宜。南吴、南唐多使用木质买地券，制作成本可能是首要考虑的因素。南方树木易寻，且木质制作便利。不利因素是当地多雨，不利于保存。但就江西地区而言，石质、木质买地券均多见，且石质远远多于木质买地券，故因地制宜并不是决定性因素。

目前尚未发现十六国至唐中期五百年间使用的木质买地券，而且使用地域也从西北转到江南。出现这种现象，原因不仅仅是木质不容易保存这么简单，因为此二地都曾出土过汉简。汪炜、赵生泉、史瑞英（2005：66）曾推测安徽合

---

① 吴天颖曾指出买地券的原始形态，似可追溯到西汉初期墓中所出的“簿土”。见吴天颖：《汉代买地券考》，《考古学报》1982 年第 1 期，第 29 页。鲁西奇则在此基础上进一步指出：“买地券与镇墓文之源头，至少可上溯至西汉前期墓葬所出之告地策；告地策、镇墓文、买地券三者之间的功用与性质基本相似，演变之迹也比较清晰；至于三者与战国楚地墓葬出所出遣策（物疏）有无继承关系，则尚不能确定。”见鲁西奇：《汉代买地券的实质、渊源与意义》，《中国史研究》2006 年第 1 期，第 65 页。

② ［日］池田温：《中国历代墓券略考》，《东洋文化研究纪要》第八十六册《东京大学东洋文化研究所创立四十周年纪念论集 I》，东京大学东洋文化研究所 1981 年版，第 203 页。

③ 鲁西奇：《中国古代买地券研究》，厦门大学出版社 2014 年版，第 246—247 页。

④ 李桥：《海棠花馆藏江西新出宋元买地券整理与研究》，河北师范大学硕士学位论文，2016 年，第 1—2 页。

肥出土的买地券“至于形式，则不排除木质，且有在下葬时被焚烧的可能。若此说无误，这种由木到砖的变化，其实是丧葬习俗变迁的某种体现”[①]。但木质买地券被焚烧说不能解释合肥同时还有其他材质买地券使用的现象。因此，战国以来利用木质作为重要书写材料的传统对此地的影响也是不可忽视的因素。而江苏、上海目前出土多方宋、明时期木质买地券，可以说是对吴地买地券传统风格的一种延续。也就是说，买地券的材质使用虽然主要由地券制作者决定，因地制宜、随地取材可能是最主要的因素，但还是具着一定的地域性。

需要指出的是，四川成都大邑出土后蜀广政十八年（955）谯氏买地石券碑首是圭首，券顶刻有花纹。后蜀广政十八年（955）宋琳买地石券碑首是圆首，券顶与两边均刻有花纹，且有石座，座上有莲瓣花纹，成为实际意义上的碑形。福建福州出土后周广顺二年（952）林十七娘买地券为黑色页岩，嵌置在浮刻有双层仰莲的石座上。四川蒲江出土后蜀广政二十五年（962）李才买地券[②]（图1–2），石碑上部为半圆形碑帽，且放置在碑座之上。四川双流出土后蜀广政二十七年（964）徐遐买地券[③]，石碑上部的半圆形碑帽相对碑体要宽厚一些，石碑放置在一雕刻有驮碑石龟的碑座之上。这两通买地券均由碑帽、碑体与碑座三部分组成，标志着买地券形制趋于复杂。

图1–2　后蜀广政二十五年（962）李才买地券

石英（2012）指出：“早期买地券的材质一般为铅锡或铅锡合金，从形状上讲，多类似于秦汉时期的简牍。至两晋南朝时期，随着买地券材质由金属向砖、石的转变，其型制也由细长的简牍型演变为长宽比例增大，近似正方形。从目前掌握的情况看，隋及唐前期的买地券，无论在内容还是材质上，都延续了

① 汪炜、赵生泉、史瑞英：《安徽合肥出土的买地券述略》，《文物春秋》2005年第3期，第61—66页。

② 龙腾、李平：《蒲江发现后蜀李才和北宋魏训买地券》，《四川文物》1990年第2期，第43—45页。

③ 成都文物考古研究所、双流县文物管理所：《成都双流籍田竹林村五代后蜀双室合葬墓》，载《成都考古发现2004》，科学出版社2006年版，第323—363页。

南朝的型制。……到唐末五代时期，又出现了买地券的新型制，即碑型制，另外有的买地券还配有券座。……这种碑制买地券的出现，为后来买地券在内容和型制上趋向于墓志提供了基础。”① 此说大多可信，但碑制买地券的内容与墓志之间还是有很大差异，尽管少数买地券有墓志内容。即便是宋元明清买地券与墓志内容亦有较大差异，主要是墓志多述亡人生平，地券多强调亡人对墓地所有权②。

从材质上来说，隋唐时期买地券以砖为主，五代买地券则以石、木为主。从分布地域看，隋唐时期南北地区较为均衡，而五代时期主要是以南方地区为主。总的说来，唐五代时期，木质买地券主要见于江苏、江西、安徽、湖北四省，而四川则全是石质买地券。石英（2012）指出：“在隋唐五代，石质和木质的买地券渐成流行趋势，而早期的铅质买地券则完全消失不见，取而代之的是木质买地券的兴起和石质买地券的继续流行。……隋唐五代木质买地券的兴起，与当时国家的礼制规定是有密切关系的。”③ 实际上魏晋时期木质买地券已经在甘肃、安徽出现，到五代，木质买地券也主要在江苏、安徽、湖北流行，这不过是对这一地区使用传统的延续而已，与礼制规定没有必然联系。

图 1—3　金泰和元年（1201）刘瑀为父母买地券

目前已经公布的宋（辽、金、西夏）、元买地券，数量约有 600 多种，分布在 24 个省市，非常广泛，南北均衡④。其中，四川、江西、湖北三省约占三分之二。从材质上看，石质、砖（陶）质占 4/5 以上，木质、铁质、瓷质、铜质数量较少。辽宁省辽阳市出土金正隆五年（1160）王兴买地券是灰褐色粗瓷胎，略呈圭形，下端两侧内截，置于酱釉虎形底座内（图 1—3）。而辽阳市出土金泰和元年（1201）刘瑀为父母买地

① 石英：《隋唐五代买地券的若干问题研究》，武汉大学硕士学位论文，2007 年，第 21—23 页。

② 黄景春全面总结买地券与墓志铭在性质、思想观念、制作者、制作材料、文献价值方面的差异，二者异同可参见黄景春：《中国宗教性随葬文书研究》，上海人民出版社 2018 年版，第 86—90 页。

③ 石英：《隋唐五代买地券的若干问题研究》，武汉大学硕士学位论文，2007 年，第 10—11 页。

④ 由于宋至清代买地券出土数量不断增加，目前公布资料可能仅是冰山一角，故不再统计各省市分布表。

券亦是瓷质。河南焦作出土元宪宗蒙哥八年（1258）冯汝楫为曾祖冯三翁买地券，铜质，正面阴刻券文，背有阴刻骑缝“合同契券”四字。

甘肃省天水市张家川县出土北宋熙宁二年（1069）、北宋熙宁三年（1070）王氏阿鉴买地券杜义买地券开始均有“维上用石，下用木，皆真颠倒书，令两头光”。张弛（2019）指出：“安葬亡人时，需要两份买地券，一份在斩草后埋于明堂地心，另一份则在下葬时置于墓中灵柩前。如此我们或可理解‘上用石，下用木’的具体含义，即置于墓中灵柩前的买地券用石（有的用砖），埋于明堂地心付于后土的买地券用木。从目前出土的买地券来看，除了河西地区由于特殊的环境，有木质买地券存留外，国内其他地区很少见到木质买地券。这也正好印证了‘上用石，下用木’的说法，埋设于明堂地心的买地券由于是木质书写，极易腐朽，故后世很难见到，而置于墓中用石或者砖刻写的买地券则基本上全部存留下来。”[①] 实际上，魏晋以来，有些墓葬发现同一亡者使用一式两份、内容近同的砖（石）地券，如江苏南京出土三国吴五凤元年（254）黄甫买地砖券，两方内容几乎完全相同。因此，上述认为明堂地心埋入木券，而墓中埋入砖（石）券的说法恐有误。

宋元买地券的外形以方形（包括碑形）居多，实际上碑形是方形的一种发展形式，主体还是方形。高朋（2009，2011）曾指出：“不过根据买地券的材质与功能，我们认为之所以主要采用方形，一方面可能出于制作方便的考虑，因为不论采用何种材料制作买地券，方形都是最为简单、方便的。另一方面则是由于买地券一般被视为人与神灵之间签订的合同。而这种人神之间的合同在形制上，势必会向人们使用的普通合同学习。而当时民间流行的各种合同，由于基本上都书写在纸上，所以形状大体上也多为方形。因此，大多数的买地券也被做成了方形。除方形之外，比较常见还有碑形买地券，……之所以会出现碑形买地券，主要是因为以下两个原因：一是部分买地券可能出于经济或方便的考虑，书写在墓志背面。代表的有嘉泰四年（1204）周必大地券。而墓志很多都是碑形的。一是少数文化程度不高的买地券的用户和制造者，将买地券和墓志混淆，将买地券直接理解为墓志。江西瑞昌出土的庆元五年（1199）万三十买地券上就额题‘墓致’二字。这些制造者和用户，将买地券按照墓志的方式制成碑形，也并不

① 张弛：《新见陇右买地券辑考》，《陇右文博》2019年第1期，第42页。

令人奇怪。”[①] 此说认为部分买地券可能出于经济或方便的考虑是可信的，但这不是唯一考虑的因素，否则为何既廉价又容易书写的纸质买地券到目前仅发现3方，而且均是在徽州[②]。买地券主要是埋入坟墓，因此能够长久保留肯定是首要考虑的因素，另外要体现家人对亡者的重视亦是因素之一，故石、砖往往成为首选的材料。当然，有些买地券的材质比较昂贵或者制作工艺比较复杂，这应该是出于亡者家人的要求，也体现出亡人身份的尊贵或家庭的富有。

图 1–4　南宋乾道八年（1172）吴氏十一娘买地券

宋元买地券还有板瓦状、不等六边形、圭形、梯形、圆形、八棱柱形、八卦形等，形制可谓丰富。甘肃宁县博物馆藏北宋天圣九年（1031）刘厶买地券，由两部分组成，碑额呈半圆形，下带榫，立于长方形底座之上。而四川出土的宋代买地券中，有 8 方外形比较特殊。曹岳森（1999）指出：“与国内其他地区出土的买地券相较，四川的买地券在各方面均呈现出纷繁多样的特征，显得生动有趣。”[③] 此说可信，四川买地券尽管到唐代才出现，但其形制丰富，书写形式多样，体现出鲜明的地域特色。成都出土南宋乾道八年（1172）吴氏十一娘买地券，泥条盘筑，券身尚留有螺旋形拉坯痕迹，残存形状近圆形，下端因残缺而平直（图 1–4）。乐山井研县出土北宋宣和六年（1124）黄念（廿）四郎买地券石，呈八卦形，券文由圆心向圆周呈环状旋转排列（图 1–5）。绵

图 1–5　北宋宣和六年（1124）黄念（廿）四郎买地券

① 高朋：《人神之契：宋代买地券研究》，中山大学博士学位论文，2009 年，第 17 页。另见高朋：《人神之契：宋代买地券研究》，中国社会科学出版社 2011 年版，第 21—22 页。而王宏理认为南宋庆元五年（1199）万三十买地券中的额题“墓致”，“致”非“志”，而通“质”，契约义，见王宏理：《中国金石学史》（下），华东师范大学出版社 2016 年版，第 905 页。

② 吴秉坤：《新发现的徽州买地券》，《黄山学院学报》2011 年第 6 期，第 1—3 页。吴文指出现存出土的买地券很少有纸质的，其原因除纸质很难保存外，从券三《清代嘉庆十九年歙县张永祥方氏纸质买地券》中的“南昌受炼司焚化契证”一语可以看出，当时的纸质买地券可能是用来焚化的，所以很少留存。目前，在唐代新疆吐鲁番文书中发现两份买地券（当地气候极其干燥，故能长期保存），未见五代、宋纸质买地券，明、清、民国纸质买地券则有少量，由此可推测，纸质买地券数量较少的最主要原因是难以保存。

③ 曹岳森：《四川出土买地券的初步研究》，《四川文物》1999 年第 6 期，第 10 页。

图 1—6　北宋大观二年（1108）邓士言买地券

阳涪城区出土北宋大观二年（1108）邓士言买地券为石质八棱柱形，顺逆相间 8 行（图 1—6）。绵阳北郊平政桥宋墓出土南宋嘉定二年（1209）买地券 4 件，均为石质八棱柱形，八面皆刻有铭文。眉山仁寿县出土南宋宝庆元年（1225）陈氏中娘买地券是石幢，幢为八棱四角攒尖顶，上阴刻券文，顺逆相间 8 行。高朋（2009, 2011）曾指出："八棱柱形地券就可能受到了墓幢的影响。……综上所述，宋代买地券在材质、形状和书写方式这些特性上，有着一定的差别。但是我们基本可以确定这些差别和买地券本身的特性无关，并且也不能确定它们和各个类别买地券之间的联系。在这些方面的一些独特表现，很有可能是其他思想影响的结果，和买地券并无直接的联系。"① 实际上宋代墓券中常见八卦图案，买地券呈八卦形，应是八卦和道教风水堪舆文化相互渗透的直接体现。而八棱柱形买地券则是墓幢影响下的产物。以上两种特殊的形状，体现出道教、佛教对买地券的外形影响。

目前所见明代买地券数量约有 600 多种，其中四川（包括重庆）占了 45% 以上。材质以石或砖（陶）为主，有 550 多种，占 88%。其中，中国农业博物馆征集了一方买地券石碑，通高 70 厘米，由两部分构成：上为正方形买地券石碑，下为驮碑之赑屃，赑屃背四周刻有五边形纹饰，其间填刻八卦图案（图 1—7）。

图 1—7　明崇祯十二年（1639）马贵良买地券

江苏、上海出土木质买地券 17 种，在一定程度上体现出地域性特点。另外，安徽宣城宣州区建国乡西马村明墓出土明嘉靖四十一年（1562）徐浚一买地券，由宣纸写成。而四川成都出土明天启七年（1627）臧文征买地券则是青铜质。

而清代买地券数量较少，约有 90 多种，与明

① 高朋：《人神之契：宋代买地券研究》，中山大学博士学位论文，2009 年，第 17—18 页。另见氏著《人神之契：宋代买地券研究》，中国社会科学出版社 2011 年版，第 22 页。

代相比最明显的变化是以砖（陶）为主，石质减少。① 另外，安徽黄山学院图书馆徽州文化资料中心藏清嘉庆十九年（1814）张永祥、方氏夫妇买地券与光绪八年（1882）冯公、汪氏买地券均为纸质徽州文书②。从分布地域来看，台湾买地券是首次出现，而且买地券不仅有埋入坟墓的，还有在庙宇或家宅中埋入以标示土地所有权。明清时期的买地券形状主要是方形（含碑形），另有少量梯形、圆形、板瓦形等。如广东高明出土明谭氏买地券由板瓦制成，有一定弧度（图 1—8）。云南大理剑川县出土明正统二年（1437）李氏地券，呈不规则圆形（图 1—9）。

图 1—8　明谭氏买地券

通过考察东汉至清买地券，可以看出买地券的材质有着显著的时代特质与地域性。东汉至西晋买地券以铅券为主，南北朝至明代以石、砖（陶/瓦）券为主，清代则以砖券为主。另外还有铜、铁、锡、铅锡合金、铜锡合金等金属材料以及瓷、木、纸等。从材质看，买地券的主流是从使用更具道教色彩意义的铅券发展为使用石、砖、木等更为便捷的材料，从某种意义上说，实用性是南北朝以后买地券制作者的一般倾向。当然，江苏、上海至明代还使用木质买地券可能是这一地区传统制作方式的延续。顺便提一下，民国时期，重庆江津出现了木版印刷的买地券③，至此可以清晰地揭示

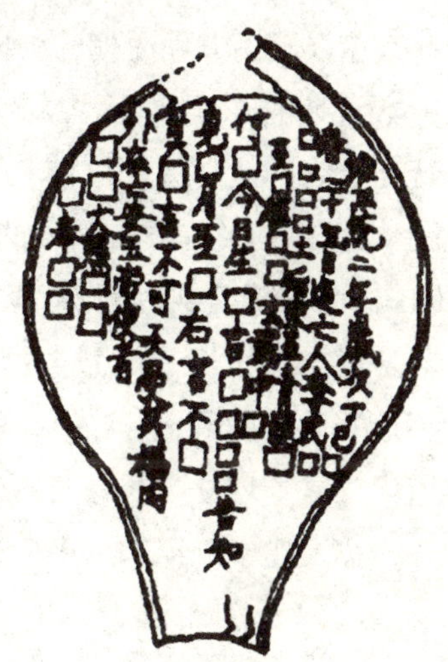

图 1—9　明正统二年（1437）李氏地券

① 也许是公布数量较少的原因导致，有待考古资料出土进一步证实。

② 安徽黄山学院图书馆徽州文化资料中心藏有三份民国时期纸质买地券，可见吴秉坤：《新发现的徽州买地券》，《黄山学院学报》2011 年第 6 期，第 1—3 页。

③ 台静农：《记四川江津县地券》，《大陆杂志》第 1 卷第 3 期，1950 年；另见《台静农论文集》，安徽教育出版社 2002 年版，第 400—403 页。

东汉至民国时期买地券材质演变的主要脉络是：铅→石、砖（陶/瓦）→砖→纸（木版印刷），因地制宜、制作方便应是买地券材质演变的最主要的推动力[①]。

买地券的形制在东汉魏晋时期并不固定，以简策状居多；南北朝以后则以方形（含碑形）居多。当然，还需要指出的是买地券的形制虽然在南北朝以后趋于方形化，但与其材质之间还是具有一定的制约关系，如刻在陶罐之上的唐天宝六年（747）陈聪懋及其妻何氏买地券呈不规则形状。因此有时与买地券制作者有着紧密的联系，具有个人风格，同时具有地域性特点，如江苏、上海多木券，四川出土买地券则形制多样。

## 第二节　中国古代买地券的书写形式

买地券的书写形式与碑刻基本一致，同时受书写载体及宗教因素的影响而有自己的特色。

东汉至南北朝时期的买地券，一般仅在正面刻字，而且是从右到左直书。而少数买地券正面、背面均刻文字。主要有刻、写两种方式，皆直行从右向左读，行与行之间或划界栏。以刻居多，一般阴刻于正面，也有正面窄小反面续刻的，刻毕还有在字内填涂朱砂的现象，脱漏补刻的情况也不少。如东汉延熹四年（161）钟仲游妻买地铅券，正面刻字三竖行，背面刻余下7字，个别字漏刻，后补刻。王志高指出："通过实物观察，凡砖、石买地券刻文粗深，显以刀镌刻；铅锡买地券质地脆薄，最薄者仅0.1厘米，应以锥针类利器刻划，故刻文细浅，某些笔道因反复刻划形成复笔，更有因受挤压而变形凸出。"[②]

东汉建宁二年（169）王未卿买地铅券、河南洛阳出土东汉光和七年（184）樊

---

① 陈进国曾指出："买地券的物质载体很可能也是观察阳界（生人）与阴界（祖先、鬼神）关系变量值的一个尺度。使用载体坚硬（铁/砖），文字是烧制的，不易损坏，可能意味着关系的牢固性、永久性；使用载体柔软（纸张），文字是书写的，易于清除，可能意味着关系的脆弱性、暂时性。而阳券和阴券的划分、纸色和字色的区分，也凸显了阴阳两分、生死两分、圣俗两分的界限意识。"见陈进国：《信仰、仪式与乡土社会：风水的历史人类学探索》（上），中国社会科学出版社2005年版，第57页。实际上，地券制作者在选择买地券质地时，无论采用砖石还是纸张，首先是从便利角度考虑，其次是当地习俗的影响，而文字是刻写还是书写，应该与砖、石、木、纸质地的选择有着莫大的关系，砖石一般是刻写，有些券文用朱砂书写，而木、纸均是书写。

② 王志高：《六朝买地券综述》，《苏州大学学报》1996年第2期，第89—92页。

利家买地铅券、河南洛阳出土东汉中平五年（188）□□卿买地铅券、江苏江宁出土三国吴天册元年（275）诸□买地券（铜锡合金）、江苏南京出土西晋太康六年（285）曹翌买地铅券、江苏南京出土西晋太康六年（285）王母买地铅券，均是正、背面书写文字，以上7方券均是金属材质，可能与其形状较窄有关。而甘肃高台出土前秦建元十八年（382）高俟买地木券，正面6列，背面5列，亦与其内容较多有关。

江苏南京出土吴天册元年（275）买地砖券，两面刻字。西晋太康三年（282）黄仕买地砖券，正面6行，背面1行大字。广东仁化出土南朝宋元嘉二十一年（444）田和买地砖券，正面、背面、侧面均阴刻文字。江苏江宁出土南朝宋元嘉二十二年（445）罗健夫妇买地砖券，两方券文基本相同，在正面、侧面刻字。广西鹿寨出土梁中大通五年（533）周当易买地石券，券文正面未刻完，在左边上刻一行，再在背面刻一行，需从左至右一直读下去，绕到背面。买地券上两面刻字的情况较少，可能与券文内容较多有关。

而安徽南陵出土吴赤乌八年（245）萧整买地铅券，两面刻有相同内容的文字。四川成都出土明天启元年（1621）杨瑞枝等为张氏大买地券，正、背面均刻，内容相似，只是背面较为简略。这种情况比较特殊，不知正面、背面文字是否用途不同，一给亡灵、一给神祇，还有待进一步研究。

江苏扬州出土东汉熹平五年（176）刘元台买地砖券，七角柱形，每面都阴刻填朱隶书。江苏南京出土东汉建安二十四年（219）龙桃杖买地砖券，六角柱形，四面刻有文字，内涂朱砂。西晋太康五年（284）魏宪买地券，青瓷烧制而成，类似瓦片，六个平面皆有字，且有四道阴线将券文分为上下两部分。以上三券在多个平面上刻字，是与这三方买地券特殊形制有着紧密的联系。

江苏南京出土三国吴五凤元年（254）黄甫买地砖券，两方内容几乎完全相同。湖北鄂州出土南朝宋元嘉十六年（439）蔺谦买地砖券，有三方，券文有异，一方偏镇墓，两方偏买地。广东始兴出土南朝宋元嘉十九年（442）妳女买地石券，共两方，第一方残损，第二方相对完整。江苏江宁出土南朝宋元嘉二十二年（445）罗健夫妇买地砖券，两方内容基本相同。在同一亡人坟墓中放入两方甚至三方买地券，情况并不多见。张传玺（2008）指出："即使这样，我们还不能说：'一室二券'和'一室三券'是违制，只能说是少见的'特例'。为什么会有这种特例出现，在没有更多的资料的情况下，还不易说明白。"[①]

---

① 张传玺：《南朝宋蔺谦"一室三券"研究》，载《契约史买地券研究》，中华书局2008年版，第282页。

湖南长沙出土南朝宋元嘉十年（433）徐副买地石券，券尾刻一道星符，主体图案是北斗七星、文昌宫六星，这是现知买地券中最早出现的道教星符（在东汉镇墓文中已经出现不同类型的道符，甚至有星图、人形图等）。广东始兴出土宋元嘉十九年（442）妳女买地石券，共两方，末刻星斗与符箓“倗”。湖北武昌出土齐永明三年（485）刘觊买地砖券，券末有一行用小圆圈和线条连接起来的符箓。湖南资兴出土梁天监四年（505）佚名买地砖券，末尾一行上画北斗七星，下有咒语。广东仁化出土南朝宋元嘉二十一年（444）田和买地砖券，侧面刻有星符符箓。湖南资兴出土梁普通元年（520）何靖买地砖券，共两方，一方文末有一图形，似为符箓，已残；另一方末有符咒[①]。

唐代买地券开始出现从左向右读的书写方式。目前所见最早的是江苏扬州出土唐天祐十五年（918）谢府君买地木券，自左向右竖书。到五代时期，左行买地券逐渐增多。如江苏扬州出土南唐升元二年（938）陈尊买地木券（正面、背面均书有文字）、广东广州出土南汉乾亨九年（925）李十一郎买地石券，南汉光天元年（942）某氏买地石券、四川成都出土后蜀广政十四年（951）后蜀宋王赵廷隐买地石券、后蜀广政十四年（951）王府君买地石券、安徽合肥出土南唐保大十一年（953）姜氏妹婆买地木券、江苏扬州出土南唐保大十二年（954）孙氏买地木券、甘肃宁县出土后周显德二年（955）刘某乙买地石券、四川成都出土后蜀广政二十二年（959）陈氏买地石券、后蜀广政二十四年（961）佚名买地石券、后

---

① 对于南朝买地券中的星象符号，王育成曾指出：“符中刻出司命、司录所在的文昌星象，亦有向此二星报道、祈求佑护之意，以便使死者早日超脱凡尘，名列仙简。”（《武昌南齐刘觊地券刻符初释》，《江汉考古》1991年第2期，第82—88页。）星符的主要功能是招唤北斗、文昌宫及房心诸星，保护死者及其家人。这同券文以太上老君名义敕命天地诸神和随斗十二神，“安其尸形”“使无忧患，利护生人”的目的完全一致。（《徐副地券中天师道史料考释》，《考古》1993年第6期，第571—575页）“我认为徐副地券上的星象符，是招唤北斗、文昌宫、房心诸星神，以期为死者及其家人回死注生、消灾度厄。这同券文敕命天地诸神和随斗十二神将，‘安其尸形’‘使无忧患’‘利护生人’的思想雷同。”（《中国古代道教奇异符铭考论》，《中国历史博物馆馆刊》1997年第2期，第25—50页）。而张勋燎则针对四川、重庆明代买地券背面出现星象符号的现象进行分析：“地下出土明代以前的墓券和地券，迄今所知全部也都不见背文，把象数、八卦和券文刻在一个版面上，由于版面的限制，安排起来是不太容易的事，如果券文不长，尚可勉力为之，如果券文字数很多，把文字刻得小而清晰，是很不容易办到手，非技术水平相当高的刻工不能致，如果再要同时刻出五十五数和四十五数两种象数，那就更难办到了。元代带有象数图的券版只有五十五数的河图一种，而券文类型也只有文字不长的墓券一种而无文字较多的买地券。……墓券和地券背文的兴起，是在明代才开始的，根据已知的材料，这种现象似乎最先是在四川、重庆地区兴起而独盛于其地，四川、重庆以外其他的地方则较为罕见，我们怀疑它的产生很可能和刻画河图、洛书两种象数的习俗兴盛方面的原因有关。因为正、背两面所提供的面积远比单只一个正面为大，两面刻画无论如何比一面刻画安排起来要容易得多，把象数部分独立出来另自刻在背面，也就成了顺理成章的事。”见张勋燎、白彬：《中国道教考古》，线装书局2006年版，第1132—1133页。

蜀广政二十五年（962）李才买地石券等。

五代时期出现正面书"合同"标题，背面书券文者，且均左行，这种书写方式的买地券均为安徽合肥出土的五代吴、南唐木券。吴大和三年（931）李赞买地木券，一面从左向右墨书，一面墨书"合同"3处6字，中间一处2字完整，两侧4字均各有一半，仿骑缝图章状。吴大和六年（934）汲府君买地券、吴天祚三年（937）赵氏娘子买地木券、南唐保大三年（945）佚名买地券、南唐保大四年（946）范阳郡汤氏县君买地木券均同。而南唐保大十年（952）陈氏十一娘买地木券则更为复杂，正面墨书3行，右书"敕故颖（颍）州郡陈氏权券一所"，"颖"字右侧原写为"见"，后涂改掉，重新写为正确的"颖（颍）"字；中书"合同"；左书"谨列券文"。背面自左至右墨书行体。汪炜、赵生泉、史瑞英（2005）指出："与安徽其他地方以及江西出土的一些买地券相比，可以看出，合肥地区五代买地券较多，且均为木质。其书写从上向下、从左向右，与传统的从右向左书写习惯不同，这是比较独特的，也是其他地区所不多见的。"① 在券背或一侧（左侧或右侧）书"合同"的形式在宋代以后仍然常见。如江苏省扬州市出土北宋景德二年（1005）万氏夫人买地木券，另一面书"合同"二字。内蒙古出土金大定二十九年（1189）邢禹买地券，砖一面从右至左楷书8行共174字，另一面有半截骑缝字"合同分券"四字。陕西省铜川市出土金明昌七年（1196）唐宁父母买地券，砖券左侧有楷体朱书"合同分券"四字。陕西西安市出土元泰定二年（1325）李安为祖李新昭买地券，砖券右侧竖写有"合同"二字的右半部。

宋元明清买地券中也出现了不少左行买地券，但总的来说还是以右行为主。如成都出土明嘉靖二十三年（1544）郭氏大买地券，左行，最右侧题"阴阳院出给"。成都出土明嘉靖二十七年（1548）张伯文买地券，左行，最右侧上角题"阴阳院出给"。另外，买地券额首或首行有标题者，一般与券文书写顺序相同，如江西出土北宋熙宁四年（1071）吴十一郎买地券，额上横书"地券如前"，与券文均左行。山东出土明正德十二年（1517）刘端等为刘法传、许氏夫妇买地券，两方砖券内容基本相同，而书写方向相反。一方额书"明堂券式"，额题与券文均自右向左；一方额书"墓中券式"，额题与券文均自左向右。但也有额题与正文相反者，其中以额题右行、券文左行者居多。如江西出土北宋元祐二年（1087）余二郎买地券，额题"余君地券"。江苏泰州出土明万历四十一年（1613）葛公买

① 汪炜、赵生泉、史瑞英：《安徽合肥出土的买地券述略》，《文物春秋》2005年第3期，第61—66页。

地券，额题“葛公墓道”。四川成都出土明成化十三年（1477）刘氏四买地券，额题“太玄都省张仙判给”。而额题左行、券文右行者目前仅发现2例，一方是成都出土宋元丰四年（1081）赵德成买地券，额题“赵德成地券”。另一方是上海出土清嘉庆十二年（1807）陈太孺人买地券，额题“显祖妣陈太孺人券”，券文自右向左回文。

五代时期出现了顺逆相间的书写方式，如广州出土南汉大宝三年（960）刘氏二十四娘买地石券（左行，图1—10）、南汉大宝五年（962）马氏二十四娘买地石券（右行）、成都出土后蜀广政二十七年（964）徐遐买地石券（左行），均是顺逆相间。

图1—10　南汉大宝三年（960）刘氏二十四娘买地券

宋代开始顺逆相间的买地券渐渐增多，主要分布在四川、江苏、江西、浙江、湖北、福建、陕西、甘肃等省，尤其是四川、江苏两地。有少数买地券是最开始几行正书，后面开始顺逆相间。有的则是前面顺逆相间，最末几行正书。如陕西省宝鸡市出土金大定二十四年（1184）杨氏、马狗狗买地券，朱书12行，前7行正刻，后5行倒刻，这种现象更多体现出书写地券者个人风格。朱江（1964）曾指出：“我国现藏的地券，以明清两代的为最多，以明券格式最为复杂。券文有直写的，也有一行颠一行倒写的；有横写的，还有一行正一行反写的；有不守成规的写，有盘香式的写和上下首尾相接的写。以清券而论，反较明券古朴一些。”①

明代开始出现回文横书，指自左向右或自右向左横向书写，呈乙字形，这种书写方式与以上顺逆相间的书写方式近同，只是上述买地券是通用的竖向书写，而此种是横向书写。江苏泰州出土明崇祯十二年（1639）刘弘宗、储氏、强氏买

① 朱江：《四件没有发表过的地券》，《文物》1964年第12期，第62页。

地券,自右向左回读。江苏常熟出土清康熙五十八年(1719)豫章公、邹氏买地券,自左至右回读。上海出土明万历四十年(1612)杨氏买地券,自左至右回读。上海出土明崇祯十六年(1643)夏允彝妾陆氏生圹地券,自右向左回读。上海出土清乾隆元年(1736)薛氏买地券(图1—11),自右至左回读。上海出土清乾隆十一年(1746)唐孝孺人买地券,自左至右回读。上海出土清嘉庆十二年(1807)陈太孺人买地券,自右向左回读。由上可知,回文横书买地券目前仅见于江苏、上海,有着鲜明的地域性。

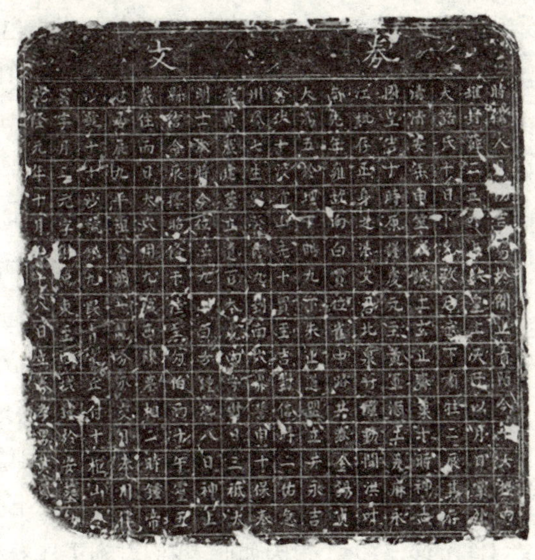

图1—11 清乾隆元年(1736)薛氏买地券

简又文(1958)指出:"一行正读,而一行倒写倒读,由下而上,自备一格。揆其用意,或分阴阳两界,而作压胜用也。"① 陈槃(1981)认为:"后世道士相传符咒之类之倒写,则显然有道士自认为神秘之意味。地契之倒写,盖亦当然矣。"② 祁海宁、龚巨平(2014)指出:"以一行正写、一行倒写的回文形式刻成,以反映买、卖双方对坐、对书的场景。"③ 针对此种说法,陆锡兴(2019)指出:"买卖双方的文书要用一正一倒来体现,显然没有说服力。……无论天帝使者女青还是后土娘娘,还有东王公、西王母等都是法力无比镇妖驱魔的上天神仙,是保护茔域安全的保证。自先秦开始,人们用各种办法对付残害墓穴的鬼魅,如镇墓兽、镇墓石,魏晋以来买地券兴起,替代了镇墓石的功能。加害墓主的是众多地下的野鬼、妖魔以及蛇虫,买地券券文对它们起警戒作用。因为在地下鬼怪视角是由下往上,所以对它们而言倒文就是正文。这种视角不同,造成文字方向

① 简又文:《南汉马廿四娘墓券考》,《大陆杂志》第十七卷第十二期,1958年,第361页。

② 陈槃:《于历史与民俗之间看所谓"瘗钱"与"地券":附论所谓"镇墓券"与"造墓告神文"、附录续地券征存、续地券征存补编》,《中央研究院国际汉学会议论文集·历史考古组(中册)》,1981年,第864页。

③ 祁海宁、龚巨平:《南京"王景弘地券"的发现与初步认识》,《东南文化》2014年第1期,第98—106页。

不同,反文与倒文性质是相同的。”① 此说指出顺逆相间与买卖双方对坐场景无关,同时指出倒文与地下鬼怪视角不同有关,但认为买地券替代镇墓石的功能恐有误,因为不少墓葬买地券与镇墓券同出,说明买地券的主要功能还是重在证明墓地所有权。黄景春(2014)指出:“买地券的写法取决于当地人对鬼神的想象。浙西地区风水先生和道士认为,鬼神读书与人相反,人是从右往左读,所以文字书写也是右起左行,而鬼神读书是从左往右读,所以地契应左起右行。另一种说法是,鬼读书不会转行,所以券文书写要正一行、反一行(即间行反书)。还有人声称券文的书写男女有别,男墓主要写成圆形,女墓主要写成方形,以体现他们的天地之别和阴阳属性。这些说法在买地券书写中都产生了相应的文本。同时笔者也发现,一个人的说法在另一个人那里会有不同的理解,一个地方流行的观念在另一个地方则可能全然不当回事,由此出现多种变通的做法,造成买地券书写的多样化。正因如此,我们看到买地券右起左行、正常转行也就不足为奇了。”② 韩森(2008)指出:“神明虽然可以读汉字,但他们会按不同的顺序来读,因为‘阴间诸事,均按另一种方式运行’(Werblowsky, 1988: 154 页, In Funerary Symbols and Religion: Essays Dedicated from the Chair of the History Ancient at the University of Amsterdam, ed. J. H. Kamstra, H. Milde, and K.Wagtendock, 154–164. Kanpen: J. H. Kok——引者注)。人们认为,主持阴间法司的神祇、与生人正倒着站立的亡魂是从左向右(与标准的汉语读法正相反)或从下向上读的。有两种五代时期的买地券是从左至右写的。另一些买地券则从上到下、从下到上轮流交替着写(1099 年白沙宋墓所出以及 1139、1272 年的买地券)。最有特点的乃是从左至右、从右至左轮流交替着读的(1104 年)。所有变种都是为了便于神祇阅读。”③ 高朋(2011)亦指出:“之所以会出现各种不同的书写方式,尤其是后面两种比较独特的书写方式,主要是为了照顾神明特殊的阅读习惯。”④ 易西兵(2018)亦指出:“我们认为,这种书写体例与刘氏二十四娘买地券、马氏二十四娘买地券券文‘一正一反’的书写体例表达的是同样的含义,即‘合同券’是给生者看的,‘地券’则是给‘鬼’和亡灵阅读的。与刘氏二十四娘买地

① 陆锡兴:《汉字民俗史》,商务印书馆 2019 年版,第 244—245 页。

② 黄景春:《浙西葬礼中买地券书写与使用习俗调查》,《地方文化研究》2014 年第 5 期,第 45—46 页。

③ [美]韩森著,鲁西奇译:《传统中国日常生活中的协商:中古契约研究》,江苏人民出版社 2008 年版,第 170 页。

④ 高朋:《人神之契:宋代买地券研究》,中国社会科学出版社 2011 年版,第 22 页。

券、马氏二十四娘买地券相比，本墓同时随葬‘合同券’和‘地券’，所表达的将生者与亡灵分开的目的更为明显。前述马氏二十四娘买地券上方刻有‘合同地券一道’，表明此券兼具合同券和地券两种功能，在正式的券文中，则以一正一反的书写格式加以体现。”① 甘肃天水市张家川县出土北宋熙宁二年（1069）、北宋熙宁三年（1070）王氏阿鉴买地券杜义买地券开始均有“维上用石，下用木，皆真颠倒书，令两头光。”张弛（2019）认为此“真”，即楷书，并进一步指出：“是指以颠倒的顺序用楷书来写。”②“真颠倒书，令两头光”可能指两种书写顺序不同，目的使生人与地下鬼神均能阅读。由此看来，韩森、高明、易西兵诸先生的认识是正确的③。

目前已知有4方买地券书写方式有一定规律，即给亡者的左行，给神祇的右行。江苏南京出土明成化二十一年（1485）郑山为先妣季氏买地券、江苏南京出土明正德四年（1509）孟祥等为孟霖买地券、江苏扬州出土明隆庆二年（1568）宋秀为先考宋淳、先妣陶氏买地券，北京出土明正德十年（1515）王佑买地券。韩森（2008）指出：“江苏扬州所出1568年的《地理新书》式买地券是现存唯一两方俱全的买地券：给死者夫妇的和给神祇的（均见《陶斋藏石记》卷四四：十五页下—十七页上）。两种券文恰好相背反，奇怪的是给亡人夫妇的那份要倒着读（从左至右），而同时奉给神祇的那份则正着（从右至左）读（原书中图9）。而亡人夫妇的那份应当自右至左读、神祇的那份应当自左至右。书券人显然了解神祇阅读的顺序与人不同这一惯例，但他把给神祇的那份与给亡人夫妇的那份弄颠倒了。这真是一个易于理解的错误！而且，他也没有修改错乱的文本以与其阅读顺序相适应。亡人夫妇的买地券最末一行说：‘右券给付先考宋公淳、妣陶氏收执。’而给神祇的那份买地券则说：‘右券上奉[地府]之神。’值得注意的是两个买地券都说‘右券’，但亡人夫妇的券文是在左边。显然，要精通倒着写的惯例，并不简单。”④ 此说中认为书券人弄颠倒了阅读顺序显然是错误的。

当然某些同墓异穴夫妻墓左、右室各出土一方买地券，或者同一亡人墓中出

① 易西兵：《广州市江燕路五代南汉乾亨九年墓》，《考古》2018年第5期，第68页。

② 张弛：《新见陇右买地券辑考》，《陇右文博》2019年第1期，第42页。

③ 当然，就阅读便利方面来说，正书有利于生人，倒文则便于地下鬼神，同时对生人或者鬼神也带来不便（即生人看倒书、鬼神看正书）。

④ [美]韩森著：《传统中国日常生活中的协商：中古契约研究》，鲁西奇译，江苏人民出版社2008年版，第171—172页。

土两方买地券，书写方向有的相同，有的相异，没有特定的规律[①]。贵州仁怀出土南宋绍定三年（1230）王兴、李八娘买地券，左、右室各出一方，内容基本相同，均左行。海南琼山市出土北宋大观元年（1107）谭三娘买地券，2方，内容基本相同，左行，正面、背面均有字。湖南益阳北宋焦三郎夫妻墓葬紧挨，出土北宋嘉祐四年（1059）焦三郎、周氏一娘买地券，焦三郎买地券左行，周氏一娘买地券右行。四川成都蒲江同穴异室夫妻合葬墓出土宋熙宁五年（1072）王之湜买地券，左行；熙宁五年（1072）史氏大娘买地券，右行。四川成都锦江夫妻合葬墓出土宋宣和四年（1122）邓处温买地券，左行；杨氏卅娘子买地券，右行。海南海口市琼山区出土宋绍兴十九年（1149）周一娘买地券，2方，内容基本相同，一方左行，一方右行。河南商丘出土明嘉靖二十一年（1542）汤易等为汤卿并王氏、刘氏买地券，一方左行，一方右行，内容基本相同。江苏南京出土明嘉靖十二年（1533）吴经生圹买地券，2方，右行。从以上买地券内容看，书写方向与地券亡人的性别、身份均没有直接联系。

图1－12　明天顺八年（1464）王玺妻曹氏、蔡氏、田氏买地券

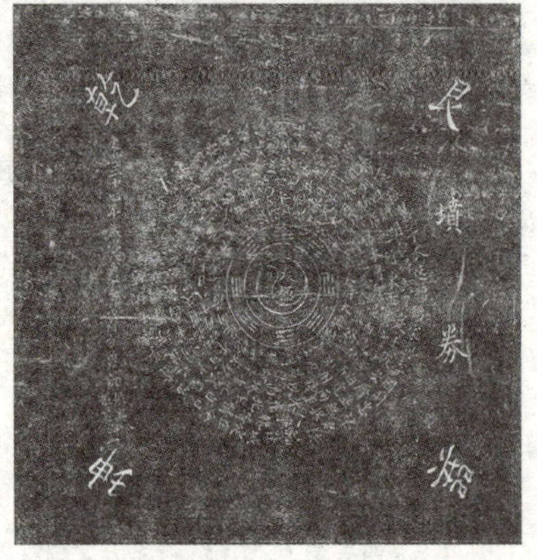

图1－13　清康熙三十七年（1698）张华国买地券

环书，或从内环到外环，或从外环到内环，顺次书写，亦称盘香式。碑石或为圆形，或为方形，产生于汉代。上海浦东新区出土明嘉靖三十八年（1559）陆楫买地券，木质朱书，从木板中心开始转圈写，从里到外共6圈。四川省绵阳市平武县出土明天顺八年（1464）王玺妻曹氏、蔡氏、田氏买地券（图1－12），从内向外顺时针排列7圈。北京出土清康熙三十七年（1698）张华国买地券（图1－13），券文8行，中间6行围绕太极八

① 河北廊坊出土明正统三年（1438）何氏买地券，一方左行，一方右行，但具体内容未公布。

卦图自内向外绕读。成都出土明永乐九年（1411）王氏妙海买地券，先在其正中刻一较大“穴”字，然后由里向外顺时针方向环读。福建厦门出土清顺治四年（1647）杜方参买地券，从外到内按顺时针从右至左螺旋式书写4圈，最中间竖写时间与见证人。福建厦门出土清咸丰七年（1857）石氏买地券，由外向内作螺旋形环读。①

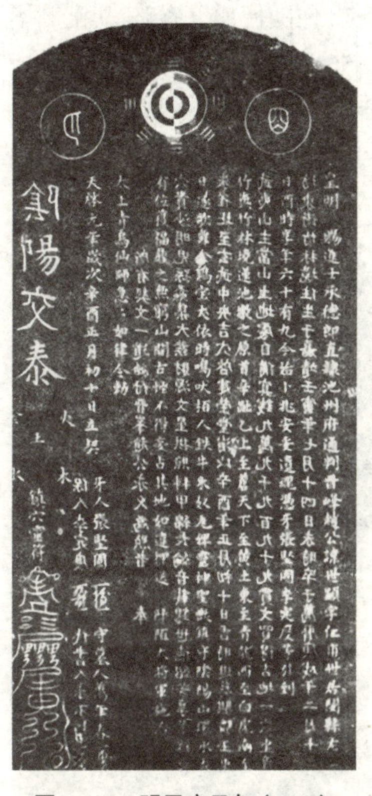

图1—14　明天启元年（1621）赵世显买地券

反书在东汉碑刻中就已经出现。而目前已经东汉至清代买地券中有4方是正书、反书间书。福建福州闽侯县出土明万历十一年（1583）陈全买地券、福建福州出土明天启元年（1621）赵世显买地券（图1—14）、天启元年（1621）赵世显妻吴瑞买地券、广东罗定市出土明崇祯二年（1629）江财买地券，均是正书、反书间书。华人德（2008）推测道：“六朝时的墓砖文字，常作阳文反书，此为刻字于墼模上烧制而成可能较大，而梁太祖萧顺之地神道阙之东阙、安成康王萧秀神道左侧、吴平忠侯萧景神道西阙皆为反文，这固然有取两阙文字对称的用意，然而这些都和墓葬有关，是否作反文是出于一种迷信，有如唐宋以后许多买地券文字隔行相间正反、颠倒而刻一样，姑指出存疑。”②毛远明（2009）指出碑刻中“左书反刻很特殊，顺序既左行，文字又反刻，据典籍记载起于南朝梁代。……为什么已经左行，还要反书？我们揣测，大抵是受摹印影响，用摹印之法书写碑铭，追求新奇，达到标新立异的艺术效果”。③从买地券正书、反书间书的书写方式推测，很可能与顺逆相间的书写方式相同，均是照顾神明的阅读习惯。

另外，有些买地券书写方式特殊，主要是刻工本人造成的。

① 福建厦门市翔安区沈井村某大厝厅堂出土民国十年（1911）买宅砖券，由外向内作螺旋形环读。见何丙仲、吴鹤立：《厦门墓志铭汇粹》，厦门大学出版社2011年版，第327页。

② 华人德：《华人德书学文集》，荣宝斋出版社2008年版，第194页。

③ 毛远明：《碑刻文献学通论》，中华书局2009年版，第60—61页。

有的地券由于刻工事先没有规划好地券的行款，在书写过程中发现券文内容无法刻完，只好在空白处补刻。如江西瑞昌市出土北宋翟三郎买地券，券额空白处刻写的“长男、长女、中男、中女、小男、小女”十二字，是对券文的补充。张勋燎、白彬（2006）指出此券：“有不少缺刻颠倒之字，显然是由于刻工文化水平过低，事先没有计划好行款字数，刻至第十行后发现，余下石面已不能容纳需刻之字，只好将一部分刻出上方横栏之外，另外一部分便随便加以省略，胡乱刻毕了事。”① 成都蒲江县出土南宋绍兴二十六年（1156）元存兄弟为任二娘等买地券，额部中间横刻“日”“月”二字，两侧刻“急如”“律令”四字，亦是对券文内容的补刻。成都蒲江县出土南宋绍兴三年（1133）史氏十一娘等买地券，最后一行刻在碑座之上。

有的地券可能是刻工本人布局的需要或者是独出匠心的设计。如河北出土明万历三十六年（1608）孙承忠买地券，右行，左上角竖书额题“阳券”。四川成都出土明正德六年（1511）王氏大买地券，部分文字分3栏，显然是出于美观的目的。而四川成都出土明嘉靖二十七年（1548）周仲杰买地券（图1—15），额题“墓志碑券记镇山”，券文从右至左正书12行145字；而券背四周刻有八卦图像，其中刻画斜山式攒尖顶堂庙建筑图案，其上镌刻“攸堂碑记”四字，设计独到。买地券上往往画有道教符箓、北斗七星、八卦图像等，均体现了道教对买地券的深刻影响。买地券周围还往往有装饰性的花草图案以及日月纹样，则是墓志铭对其影响的体现。四川成都出土南宋绍熙三年（1192）汤百祥等买地券，左、右下角各画一只乌龟（图1—16），实际上是龟趺，寓意保佑墓主及后人平安吉祥。

图1—15　明嘉靖二十七年（1548）周仲杰买地券

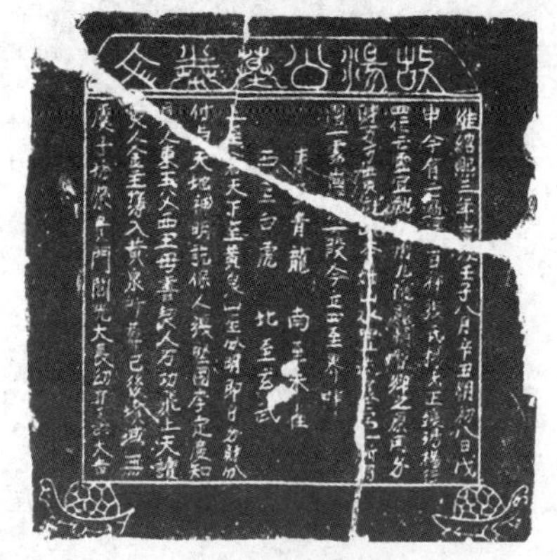

图1—16　南宋绍熙三年（1192）汤百祥等买地券

① 张勋燎、白彬：《中国道教考古》第五卷，线装书局2006年版，第1400页。

韩国出土金皇统三年（1143）高丽僧世贤买地券（图1—17、图1—18），其正面券文书写顺序是顺逆相间，而背面已经书写好的5行券文则是从上而下，想必是书写者（或刻工）原想在背面刻写券文，书写过程中又想采用顺逆相间的顺序，故将券文划去而重新在正面书写。由此可见买地券的制作虽有模本借鉴，但具有一定的随意性，其格式与内容在很大程度上取决于买地券的制造者。

图1—17　金皇统三年（1143）
高丽僧世贤买地券（正面）

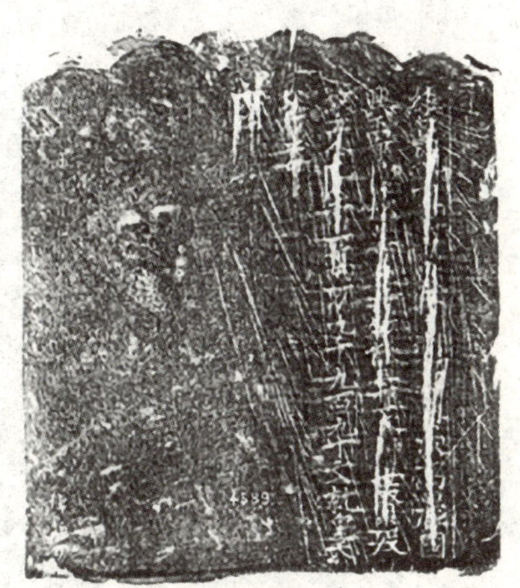

图1—18　金皇统三年（1143）
高丽僧世贤买地券（背面）

## 第三节　宋至清买地券的额题

买地券出现标题，目前可见在晚唐时期已经出现。江西弋阳县出土唐开成二年（837）姚仲然买地券，首句（前两行）作“唐故将仕郎试洪州建昌县丞姚府君墓地券一所”[①]。四川大学博物馆藏后唐天成四年（929）钱氏买地券，首句（前两行）作“维天成四年岁次己丑十一月丙寅朔五日庚午，故钱氏地券”[②]。江西九江出土南唐保大十二年（954）周氏一娘买地券，首行作“地券文契”[③]。以上三券均是标题。有些五代买地券在一面刻“合同”二字，一面刻券文。如湖北武昌出

① 陈柏泉：《江西出土地券综述》，《考古》1987年第3期，第223—231，219页。
② 张传玺主编：《中国历代契约会编考释》上册，北京大学出版社1995年版，第258—259页。
③ 刘晓祥：《九江县五代南唐周一娘墓》，《江西文物》1991年第3期，第80—85页。

土吴乾贞二年（928）王府君买地木券[①]、安徽合肥出土吴大和三年（931）李赞买地木券、吴大和六年（934）汲府君买地券、吴天祚三年（937）赵氏娘子买地木券、南唐保大十年（952）陈氏十一娘买地木券[②]、安徽合肥出土南唐保大四年（946）范阳郡汤氏县君买地木券[③]。以上"合同"可能都不属标题，而是标明地券性质。广东广州出土南汉大宝五年（962）马氏二十四娘买地券（图 1—19），上端刻"合同地券一道"六字，仅存右半[④]，这应是合券标记。

图 1—19　南汉大宝五年（962）马氏二十四娘买地券

买地券中的额题则出现较晚，目前已公布材料中所见额题最早是北宋天圣元年（1023）何氏买地券（图 1—20），券额题作"碑"。张传玺（2006）认为："在买地券文之前列出标题，或冠以券额，就券文款式来说，是已完善化的标志。但其出现的时间都较晚，约在唐宋时期。出现的原因，有受人间官府与土地契约有关的公文程序的影响，还有道家'鬼律'的影响。应当说，后者的作用更直接一些。鬼律有《女青鬼律》，还有大大小小各种名目的鬼律。如《青囊经》曰：'葬不立券，名为盗葬。'《青乌鬼律》曰：'葬不买地，不

图1—20　北宋天圣元年（1023）何氏买地券

① 武汉市博物馆：《阅马场五代吴国墓》，《江汉考古》1998 年第 3 期，第 67—72 页。
② 汪炜、赵生泉、史瑞英：《安徽合肥出土的买地券述略》，《文物春秋》2005 年第 3 期，第 61—66 页。
③ 石谷风、马人权：《合肥西郊南唐墓清理简报》，《文物参考资料》1958 年第 3 期，第 65—69 页。
④ 叶昌炽撰、柯昌泗评：《语石 · 语石异同评》，中华书局 1994 年版，第 360 页。

立券,谓之盗葬。'鬼律引入葬仪,而又有明确的导向,是促使买地券列出标题,冠以券额的重要原因。"[①] 这一说法的疑点是,《女青鬼律》在东晋中期已经成书,为什么买地券额题却晚至六百多年以后才出现?其实碑刻额题产生较早,如汉碑中就常见额题,因此碑刻额题的影响应该是值得考虑的一个重要因素。至于买地券为什么到宋代才出现额题,可能与买地券使用材质本身有关。东汉至唐的买地券,以铅、砖券居多,无券额,故没有额题。而五代买地券则以石、砖、木券居多,其中四川出土的 15 种五代买地券均是石质,但均无额题,因此碑刻额题的影响仅是因素之一,还有待进一步研究。

宋元明清买地券的额题一般格式如下:

一是笼统地以墓券之类作标题,"墓""碑""信"[②]"券""契券""墓券""墓碑""墓致券""券文""券式""券志""券书""墓志文"等,前面可加朝代、亡人(包括职官、行次)[③]、立券者等。

二是在前一格式基础上加上"地"字,标明买地,如"地券""地志""地券文""地契""买地记""买坟地券""地契之照"等,前面可加朝代、亡人(包括职官、行次)、立券者或地券颁发机构(先天炁雷府、冥府门下、钦天监山家地券所、阴阳院出给、阴阳门下地券、阴阳门下出立地券)等。

三是表达立券者纪念之情,如"永记""立券记""碑记"等。

四是纪念类"永记"等,立券者赞美墓地自然环境优美的赞语,如"山明 / 青水秀""草木生香"。

五是立券者愿词,如吉语类"永昌大吉""阴阳开 / 交太(泰)""吉曜昭临""天地交通""天上五星高照""千载永吉""穴点天然""长命富贵,金玉满堂""玉篆灵文,永远吉兆"等,镇墓类"永镇佳城""永镇幽堂""券文永镇千秋"等。

六是标明放置地券的墓室堂名,如"墓堂""幽远之堂""券式墓堂所"等。

七是额题点明地券数量。江西出土北宋庆历三年(1043)吴氏买地券

---

① 张传玺:《买地券文广例》,《国学研究》第十七卷,北京大学出版社 2006 年版,第 3 页。

② 如成都蒲江县出土南宋乾道九年(1173)王琬买地券,额题"信"字,目前买地券中仅此一例,表示凭证的意思,与"券"类同,可见刘雨茂、荣远大主编:《成都出土历代墓铭券文图录综释(上)》,文物出版社 2012 年版,第 384—385 页。

③ 如甘肃临夏市南龙乡出土金大定十五年(1175)王吉买地券,碑额上书"进义校尉",应是亡人王吉职官。这种仅书亡人官职的在现已公布的买地券中仅此一例,应是省称,不过此种现象在其他碑刻中并非罕见。可见临夏回族自治州博物馆:《甘肃临夏金代砖雕墓》,《文物》1994 年第 12 期,第 46—53 页。

（图 1-21），额题“地券一所”，江西出土北宋嘉祐二年（1057）陈氏六娘买地券，额题“地券壹道”。四川成都都江堰出土明嘉靖十年（1531）郭仲金买地券，额题“□□墓券一部”。

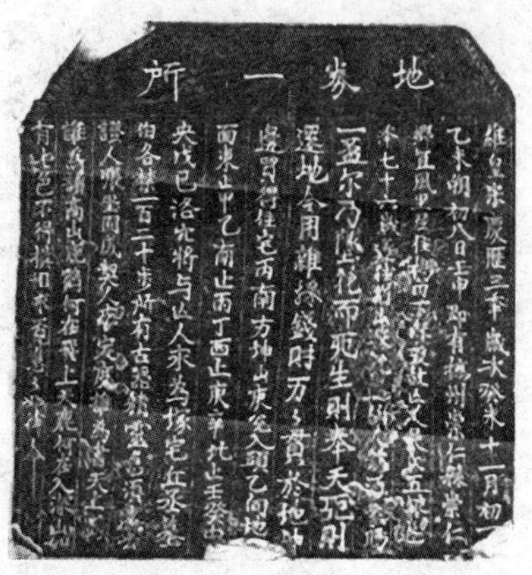


图 1-21　北宋庆历三年（1043）吴氏买地券

额题一般书于券额上端正中，有少数书于左上角或右上角或左、右两侧，即是旁题。这应是受简帛标题的影响导致的。正如张显成（2004）所指：“简帛时代标题的书写位置，处于比较随意而不固定的阶段，可前也可后，甚至可位于中间，还有在前后都署上标题者，这就纠正了上古文献‘篇题在后’定式的传统观点。”① 当然，有的买地券不止一种额题，如四川成都温江区出土明正德五年（1510）赵琰买地券（图 1-22），额题有两行，第一行书“亡灵墓神”，第二行书“镇山券”②，第一行表达后人纪念之情，第二行体现镇墓性质。有的额题尽管直书，但每行有二字。如江西出土南宋嘉定十七年（1224）李小乙买地券额题“故李 / 小乙 / 解元 / 地券”，从右向左分四行直书。江西出土南宋宝庆三年（1227）王德秀地券，额题分五行直书“有宋 / 王公 / 宣义 / 地神 / 地券”。

图 1-22　明正德五年（1510）赵琰买地券

宋元明清买地券中也出现一些较为特殊的额题书写形式，其格式主要有：

一是额题书立券年份干支。如甘肃天水市麦积区出土北宋元符三年（1100）□氏妇人买地券额题“元符三年庚辰”。四川成都出土明成化五年（1469）张敬聪、张敬洪为张觉海买地券额题“下元己丑年”③、四川成都温江区

① 张显成：《简帛文献学通论》，中华书局 2004 年版，第 171 页。

② 成都文物考古研究所、温江区文物保护管理所：《成都市温江区中粮包装厂明墓发掘简报》，《成都考古发现 2005》，科学出版社 2007 年版，第 440—457 页。

③ 刘雨茂、荣远大主编：《成都出土历代墓铭券文图录综释》（中），文物出版社 2012 年版，第 577—578 页。

出土明正德五年（1510）张守节买地券额题“上元岁君庚午”①。而其他碑刻中亦有以镌刻时间作为题额者，如东魏《程哲碑》右方正书大字四行“大魏天平元年岁次甲寅十一月庚辰三日壬午造讫”②。

二是额题“南无地藏王菩萨”，体现券主生前宗教信仰。如四川成都出土明天顺八年（1464）陈氏九买地券额题“南无地藏王菩萨”，券文中有“奉佛故妣亲陈氏九”。刘雨茂、荣远大（2012）指出：“是立券者自题券名，以标注该券文的宗教性质，券文内容亦说明券主陈氏乃奉佛居士。”③在四川成都原四川大学工学院新址采集的明永乐九年（1411）王氏妙海买地券额题楷书“南无地藏王菩萨”，券文中有“奉佛殁故妣亲王氏妙海”。另，成都蒲江县出土明弘治七年（1494）王氏十买地券（图1—23），额题“永记”，旁题“南无证盟地藏王菩萨”，券主是买地亡人王氏十，此券中南无地藏王菩萨应是作为证盟人，其他买地券中证盟人多是“曾、杨二氏先师”“曾、杨二仙”“白鹤仙人”“盘古大帝”“东王公、西王母”等。

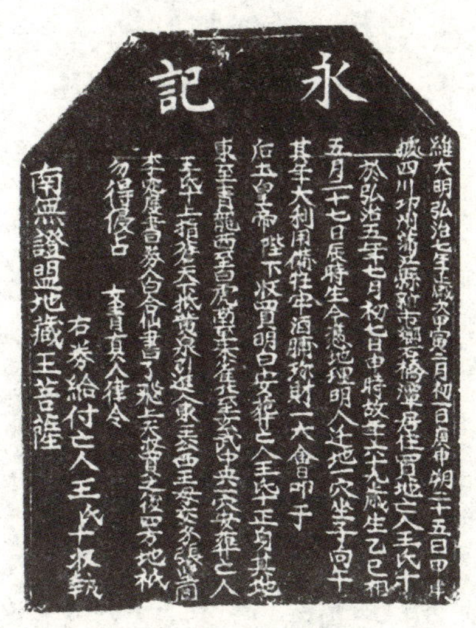

图1—23　明弘治七年（1494）王氏十买地券

三是额题“石敢当”，可避邪祈福。四川成都都江堰市出土明崇祯十二年（1639）僧智明买地券（图1—24），额题“石感（敢）当”。刘雨茂、荣远大（2012）指出：“唐宋以来，‘石敢当’这种驱鬼辟邪

图1—24　明崇祯十二年（1639）僧智明买地券

① 刘雨茂、荣远大主编：《成都出土历代墓铭券文图录综释》（中），文物出版社2012年版，第693—694页。

② 毛远明：《碑刻文献学通论》，中华书局2009年版，第46页。

③ 刘雨茂、荣远大主编：《成都出土历代墓铭券文图录综释》（中），文物出版社2012年版，第574页。

的习俗，在南方地区尤为盛行。这种刻石，后来亦为释、道二教所采用。但该买地券将‘石敢当’与买地券合为一体作为随葬品放在墓中，则不见于文献记载。”① 现在已知最早的“石敢当”实物，是北宋庆历四年（1044）福建省蒲田县出土唐代大历五年（770）石碑，其文曰：“石敢当，镇百鬼，压灾殃。官吏福，百姓康。风教盛，礼乐张。”②

四是买地券额题作“墓至（致/志/铭/志铭）”。如四川雅安出土北宋庆元元年（1195）王隐君买地券额题“王隐君墓铭”。江西瑞昌县出土北宋庆元五年（1199）万三十地券及妻邵氏令（廿）五娘地券均额题“墓致”③。四川成都出土明嘉靖四十一年（1562）王氏四买地券额题“墓志铭”④。湖北京山县出土明正德四年（1509）陈思礼买地券背面额题“八卦墓志”，同墓出土明弘治十五年（1502）余氏二娘买地券额题“明故余氏二娘之位墓志”⑤。四川成都出土明嘉靖三十一年（1552）何氏大买地券额题“何魁墓置（志）”⑥。四川出土明万历三十二年（1604）李银买地券额题“大明墓志”⑦。以上 8 方均是买地券，故额题名不符实。高朋（2009, 2011）指出：“少数文化程度不高的买地券的用户和制造者，将买地券和墓志混淆，将买地券直接理解为墓志。江西瑞昌出土的庆元五年（1199）万三十买地券上就额题‘墓致’二字。”⑧ 其实，很多墓志中都记有墓地价格、墓地四至、见证人等要素，与买地券相似，不过多是实记而非虚拟，具有现实契约的因素。⑨

---

① 刘雨茂、荣远大主编：《成都出土历代墓铭券文图录综释》（中），文物出版社 2012 年版，第 1092 页。

② （明）黄仲昭修纂：《八闽通志》下册第八十六卷《拾遗》，福建人民出版社 1991 年版，第 1022 页。

③ 刘礼纯：《江西瑞昌县发现七座宋代纪年墓》，《考古》1992 年第 4 期，文物出版社 2012 年版，第 331—334、330 页。

④ 刘雨茂、荣远大主编：《成都出土历代墓铭券文图录综释》（中），文物出版社 2012 年版，第 885—886 页。

⑤ 熊学斌：《京山孙桥明墓清理简报》，《江汉考古》1989 年第 3 期，第 22—25 页。

⑥ 刘雨茂、荣远大主编：《成都出土历代墓铭券文图录综释》（中），文物出版社 2012 年版，第 839—841 页。

⑦ 刘雨茂、荣远大主编：《成都出土历代墓铭券文图录综释》（下），文物出版社 2012 年版，1033—1034 页。

⑧ 高朋：《人神之契：宋代买地券研究》，中山大学博士学位论文，2009 年，第 17 页。另见高朋：《人神之契：宋代买地券研究》，中国社会科学出版社 2011 年版，第 22 页。

⑨ 浙江余姚出土唐长庆二年（822）罗清买地砖券，前半部分是买地券，后半部分是墓志。江西弋阳县出土唐开成二年（837）姚仲然买地石券，券文刻于墓志的盝顶部。山西太原出土北宋明道二年（1033）陶美买地石券，额题“墓至（志）”，券文将墓志与买地券内容交融于一体。正如陈柏泉指出：“在江西地区唐代以来的古墓葬中，常常是墓志与地券伴出，甚至往往墓志刻于正面或前面，而地券则书刻于志石的背面或后面。而且有些墓中虽未刻志随葬，然地券的文字中却含有墓志的某些内容。”见《江西出土墓志选编》，江西教育出版社 1991 年版，第 593 页。

而有些碑刻题作"地券",实是镇墓券、告神文或是墓志铭,如江西出土南宋嘉熙四年(1240)孙柔顺地券,并无买地内容,实是告地性质的墓志铭①。重庆潼南出土明成化十九年(1483)王公买地券,额题"掌墓符命"②。符命本指以天帝名义颁布的命令,而此券实为买地兼镇墓性质。

五是买地券额题作"墓道"。如江苏泰州出土明万历四十一年(1613)葛公买地券额题"葛公墓道",清康熙二十九年(1690)高应时买地券额题"高公墓道"。曹冬梅、王为刚(2015: 59)指出:"墓道就显得难解了,但自名'墓道'的地券明清两代均有发现,可能是地方俗称。"③而墓道亦称神道,神道碑与墓志铭内容近同,位置不同。故此两方买地券额题"墓道",即指"墓志铭",与买地券额题"墓志"原因应该是相同的。

六是一器多用。如四川成都出土明嘉靖二十七年(1548)周仲杰买地券额题"墓志碑券记镇山",则是包含墓志、墓碑、墓券三种性质的不同器名,体现几种不同功能,属一券多用型④。四川成都出土明万历二十六年(1598)覃亨买地券(图1-25,图1-26),正面额题"山家券碑",背面则题"冥府墓志",属一券两题,包含墓碑、券、志三种器名的功能性质⑤。四川成都出土明万历二十六年(1598)刘氏买地券正面额题"大明墓碑",背面额题"冥府券式",包含碑、券二种器名的功能性质,亦属于一器多用⑥。

另外,陕西甘泉县出土明隆庆六年(1572)王氏买地券(图1-27),右侧题"羊角音承凶安葬券式地契"⑦,"羊角音承凶"反映出"五音姓利说"在墓葬中的应用。五音姓利说是古人基本的五行思想,利用"宫、商、角、徵、羽"五音,将姓氏与之相配,再结合以吉凶,从而确定婚丧嫁娶的时间以及阴宅与阳宅修建的方法,共有宅法、墓法以及禁忌之分。高田时雄指出敦煌文书《黄帝推五姓阴阳等

---

① 王镛:《书法文献(宋代地券卷)》,青岛出版社2014年版,第88页第1240号。

② 重庆市文物考古所、潼南县文物管理所:《潼南县崇龛梁家嘴墓群考古发掘简报》,《重庆公路考古报告集》,科学出版社2010年版,第222—242页。

③ 曹冬梅、王为刚:《江苏泰州出土买地券浅释》,《泰州职业技术学院学报》2015年第4期,第59页。

④ 刘雨茂、荣远大主编:《成都出土历代墓铭券文图录综释》(中),文物出版社2012年版,第824—825页。

⑤ 刘雨茂、荣远大主编:《成都出土历代墓铭券文图录综释》(下),文物出版社2012年版,第1003—1004页。

⑥ 同上书,第1010—1011页。

⑦ 陕西省考古研究所、延安地区文管会、甘泉县文管所:《西延铁路甘泉段明清墓清理简报》,《考古与文物》1995年第2期,第21—32页。

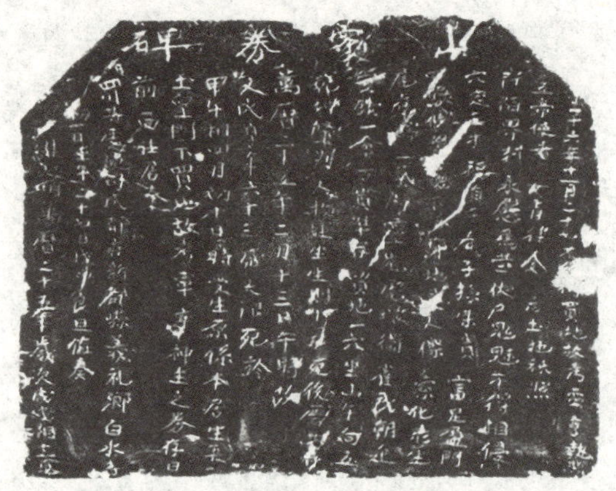

图 1—25　明万历二十六年（1598）覃亨买地券（正面）

图 1—26　明万历二十六年（1598）覃亨买地券（背面）

宅经图》（P.2615）将“羊”归到商音[①]，而此买地券中则将羊姓归到角音，故五音姓利说的具体内涵可进一步探析。

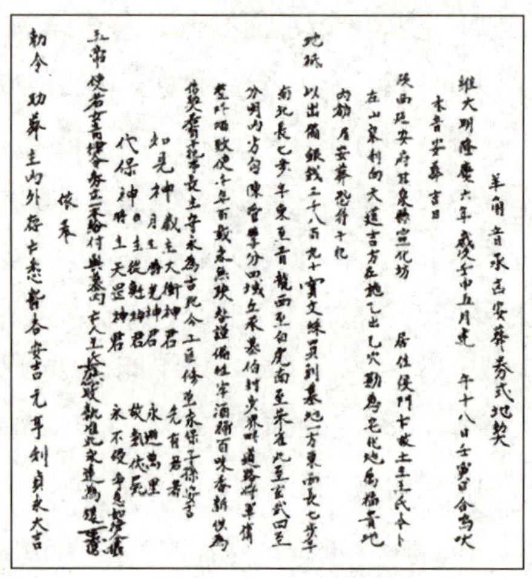

图 1—27　明隆庆六年（1572）王氏买地券

从上可见，买地券中比较特殊的现象多出现在四川出土买地券中，造成这种地域特征的原因首先与当前已公布的买地券材料以四川居多，据笔者初步统计，宋辽金元买地券中四川地区出土数量约占三分之一，而明代买地券中则多达一半。其次，与四川地区的宗教信仰密切相关。张勋燎（2011）曾指出：“从上述宋元买地券中有关墓向及附近山水形势记录文字看，自北宋末年以来，除墓葬坐向之外，四川成都地区对有关塘泊所在、水流来去方向的准确性非常注重，而江西方面对山形生动细致的文字描述显得特别突出，各有特点。成都地区的特点，应与葬墓过程中罗经的使用有关，和宋承富墓券罗经图所反映的情况是一致的。”[②]宋至明代，四川地区佛道

① 《五姓说之敦煌资料》，[日]高田时雄（著），钟翀等（译）：《敦煌·民族·语言》，中华书局 2005 年版，第 330、344 页。

② 张勋燎：《我国南方宋明墓葬出土墓券堪舆罗经图和有关方位文字考说——兼论堪舆与道教的关系》，《南方民族考古》第七辑，科学出版社 2011 年版，第 340 页。

皆兴盛，因此买地券中道教、佛教因素都有所体现。最后，还可能与四川地区的地理环境有关。四川地区自然地理相对封闭，受外部干扰较少。目前四川所见最早的买地券是成都出土唐天复元年（901）秦温买地券[①]。曹岳森（1999）就认为："四川地区的买地券是由外地传来的，起源地应该到四川以外的地区去寻找传入的方式，或者是一种观念上的启发，或者是买地券模本的直接引入其中。后一种方式更有可能，媒介则可能是丧葬从业人员有关丧葬习俗的交流。"[②]陈云洪（2011）指出："四川宋墓有比较强的地域特色，这与其所处的地理环境密切相关。在部分受到了中原、两湖地区宋墓影响的同时，又影响了汉中、黔北地区宋墓。"[③]鲁西奇（2006）指出："东汉镇墓文与买地券之源头，至少可上溯至西汉前期墓葬所出之告地策。……似可揣测随葬买地券及镇墓券（瓶、罐）、告地策之俗源自楚国故地，其反映的信仰亦与楚地信仰有关。"[④]因此，如果说四川地区买地券是引入外来的买地券模本，则有可能来自湖北地区，也可能在唐明皇逃到蜀郡之后受外来影响而形成的。北宋官方颁布过统一的买地券格式，即丧葬科仪书《地理新书》第十四卷"斩草忌龙虎符入墓年月"中所载买地券文本样式[⑤]，四川当地的买地券传播者（主要是方士）在此类模本的基础上结合本地特点和个人风格进行了多元化改造。

---

① 陈垣编纂、陈智超、曾庆瑛校补：《道家金石略》，文物出版社1988年版，第196页。

② 曹岳森：《四川出土买地券的初步研究》，《四川文物》1999年第6期，第16页。

③ 陈云洪：《四川地区宋代墓葬研究》，《南方民族考古》第七辑，第279页。

④ 鲁西奇：《汉代买地券的实质、渊源与意义》，《中国史研究》2006年第1期，第61、68页。

⑤ （北宋）王洙等编撰，（金）毕履道、张谦校，金身佳整理：《〈地理新书〉校理》，湘潭大学出版社2012年版，第428—429页。

# 第二章 中国古代买地券的内容格式

买地券作为一种丧葬文书，基本要素主要包括：(1)买地时间、地点和买地人；(2)土地面积(包括墓地四至)；(3)土地价格；(4)卖地人；(5)中保人；(6)镇邪安坟；(7)违约必罚；(8)神道护法。东汉买地券内容格式相对简单，至魏晋南北朝买地券格式呈现复杂化。宋代买地券层次繁多，内容丰富。清代买地券数量较少，格式趋于同化。本章主要讨论买地券内容中的动物习语以及内容格式的历时演变。

## 第一节 买地券中的动物习语考察

买地券作为一种虚拟的冥世土地契约，其内容荒诞不经。自三国以来，买地券中经常出现鱼、鹤、鹿这类动物形象，许多学者从民间宗教信仰角度探讨"水中鱼""天上鹤""山中鹿"所折射的汉代至宋元时期宗教观念的变化。本节将在分析买地券内容的基础上，结合画像石(砖)、壁画、铜镜等考古资料，综合考察买地券中动物习语的内涵以及与现实生活中地券制作者的关系。

### 一、买地券中"水中鱼""天上鹤""山中鹿"习语的历时层次与地域差异

中国古代买地券中经常出现"水中鱼""天上鹤""山中鹿"这一类习语，其中"水中鱼"偶作"水内鱼"，"天上鹤"或作"云中鹤"，"山中鹿"有时作

"山头鹿""深山鹿"或"高山鹿"。[①] 刘安志(2007)注意到这种现象,指出鹿、鹤归地是"高山"和"青天",而不是东海[②]。而费和平(2012)据湖北英山等县博物馆所藏地券中有"何人书？海边鱼""此是何人书？东海鲤鱼书""白鹤书了上青天,鲤鱼读了归东海",指出鱼乃至鹤、鹿应是东海边之物[③]。李桥(2016)则在此基础上进一步指出:"'水中鱼''山中鹿''天上鹤'应为东海之精灵,或独立存在于东海,或与东海神仙有上下级的关联。它们在买地券中的存在除了当作见人、读人等,更重要的意义是引导亡魂归去东海。这才是'水中鱼''山中鹿''天上鹤'更为重要的使命。需要注意的是,带有'水中鱼''山中鹿''天上鹤'的买地券全部出现在南方地区。所以笔者认为,宋代的南方地区受到唐以来'人死归大海'信仰的影响,联系实际的地理情况和受到佛教等宗教的影响,出现了'人死归东海'的信仰。"[④]

以上论述实际上涉及两个重要的问题,一是鱼、鹤、鹿在买地券中的主要作用是什么？二是这些动物精灵居住在哪儿？它们会归向何处？

江西南昌出土三国吴黄武四年(225)浩宗买地券中首见鱼、鹤,"时任知卷(券)者:雒阳金僮子,鷴与鱼。鷴飞上天,鱼下入渊。"其中,鱼、鹤是见证者。江苏南京出土西晋永宁二年(302)汝阴太守侯氏买地券有"若有问谁所书？是鱼。鱼所在,深水游;欲得者,河伯求"。其中,鱼是书券者。江西出土唐开成二年(837)姚仲然买地券有"何人书？水中鱼。何人读？高山鹿。鹿何在？上高山。鱼何在？入深泉"。其中,鱼是书券者,鹿是读券者。湖北出土五代时期吴武义元年(919)随氏娘子买地券有"谁谓作？天上鹤。谁谓书？水中鱼。谁谓读？山中鹿。□□□□□,鹿上高山,鱼入深泉"。其中,鹤是制作地券者,鱼是书券者,鹿是读券者。

---

① 当然,在买地券中"鱼"有时会以"鲤鱼"这种具体的名称出现。如广东出土南汉大宝五年(962)马氏二十四娘买地券有"量地神仙白鹤仙;书券积(则)是东海鲤鱼仙"。"鹤"除了偶用"鹳""鸿鹄"等代指外,更多时用"白鹤",称作"白鹤仙""白鹤大仙""白鹤仙人""白鹤仙师""白鹤先生"等,扮演多重角色,既是出钱买地者,又是勘察墓穴的方士,还是卖地人、验地人、见证人、引领人、书契人、代书人、担保人。另外,买地券中常常出现"天上鸟",如湖北出土北宋熙宁十年(1077)田三郎买地券有"何人书？天上鸟。何人读？海中鱼。鸟非(飞)上天,鱼入水泉"。

② 刘安志:《从泰山到东海——中国中古时期民众冥世观念转变之一个侧面》,《唐研究》第十三卷,北京大学出版社2007年版,第380页。

③ 费和平:《从泰山到东海抑或是从东海到地——关于北宋中期以前买地券中一类常见用语的讨论》,《东南文化》2012年第3期,第99页。

④ 李桥:《海棠花馆藏江西新出宋元买地券整理与研究》,河北师范大学硕士学位论文,2016年,第96页。

在安徽、湖北出土的买地券中有时会出现“双鲤鱼”或“双飞鹤”之类的用语。如安徽出土北宋天圣三年（1025）赵氏大娘买地券有“双鹤见了飞上天，鲤鱼见了入黄泉”。安徽出土北宋政和八年（1118）李九郎买地券有“读人双白鹤，见人双鲤鱼。鹤何在？上青天。鱼何在？深渊”。湖北出土元元统二年（1334）李元德买地券有“黄帝问道：此契何人写？东海双鲤鱼写。问道：何人读？西天白鹤先生读。鲤鱼写了归东海，白鹤先生读了上青天”。湖北出土元后至元四年（1338）李贵有买地券有“何人书？是天上双飞鹤。问道：谁人读？是东海双鲤鱼。白鹤书了上青天，鲤鱼读了归东海”。其中“双鲤鱼”一词，在《云笈七签》卷十八《三洞经教部·第十神仙》有“乘紫云气之车，骖驾双鲤鱼”。① 因此，这一类习语与“水中鱼”“天上鹤”“山中鹿”的意义是相同的。

鱼、鹤、鹿在道教信仰中扮演着重要的角色。《传授三洞经戒法箓略说》卷下“金鱼、玉鱼”条有：“鱼为阴虫，水官之使，传驿文牒诣河侯之所。又断北帝之长簿，奏水官之符状。”② 从中可见，鱼是专门替水神河伯、河侯传送符命的。而在河南、山东、江苏、安徽、陕西、山西、四川等地出土的汉画像石中常见鱼拉车图像。1972年6月，河南南阳市唐河县南关针织厂院内出土汉画像石，上有三鱼共拉一辆车，上坐河伯，车后跟随四条鱼（图2-1）③。南阳博物馆收藏一面河南新野出土汉代铜镜，主体是天公出行，但图中同时有一云车，三鱼驾车，车上坐一人，榜题“何（河）伯”，作为天公的随从。云车前有一人面向河伯在云中招手，车后一人手持灯笼骑鱼随行（图2-2）④。据此图可推断，此鱼车上的乘者肯定是河伯无疑。而江苏出土西晋永宁二年（302）汝阴太守侯氏买地券有“鱼所在，深水游；欲得者，河伯求”。此券也表明要寻找鱼，就要见到河伯，间接说明鱼是河伯所管。

而鹤、鹿均是仙人之坐骑。《艺文类聚》卷九十《鸟部上》：“《淮南八公相鹤经》曰：‘鹤，阳鸟也，而游于阴。盖羽族之宗长，仙人之骐骥也。’”⑤ 2005年6月，陕西靖边县杨桥畔东汉墓壁画上有一双白鹤牵引一辆云车，车坐高冠红衣仙

---

① （宋）张君房纂辑，蒋力生等校注：《云笈七签》，华夏出版社1996年版，第99页。

② 《道藏》第三十二册，文物出版社，上海书店，天津古籍出版社1988年版，第195页。

③ 南阳汉画馆：《唐河针织厂汉画像石墓》，韩玉祥、李陈广主编《南阳汉代画像石墓》，河南美术出版社1998年版，第48—63页。

④ 刘绍明：《“天公行出”镜》，《中国文物报》1996年5月26日第三版。

⑤ （唐）欧阳询撰，江绍楹校：《艺文类聚》（下），中华书局1965年版，第1563页。

人,另有一图则是高冠红衣仙人乘在鹤背上(图 2—3)[①]。安徽淮北出土东汉画像石上有一头鹿拉车、三条鱼拉车的场景(图 2—4)[②]。上述图像都说明鱼、鹤、鹿均是神仙的坐骑,自身具有着强烈的神灵色彩。

【图版】

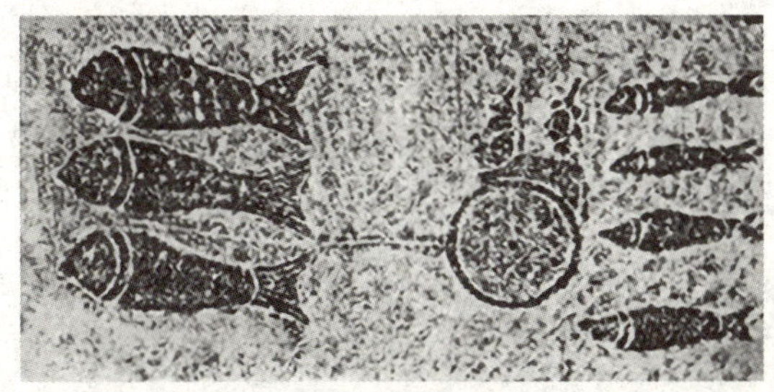

图 2—1　鱼车图

图 2—2　天公出行镜

图 2—3　仙人乘鹤图

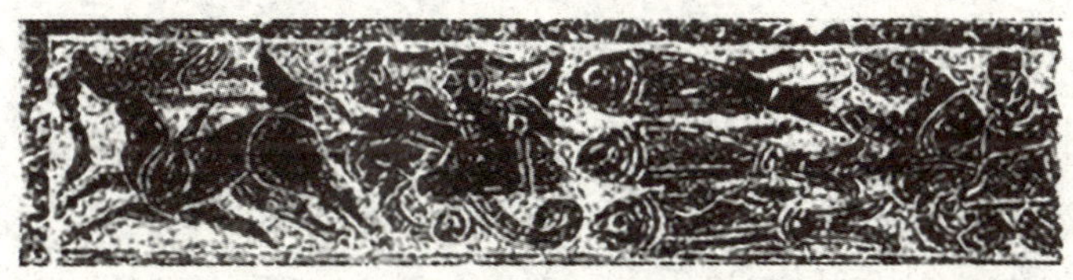

图 2—4　鱼车、鹿车图

在考古资料中,鱼、鹤、鹿作为升仙工具是常见现象,而且南北方均大量出现。但在买地券中则呈现出鲜明的南北差异性,南方出土买地券中大量出现,而北方买地券中则很少出现,目前可见有河南、陕西、北京,但数量很少,且主要是

① 陕西省考古研究院、榆林省文物研究所、靖边县文物管理办公室:《陕西靖边东汉壁画墓》,《文物》2009 年第 2 期,第 32—43 页。

② 高书林:《淮北汉画像石》,天津人民美术出版社 2002 年版,第 20 页。

鱼。河南出土北宋太平兴国八年(983)逯氏夫人买地券有“书契人:天上鸟。读人:地下鱼。鸟飞上天,鱼入深泉”。其中,鱼是读契者。河南出土北宋大观四年(1110)盛密买地券有“卖地人:东海鱼”,其中,鱼是卖地人。陕西出土明洪武二十年(1387)熊道元买地券有“代书人:水中鱼”,鱼充当代书人。北京出土明正德十年(1515)夏儒买地券有“验地人:白鹤仙。书契人:东海鲤鱼翁”。其中,鲤鱼是书写契券者。

## 二、从“水中鱼”“天上鹤”“山中鹿”所扮演的角色看买地券的内容与现实生活中实际制券者间的关系

至于为什么要在买地券中使用“水中鱼”“山中鹿”“天上鹤”,李桥(2016)指出有四点:第一是这三种动物为东海仙界精灵,以如此之身份作为书人、读人、见人等增强了买地券的契约合法性。第二是涉及水、天、地,暗含冥界、神界、人间三界,亦说明四至之广大。第三是书人、读人、见人以它们作为假托者,保全自身不受鬼神纷扰。第四是“鱼”“鹿”“鹤”谐音“余”“禄”“贺”,是对亡者或其子孙的祝愿。① 江西出土南宋嘉泰三年(1203)温氏九孺人买地券有“谁为书?水中鱼。谁为读?高山禄(鹿)。鱼、禄(鹿)一去永不回”。“鹿”直接写成“禄”,可以说是李桥所论第四点的重要支撑。此说总结得非常全面,只是前两点恐怕还要作进一步探究。

在宋元明清买地券中,“水中鱼”“天上鹤”“山中鹿”的角色并不固定,均可充当制作、书写和诵读契券者,甚至充当卖地人、见证人。如福建出土明万历十九年(1591)邓如玉等为考邓元锡、妣吴氏买地券有两方,第一方有“扦穴人:白鹤仙。寻龙人:青乌仙。书契人:云中鹤。读契人:水中鱼。鹤在天,鱼在渊”。第二方有“代书人:水中鱼。读书人:云中鹤。鹤在天,鱼在涧”。第一方中“鹤”既可勘定墓穴,又可书写契券。而鱼在第一方地券中是读契者,到第二方中变成代写契券者。从中可见在现实生活中,契券的制作者虽然依据相应的买地券范本,但会随个人习惯而任意变化书券人、读券人或见证人的名称。北京出土清康熙三十三年(1694)周永志买地券有“凭鱼鹳仙师,择吉于兑龙之原”,其中“鱼鹳仙师”应是契券制作者模仿“白鹤仙师”而创造出来的名称。

① 李桥:《海棠花馆藏江西新出宋元买地券整理与研究》,河北师范大学硕士学位论文,2016年,第92、93页。

这也说明买地券中的精灵角色与现实生活中制作地券者有着密切的关系，或是个人风格的体现，或是在书写时具有一定的随意性。湖北出土五代吴乾贞二年（928）王府君买地券有“谁谓书？水中鱼。谁谓读？山头鹿。但云鹿上高山、鹿上高山”。此券中“鹿上高山”重复两次，此处可能是刻碑者的一时失误，更可能是书券者为了强调鹿的归处而故意重复。

## 三、买地券中的“鱼”“鹤”“鹿”的居住地

在上面的论述中，实际上仅回答了鱼、鹤、鹿在买地券中的主要作用是什么的问题，下面将讨论这些动物精灵到底居住在何方。

学者多认为鱼、鹤、鹿这三类动物居住在东海边，主要是引导亡者灵魂归入东海。费和平（2012）指出“鲤鱼居于东海深处，白鹤则在东海的青天之上，而鹿自然居住于蓬莱等仙山之中”。①

这种论点最有利的，也是最主要的支持依据是买地券中出现大量“东海”。如广东出土南汉大宝五年（962）马氏二十四娘买地券有“书券积（则）是东海鲤鱼仙。读券元是天上鸖。鸖上青天，鱼入深泉”。广东出土南汉乾亨九年（925）李十一郎买地券有“何人书？水中鱼。何人读？天上鸖（鹤）。鸖（鹤）飞上天，鱼入深泉。若要来觅，东海畔边”。河南出土北宋绍圣四年（1097）李守贵买地券有“要见书契人，变飞鸟上天。若觅读契人，化鱼龙入东海”。河南出土北宋大观四年（1110）盛密买地券有“卖地人：东海鱼”。湖北出土北宋元丰四年（1081）胡六娘买地券有“鹤何在？飞上天。鱼何在？入深泉。若要相寻觅，但来东海海东边”。湖北出土北宋元丰五年（1082）王二十三郎买地券有“何人书？海边鱼”。湖北出土北宋绍圣三年（1096）胡十一娘买地券有“鹤何在？飞上天。鱼何在？深入泉。若要相寻觅，但来东海东边”。湖北出土元元统二年（1334）李元德买地券有“鲤鱼写了归东海，白鹤先生读了上青天”。湖北出土元后至元四年（1338）李贵有买地券有“白鹤书了上青天，鲤鱼读了归东海”。四川出土北宋开宝四年（971）魏训买地券有“书契人：天上飞鸟。读契人是江中鱼。书契得了，鸟飞上天。读契得了，鱼归大海”。以上券文中都明确指出鱼居住东海，或者最终归于东海。

① 费和平：《从泰山到东海抑或是从东海到地——关于北宋中期以前买地券中一类常见用语的讨论》，《东南文化》2012年第3期，第99页。

但同时,笔者也注意到买地券中有少量明确指出鱼在池中、江中或地下的材料。如湖北出土北宋皇祐五年(1053)杨六郎买地券有“黄帝问:谁人书?池中鱼。黄帝问:读人读?山头鹿。鹿上山,鱼入泉池”。湖北出土北宋元丰七年(1084)杨仙香买地券有“黄帝问:谁人书?池中鱼。黄帝问:谁人读?山头鹿。鹿上山,鱼入泉池”。安徽出土南宋淳熙十一年(1184)唐氏十四娘买地券有“若问是谁书?江中双鲤鱼。若问是谁读?天上双鸿鹄。鲤鱼书了,入深泉;鸿鹄读了,飞上天”。河南出土北宋太平兴国八年(983)逯氏夫人买地券有“书契人:天上鸟。读人:地下鱼。鸟飞上天,鱼入深泉”。湖北出土北宋元丰元年(1078)郑昌买地券有“何人书契?天上鹤。何人读契?水中鱼。鹤在青天,鱼入深潭”。江西出土北宋宣和七年(1125)刘氏八娘买地券有“何人书?水中鱼。何人读?山中鹿。鱼何在?入深泉。鹿何在?入深山”。广东出土明正德十四年(1519)李公买地券有“作仲人:水内鱼。代书人:北斗星。见钱人:天上鹤。鹤读了,上青天。鱼读了,归深潭”。四川出土北宋大观二年(1108)魏三十三郎买地券有“读契人天上飞鸟,□鱼入黄泉”。以上券文中无论是江中鱼、池中鱼还是地下鱼,最终的归宿实际上都是黄泉,至于黄泉在哪儿并没有指明。湖北出土元元统二年(1334)李元德买地券有“何人读?西天白鹤先生读”。此券文明确指出白鹤居住在西天。

江西出土南宋乾道五年(1169)侥十三娘买地券有“上止主月天(鹤),下止黄泉水中鱼”,其中“鹤”“鱼”实际代表它们管辖的区域,即天上、水中(黄泉)。

湖北出土宋代潘五娘买地券有“何人书?水中鱼。何人读?山头鹿。鹿读了,上高山;鱼书了,入深泉。如有人相寻觅,但来黄河东海边”。此券表明如果去找鱼和鹿,可以去东海,也可以去黄河边。湖北出土元末天完政权时期吴大娘买地券有“何人书?水中鱼。何人读?高山鹿。鱼何在?入深泉。鹿何在?上高山。若要相见,黄河江水边”。此券则明确指出寻找地是黄河或者长江边。刘安志(2007)认为此两句的记载,“并不表明黄河、长江是继东海之外的两个地下世界,因为黄河、长江之水最终也要汇入东海,在某种程度上,它们只是东海的两条支流的两个组成部分,东海才是真正的黄泉之地和地下世界”。实际上黄河在历史上的入海口仅有渤海和黄海,故这种理解为东海的观点可商。无论黄河、长江,还是东海,实际上都只是代表一个不可能到达的地点,本身并无多大差异。广东出土明崇祯十一年(1638)张氏买地券有“借问契书何人写?白鹤写了上天堂。借问契书何人读?鱼儿读了下长江”。此券明确指出鱼的归地是长江。四川出土北宋开宝四年（971）魏训买地券有“书契得了，鸟飞上天。读契得了，鱼归大海”。湖北出土北宋元祐四年（1089）余毅买地券有“东海童子交办，西海童子支见”。北宋崇宁四年（1105）牛九娘买地券有“读人：西海□燕子”。因此，精灵不仅来自东海，也有来自西海，总之是大海，东海不过是代表海的常用词语而已。

另外，券文中多次提到亡人不得打扰参与地券的神灵（包括生人）。江西出土北宋开宝七年（974）王氏二娘买地券有“急求之不得，觅之不见。欲觅相见，直待桑田陇，庆相见”。江西出土北宋至道元年（995）彭司空买地券有“欲得相见，直待□□□变□，等待卵中鸡子能啼，死烟灰（灰烟）起”。江西出土北宋政和八年（1118）吴公谨买地券有“若索钱，来海畔。日出黄昏，乱丝经络”。江苏出土北宋元丰八年（1085）马氏四娘买地券有“若要相见，直待海变桑田”。以上指只有这些根本不可能发生的事情实现时才能相见。江西出土北宋大中祥符四年（1011）李大郎地券有“若要相寻觅，但来东海边。万万九千年”。江西出土南宋绍兴十四年（1144）桂氏十娘买地券有“若要相见，万万九千年”。以上两方地券则说要等上万万年才能相见，实际上也是永远不要相见。其实是告诉地下亡魂不要去祟扰参与地券全过程的神鬼精灵（包括生人），如果想去寻找他们，永远找不到。以上两种形式的券文都是在告诫地下亡魂，不要去祟扰生人，生死有别。

其实这种“生死异路”的观念，在汉代镇墓文中就已经呈现。如陕西出土东汉永寿二年（156）成桃椎镇墓文有“死生异薄（簿），千秋万岁，不得复相求索”。[①] 山西出土东汉延熹九年（166）韩袱兴镇墓文有“生人自有宅舍，死人自有棺槨（椁），生死异处，无与生人相索”。[②] 山西出土东汉熹平四年（175）胥文台镇墓文“死人归阴，生人归阳。生人有里，死人有乡。生人属西长安，死人属东大（太）山。乐无相念，苦无相思”。[③]

现在回过头来检讨唐五代至宋元时期买地券常出现的“若不见书契人，但来东海边”“要相见，东海左道边”“若要相寻觅，但来东海海东边”“人但来东海东头相寻讨”“若要来相见，但来东海伴（畔）”“如要相寻讨，来东海东岸”“若

---

① ［日］中村不折：《禹域出土墨宝书法源流考》，西东书房 1927 年版，第 5 页。

② 王泽庆：《东汉延熹九年朱书魂瓶》，《中国文物报》1993 年 11 月 7 日第 3 版。

③ 罗振玉：《古器物识小录》，《罗雪堂先生全集》初编第七册，大通书局 1986 年版，第 2886—2887 页。

要相寻,但来东海边相寻”之类的话[①]。

首先,到东海寻觅的是亡魂,不是生人或者神灵。刘昭瑞(1993)曾针对湖北出土北宋政和四年(1114)胡氏买地券中的“如要相寻讨,来东海东岸”一句指出:“其意是说死者家人等若要相寻,可往东海见之。”[②]刘安志(2007)同样认为:“其意都是指要相见的人是死者本人。”[③]李桥(2016)也认为“生者在地券中书写此言,就是直接表达了想要再次见到亡者的愿望,至少是一种内心的寄托”[④]。以上认为是生人(死者家人)去东海寻觅亡者的看法恐误。江西出土北宋庆历三年(1043)吴氏买地券有“如有此色,不得横相求觅”。此券表明生人并不希望亡者死后再去寻找家人。

其次,亡魂为什么要寻找书契人、读契人或见证人?主要是出现土地或是经济上的纠纷时,亡魂可能会找当时参与契券制作、使用过程的神灵(现实生活中的人)来对质。如安徽出土北宋大观二年(1108)林锡买地券有“如有人相讨,但来东海边”,安徽出土北宋政和八年(1118)李九郎买地券有“日后有人来相讨,但来东海白砂(沙)边”。安徽出土南宋淳熙十一年(1184)唐氏十四娘买地券有“若要来相对,但到东海边”。许飞(2017)指出:“契约的书写者同时也是证明人,如果墓地或是衣物财产起了纠纷,鬼魂、鬼官很可能要上门来找契约的证明人。”[⑤]

最后,亡魂为什么要到东海边寻觅?这实际上涉及东海到底意味着什么?刘安志(2007)认为人死要归入东海,“但到了南北朝时期,则开始出现了一种新的冥世观念,即人死之后不再归于泰山,而是归于东海,东海成为继泰山之后的新的地下世界”[⑥]。费和平(2012)则指出异议:“两宋时期亡灵的最终归宿地并不是也不必是‘东海’,而就在其亲属为他们精心选择的‘宅兆’内。如果两宋时期存在着人死归于东海的观念,生者又何必为亡人建造‘万年

① 明清买地券中再没出现“但来东海边”之类的词语,可能反映了东海在民间宗教信仰中地位有所变化。

② 刘昭瑞:《关于吐鲁番出土随葬衣物疏的几个问题》,《敦煌研究》1993年第3期,第65页。

③ 刘安志:《从泰山到东海——中国中古时期民众冥世观念转变之一个侧面》,《唐研究》第十三卷,北京大学出版社2007年版,第380页。

④ 李桥:《海棠花馆藏江西新出宋元买地券整理与研究》,河北师范大学硕士学位论文,2016年,第94—95页。

⑤ 许飞:《论吐鲁番随葬衣物疏中的“海东头、海西壁”》,《敦煌研究》2017年第6期,第117页。

⑥ 刘安志:《从泰山到东海——中国中古时期民众冥世观念转变之一个侧面》,《唐研究》第十三卷,北京大学出版社2007年版,第388页。

家宅’呢？”[①]这种疑问是正确的，要亡魂到东海去寻觅实际上是一种托词，潜在词则是茫茫东海，路途遥远，亡者根本到不了东海，即使到达海边也找不到那些神灵。因此，亡魂要安居地下，不要祟扰生人。因此，高朋（2011）所谓“买地券中屡屡出现‘若要相寻觅，但来东海边’，应该暗含了不要相见之意”的说法是正确的。江苏出土北宋天圣三年（1025）顾九娘买地券有“若觅，在东海畔。山高水深无处□寻”[②]。此券文告诫亡人今后不要去寻找书写、见证、诵读契券的精灵，如果执意去找，也会一无所获。

另外要说明的是，代表冥界的不仅是东海，还有太（泰）山。如湖北出土北宋元丰元年（1078）牛懿四郎买地券有“伏为太（泰）山玉女行香收身亡化，伏为地荇，身往不出，悮（误）落黄泉”。江西出土南宋绍兴十三年（1143）周氏六娘买地券有“昨于绍兴辛酉十一月初六日夜，乃思冥途，忽奉泰山诏去，魂归大夜，命往西方”。以上券文都表明泰山是冥界所在地之一。

因此，鱼在水中、鹿在高山、鹤在天上，水、山、天所代表的海、陆、空三维空间，是亡魂不可能追寻到的地方。许飞（2017）指出：“在这里，无论是高山、深泉，还是天、地、东海，本身并不重要，只是一个被设置的无法找到的去处而已。”其言甚是。

朱超龙（2019）则认为“东海”“高山”“青天”“深泉”等并不都是世界边际的象征，这些含混敷衍类用语的共同特征都是指向模糊，不知其具体所在。“死者携衣物疏魂归地下，地下最高神需要对此进行审核，审核时需求证书人和见人，也就是张坚固与李定度二神。这样，赴海东、海西寻求张坚固和李定度的就是地下主神，或是由地下主神派出的属吏，目的是审核死者‘经涉五道’的相关手续。”“买地券与衣物疏是死者进入另一个世界的重要凭据，为确保亡人死入地下顺畅，将买地券订立过程的参与者的去处模糊处理，使审核寻问的地下神灵无从查证，从而默许亡人进入地下世界，表达了家人希望死者顺畅进入地下世界的愿望，最终目的是为了使阴间与阳世两不相妨。”“买地券的内容一定程度上可以反映当时的社会状况，买地券中自然神参与立契买地程序的出现与再兴大都时值乱世，或与时人对官僚系统腐朽不堪的印象有关。在生人眼中，地下神灵同样也会办事效率低下，生人为规避因地下行政系统办事延误可能导致的死者为祸的

---

① 费和平：《从泰山到东海抑或是从东海到地——关于北宋中期以前买地券中一类常见用语的讨论》，《东南文化》2012 年第 3 期，第 100 页。

② 高朋：《人神之契：宋代买地券研究》，中国社会科学出版社 2011 年版，第 32 页。

风险,利用官僚系统怠惰的漏洞,采取了这种看似敷衍搪塞的用语,将立契过程参与者的去向含糊指示,地下神灵自然无从也不愿大费周章查证细究。除了担心地下官吏的工作效率,官僚系统的贪污腐败也是生人忧虑的问题,江西进贤县出土的《宋政和八年(1118)吴愿地券》'若索钱,来海畔'的记载说明,地下官吏还会索要贿赂来给死者制造麻烦。有了这种含混敷衍的指示,巩固了作为阴间契约的买地券的效用,死者便可列入冥籍,永享地下宅兆,生人也就大可安享阳世生活了。"[①] 其说指出"东海"类指示具体地点的用语实际上是虚辞是可信的,但其目的是否是"为了敷衍查核的地下神灵,以致无从对证"则有待进一步考证。

## 四、买地券中的其他动物意象

当然,买地券中并不仅有"鱼""鹤""鹿",偶尔出现其他动物。如江西出土北宋熙宁三年(1070)袁八郎买地券有"是皇(黄)雀书。皇(黄)雀非(飞)上天,里(鲤)鱼入黄泉"。江西出土明嘉靖四十一年(1562)萧钦仰买地券有"正(证)见人:天边雁"。湖北出土北宋崇宁四年(1105)牛九娘买地券有"读人:西海□燕子"。湖北出土明嘉靖三十三年(1554)柴仕良买地券有"书契者:天边鹰"。以上地券中,黄雀、燕子读券,雁作见证,鹰来书写。安徽出土五代吴大和三年(931)李赞买地券有"[谁]人读?山中虎。虎入山无还,鱼入水而无[回]。"此券用"虎"取代了"鹿"。

另外,宋元买地券中出现"蝦蟆数钱,燕子分付"之类的套话。如湖北出土北宋元丰四年(1081)胡六娘买地券有"蝦蟆数钱,燕子度过"。湖北出土北宋宣和五年(1123)徐延袭买地券有"蝦蟆数钱,燕子度之"。湖北出土宋孔氏八娘买地券有"蝦蟆数钱,燕子分付"。湖北出土元末吴大娘买地券有"燕子数钱,虾蟆分付"。安徽出土北宋天圣二年(1024)张臻买地券有"所钱燕子分付"。以上券文中"蝦蟆""燕子"是经手钱财的第三方。[②] 其中,燕子是天上的鸟,蝦

---

① 朱超龙:《"东海""高山""青天""深泉"与神灵:关于买地券与衣物疏中含混敷衍类用语的讨论》,《中国典籍与文化》2019 年第 4 期,第 112—117 页。

② 买地券中有各种虚拟的鬼神、精灵。如四川出土北宋元祐三年(1088)王公买地券有"读契人:江中水"。水可作读券人。而福建出土唐末陈氏买地券有"何人书?星与月。何人见?竹与木。星月归于天,竹木归于土"。竹子、树木这类植物精灵都可作为地券的见证者。另外,还有明显是制作地券者随意编造出的人物,如河南出土北宋宣和七年(1125)刘真买地券的"牙人:张不明"。福建出土明万历十九年(1591)邓元锡、吴氏买地券中的"在见人:高里阜"。

蟆是水中的蛙（包括蟾蜍和青蛙），二者对举，和“水中鱼”“天上鹤”具有同样的象征意味。

以上说明买地券文中出现的动物意象大体上有一定的模式，主要是鱼、鹿、鹤，这是唐五代至宋元时期南方买地券的显著特征。有时，现实生活中地券的实际制作者也会根据个人风格而进行不同程度的改变，变换不同的动物角色，但表达的用意都是相同的。

## 第二节　买地券格式的历时演变与地域特征

东汉买地券内容构成要素相对简单，一般包括：A. 时间、地点和买地人（钱主）；B. 业主；C. 买地价格（标的）；D. 墓地四至；E. 中保人；F. 酬金（中礼银）；G. 设神道以护法权。其中前五项是基本要素，F 亦多出现，作“沽酒各半”，G 的出现形式为“如律令”。

其中，时地（包括亡者籍贯、死亡时间）和买地人均是真实的。东汉买地券中卖地人、中保人多是现实生活中的邻居[①]，墓地四至一般是真实的，指明四周边邻或标志物（松道、官道、坟渎等），但买地兼镇墓类型的买地券多夸大化，或“上至苍天，下至黄泉”（东汉光和五年刘公买地券、光和五年甄谦买地券）或“南至海，北至陆，东自陌，西至千（阡），上半（伴）天，下入渊”（东汉光和六年戴子起买地券）。土地面积从一亩到二三十亩不等，亩积明显是虚拟的。还有含糊其辞的，如“一处”“一町”“一丘”。买地价格接近现实土地价格，如“一千”“九千三百”“万三百”“万五千”等，另有“九万九千”“十万二千”，显然是夸大化的价格[②]。

相对而言，东汉时期买地兼镇墓类型的买地券内容格式要复杂一些。

首先是出现买地所要通报的对象——神祇。东汉光和二年（179）王当买地券、光和五年（182）刘公买地券、光和六年（183）戴子起买地券，除了具有以上 ABCD 要素外，还有“墓主、墓皇、墓阎、丘丞、墓伯、魂门亭长、地下二千石”等地下官吏，均是根据人间社会的官职设想的冥吏。

---

① 东汉买地券接近实用契约，中保人对买卖双方都有约束作用，故东汉买地券中的买卖双方都要“沽酒各半”，即各出一半酒钱，来酬谢中保人。

② 黄景春：《作为买地券地价的“九九之数”》，《中国典籍与文化》2016 年第 3 期，第 119—127 页。

其次，这类买地券中出现“何以为真（信）？铅券尺六为真（信）”的问答形式，作为契券凭证。

最后，还出现特殊的“分别死生”语，即设条件，等到这些条件得到满足后，亡魂才能返回相会；反之，如果这些条件无法满足，那么死者就永远不能回来与亲人相见。

河南出土东汉光和二年（179）王当买地券有“即欲有所为，待焦大豆生，铅卷（券）华荣，鸡子之鸣，乃与诸神相听”。这句话的意思是说死者如果想跟生人往来，要等到烧焦的大豆发芽，铅券像草木一样开花，鸡蛋像公鸡一样打鸣时，才请神明来听讼断。河北出土东汉光和五年（182）刘公买地券有“□即□□得，待焦大豆生叶，段鸡上雏鸣，铅券华荣，……诸神相听”。这句话的意思是说死者如果想跟生人往来，要等到烧焦的大豆长出叶子，已坏的鸡蛋生出小鸡鸣叫，铅券像草木一样开花时，才请神明来听讼断。以上二券的内容近同，其实是说死者永远不要与生者往来，不得回家作祟，带来灾殃祸患[1]。

安徽出土东汉光和六年（183）戴子起买地券有“欲责生人，待乌白头、马生角，乃与神相听”。此句话的意思是墓主魂神，不要责怪戴子起的妻子儿女、兄弟、父母。如果要责怪活人的话，要等到乌鸦白头、马儿生角，才请神明来听讼断。安徽出土东汉晚期元延镇墓券有“女（汝）欲复来，待女（汝）卷齿，须乌如白，大□□□”。[2]此券是说如果元延要想再回来，除非让直竖的牙齿卷屈起来，乌鸦长出白毛，也就是说，那是绝对不行的。此二墓券中都出现“乌白头”，即黑色的乌鸦长出白毛。

黄景春（2016）指出：“这种‘分别死生’的表述方式，在东汉及后来的买地券、镇墓文中屡屡出现。其中看似委婉的表述，实则包含着十分决绝的态度。”[3]这类表述方式其实是生者告诫地下亡魂千万不要试图回到家中祟扰亲人，任何想法都是徒劳的，不可能实现的。

魏晋南北朝时期的买地券，类型更为复杂化。张勋燎、白彬（2006）将其分

---

① 黄景春：《王当买地券的文字考释及道家内涵解读》，《南阳师范学院学报》2003 年第 1 期，第 16—21 页。

② 韩自强、李灿：《亳县、阜阳出土汉代铅券笺释》，《文物研究》总第三期，黄山书社 1988 年版，第 253—258 页。

③ 黄景春：《畏惧、排斥亡魂及其表述方式——以买地券、镇墓文为例》，《民俗研究》2016 年第 2 期，第 47 页。

为6种不同的类型①。其中A型指墓地买卖的年月、买卖双方的姓名、买地地点、面积大小、四至、用钱数目、证人等都是纪实的或近乎纪实的。B型中东王公、西王母、河伯、鱼、鹤等开始以证人、卖者或书者的身份出现在券文中，甲乙等十天干逐渐取代具体地名代表茔域四至范围，内容开始变得荒诞不经。C型卖者的姓名、四至范围、用钱数目都是虚拟的，不真实的，“从天买地，从地买宅”，茔域四至范围都用十天干来代表，“天帝”“土伯”频频以仲裁者的形象出现在券文中，“若有争地，当诣天帝；若有争宅，当诣土伯”；券末往往以“如天帝律令”结尾。D型主要是与保护墓主人魂魄的许多冥界鬼官出现在券文中。E型“女青鬼律”、“女青诏书”出现在券文中是其最明显的标志性特征，具体可分二式，Ⅰ式出现不少新的因素，如“薄命早死”，以青龙、白虎、朱雀、玄武四灵代表墓地的四至范围，王子侨以买地见证者身份出现在券文中，券末以“女青律令”结尾。Ⅱ式最大的特点是直接以太上老君的名义向一系列天地四时神祇和冥界鬼官发出敕令，责令他们保护好坟墓冢宅和墓主身魂，用钱数目多为九九之数，多附刻（书）符箓。F型买地用钱数目都是“万万九千九百九十九文”，亦以四灵代表墓地的四至范围，除王（子）侨外，赤松子、张坚固、李定度亦以买地见证者身份出现在券文中，券末仍以“如律令”结尾。前四种类型的买地券均在东吴时期开始出现，后两种类型则晚至南朝刘宋时期。

应该说白彬的分析非常全面而具体，当然还有一种书写于简牍材料的买地券，其内容格式并不适用于以上六种类型。甘肃出土的前凉建兴二十四年（336）周振、孙阿惠买地券有一系列送葬用品，“宗人室家共丧送死人周振、阿惠，金银钱财，五谷粮食，荔子黄远，牛羊车马，猪狗鸡雏，楼舍帷帐，栖杆盘案，彩帛脂粉。诸入冢什物，皆于方市买”。这种现象是同时期其他地域买地券未具有的，可以计作G类型。因此，魏晋南北朝买地券总的说来可以分作7种类型（表2−1）。

**表2−1　魏晋南北朝买地券类型与时代演变及地域分布**

| 类型 | 时代 | | | | | 地域 |
|---|---|---|---|---|---|---|
| | 东吴 | 西晋 | 东晋 | 南北朝 | | |
| | | | | 南朝 | 北朝 | |
| A | √ | √ | | | | 安徽、浙江、江苏 |

① 张勋燎、白彬：《中国道教考古》第三卷，线装书局2006年版，第885—888页。

续表

| 类型 | 时代 | | | | | 地域 |
| --- | --- | --- | --- | --- | --- | --- |
| | 东吴 | 西晋 | 东晋 | 南北朝 | | |
| | | | | 南朝 | 北朝 | |
| B | √ | √ | | √ | √ | 湖北、江西、江苏、广西、山西、河南、甘肃 |
| C | √ | √ | √ | | √ | 江苏、陕西 |
| D | √ | | | | | 安徽、湖北 |
| E | | | | √ | | 广东、湖北、江苏、广西 |
| F | | | | √ | | 广西 |
| G | | | | | √ | 甘肃 |

从上表可见,就目前出土买地券而言,从时代来看,除了东晋以外,其他时期买地券数量多,类型复杂,以 B、C 型为主, A 型次之。具体来说,东吴、西晋时期目前发现主要有 A、B、C 三种类型,东吴开始出现 D 型买地券。券文一般比较简短,内容亦不复杂。东晋买地券数量、类型大为减少。南北朝买地券与东晋相比,数量大为增加,类型增多,出现 E、F、G 三种新类型,多数券文特别长,内容更为复杂。从地域来看,南方买地券出土数量较多,但主要集中在江苏、湖北、广东、广西,而北方买地券出土数量较少①。

值得注意的是,此时期买地券的格式还有两点重要变化:

一是出现了自问自答的形式,且仅有一方。西晋永宁二年(302)汝阴太守侯氏买地券有"若有问谁所书?是鱼。鱼所在,深水游;欲得者,河伯求"。

二是中保人在魏晋时期由人逐渐演变成为神鬼,而南北朝时期则全变成神仙,角色也发生了变化,由魏晋时期常见搭配"天帝、土伯""东王公、西王母"变成"张坚固(故、顾)、李定度"。

隋唐、五代买地券内容格式有所发展。鲁西奇(2014)根据买地券的形式、内容、使用材料及墓葬所出器物,分作长江中下游、四川、福建、广东四种类型,长江中下游类型,最显著的特征是使用木质,四川类型使用石质,福建类型使用砖质②。以上分类主要是从买地券的材质入手,实际上同一材质的买地券内容并不相同。

① 这一结论只能说是初步的,主要基于当前公布的买地券材料而言,与白彬分析的结果有所不同,但不意味着是完整准确的,因为还有不少买地券未公布,日后亦会不断出土。

② 鲁西奇:《中国古代买地券研究》,厦门大学出版社 2014 年版,第 246—248 页。

石英（2007）则将32方买地券分作五种类型，第Ⅰ型有2方，出自湖南、江苏两省，即《陶智洪买地券》和《伍松超买地砖券》。这一类型买地券在用语、格式上与南朝时期的买地券十分相似，可视为是南朝买地券的延续型。第Ⅱ型共有5方，出自新疆、广州、福建、河北四省，分别是《张公买地券》、《乔进臣买地牒》、《范韬买地券》、《某氏买地券》（广州出）、《王楚中买地券》。这类买地券在内容上相对简单，字数要比同时期的其他买地券少，格式亦不统一。以神化了的历史人物充当买地券中的保人，这似乎为六朝买地券所无，从这一意义上讲，这一类型的买地券可视为是一种新型的买地券。第Ⅲ型共7方，为《张无价买地券》、《钱氏买地券》、《张虔钊买地券》、《徐铎买地券》、《宋琳买地券》、《某氏买地券》（成都出）、《周十一娘买地券》，分别出自新疆、广东、四川、安徽、江西五省，时间跨度从唐天宝六年（746）到后蜀广政二十年（957）。这种类型的买地券，有基本统一的格式和统一的用语，使用时间跨度大，对后世买地券影响极大，其中以《张无价买地券》最为典型。这一类型的买地券，在用语上有两个较为鲜明的特点：其一，买地的价钱不再仅仅是过去南朝时所常见"九万九千九百九十九"这样的数字，而是代之以五綵杂信、五彩铜钱、谷、豆、鱼等实物；其二，使用牲牢酒饭、百味香辛与神盟契誓约。这两个特点在宋元时期的买地券中广为使用，说明其对后世有着深刻的影响。第Ⅳ型共16方，为《姚仲然买地券》《熊氏十七娘买地券》《陈氏买地券》《随氏娘子买地券》《王府君买地券》《李赞买地券》《汲府君买地券》《赵氏娘子买地券》《陈尊买地券》《汤氏买地券》《陈氏十一娘买地券》《姜氏妹婆买地券》《马氏二十四娘买地券》《李才买地券》《徐公买地券》《刘某买地券》，分别出自于江西、湖北、安徽、广州、四川等省，时间跨度从唐大顺元年（890）至后蜀广政二十七年（964）。这种类型的买地券，篇幅较长，字数较多，以《随氏娘子买地券》为代表。这类买地券用语中的麒麟、凤凰、章光、玉堂等，为以前买地券所不见。第Ⅴ型共2方，这种类型买地券的特点是虚实结合，如唐大中元年（847）《安喜县刘元简为亡考买地券》，唐天宝六年（746）《南巴县令陈聪愸及其妻买地券》[①]。

上说总结比较全面，但由于此后公布了一些新材料，故此说亦有可补之处。湖南湘阴出土隋大业六年（610）陶智洪买地券基本继承了南朝买地券的特点，具有时间、亡人居所、买地亩积、四至、墓地价格、保护亡魂的冥界神鬼、设神道护

---

① 石英：《隋唐五代买地券的若干问题研究》，武汉大学硕士学位论文，2007年，第13—19页。

法、女青敕诏等各要素，兹不详述。而从目前出土的内容完整的 14 方唐代买地券来看，其构成要素不尽相同。

从内容格式来看，此时期买地券出现了新的特点，主要有：

1. 中保人显得更为复杂化和任意性。竹、木等植物可作为中保人。唐末漳州漳浦县陈氏买地券有“何人书？星与月。何人见？竹与木”，竹、木均可作为见证人。王文泾（2001）认为是漳州地区多竹，制造地券的人便随手而用①。鲁西奇（2014）亦指出：“以星月为书券人，易于理解；然以竹木为见证人，却颇值得思量。总之，此券杂糅佛、道与民间固有观念于一体，与上引龙溪县王楚中买地券相比，显示出更鲜明的地方特色。”②而福建、台湾地区民宅或庙宇使用的阴阳契中有“代笔人:兔毛笔”③“代书:杨（阳/羊）毫笔”④“代书人:毛锥子”⑤等，以毛笔作为代书人，完全是虚构的，其用法与竹、木作为见证人如出一辙，也可以说是福建买地券传统的延续，体现出鲜明的地域特色。

尽管“张坚固、李定度”，“东王公、西王母”这种固定搭配还是经常出现，但出现了“知见人：岁月主者。保人：今日直苻（符）”这种新的搭配形式。如唐大历四年（769）张无价买阴宅地契有“知见人：岁月主者；保人：今日直（值）符”。

2. 五代买地券中开始出现“采花”现象。最早的是安徽出土吴大和三年（931）李赞买地木券，其中有“为佛采花，隔天露雾，游荒于□□，不还”。其实，早在北齐武平四年（574）山东临朐高侨为妻王江妃衣物疏就有“今为戒师藏公、山公等所使，与仏（佛）取花，往知（之）不返”。袁维玉（2014）认为：“既然以鲜花献佛供佛可以积累功德，对佛教信徒而言还可有助修行，那么买地券记载墓主死因为‘为佛采花’，也可理解为是为墓主积累功德，使阅券神灵相信亡者功德无量，从而让死者在地下世界能安然度日，不返回俗世打扰生人。”⑥而黄文博（2016）在总结了买地券中的“为佛采花”现象后指出：券文所言“为佛采花”的含义并非现实中具体的宗教礼佛实践活动，券主“为佛采花”的最终目的地应当为“彼岸世界”，实质上这是一场券主经由现世通往“彼岸世界”的灵魂之旅。

---

① 漳浦县博物馆：《漳浦唐五代墓》，《福建文博》2001 年第 1 期，第 40—45 页。

② 鲁西奇：《中国古代买地券研究》，厦门大学出版社 2014 年版，第 210 页。

③ 陈进国：《安镇符咒的利用与风水信仰的辐射——以福建为中心的探讨》，《世界宗教研究》2002 年第 4 期，第 111 页。

④ 可见叶钧培：《金门碑铭石刻调查与研究》，福建师范大学博士学位论文，2015 年，第 153—154 页。

⑤ 于迅：《集美大社大宗祠地契砖析疑》，颛蒙叟《集美史略》（内部资料），2000 年，第 140—141 页。

⑥ 袁维玉：《安徽合肥出土买地券中的佛教因素》，《文物春秋》2014 年第 1 期，第 59 页。

换言之，“为佛采花”是对券主死亡过程（羽化成仙）的一种委婉说辞[①]。在这些出现“采花”现象的买地券中，其中以“遇仙人赐酒，酒迷不返”之类的话最多，地点分别是后园、南山。

除了“采花”外，还有“采药”，最早见于江西出土唐开成二年（837）姚仲然买地券，有“因往南山采药，遇仙不回”。多是去南山采药，另有北山、九仙山。

另值得注意的是，有二例买地券是“采花药”，即将“采花”与“采药”合二为一。湖北出土北宋元丰四年（1081）胡六娘买地券有“忽随仙人，悮（误）往南山采于花药，忽被仙人赐酒，玉女传杯，致醉失路，迷而不返”。湖北出土北宋宣和五年（1123）徐延袭买地券有“忽随仙人往南山采花药，□酒□□，路迷不返”。

广西南宁出土明万历二十七年（1599）朱大治买地券有“因往南山采果、北山采药，遇见东王公、西王母，赐酒三杯，归寓沉醉，一梦南柯”。由此可见，无论是采花、采药、采果或者采茶，其实都是为遇仙人赐酒（后姑、东王公、西王母等）作铺垫的，都是婉指死亡。

黄景春（2018）指出：“由‘醉酒’到‘仙人赐酒’，再到‘赐酒一盏（杯）’，再到玉女‘赐酒、赐茶’，对死亡的叙述越来越具体，越来越像小说情节。”“不再是采花或采药，而是‘南山采茶，北山采果’，这种改变可视作佛、道二教意蕴减退、民俗生活融入券文的表征。……从对死亡的文学化表述这个角度看，买地券在明清以后不仅没有像有的学者所断言的衰落乃至消失，反而是更加丰富多彩，写法也更完备”。[②]

3. 福建漳州漳浦县唐末陈氏买地券，券首有“索诃世界，南瞻（赡）部洲”，体现出佛教地理观念对买地券的影响。索诃世界即娑婆世界，为佛教三千大世界的总称。南赡部洲，或作南瞻部洲、琰浮洲、南阎浮提、南阎浮洲、阎浮提鞞波等，为佛教传说中四大部洲（另包括东胜神洲、西牛贺洲和北俱芦洲）之一，在须弥山之南。

4. 运用五音法占卜相地，如广东广州出土南汉大宝三年（960）刘氏二十四娘买地券有“本音大利”。

5. 福建出土唐咸通二年（861）王楚中买地券末尾署名实际书写碑文者（以

---

① （1）黄文博：《南北朝至两宋时期买地券文“为佛采花”释读》，《中国国家博物馆馆刊》2016年第4期，第91页。（2）陈瑞青、池素辉：《花、药与酒：买地券所记宋代信众的曼妙死亡方式》，《宁夏社会科学》2017年第2期，第63页。

② 黄景春：《买地券、镇墓文中的“死雅”》，《地方文化研究》2018年第4期，第57—65页。

前多是虚拟的)。

而有一些值得注意的重新出现的格式,主要有:

1. 重新出现自问自答的形式,主要是先问是谁书写契约,谁读契约,接着作出回答,一般是鱼、鹿、鹤。这种形式曾在西晋买地券中出现一例,之后五百年在买地券材料中未见。唐开成二年(837)姚仲然买地券有"何人书?水中鱼。何人读?高山鹿。鹿何在?上高山"。唐大顺元年(890)熊氏十七娘买地券有"鱼何在?入深泉。谁为书?水中鱼。谁为读?九□□"。唐末漳州漳浦县陈氏买地券有"何人书?星与月。何人见?竹与木。星月归于天,竹木归于土"。五代十国时期吴武义元年(919)随氏娘子买地券有"若有神来寻问者:谁谓作?天上鹤。谁谓书?水中鱼。谁谓读?山中鹿。□□□□□,鹿上高山,鱼入深泉"。吴乾贞二年(928)王府君买地券有"若有神来寻问者,谁谓书?水中鱼。谁谓读?山头鹿。但云鹿上高山、鹿上高山"。吴大和三年(931)李赞买地券有"□□□谁人书?保永□□。谁人读?山中虎。虎入山无还,鱼入水而无回"。吴天祚三年(937)赵氏娘子买地券有"谁谓书?鸟。谁谓读?鱼将鹳。书亦了,龙升天。读亦了,鱼入泉"。值得注意的是,此券问答部分不是一一对应,前面书契者是鸟,读契者是鱼与鹳,后面则是龙飞上天,鱼入深泉。

石英(2007)认为:"隋唐五代买地券中所用问答的书写格式,有可能渊源于北朝的'移文'书写格式。此种格式虽然在唐末五代继续沿用但其内容却是因地制宜进行改变的。"[①]此说主要依据是山东出土北齐武平四年(574)山东临朐高侨为妻王江妃衣物疏有"来时怱(匆)怱(匆),不知书读是谁。书者观世音,读者维摩大士"。实际上前述江苏南京出土西晋永宁二年(302)汝阴太守侯氏买地券已经出现这种形式,故此说有误。鲁西奇(2014)指出唐开成二年(837)姚仲然墓地券与西晋永宁二年(302)汝阴太守侯氏买地券似存在某种继承性,是当时立契须高声诵读的一种间接反映,"鱼书"本与"鬼事"有关,"鹿鸣"或亦与亡人有关。[②]当然,目前出土的材料显示江苏在七百多年后才重新出现这种形式的买地券,如南通出土北宋天圣三年(1025)顾九娘买地券有"是谁书?水中鱼。是谁读?高山鹿。若觅,在东海畔。山高水深无处□寻"。不过,上海松江出土唐中和三年(883)戴芳墓志铭末有:"是谁书?双鲤鱼;是谁读?

① 石英:《隋唐五代买地券的若干问题研究》,武汉大学硕士学位论文,2007年,第17页。

② 鲁西奇:《中国古代买地券研究》,厦门大学出版社2014年版,第197—198页。

双白鹤。鲤鱼入深渊,白鹤飞上天。”[①]可以视作这种形式在墓志铭、买地券中的延续。

2. 有三方地券均用假设条件比喻根本不可能实现的事情,告诫生死有别,亡魂不要干扰生人。这种形式早在东汉买地券中已有体现,唐五代买地券中重新出现,并延续至宋代。四川成都出土唐天复元年(901)秦温买地券有“温长生万岁,富贵长久,石人石契,不得慢临。若人吉宅,自有期(其)契,天翻地倒,方始相会。”四川成都出土后蜀明德二年(935)任菩提地券“石人石契,不得慢临。若人吉宅,自有其契。天番(翻)地倒,方始相会”。福建福州出土后周广顺二年(952)林十七娘买地券有“蔫苣能生,乱丝能解,□地作……”

3. 浙江宁波出土唐长庆二年(822)罗清买地券前半部分是买地券,后半部分是墓志铭,这种形式其实在北魏延兴二年(472)申洪之买地券中已有体现,只不过申洪之买地券前面是墓志铭,末尾是买地券。此种格式在宋代亦有延续,如北宋太平兴国八年(983)逯氏夫人买地券结尾有“有逯氏夫人今月日命终于私地矣。礼适君子,奉为亡妻。就太平兴国八年二月十五日殡于村地原上约□步,已未擢殡。□恐陵谷改移,遂立不枉之铭,□日后作永远为记”。此段应是墓志铭。宋代买地券的数量多,内容丰富,格式复杂。高朋(2011)将其分作七大类,并且指出买地券的文本虽然存在一种官方范本,但在宋代丧葬礼仪实践过程中并没有成为绝对的主流,有一些亚型地券。在不同的地区,人们往往会发展出符合自身需要的买地券类型,而官方类型的存在对他们并没有本质的影响。使用者为满足个人需求,有可能制定出独特的买地券。同一地区不同模式可以同时共存,互不干扰[②]。鲁西奇(2014)将宋元买地券分成《地理新书》式买地券[③]、江南样式的买地券(江西淮南、蜀中、福建、海南)、阴阳券契合璧式买地券、告地式

---

① 见(明)陶宗仪:《古刻丛钞》,中华书局1985年版,第129页。另可见周绍良主编:《唐代墓志汇编》,上海古籍出版社1992年版,第2513页。

② 高朋:《人神之契:宋代买地券研究》,中国社会科学出版社2011年版,第36—46页。

③ 北宋官修《地理新书》卷十四《斩草忌龙虎符入墓年月》收有一份买地券的范文,“某年月日,具官封姓名,以某年月日殁故。龟筮叶从,相地袭吉,宜于某州某县某乡原,安厝宅兆。谨用钱九万九千九百九十九贯文,兼五綵信币,买地一段,东西若干步,南北若干步。东至青龙,西至白虎,南至朱雀,北至玄武。内方勾陈,分擘四域。丘丞墓伯、封步界畔。道路将军,齐整阡陌。千秋万岁,永无殃咎。若辄干犯呵禁者,将军亭长,收付河伯。今以牲牢酒饭,百味香新,共为信契。财地交相分付,工匠修营安厝以后,永保休吉。知见人:岁月主。保人:今日直符。故气邪精,不得忓恡。先有居者,永避万里。若违此约,地府主吏,自当其祸,主人内外存亡,悉皆安吉。急急如五帝使者女青律令!”见北宋·王洙等编撰,金·毕履道、张谦校,金身佳整理:《地理新书校理》,湘潭大学出版社2012年版,第428—429页。

买地券四大类，同时指出买地券样式的流行与传播，以及在具体的营葬过程中如何选择使用买地券，都是非常复杂的问题①。

应该说，以上两种说法比较切合实际，不过一些细节或可补充。

1. 宋代买地券对地券制作以及墓葬营造的具体过程多有细节上的描写。江西出土北宋皇祐四年（1052）王五娘买地券末有“此坟宅是谅、谏预谋庹，建寅刊”，明确指出王五娘三个儿子负责营造坟墓。陕西出土北宋嘉祐八年（1063）孙胜买地券有“孙构书，梁演刊”，江西出土南宋靖康元年（1126）揭公量买地券有“范明刊”，江西出土南宋嘉定十七年（1224）李小乙买地券有“邓仲宣刊”，四川出土北宋崇宁元年（1102）宋燧买地券有“抚琴侯莫陈颖达刊石”，河南出土北宋大观四年（1110）盛密买地券末有“遂平县匠人于成”。以上5方地券同上揭地券一样明确指出刊刻地券者。江西出土北宋宣和三年（1121）张公买地券“谁为书？是玄武。谁为读？是白虎。何人裁衣？云中织女。谁为修棺？洛阳□师”。书、读契者是四灵（其他地券有禅师、天官道士等），后面追问裁缝和修棺者，均是以前未见。湖北出土北宋大观二年（1108）杨皋地券有“刊字人李行者□□。门师姓杨□□。佛母堂主朱和尚书。修造僧□□”。鲁西奇（2014）指出：“此碑无买地字样，墓主亦在自家地内安葬，其性质与上录郑福地券相同。书碑、刊字与修造者均为僧人或行者，说明当时存在专事刊刻碑记的僧人。”②山西侯马市出土金明昌七年（1196）董海买地券，上有“砌墓人：董靖、董楼喜、董念五”，说明修造墓地者为家人。四川成都出土北宋宣和六年（1124）阎氏十八娘买地券有“宣和元年袁家烧造地券，一福（幅）了”。原报告（第117页）指出：“甘油村宋墓出土的买地券有较高价值。从买地券的券文可知，该买地券烧造于宣和元年，而随葬是在宣和六年，时间、人名、地名等非常规术语又都是后来补刻，可见，买地券是批量生产的。从券文末烧造者的题记“宜和元年袁家烧造地券一福了”来看，地券是作为商品来出售的，券末的题记是袁家自我安慰的表现。真文券也应是模制烧造，大小、火候、质地都基本相同，真文券等道教丧葬用品也是批量生产并作为商品出售。”③

① 鲁西奇：《中国古代买地券研究》，厦门大学出版社2014年版，第508—510页。

② 同上书，第331页。

③ 成都市文物考古工作队：《成都北郊甘油村发现北宋宣和六年墓》，《四川文物》1999年第3期，第114—117页。

2. 江西出土 4 方宋代买地券，券文有当时墓葬随葬粮罂（即魂瓶）风俗的描述。北宋元祐四年（1089）吴十三郎买地券有“粮瓶贮千年之涌水，五谷代（袋）万岁之粮食”。北宋宣和三年（1121）张公买地券有“粮罂贮千年，涌水不绝，五谷袋储万年之粮”。南宋绍兴十一年（1141）刘三解元买地券有“粮罂贮千涌之泉，五谷袋万载之粮”。南宋绍兴十三年（1143）周氏六娘买地券有“所有盛粮罂充千年之浆，五谷仓贮万年之粮”。南宋绍兴十七年（1147）饶氏夫人买地券有“粮罂贮千岁湧水，五谷仓积万岁之粮”。魂瓶以五谷命名，取五谷之形，书五谷之字，内置五谷之实，蕴藏着谷物是维系人类物质生活与精神生活的主要食粮、祭神之物，寄托着生者对逝者在阴间生活的愿景，同时具有驱鬼避煞之功能。

3. 中保人称谓繁多。有保人、主保人、保见人、引至保见人、见证人、元知见人、引至人、见人、祁见、支见、照见、证支、证见人、同见人、委见人、交办、证他、知状、在旁知状、牙人、牙保人等，涉及寻龙点穴人、卖地人、见证人、担保人、运钱人、交钱人、数钱人、领钱人、书契人、印契人、读契人、给契人、立券人、当契人、交关人（即交易人）、校正人、埋葬者、刊刻者等。其格式化程度亦严重，最常用的是“张坚固、李定度”“东王公、西王母”“岁月主者、今日直符”这三组固定搭配，而“石功曹、金主簿”亦常组合使用。如北宋景德三年（1006）史府君买地券有“保人：张坚故。保人：李定度。书契人：石公曹。读契人：金主簿”。北宋天圣二年（1024）杨知璠买地券有“知见人：岁月。保人：东王公、西王母。读契人：石公曹。书契人：海东童子，入水”。北宋熙宁二年（1069）毛氏买地券有“知见人：东王父、西王母。石公曹、李定杜写。书契人：戊己土。读契人：张坚故者”。北宋庆历三年（1043）虎户仇绪买地券有“立券人：石坚古、李定度。同立券人：东王公、西王母。知见人：日月主。保人：南山赤松子”。以上组合中“张坚固、李定度”偶作“张陆、李家”或“张坚、李定”，前者是误写，后者是省称，有时“张坚固”作“石坚古”，应是义近而误；“李定度”误作“陆定度”，应是音近而误。而辽大安九年（1093）牛公买地券“祁见：张□、曾石定”，则是“张坚固、李定度”的误写。这种因音近、义近或形近而误的现象在买地券中常见，最主要的原因是地券制作者文化水平低。如买地券中“王子乔”或作“王子桥”，或作“王乔”；“石功曹”或作“石公曹”“石阴曹”“合功曹”，甚至是“助功曹”“龚功曹”。如北宋太平兴国八年（983）逯氏夫人买地券有“天上保人：东王翁、西王母、张坚固、李定度。知见人：石功曹、金簿主。书契人：天上[鸟]。□人：地下鱼”。其中“金主簿”颠倒成“金簿主”。

另外,山西大同城北出土辽开泰五年(1016)刘重绍买地券,另一面刻有刘重绍之孙刘延贞开立庄账。这种将买地券与庄账同刻于一块石碑之上的特殊现象,主要原因是刘延贞兄弟等人告知死者家族现有地产多少,具有以家业兴旺告慰死者的意味在内。

元代买地券数量较少,祝庆(2015)将其分作六大类,其中Ⅰ型固定文本型分作《地理新书》式与茔原总录式[①]。Ⅱ型为阴阳契型。Ⅲ型地域神鬼特色型分作a式神仙担保式,b式神仙招魂式,c式风水安坟式,d式福建式。Ⅳ告书型买地券,分a式河图洛书式与b式江西风水式。Ⅴ型是造墓题记型买地券。Ⅳ型是申明型买地券。并且指出元代买地券主要在前代买地券的基础上逐步发展并完善起来的,而其最具时代特色的应该是Ⅰ型买地券中的b式,即茔原总录式买地券。此类型的买地券在元代形成,而后在明代时开始风靡全国。虽然茔原总录式买地券是可能依据地理新书式买地券发展起来的,但它还是和《地理新书》式买地券在内容上存在或多或少的不同。笔者认为告书型其实是告神文,它与造墓题记,与一般意义上的买地券内容并不相同,没有买地内容的描写,可以排除掉。从此意义上说,元代买地券分作四类即可。

明代买地券在继承宋元买地券的基础上,主要以Ⅰ型固定文本型(《地理新书式》与茔原总录式)为主,同时具有一些新的特点。

1. 某些券文中对墓地四周及地势的描写比较详细,体现出浓郁的风水信仰。北京出土天顺六年(1462)丁海为考丁氏妣陈氏买地券有"安券之茔,其茔明堂宾满。秀水潮迎,而代代之繁华。山脉拱顾,而人人之显宦。树木森森,频听金鸡而报晓,勤闻玉犬之传声"。北京出土成化十八年(1482)太监张端买地券"然伸安葬之后,山神送喜,地域呈祥。水涌山环,遶(绕)佳城之郁郁;藏风聚气,拱福祉以绵绵"。北京出土崇祯四年(1631)王学买地券有"乾山来龙,天皇结穴。隐隐隆隆,平若铺毡之状。沉沉缓缓,高如吐乳之形。后枕金峰,一带青

---

① 而《茔原总录》(国家图书馆善本室藏,元刻残本)卷三《祭神祇立坛法篇》记有:维年月朔日某州某县某坊住人某甲,伏缘父母奄逝,未卜茔坟,夙夜忧思,不遑所厝。遂令日者择此高原,来去朝迎,地占袭吉。地属本州本县某村之原,堪为宅兆。梯己出借(备)钱綵买到墓地一方,南北长若干步,东西阔若干步。东至青龙,西至白虎,南至朱雀,北至玄武。内方勾陈,管分擘四域。丘丞墓伯、封步界畔。道路将军,齐整阡陌。致使千秋百岁,永无殃咎。若有干犯,并令将军亭长,缚付河伯。今备牲酒脯,百味香新,共为信契。财地交相,各已分付,令工匠修营安告以后,永保休吉。知见人:岁月主。保人:今日直符。故气邪精,不得干恡。先有居者,永避万里。若违此约,地府主吏,自当其祸。助葬主里外存亡,悉皆安吉。急急如五帝使者女青律令。券立二本,一本付后土,一本乞付墓中,令亡父某人收把,准备付身,永远照用。今分券,背上又书合同二字,令故气伏尸,永不侵争。

峦迭翡翠。前迎玉液，百川汇择聚玻璃。依瓮山青龙昂首，指玉泉白虎藏头。四神朝拱，八向通流。最喜水口固密，封闭几重关镇。惟爱明堂宽畅，堪容数万貔貅。乃附近神洲之吉壤，偏创为少祖之佳城。宜下亥山巳向，内兼乾巽二分”。山东出土万历四年（1576）石麒买地券有“兹因气满穴参，有碍生发，夙夜忧思不宁。因令卜者择地，得吉兆于城西北三里古西关西南地方。坐受西南，龙峰踊跃。兑山之原，威成群龙。出翠势贵，龙旋伏形。以峨眉仰月，环抱为案。穴贵蘖鼻，贪狼水潮，巨门水出。来去朝迎，地占袭吉，堪为宅兆”。江西出土景泰五年（1454）周宽、田妙贞买地券有“其地坎艮山行龙，乃是麒麟狮子大座之地。震甲山庚向，合得水星来到，星金之穴，阳山阳向，午水来潮。土金星作案，左青龙回顾，迭迭高峰，挂榜御街，水流辛戌，荫益五万年，家道兴隆”。

2. 主保人的签押形式多样化。宋元买地券中的签押符号一般是“押”或“十”，而明代买地券中出现花押或五行（包括加圈）或八卦符号。河南出土明隆庆五年（1571）载播夫人李氏买地券有“知见神：岁主直符功曹之神一[花押]，月主直符从魁之神一[花押]。候保神：日直符胜（炁）之神一[花押]”。[花押]即花押符号。四川成都出土明弘治十二年（1499）王氏大买地券有“代保人：东王公㊎、西王母㊍。知见人：张坚固㊌、李定度㊋。书契人：白鹤仙㊏”。广东深圳出土明万历四十三年（1615）曾母文氏买地券有“地仙熊应明☰。寻地白鹤☶、青乌☷。作中证：张坚固☵、李定度☱。孝男维栋、维檩☲、维材”。签名之后为八卦符号[①]。清康熙二十一年（1682）李明寰买地券亦同，“立契开皇帝（地）主☰，中见李定庚（度）☶，受钱后宫夫人☵，点穴白鹤仙人☳，引领山神土地☵，代笔柳义秀才☷，说合张坚固☳，□墓柏仁大将☲”。

3. 江西地区宋元买地券独有的格式到明代仍在这一地区延续。即券首有“青乌经云：葬不斩草，买地不立券，谓之盗葬，乃立券文”。末有“彼疆尔界，在截其所。神武所步，竖亥所度。丘丞墓伯，禁切呵护。驱彼罔象，投畀兕虎。弗迷兽异，莫予敢侮。千万亿年，永无灾苦。敢有干犯，神弗置汝。山堂亭长，收付地下。主者论罪，弗敢云赦。乃命翰林子墨客卿，作为券文，亡灵之执，永镇幽宅。天光下临，地德上载。臧辰合朔，神迎鬼避。涂车刍灵，是为器使。夔（櫰）灵魑魅，莫能逢旃。妥亡佑存，罔有不祥。子子孙孙，克诚克昌。山灵地神，实闻此言。谓予不信，有如皦日梅仙，其时在旁见知”。其中，神禹所度指禹步划定范

① 由于图版不清，两处签名之后八卦符号不详。

围,禹步则指巫师或道士跳神、作法的步伐,竖亥则是健行人。罔象即魍魉,乃是出入陵墓、专食人肝脑的鬼怪,虎则食鬼魅,保护亡灵。“天光下临,地德上载。臧辰合朔,神迎鬼避”,则是强调墓穴风水以及葬日择日吉利。江西出土明正德十年(1515)颜母萧氏孺人买地券、正德十六年(1521)彭魁章为母刘氏买地券、嘉靖九年(1530)周贵高买地券、嘉靖十九年(1540)高氏买地券、嘉靖二十六年(1547)王孺人买地券均是这种格式,体现出鲜明的梅福信仰①。

4. 四川部分买地券行文非常讲究韵律,显得文雅,体现出地券制作者具有一定的诗词格律基础。

明正德二年(1507)黄相为母牟氏二买地券有“东至甲乙木,南至丙午丁,西至庚辛金,北至壬癸水,中至亡人墓,四至已分明。上至苍天界,下至后土尊,神坛并故气,永远莫相侵。若有故违者,便凭此契文,亡人安葬后,常荫孝家门。天降生贵子,八卦旺儿孙”。五字一句,很有韵律感。正德六年(1511)王氏大买地券券文中间八行均是五字一句,且分作三栏,显得非常讲究。“轩辕八百岁,盘古数万春。大凡人世在,谁能免死门。生则居华室,死则葬坵坟。买□□穴地,九千九贯文,上至青天盖,下至后土尊。丙丁及甲乙,艮巽共乾坤。□□□□□,坎癸申子辰,兑丁己酉□,□□□□辛。山中玉犬吠,世上金鸡鸣。天星□□□,八卦荫儿孙。冥呈为照证,□□□□□,诸神休占此,准令永奉行”。万历五年(1577)张氏大买地券中间七行,五字一句,每行四栏,“乾坤天地太(泰),日月两分明,阴阳分造化,自古到如今。轩辕八百岁,彭古数万春。旦(但)凡人在世,谁知免死门。生则华堂室,死则丘葬坟。东至甲乙青,南至丙午丁,西至庚辛酉,北至壬癸神。上至青天盖,下至后土尊。离壬寅午戌,坎癸甲子辰,四至皆分晓,八卦定乾坤。天星生贵子,地脉荫儿孙。山神不敢占,古墓不敢侵。宣承(程)为执照,出卖与亡人,立写契文后,准此令奉行”。

荆菁(2016)指出:“在券文解读中,成都地区明代买地券中所出现的联语有券阴面与券阳面之分,刻写在买地券券阴的联语,无论在内容形式或使用时间上,都与成都地区明墓中门枋石上所刻的对联较为相似。”具体体现在:首先在内容上,二者都大量涉及道教与风水堪舆词语,且买地券券阴面的联语往往分列在券阴两侧,与门联形制极为相似。买地券中以对联形式刻写在券阴面的联语最早出现于明天顺八年(1464),而墓室门联年代最早者则出现于成化年间,同

① 王亚:《宋元江西买地券中的梅福信仰》,《道学研究》2017年第1期,第110—119页。

时二者都盛行于嘉靖、万历时期，使用时间亦相对吻合。此外，出现于买地券券阳面的第一类联语虽然在内容形式上与墓室中对联相差较大，但其语句对仗较为工整，且出现时间相对较晚，应是成都地区明代墓联文化影响下的产物。[①]

5. 四川部分买地券格式比较特殊，都有"盖闻卜云其吉，终焉永藏。吉地，鬼神之所司。贵脉，人生之所主。天地有钟灵之秀，山川有奇耦（偶）之家，岂非冀显之隆，必述千古之盛。窆窴大利其方，虽皆地附之初，必崇玄真之吉，显耀裔而绵绵，贵宠昌而蔚蔚"。成都出土明嘉靖二十四年（1545）陶近廉买地券、隆庆三年（1569）李朝买地券、万历三十三年（1605）刘公买地券、万历四十二年（1614）谷应芊买地券、万历四十三年（1615）岑以宗买地券、万历四十三年（1615）陶继凤买地券、万历四十四年（1616）杜训买地券、万历四十六年（1618）席继光买地券、万历四十六年（1618）司马栢买地券、崇祯四年（1631）刘芳声等为郑氏买地券均是如此，均是摹仿墓志铭，体现出成都买地券的地域特色。

6. 买地券中佛教色彩进一步增多，尤其是四川成都出土买地券中佛教色彩更为明显。除了使用"奉佛"明确点明亡人是佛教信徒外，还有与佛教密切相关的用语。如四川成都出土天启元年（1621）杨瑞枝等为张氏大买地券有"谨以三牲九品之仪，全本金刚经贰百□，印经、宝马各一大会"，经书是佛教必读书。成都出土明天顺八年（1464）陈氏九买地券额题"南无地藏王菩萨"，券文中有"奉佛故妣亲陈氏九"。成都出土永乐九年（1411）王氏妙海买地券额题楷书"南无地藏王菩萨"，券文中有"奉佛殁故妣亲王氏妙海"。成都蒲江县出土弘治七年（1494）王氏十买地券，旁题"南无证盟地藏王菩萨"。以上3方地券均直接或间接表明亡人是佛教徒。其实，早在五代、宋买地券中就已经出现"南赡部洲""为佛采花"等用语，体现出当时佛道融合的趋势[②]。广东深圳出土正德十四年（1519）李公买地券有"一仰横天将军手挑钢刀一张，破头三寸七分，挂在柯罗树上"。柯罗树是佛教中的树，这也从一个侧面体现出佛教在民众中的普及程度。

清代买地券出土数量较少，其格式比较单一。但值得注意的是安徽出土清嘉庆十九年（1814）张永祥、方氏买地券，纸质，上有"地契一纸结（给）付亡过张永祥、方氏名下收执，永远大发存照。南昌受炼司焚化契证"。或许证明当时

---

① 荆菁：《成都地区明代买地券的初步研究》，四川大学硕士学位论文，2016年，第41页。

② 袁维玉：《安徽合肥出土买地券中的佛教因素》，《文物春秋》2014年第1期，第57—60页。

纸质买地券多是供焚化用的。台湾地区出土的阴阳契中的某些神祇是方士任意杜撰,如“杨/羊毫笔”“杨寿”“黄先哲”“杨玉砚”等,笔墨纸砚均能参与买地券的使用过程。江苏泰州出土清康熙二十一年(1682)李明寰买地券有“立契开皇帝(地)主,中见李定庚(度),受钱后宫夫人,点穴白鹤仙人,引领山神土地,代笔柳义秀才,说合张坚固,□墓柏仁(人)大将”。江苏泰州出土清雍正四年(1726)张天林买地券有“卖地:山川社稷。引领:社公。中见:白鹤仙师。代笔:柳秀才”。其中,“柳义秀才”可能指《柳毅传书》中的唐朝秀才,具体所指待考,但无疑体现出当地买地券制作者(方士)鲜明的个人书写风格。

# 整理篇

# 凡 例

一、本整理篇所收买地券范围主要是鲁西奇《中国古代买地券研究》(2014)一书未收买地券,并排除以下3种情况:

1. 纯粹属于告神文、镇墓文等性质的墓券。

2. 非科学发掘,且真伪存在争议者。

3. 图版模糊不清或未公布图版,且未有完整释文(此部分在附录一中单独列出)。

二、本整理篇共收录329种买地券(部分夫妻合葬墓出土2方买地券按1种计算),其中魏晋南北朝3种,唐五代22种,宋元304种。

三、整理篇中材料主要是按时间(魏晋、唐、五代、宋元)、地域(不同省份)来进行整理,同一时代和省份的按入葬年代先后顺序排列,入葬失纪年者,置于各省末尾。

四、买地券的整理一般包括解题(包括出土时间、地点、材质、形制等,关于买地券大小的描述,单位均为厘米)、释文、校注、主要参考文献。

五、为行文方便,材料中的释文并没有严格隶定而使用通行简体字,个别之处为避免混淆而采用繁体。其中,买地券释文采用的符号主要有:

1. 因残缺或无法识别而造成缺字,但可计算字数时,则用一个□表示一个字。

2. 可据上下文义补出之字,则在字外加方框。

3. 残缺字数不明者,加……表示。

4. 释字有疑义者,加(?)表示。

六、原报告中字词释读有不同观点时,多从一家之说,偶出己见。为行文

简洁，注释所标之字即表示笔者所从学者的观点，往往不予说明。原报告隶释有误者，一般在释文中改正，不作单独阐释。

七、首次出现的专有名词或疑难词语予以解释，而后重出者则不再出注。

八、本书资料（包括整理报告及相关研究成果），一般截止到 2019 年 8 月。

九、在引用资料时使用以下几种特殊符号作标注：

1. 买地券材料中，凡非科学发掘者，前加▲标注。凡未公开出版者，前加△标注。如兼属二者，则前加◎标注。

2. 凡笔者目前尚未查到的资料，前加●标注。

# 第三章
# 新见魏晋南北朝买地券校释

与东汉时期相比,魏晋南北朝买地券数量较多,分布地域更广。鲁西奇《中国古代买地券研究》(2014)收录39种魏晋南北朝买地券,拙作《两汉魏晋南北朝石刻法律文献整理与研究》(2016)收录74方魏晋南北朝买地券。本章主要收录上述两书未收买地券,计3种。

### △1.东吴赤乌四年(241)颜黄买地券

**【解题】**

2017年8月至11月,江西省文物考古研究院与南昌市博物馆组成考古队对南昌市西湖区象南中心古墓群考古项目墓葬进行了抢救性发掘,其中2号墓出土石质买地券,朱书。同出衣物疏、名刺。2018年7月11日、10月11日,中央电视台十套《探索·发现》栏目先后播出《象南中心古墓发掘记》《象南中心古墓(二)》。

**【释文】**

赤乌四年[1]九月三日,女子广陵江都都乡里颜黄从土公买/地一丘,直钱二万,其界东西南北,广长[2]自极,以为冢椁。/后若有白衣吏民男女识有黄地(帝)者,黄鹄能入渊,鲤鱼能/上天,乌能反(返)白,马即能生角。白衣男女吏民乃得识有黄/地(帝),丹书石券为明。时知者:东海小僮[3]。他如律令。/

**【校注】**

[1]赤乌:东吴孙权年号。

[2]广长:长宽。

[3]东海小僮：此种称谓其他未见，但有“东海僮（童）子”之称，含义应同，指居住东海的仙人侍童。如长沙桂花园出土东晋升平五年（361）周芳命妻潘氏衣物疏有“东海僮子书，书讫还海去”①。成都出土后蜀广政二十七年（964）徐遐买地券上有“书券人：东海童子”。另，买地券中常见“青衣童子”，指道教仙童。

### 2. 东吴赤乌八年（245）公孙新徒买地铅券

**【解题】**

2003年11—12月，湖北鄂州市博物馆对武钢球团矿厂在该市新征用的茅草村六朝家族墓葬进行抢救性发掘，共清理墓葬6座，其中M3出土铅券，长30.4、宽4、厚0.4厘米，阳刻从上至下、从右至左两行。

**【释文】**

赤乌八年八月己酉卯五日癸申，忌告下邳女子公孙新徒薨□。崔小买土宏（安）葬，三顷五十亩，直（值）钱三百/五十万，即日毕讫，□史盖至三人讫□卖（？）□。证知：新□。见证：□□□□□□□。他如律令[1]。/

**【校注】**

[1]原释文（第141页）多有讹误，现将“上□”改释“宏（安）葬”，“□卯五十取”改释“三顷五十亩”、“雷钱”改释“直钱”，并补出“讫”“证知”“他如律令”。释文“史盖”可疑，由于图版不甚清晰，暂仍原释。

**【参考文献】**

饶浩洲主编：《鄂州馆藏文物精品图录》，湖北美术出版社2016年版，第141页。

**【图版】**

照片见《鄂州馆藏文物精品图录》第141页。

### 3. 东晋隆和元年（362）锡康买地券

**【解题】**

陕西安康出土，铅质，高25、宽13厘米，朱书，断作两截。

**【释文】**

隆和元年[1]太岁壬戌二月十九日，魏兴郡西城县锡康，年六十九，

① 李正光：《长沙北门桂花园发现晋墓》，《文物参考资料》1955年第11期，第134—136页。

以昇平冬月[2]初八告终。今从……买地主冢，其四比……直（值）钱三万三千三百三十三钱，即日交毕。立此契，交付亡人。证知者：东王父、西王母。主保：四直（值）功曹。……内外皆安。急急如太上女青诏书律令。

**【校注】**

［1］隆和：东晋哀帝司马丕年号。

［2］昇平：东晋穆帝司马聃的第二个年号，昇平元年即公元357年。

**【参考文献】**

1. 李厚之、张会鉴：《安康宗教文化研究·安康道教文化》，中国文史出版社2007年版，第80页。

2. 王晓洁：《陕西安康出土的墓莂》，《安康文化》2009年第4期，第37—39页。

# 第四章 新见唐五代买地券校释[①]

鲁西奇《中国古代买地券研究》(2014)收录1方隋代买地券、11方唐代买地券、20方五代买地券,共32种买地券。本章主要收录此书未收唐、五代买地券计22种,其中唐代4种,五代十国18种。

## 第一节 唐代买地券校释

本节收录4种买地券,其中第1、4两方买地券属于科学考古发掘,第2、3方买地券仅见拓片。

### 1. 唐长庆二年(822)罗清买地券

【解题】

砖质,方形,边长31、厚5厘米,现藏浙江省余姚市书画院。前半部分是买地券,后半部分是墓志铭。赵元元(2019)指出:"该信息交代了亡者的姓名、埋葬时间和地点、墓地四至、买地的钱数和保人证人、镇墓祈福语等内容,直观来看具备了买地券文的几项基本要素。但这段文字的书写形式和镌刻格式又说明,其并非纯粹意义上的买地券。因为买地信息与墓志文中亡者的世系、生平事迹、

① 隋代买地券除大业六年(610)陶智洪买地券外,另见四种买地券,不过内容尚未公布,可见附表2。

葬时葬地等内容相连接，共刻于一石一面，成为墓志文的一个组成部分。毫无疑问，在书写者和篆刻者眼里，这段买地信息并不是一般意义上的买地券文，而是墓志文。”

【释文】

大唐长庆贰年[1]十一月丁巳朔廿八日甲申越州余姚县/凤亭乡新义里罗清还归宅兆，□□□/乡祯阳湖西山下，向□□□□□□□之□□西南□□/北□高□□□得安厝。东南西北四邱（丘）□□□。东青龙，/西白虎，南朱雀，北玄武。今既将钱九万九千九十九文，就/□□买山安厝亡人罗清之灵。东皇翁为保，西皇母/为见，圣皇为证，日月为明，从立此针（证）据。买地已（以）后，/其地并属亡人罗清之灵。从今安厝后，□□入地，万/祸集藏，亡人□□望者□□□□□□□□□富□□/昌。急急如律令。唐故襄阳罗府君墓志铭并序。/府君讳清，余姚人也。祖讳成父□府君立□，性□□中/□，惟不□孝诚，天□□良德，进以微疾奄□明世。长庆二年九月十七日终于凤亭乡，春秋□十有四□，/□干二子□三子□泣血过礼，卜□□□冬十一月廿八厝于凤亭乡，从江南七□□□□□□□□，娶盛氏□/□有妇德，贞淑□□□礼，恐陵谷□[2]，勒斯铭□/泉铭曰：嗟乎，□□□□□□□□□□□万□□镇[3]（下缺）/

【校注】

[1]长庆二年：唐穆宗李恒年号。

[2]陵谷：陵墓。

[3]此券图版不清，在原释文基础上略有增补，并断句，然文意仍有不畅。

【参考文献】

1. 章国庆：《宁波历代碑碣墓志汇编（唐、五代、宋、元卷）》，上海古籍出版社 2012 年版，第 7—8 页。

2. 赵元元：《唐代墓志所见买地信息刍释》，《唐史论丛》2019 年第 2 期，第 326—344 页。

【图版】

照片见《宁波历代碑碣墓志汇编（唐、五代、宋、元卷）》第 7 页。

## 2. 唐大中元年（847）张锋妻史氏买地券

【解题】

河北省保定市唐县出土，高 35、宽 45 厘米，17 行。

**【释文】**

维大中元年岁次丁卯四月乙未朔……/……日己酉,故史氏太夫人去年正月廿日/身化。……龟誓(筮)协从,相地袭吉[1]。……/城邑,死者宅兆,宜于定州西北卅里唐/州唐城乡□。谨用金钱物买地五亩[2],/……东至青龙,西至白虎,南至朱雀,北至/玄武。内方勾陈,分掌四域[3]。丘承(丞)墓/伯[4],封界地畔。道路将军,整齐阡陌。/千秋万岁,永无殃咎。百味鲜食,/诸杂綵物[5],共为信契。知见人是/岁月朔,保人当直苻(符)[6]。故气耶(邪)精[7],/伏逃万里。为(违)此约者,地府自当其/祸。主人内外者见。急急如律令。/女青苻(符)。/大唐大中元年四月上旬太子/詹事兼节度军司□掾张/君赡书。/

**【校注】**

[1]龟誓(筮)协从,相地袭吉:龟筮指占卜。相地袭吉,指经风水先生勘验地形,多次占卜,获得吉兆。

[2]物买:吴钢(2000:415)释作"购买"。周绍良(2000:15565)释作"物贸"。黄景春(2018:421)释作"物买",可从。

[3]内方:即内坊,皇太子东宫所属官署之一,官理宫内事务,此指冥府神灵的所属官署。勾陈:在紫微垣内六颗星的总称,此指冥府神灵。四域:或作"四城",指四处。

[4]丘:吴钢(2000:415)、黄景春(2018:421)释作"丘"。周绍良(2000:15565)释作"并"。其中,"丘承(丞)"是惯用语。

[5]杂綵:吴钢(2000:415)释作"□采"。周绍良(2000:15565)释作"难采"。黄景春(2018:422)释作"杂綵",可从。

[6]直苻(符):天上当值神灵。

[7]故气:指先死之人形成的不灭之气。

**【参考文献】**

1. 吴钢主编:《全唐文补遗》第七辑,三秦出版社2000年版,第415页。

2. 周绍良主编:《全唐文新编》第五部第五册卷九九七,吉林文史出版社2000年版,第15565页。

3. 黄景春:《中国宗教性随葬文书研究》,上海人民出版社2018年版,第421—422页。

**【图版】**

拓片见《北京图书馆藏中国历代拓片汇编》第32册第6页墓志3082号。

### 3. 唐大中二年（848）王公买地券

**【解题】**

拓片高37、宽28厘米，正书。出土时地不详。

**【释文】**

……奄逝以来，未卜茔……庚申……/……得东庄□前新地一隅，本……/亥山巳向，来龙□□山水朝迎，龙虎拱卫，六……/……永……/青龙白虎呈祥，朱雀玄武迪吉，……/□永保子孙……康/……存殁……攸长。/……五帝使者女青律令。右券……/……考……王公……/……大中二年……冥史执。/

**【图版】**

拓片见《北京图书馆藏中国历代拓片汇编》第35册第67页4256。

### 4. 唐天祐十五年（918）谢府君买地券

**【解题】**

2014年3月，扬州市邗江区朱塘路M41出土1件木质买地券（M4：1，图五），长34、宽32、厚1厘米。正面墨书行体，自左向右竖书14行158字。

**【释文】**

维天祐十五年岁次戊寅四月癸卯/朔十九日辛酉。没故亡人陈留郡谢府/君天命寿终时，用金银钱九千（万）九/千九百九十九贯文，买得杨（扬）州江都/县同轨[1]地界墓地一所。具界至如/后：东至甲乙青龙，南至丙丁朱雀，/西至庚辛白虎，北至壬癸玄武，/上至天仓（苍），下至黄泉，中安亡人[2]/宅。山神土地不得止障。若止障[3]者，/公付河伯知当，保安万岁。伏愿安/厝已后，子孙得大富贵吉昌。/保人岁月。/□人[4]：年日直符使。/急急如律令敕。/

**【校注】**

［1］同轨：乡名，扬州城北部。

［2］亡人：《简报》（第21页）释作"□□"。

［3］止障：《简报》（第21页）释作"止渎"，有误。止障，指阻止。江苏扬州出土南唐保大十二年（954）孙氏买地券亦有此词语。苏轼《赵充国用心可重》有"凡在我，一人一出，未有止障也"。①明万历三十九年（1611）浙江会稽县稽山叶汝兰卖山地契，上有"当日收足，并无重迭戤（gài）典及争执、止障诸

---

① 张志烈、马德富、周裕锴主编：《苏东坡全集校注·文集九》，河北人民出版社2010年版，第7232页。

(阻)碍”。①

[4]□人:《简报》(第21页)未释。

【参考文献】

扬州市文物考古研究所:《扬州五代谢俯军墓发掘简报》(此称《简报》),《东方博物》2016年第2期(第五十九辑),第20—26页。

【图版】

照片见《东方博物》第五十九辑第22页图五。

## 第二节　五代十国买地券校释

本节收录18种五代十国买地券,其中10种属于后蜀时期,其他8种分属南唐、后晋、闽国、后周、南汉时期。

### 1. 南唐昇元元年(937)田氏买地券

【解题】

2015年1月,扬州市文物考古研究所对位于江苏扬州市邗江区西湖镇蜀冈村南唐墓2015YSGM1进行抢救性发掘,出土买地券一方(M1:1),木质,长40.5、宽33、厚2—5厘米。背面中部纵向墨书“田氏地券”4字,正面自左向右纵向墨书11行,共165字。

【释文】

维昇元元年岁次丁酉十二月庚辰朔,于/十二月十八日辰及巳前巽时寿终。廿一日庚子/安殡于大吴城江都县兴宁乡。/殁故田氏年廿三,乙亥[1]火命,生居城邑,死迁/幽室。是以归(龟)是(筮)叶从,相地袭吉,宜□氏(?)[2]□/安厝。东止甲乙,西止庚辛,南止丙丁,/北止壬癸。上止仓(苍)天,下止黄泉,内得四方勾/陈,分掌四域,咸得其所安厝宅兆[3]。谨/用金银钱万万贯文,买得墓地一段,作丙/首北及。永见券人:岁月、今日月直府(符)是(使)。/合同(半书)。急急如律令勑。/

① 寒冬虹、杨靖:《国家图书馆藏部分明清土地契约略说》,《文献》2004年第1期,第224—225页。

【校注】

[1]乙亥：南吴天祐十二年，公元915年。

[2]氏：《简报》（第39页）释作“氏”，字形作“[illegible]”，疑非“氏”字，暂从原释。

[3]宅兆：《简报》（第39页）释作“宅地”，有误。

【参考文献】

扬州市文物考古研究所：《江苏扬州南唐田氏纪年墓发掘简报》（简称《简报》），《文物》2019年第5期第31—40页。

【图版】

照片见《文物》2019年第5期第39页图二〇。

### 2. 南唐保大十二年（954）孙氏买地券

【解题】

2013年12月，扬州市文物考古研究所在江苏扬州市邗江区西湖镇润扬北路与台扬路交叉口2013YHSM墓葬出土木质买地券1方（M1：1），上端两角被切去，呈六边形，毛笔书写自左向右（封三，1）。长21、宽19、厚1.5厘米。

【释文】

维保大十二年太岁甲寅六月癸卯/□□□故乐安郡孙府君，年/□□□命终寿。谨用五色金银钱千/□□贯文，买得江都县兴宁乡墓地，/具四止如后：/东止甲乙青龙，西止庚辛白虎，/南止丙丁朱雀，北止壬癸玄武。/上止苍天，下止黄泉，中安亡人之/□，□□鬼神土□不得止障[1]。如有止/障，□□迎道路阡陌知当。伏愿安/□□□□□□□子孙得大富贵吉昌。/□□□见人：今日直符使。/如青乌律令敕。/

【参考文献】

南京大学历史学院考古文物系、扬州市文物考古研究所：《扬州四季金辉南唐墓和宋墓考古发掘简报》，《江汉考古》2017年第1期，第36—41页。

【图版】

照片见《江汉考古》2017年第1期封三：1。

### 3. 后晋天福四年（940）马氏地券

【解题】

1996年12月到1997年1月，临安市玲珑镇祥里村上家头康陵出土青灰岩石质地券1方(M25：30),方形,边长60、厚10厘米,原嵌于前室左耳室壁。正楷阴刻10行85字(图四八)。马氏是五代吴越国二世王钱元瓘王后。

**【释文】**

维天福四年岁在己亥冬/十有二月丁丑二十五日/辛酉[1],/吴越国恭穆王后扶风马/氏窆于钱唐(塘)府安国县庆/仙乡长寿里封盂山曰/康陵,东至金容,西至凤亭,/南至宁善,北至会仙。上至/于天,下至于泉[2]。永刊贞石,/于万祀年。/

**【校注】**

[1]己亥冬十有二月丁丑二十五日：天福四年即公元939年,己亥年十一月十八日即939年12月31日,因此二十五日即公元940年。

[2]本墓券虽内容简单,无买地内容,但其四至是虚拟的,有买地券的因素。

**【参考文献】**

1. 杭州市文物考古所、临安市文物馆:《浙江临安五代吴越国康陵发掘简报》,《文物》2000年第2期,第4—34页。

2. 杭州市文物考古研究所、临安市文物馆:《五代吴越国康陵》,文物出版社2014年版,第91—93页。

**【图版】**

拓片见《五代吴越国康陵》第92页图4—21；另见《文物》2000年第2期第30页图四八。照片见《五代吴越国康陵》彩版一二三。

### ▲ 4. 后晋开运元年(944)张□买地券

**【解题】**

甘肃平凉市崆峒区征集,石灰岩质,高23、宽27、厚3厘米,13行146字。现藏平凉市博雅轩画廊。

**【释文】**

维开运元年岁次甲辰八月㔾/彐朔[1]廿日庚申,亡人张乁[2]今/为身亡,谨用钱帛万万九千九/百九十九贯文,宜于宁州安定/县小安乡安定村程敬思边,/买得阙地[3]壹所。东至青龙,/西至白虎,南至朱雀,北至玄武。/上至仓(苍)天,下至黄泉。一买之后,/并是亡人永恒为主长住。书/券人：石公(功)曹,飞上天。读券人：/金主簿,入黄泉。保人：张坚故。见/人：李定度。各年万万九千九百/九十九岁。此券永为记。𠘧[4]。/

【校注】

[1][illegible]：前一字待考，后一字疑是“丑”。

[2][illegible]：疑是两字，后一字是“乙”，待考。

[3]阙地：空闲地。

[4][illegible]：疑是符箓，待考。

【参考文献】

政协甘肃省平凉市崆峒区委员会：《崆峒金石》，甘肃人民美术出版社 2014 年版，第 33 页。

【图版】

拓片见《崆峒金石》第 33 页图 24-1。

5. 闽国永隆五年（943）郑雄买地券

【解题】

1989 年 3 月，福州市东郊梅亭西山出土，泥质，牌坊状，倭角，下带插把，长 43.6、宽 28.2 厘米，12 行 263 字。

【释文】

维永隆五年岁次癸卯二月庚戌朔廿二日辛未，大闽国/长乐府闽县公使乡上仁里没故府君郑八郎雄，行/年五十七岁，去正月十二日/背阳向阴，去于闾里[1]。今用土下/银钱九万九千九百九十九[2]钱九分九毫，于闽县闻弦乡/孝义里陈地西山脚下地主、地老太母明王、张坚固、李定度、/太母明王等边买得冢宅地一所[3]，东至甲乙，南至丙丁，西至/庚辛，北至壬癸。上至青天，下至黄泉。得保人：东王公。见人：西/王母，保见分明。钱与地各交相分付迄，永为雄冢宅居住，不/涉他神外鬼之事。如有一鬼妄有争夺，请付地辰、地法[4]收/管，常赦不允。急急如律令。没故府君郑八郎雄买冢/宅地契券一道。地主张坚固、李夜（定）度。地主太母明/王。钱主郑八郎雄。保人：东王公。见人：西王母。伀书：今年日月主[5]。/

【校注】

[1]背阳向阴，去于闾里：死亡的讳称。闾里，此处意同蒿里。

[2]九十九：刘敬扬（2007：51）释作“九贯九”，有误。

[3]地老太母明王、太母明王：虚拟神仙，具体所指待考。

[4]地辰、地法：传说中开天辟地的先王，可参明历史演义小说《开辟演义》。

本券中的某些神祇在其他地券罕见。

[5]佮：刘敬扬(2007：53)认为是“合”的通俗写法。此字形体作“㑹”，疑是“依口”合书，与“今”上半部构成“依口书人”。

【参考文献】

刘敬扬:《五代永隆五年〈郑雄买地券〉》,《福建文博》2007年第1期,第51—53页。

【图版】

拓片见《福建文博》2007年第1期第52页。

## 6. 后周广顺二年（952）林十七娘买地券

【解题】

1997年6月5日,福州市西南郊马坑山解放军医学高等专科学校院内五代吴越国墓葬出土一件买地券,为黑色页岩,嵌置在浮刻有双层仰莲的石座上,通高63.6厘米,地券高46厘米,楷书阴刻。

【释文】

维广顺二年岁次壬子朔十二年壬午三日甲申,侯官县桂/枝乡永福里故济南郡林十七娘,行年五十二岁,当年八月/九日倍(背)阳向阴,去于蒿里。神奏令丞主、太上老君、天直地直、/日月三神、天道四海何德力广太由之灵、……交龙……/盟、墓门庭(亭)长、山四地诸神、营土将军、使者将军、顾左将军、/都催用官、功曹传送、登明太乙[1]。今于当县孝……/亡人林十七娘用见(现)钱九万九千九百九十贯九文……/图,出买得故山罡……今就地下……/好月吉日良时,不□地下在……/并乱丝千两为当钱□,兼有……/薦苣能生,乱丝能解,□地作……[2]/东至甲乙,南至丙丁,西至朱雀,北至玄武。……/泉东西各有丈尺,南北各有所属安厝,……/如律令。孝君地者如天□。急急如律令。/……林安厝……证见/……神并……月同……/

【校注】

[1]神奏令丞主、太上老君、天直地直、日月三神,天道四海何德力广太由之灵、……交龙……盟、墓门庭(亭)长、山四地诸神、营土将军、使者将军、顾左将军、都催用官、功曹传送、登明太乙:以上道教神祇,有些在南北朝买地券中已经出现,如“太上老君”“墓门庭(亭)长”“营土将军”“功曹传送”“登明太乙”。

[2]薦苣能生,乱丝能解,□地作……:薦苣指草,比喻根本不可能实现的事情。

【参考文献】

福建省博物馆:《福州马坑山五代吴越国墓葬清理简报》,《福建文博》1999年第2期,第6—10页。

【图版】

拓片见《福建文博》1999年第2期第7页图二。

7. 后蜀明德二年（935）任菩提地券

【解题】

在成都东门外跳蹬河采集,现藏四川省博物馆。红砂石质,呈长方形,高30.7、宽23.5、厚2.5厘米,楷书12行148字。

【释文】

维明德二年,岁次乙未,十一月壬/辰朔,四日乙未。女弟子任菩提,宜/于华阳县普安乡沙坎里[1],敬造千/年之宅,万岁石城。今蒙了不敢/不咨白。告天上、地下土司。左启青龙,右启白虎,前启朱雀,后启玄武。今日对(封)闭,诸神备守。任菩/提长生万岁,富贵长久。石人石/契,不得慢临。若人吉宅,自有其/契。天番(翻)地倒,方始相会。今日吉/良,告诸神对(封)闭,主人内外,长生/万岁。急急如五帝使者女青律令!/

【校注】

[1]沙:《四川文物志》上册(第291页)释作"河"。张勋燎、白彬(2006:1406)、刘雨茂、荣远大(2012:1153)释作"沙"。

【参考文献】

1. 四川省文物管理局:《四川文物志》上册,巴蜀书社2005年版,第291页。

2. 刘雨茂、荣远大(成都文物考古研究所):《成都出土历代墓铭券文图录综释(下)》,文物出版社2012年版,第1153页。

【图版】

拓片见《中国道教考古》第5册第1407页图版拾捌:11。

8. 后蜀明德四年（937）杨浔求买地石券

【解题】

红砂石质,长30、宽32、厚3厘米,部分文字残泐,券文从右至左,17行200

多字,正书,出土地不详。

【释文】

维明德四年[1]岁次丁酉七月辛亥朔二十二/日壬申,故银青光禄大夫检校工部尚书左/千牛卫将军同正兼御史大夫上柱国杨浔求,/生居城邑,死安宅兆。龟筮叶从,相地/袭吉。宜于华阳县升迁乡常平里之/原安厝宅兆[2]。谨用伍綵铜钱买得□/地[3],东至青龙,西至白虎,南至朱雀,北/至玄武。内方勾陈,分掌四域。丘丞墓/陌(伯),封步界畔;道路将军,整齐阡陌。千/秋万岁,永无殃咎。诃禁之者,/将军亭长,收付河伯。今以牲牢酒□[4],百味香/馨,共为信契。财地交付,工匠修营(茔)安/厝之后,永保贞吉。知见人:岁月主者[5]。/保人:今日直苻(符)。故气邪精,不得忏悋[6]。/先有居者,永避万里。若违此约,地府主/吏自当其祸。主人内外存亡安吉。急急/如五帝女青律令。/

【校注】

[1]明德四年:后蜀高祖孟知祥年号,公元937年。

[2]宅兆:章红梅(2017:970)释作"宅地",有误。

[3]伍綵:又作"五彩/采",本指青、黄、赤、白、黑五种颜色,此指各种颜色。□地:章红梅(2017:970)释作"其地",可参。

[4]酒□:刘雨茂、荣远大(2012:72)补作"酒脯"。此处残缺,按其他买地券,可作"酒脯""酒饭""酒食"等。

[5]岁月主:"岁主"和"月主"的合称。

[6]忏悋:指侵占、干扰,在买地券中还写作"干悋""干吝""忏吝""忏恪"等。

【参考文献】

1. 刘雨茂、荣远大(成都文物考古研究所):《成都出土历代墓铭券文图录综释(上)》,文物出版社2012年版,第71—72页。

2. 章红梅:《五代石刻校注》第叁册,凤凰出版社2017年版,第969—970页。

【图版】

拓片见《成都出土历代墓铭券文图录综释(上)》第71页图版三八。

9. 后蜀广政十四年(951)后蜀宋王赵廷隐买地券

【解题】

2010年11月至2011年5月,成都市文物考古工作队对龙泉驿区十陵镇青龙村宋墓进行抢救性发掘,出土买地券,石质,15行。同出墓志。

【释文】

维广政十四年岁次……戊己朔二十/二日甲寅,故宋王赠太……兖二州牧,谥忠/武[1]。天承赵公地冢,生居城邑,死安宅兆。龟筮/叶从,相地袭吉,宜于……强宗乡华严里/安厝。其地谨用五綵信钱[2]买得此地。东/至青龙,西至白虎,南至朱雀,北至玄武。内方/勾陈,分掌四域。丘承墓伯,封步界畔。道路将/军,整齐阡陌。千秋万载,永无殃咎。若辄有忏/犯呵禁[3]之者,将军停(亭)长,收付河伯。今以牲牢/酒食,百味香新,共为信契。财地交付,工匠修/营安厝已后,永保贞吉。知见人:岁月主者。保/人:今日直符。故炁邪精,不得忏悋。先有居者,/永避万里。若违此约,地府主吏自当其祸。主/人内外存亡安吉。急急如五/帝使者女青律令。/

【校注】

[1]赵廷隐:五代时期甘肃天水人,唐中和四年(884)生,后蜀广政十三年(950)卒,享年66岁。后蜀开国功臣,官至太师、中书令,封宋王,谥号"忠武"。

[2]信钱:阴间通用的钱。

[3]呵禁:呵斥、制止。

【参考文献】

王毅、谢涛、龚扬民:《四川后蜀宋王赵廷隐墓发掘记》,《中国社会科学报》2011年5月26日第8版。

### 10. 后蜀广政十四年(951)王府君买地券

【解题】

1956年,成都市东郊跳蹬河采集,现藏四川省博物馆。此券呈长方形,系红砂石质,高40.5、宽34、厚3.5厘米。券文从左至右,楷书竖行,计12行222字。

【释文】

维广政十四年岁次辛亥九月庚申朔廿五日甲申,大蜀国成都府故竭志扬勇功臣、左匡圣义宁第一指挥使、银青光禄大夫[1]、检校工部尚书、右仆射、兼御史大夫、上柱国王府君地券。生居城邑,死安宅兆。龟筮协从,相地袭吉。宜于普安乡白土里之原安厝。谨使铜钱买得此地,上至青天,下至黄泉,东至青龙,西至白虎,南至朱雀,北至玄武,中方勾陈,分掌四域。丘承(丞)墓陌(伯),封步界畔。道路将军,齐整阡陌。阡(千)秋万岁,永保元吉。知见人:岁月主者。保人:今月今日直符。故气邪精,不得忓悋。先有居者,永避万里。若违此约,分(吩)付(咐)地府主吏,自当其祸。急急如律令。

【校注】

[1]银青光禄大夫:从三品文散官。

【参考文献】

1.《四川文物志》上册,第 293 页。

2.《成都出土历代墓铭券文图录综释(下)》,第 1153 页。

11. 后蜀广政十五年(952)徐铎买地券

【解题】

1985 年 1 月 23 日至 2 月 17 日,成都市博物馆考古队对成都无缝钢管厂内两座墓进行了清理,其中 M1 是后蜀彭州刺史徐铎墓,内有一方买地券,细红砂石质,正方形,高 36.5、宽 32.8、厚 2.7 厘米,券文从右至左 13 行 207 字,楷书,现藏成都永陵博物馆。

【释文】

维广政十五年岁次壬子,/府君地券。生居城邑,死安宅兆。龟筮叶/从,相地袭吉。宜于华阳县乡里/之原[1]安厝。谨用伍綵信钱,买得其地。东/至青龙,西至白虎,南至朱雀,北至玄武。/内方勾陈,分掌四域。丘承(丞)墓陌(伯),封步界/畔。道路将军,整齐千(阡)陌。千秋万岁,永无/殃咎。若辄有忓犯呵禁之者,将军停(亭)长[2],收付/河伯。今以牲牢酒食,百味香新(馨),共为信契。财/地交付,工匠修营(茔),安厝已(以)后,永保贞吉。知见/人:岁月主者。保人:今日直苻(符)。故气邪精,不得忓悋。先/有居者,永避万里。若违此约,地府主吏,自当其祸。主/人内外,存亡安吉。急急如五帝使者女清(青)律令。/

【校注】

[1]“乡”“里”之前均无具体名称。

[2]停(亭)长:吴钢(2000:446)释作“值长”。刘雨茂、荣远大(2012:83)、章红梅(2017:983)释作“停(亭)长”。从图版看应是“停”字。

【参考文献】

1. 成都市博物馆考古队:《成都无缝钢管厂发现五代后蜀墓》,《四川文物》

1991 年第 3 期,第 58—62 页。

2. 章红梅:《五代石刻校注》第叁册,凤凰出版社 2017 年版,第 982—983 页。

【图版】

拓片见《成都出土历代墓铭券文图录综释(上)》第 81 页图版四四。

### 12. 后蜀广政十八年（955）谯氏买地券

【解题】

20 世纪 60 年代,四川温江地区大邑县安仁乡联合大队(今大邑县安仁镇)出土。红砂石质,高 34、宽 42、厚 4.5 厘米。券文从右至左共 12 行,217 字,正书。此券与下揭乐遥之买地券均是广政十八年(955)埋入,且乐遥之与谯氏均居住在“邛州安仁县广德乡和众里”,故可推定二人是夫妻关系。

【释文】

大蜀国邛州安仁县广德乡和众里奉道/女弟子安定郡谯氏[1],谨用闰九月廿五日,于此和/众里置立吉宅之原。谨用五綵五菓、酒脯、金银/信钱[2],对天地众神买得此田一团,封一十目[3]。东至青龙,/西至白虎,南至朱雀,北至玄武。内方抅(勾)陈,则当□□[4]。/谨将青石一牧(枚),替代生人之永镇寿堂之宅[5]。今逢/良友劝课修因[6],置立寿堂吉宅后,愿保千春永/无灾难。故气邪精,万福(弗)来袭。养魂长魄,保寿[7]/千春。仙洞灵官,保存吉寿,永无灾祸。置立吉宅之/后,青龙守左,白虎守右,朱雀居前,玄武守后。谯氏/今日设延(筵),意者,觉凡夫之脆(危)境,无保寿而有终丘/坟。上圣犹然吉庆,永寿遐年。急急如律令。/

【校注】

[1]奉道:刘雨茂、荣远大(2012: 85)补作“奉道”,同时指出也可能是“清信”。安定郡:今甘肃泾川县。谯氏:张勋燎、白彬(2006: 1406)释作“谯代”。刘雨茂、荣远大(2012: 85),章红梅(2017: 989)释作“谯氏”。

[2]张勋燎、白彬(2006: 1408)漏掉“于此和/众里置立吉宅之原。谨用五彩五”,可能是排印之误。

[3]一团,封一十目:“一十目”,张勋燎、白彬(2006: 1408)释作“其地”。刘雨茂、荣远大(2012: 85)释作“一十目”。其中,“团”在契约文书中常用来计量菜园、果园、山场、房屋地基。如贵州清水江文书《光绪十三年(1887)王寿泰立抽园地字》有:“今因抽到孟寨王金石先年祖公之园地乙(一)团,每年当抽

乙(一)百八十文整。”①“封一十目”具体含义不太清楚,笔者推测“封”可能是“分”之讹字。在闽南语中,“目”可指段,如“一目甘蔗”②。此处“目”也可能用作量词,指一段。“买得此田一团,封一十目”大致是说买得一块田地,划分成十小段。

[4]张勋燎、白彬(2006:1408)补出“分掌四域”。

[5]青石一枚,替代生人:即石真。之:张勋燎、白彬(2006:1408)漏释。

[6]劝课:鼓励。修因:修行做好事以求好报。

[7]寿:张勋燎、白彬(2006:1408)释作“我”,有误。

【参考文献】

章红梅:《五代石刻校注》第叁册,凤凰出版社2017年版,第988—989页。

【图版】

拓片见《成都出土历代墓铭券文图录综释》(上)第84页图版四五。

### 13.后蜀广政十八年(955)乐遥之买地券

【解题】

20世纪60年代出土于四川温江地区大邑县安仁乡联合大队(今大邑县安仁镇)。四川博物院藏,石质,具体情况不详。

【释文】

维广政十八年岁次乙卯十月乙丑朔廿一日乙酉,邛/州安仁县广德乡和众里殁故南阳郡故录公尚书/乐遥之券。生居乡邑,死居宅兆,以遘疾殁/故。今日蓍筮叶从,相地袭吉,宜于和众里之原/安厝宅兆。谨用五綵五菓、酒脯、命米[1]、信钱对天/地众神,买得此田一团封一十目。东至青龙,西至白/虎,南至朱雀,北至玄武,内方勾陈,分掌四域,/丘承墓伯,封步界畔;道路将军,整齐阡陌,千秋/万岁,永无殃咎。若辄忏犯呵禁之(亡)者,将军亭/长,收付河伯。今日牲罕(牢)酒,对天地众神,共为信契。/财地交付,工匠修茔安厝已后,永保休吉。知见人:岁月。保/人:直符。故气邪精,不得忏吝。先有居者,永避万里。若/违此约,地荷(府)主者自当其祸,主人内外存亡,常亨(享)福吉。急急如律令。/

① 张应强、王宗勋主编:《清水江文书》第二辑第五册,广西师范大学出版社2009年版,第414页。

② 李清桓、邹岚:《海口闽南线条语义量词“线”“桠”“目”等理据与用法浅析——兼论与黎语、现代汉语等比较》,《海南师范大学学报》2015年第6期,第109—113页。

【校注】

［1］命米：每年的五腊日、三元日，天师道民来到所属的天师治（教区）中，向道士缴纳五斗米，用作在天庭命籍登记以续命。

【参考文献】

胡蔚：《四川博物院古代铭文石刻概述》，《文物春秋》2018 年增刊，第 5—13 页。

【图版】

拓片见《文物春秋》2018 年增刊第 9 页图二。

14. 后蜀广政十九年（956）刘瑭买地券

【解题】

2017 年 3—6 月，成都文物考古工作队对成都市成华区海滨湾社区海滨村年家院子墓地进行清理，共出土墓券 5 方，红砂石质。其中 M23：5，红砂石质，方形，长 35.4、宽 33、厚 2.2 厘米。从右至左阴刻券文（图七一）。

【释文】

维广政十九年岁次丙辰八月一日庚申，/故彭州就粮左定戎指挥使前守蓬州刺史刘瑭/地券。生居城邑，死安宅兆。今卜岁月/吉日，宜于华阳县星桥乡望乡里之/原安厝。其地东至青龙，西至[白]虎，南/至朱雀，北至玄武，内方抅（勾）陈[1]，分掌四/域。丘承（丞）墓陌（伯），封步界畔。道路将军，整/齐阡陌。千秋万，永无殃咎。呵禁之者，/将军停（亭）长，收付河伯。今以牲牢酒脯、/百味香新，共为信契。安厝已后，永保/贞吉。知见人：岁月主者，永避万岁，符。/故气邪精，不得忏悋[2]。先有居者，永避/万里。若违[3]此约，地府主吏自当其祸。/主人内外存亡安吉。/急急如五帝使者女青律令。/

【校注】

［1］抅：《简报》（第 249 页）、《报告》（第 52 页）释作“构”，有误。

［2］忏悋：《简报》（第 249 页）、《报告》（第 52 页）释作“忏悋”，有误。

［3］违：《简报》（第 249 页）释作“远”，有误。《报告》（第 52 页）释作“违”，可从。

【参考文献】

1. 成都文物考古研究院：《成都市青龙乡海滨村年家院子墓地发掘简报》（此称《简报》），载成都文物考古研究院：《成都考古发现 2016》，科学出版社

2018 年版,第 190—267 页。

2. 成都文物考古研究院:《四川成都海滨村五代后蜀墓发掘简报》(此称《报告》),《文物》2019 年第 7 期,第 50—59 页。

【图版】

照片见《文物》2019 年第 7 期第 54 页图一〇;拓片见《成都考古发现 2016》第 252 页图七一,另见《文物》2019 年第 7 期第 54 页图一一。

15. 后蜀广政二十二年(959)陈氏买地券

【解题】

红砂石质,高 31.5、宽 41、厚 3.3 厘米。券文从左至右,13 行 161 字,正书。出土时地不详,现存成都文物考古研究所。

【释文】

维广政二十二年岁次已未四月/丙子朔十日乙酉,故陈氏地券。生/居城邑,死安宅兆。卜筮叶从,相地/袭吉。宜于成都县善政乡肃清里/之原安厝。其地谨用铜钱买得。/东至青龙,西至白虎,南至朱雀,/北至玄武。内方拘(勾)陈[1],分掌四域。丘/承(丞)墓陌(伯),封步界畔。道路将军,整齐/阡陌。千秋万岁,永无咎殃。今以/牲牢酒食,百味香新(馨),共为信契。/若有先来居者[2],永避万里。若违/此约,地府主吏,自当其祸。/主人内外存亡,安吉。急急如律令。/

【校注】

[1]内方:刘雨茂、荣远大(2012:92),章红梅(2017:999)补作"四方",可参。

[2]先来居者:原先安葬的死者。

【参考文献】

章红梅:《五代石刻校注》第叁册,凤凰出版社 2017 年版,第 998—999 页。

【图版】

拓片见《成都出土历代墓铭券文图录综释(上)》第 91 页图版四九。

16. 后蜀广政二十四年(961)佚名买地券

【解题】

红砂石质,高 41、宽 43、厚 3.5 厘米。券文从左至右,14 行,文字缺泐较多,可识者201字，正书。出土时地不详，现存成都文物考古研究所。

**【释文】**

维广政二十四年岁次辛酉……/朔二十七日[1]□酉……左/……上柱国右任……挥/第二……/宅兆，卜筮叶从，相地袭吉。……/之原安厝。其地……得。/东至青龙，西至白虎，南至朱雀，北至玄武。/内方拘(勾)陈，分掌四域。丘承(丞)墓伯，封步界畔。道路将军，/整齐阡陌。千秋万岁，……/将军停(亭)长，收[2]付河伯。今以牲牢……百味/香新(馨)。共为信契，财地交付工匠修茔[3]。安厝/已(以)后，永保贞吉。先有居者，永避万里。若/违此约，地府主吏，自当其祸。主人内/外存亡，安吉。急急如五帝使者律令。/

**【校注】**

[1]七：章红梅(2017：1007)补出。

[2]收：刘雨茂、荣远大(2012：94)释作"取"。章红梅(2017：1007)改释"收"，可从。

[3]交付：刘雨茂、荣远大(2012：94)补作"交相"。章红梅(2017：1007)改释"交付"，可从。

**【参考文献】**

章红梅：《五代石刻校注》第叁册，凤凰出版社2017年版，第1006—1007页。

**【图版】**

拓片见《成都出土历代墓铭券文图录综释(上)》第93页图版五〇。

## 17. 南汉乾亨九年(925)李十一郎买地券

**【解题】**

2016年4—8月，广州市文物考古研究院在广州市海珠区江燕路M3五代南汉墓出土两通买地券，青灰色泥岩。M3：4，长28—28.1、宽16.9—17.4、厚1.4—1.7厘米。右侧券首刻写"合同券一道"。券文自右向左竖行刻写，楷体，部分字形有隶书风格，16行，共251字。券尾另起一行，自上而下分别刻画两个星图、"华盖"及两个道符(图八)。M3：3，长27.6—27.8、宽16.9—17.6、厚1.4—1.8厘米。左侧券首刻写"地券一道"。券文自左向右竖行刻写，楷体，部分字形有隶书风格，18行，共250字(图九)。除文中"买地名程界莲花塘侧"与"大利甲向地一所"之间比合同券少一个"作"字外，其他内容与合同券完全一样。券文最后一行下方也刻画有星图和道符，除最后一个道符外，其余也与合同券所刻完全

相同。现藏于南汉二陵博物馆。

**【释文】**

合同券一道。/维乾亨九年[1]岁次乙酉八月辛酉朔　日,/大汉国番禺府南海县殁故亡人李/十一郎,行年八十一岁,在家殁化,请就东王/公、西王母、仓[林]君、武夷王、地主张坚固、李定度/边,用钱万万九千九百九十九贯九百九十九/文九分,买地名程界莲花塘侧,作大利/甲向地一所,营迁葬尸灵,永为泉壤之/墓。其地东至甲乙青龙,南至丙丁朱雀,西至/庚辛抅陈(白虎),北至壬癸玄武,上至青天,下至黄/泉,并属亡人所管,千秋不动,万岁不移。东/閤(合)骐驎,南閤(合)章光,西閤(合)凤凰,北閤(合)玉堂。阴/官无横,阳官无病,亡人灵魂永温,生人子/孙吉庆。如有凶神恶鬼妄有志认之者,分/付王子乔、赤松子是了。何人书? 水中鱼。何/人读? 天上鷂(鹤)。鷂(鹤)飞上天,鱼入深泉。若要来觅,/东海畔边。急急如律令。/(M3:4)

地券一道。/维乾亨九年岁次乙酉八月辛酉朔　/日,大汉国番禺府南海县殁/故亡人李十一郎,行年八十一岁,在家殁化,/请就东王公、西王母、仓[林]君、武夷王、地主张/坚固、李定度边,用钱万万九千九百/九十九贯九百九十九文九分,买地名程/界莲花塘侧,大利甲向地一所,营迁葬/尸灵,永为泉壤之墓。其地东至甲乙/青龙,南至丙丁朱雀,西至庚辛抅陈(白虎),北/至壬癸玄武,上至青天,下至黄泉,并属/亡人所管,千秋不动,万岁不移。东閤(合)骐/驎,南閤(合)章光,西閤(合)凤凰,北閤(合)玉堂。阴官无横,阳官无病,亡人灵魂永温,生/人子孙吉庆。如有凶神恶鬼妄有志/认之者,分付王子乔、赤松子是了。何人/书? 水中鱼。何人读? 天上鷂(鹤)。鷂(鹤)飞上天,鱼/入深泉。若要来觅,东海畔边。急急/如律令。/(M3:3)

**【校注】**

[1]乾亨:为南汉高祖刘龑(岩)的第一个年号,“乾亨九年”即公元925年。

**【参考文献】**

广州市文物考古研究院:《广州市江燕路五代南汉乾亨九年墓》,《考古》2018年第5期,第63—69页。

**【图版】**

拓片见《考古》2018年第5期第66页图八、九。

### 18. 南汉大宝三年（960）刘氏二十四娘买地券

**【解题】**

2011 年 7 月，广州市文物考古研究所在广州市西湾路 154 号富力唐宁花园发掘区中部清理一座五代南汉时期的砖室墓，出土石质买地券一方（M175：12），泥质砂岩，长方形，全长 38、宽 22、厚 3 厘米。出土时已经断作两截，可拼合。正面两侧各有一道竖向边栏，九道横栏。券文一正一反刻写，行楷，共 18 行 238 字。

**【释文】**

维大宝三年[1]岁次庚申七月戊戌/二十四日辛酉，南赡部洲大汉国/右金吾街修文坊[2]殁故亡人刘氏二/十四娘，用钱九万九千九百九十九贯/九百九十九文九分，于地主天皇买/得本音大利地一面造冢墓[3]。所立十/二肖、一□一坵，伏听[4]告报蒿里老人、孝/眷主簿、墓门亭长，令护冢墓[5]。其冢东/至甲乙，南至丙丁，西至庚辛，北至壬癸，上/至青天[6]，下至黄泉。并仰十二肖知之，其/所管方位，并属亡灵。天符下有勑，/诸鬼不得争认。金玉镇堂[7]，棺椁镇罡/。令月月直证人[8]，令年年直为保人，□/□为见人。不得劳挠（扰）生人。子孙/昌旺，奴婢康施[9]，田宅富贵，牛马成/行，官职日集，寿命延长，珠珎[10]盈/溢，玉帛满箱。亡人宁乐，生人吉/昌。急急如律令。/

**【校注】**

［1］大宝：南汉后主刘鋹年号。

［2］修文坊：易西兵（2016：53）指出："从近年的考古发掘情况看，南汉广州城的西界大致在今吉祥路、教育路以东，因此，推测修文坊在今中山五路一带。"

［3］大利：易西兵（2016：52）释作"大私"，有误。本音大利：五音法是风水学中五姓法之一，根据"五音三十八将"在五音之中位置的不同，根据其地脉与水势的形势来判断五音墓地大方向上的吉凶的方法。本音大利即是风水宝地。冢墓：伍庆禄、陈鸿钧（2019：444）释作"冢，□"，有误。

［4］伏听：殉葬佣，佣伏身地下做谛听状，属厌胜性质神煞明器。

［5］护：易西兵（2016：52）释作"护"，可从。伍庆禄、陈鸿钧（2019：444）释作"设"，有误。

［6］青天：易西兵（2016：52）释作"齐"，有误。伍庆禄、陈鸿钧（2019：444）释作"青天"，可从。

［7］堂：易西兵（2016：52）释作“裳”，伍庆禄、陈鸿钧（2019：444）释作“堂”，均有误。

［8］月月：易西兵（2016：52）释作“月月”，可从。伍庆禄、陈鸿钧（2019：444）释作“日月”，有有误。

［9］康强：易西兵（2016：52）释作“康施”，伍庆禄、陈鸿钧（2019：444）释作“康强”，此从后说。

［10］玠：易西兵（2016：52）释作“祢”，有误。

**【参考文献】**

1. 广州市文物考古研究院：《广州富力唐宁花园五代南汉大宝三年墓》，《东南文化》2016 年第 3 期，第 47—51 页。

2. 易西兵：《广州出土五代南汉刘氏二十四娘买地券考》，《东南文化》2016 年第 3 期，第 52—58 页。

3. 伍庆禄、陈鸿钧：《广东碑刻铭文集（第四卷）· 摩崖刻铭类吉金砖瓦刻铭类》，广东高等教育出版社 2019 年版，第 444 页。

**【图版】**

照片见《东南文化》2016 年第 3 期封三图 4；拓片见《东南文化》2016 年第 3 期第 53 页图一。

# 第五章
# 新见宋元买地券校释

鲁西奇《中国古代买地券研究》(2014)收录243种宋辽金元买地券，本章主要收录此书未收者。由于宋元买地券数量多，分布地域广，且不同省份使用年号不同(主要有宋、辽、金、元)，故本章先按地理区划(东北、华北、西北、华东、华中、华南、西南七大行政区)进行分类，每一行政区下按具体省份进行校释，同一省份再按时间先后排列。本章共收录宋辽金元买地券304种，其中东北地区3种，华北地区23种，西北地区60种，华东地区82种，华中地区17种，华南地区2种，西南地区117种。其中西北、华东、西南地区共出土259种，约占总数85%；而江西省有67种，四川省有115种，约占总数60%，从中可见买地券分布极不均衡[①]。

## 第一节　东北地区新见买地券

东北地区包括黑龙江、吉林、辽宁三省，目前仅有辽宁出土买地券，本节收录3种辽宁出土金代买地券。

---

① 如果将本章收录304种买地券，加上鲁西奇《中国古代买地券研究》(2014)收录243种，目前可见已经正式分布的宋元买地券(指释文完整者)有547种，其中江西139种，四川(不包括重庆)173种，约占总数的57%，与以上统计比例近同。

### 1. 金正隆五年（1160）王兴买地券

**【解题】**

辽宁省辽阳市小屯镇江官屯村出土，1999 年公安部门打击文物走私所获，现藏辽宁博物馆。此券略呈圭形，下端两侧内截，置于酱釉虎形底座内（图一）。券板高 41、宽 26、厚 4 厘米，灰褐色粗瓷胎，施白色化妆土。正面上端勾绘长方形边框，书“明堂之券”，其下为买地券正文（图二）。背面也有文字，题“明堂之券”，但多漫漫不清，隐约可见“维”“殁”“永无殃咎”等字，其内容亦是买地券（图三）。

**【释文】**

维大金正隆五年[1]岁次庚辰七月/丁丑朔廿七日癸卯，东京辽阳府/辽阳县辽阳乡瓷窑务[2]住故王兴公/之券，因殁袭吉，□□本务之□南山之阳，/卜其宅兆。谨以银钱□五十□□□头，马/五疋，買茔之地[3]。长阔各七步。东至青/龙，南至朱雀，西至白虎，北至玄武。/内方勾陈，分[4]/擘掌四域。丘丞墓伯，封步界畔[5]。道路/将军，齐整阡陌。千秋百世，永无殃咎。/若辄干犯诃禁者，将军亭长，收/付河伯。今以牲牢酒飰[6]，綵币诸物，共/为契信。财地交相，分付工匠修（营）茔安厝……/（正面）

**【校注】**

［1］正隆五年：金海陵王完颜亮第三个年号。

［2］瓷窑务：是与窑场瓷器督造、税务征收有关的管理机构，这里作地名用。

［3］買：彭善国、徐戎戎（2010：88）、李大伟（2013：18）、张传玺（2014：530）释作“贾”。

［4］分：彭善国、徐戎戎（2010：89）、张传玺（2014：531）释作“远”。李大伟（2013：18）未释。

［5］步：彭善国、徐戎戎（2010：89）释作“布”。李大伟（2013：18）未释。张传玺（2014：531）释作“步”，可从。

［6］飰：彭善国、徐戎戎（2010：89）释作“餔”。李大伟（2013：18）未释。张传玺（2014：531）释作“飰”，可从。

**【参考文献】**

1. 彭善国、徐戎戎：《辽阳金正隆五年瓷质“明堂之券”》，《文物》2010 年第 12 期，第 88—91 页。

2. 李大伟:《辽阳碑志续编》,辽宁民族出版社 2013 年版,第 18—19 页。

【图版】

照片见《文物》2010 年第 12 期,第 88 页图一,第 89 页图二、三。

### 2. 金明昌二年（1191）冯天下奴为母亲买地券

【解题】

2012 年 10 月 21 日,辽宁朝阳市喀左县官大海农场东官分场七组出土,共两方,青灰色泥质陶砖,正方形,边长 34.5、厚 6 厘米。第一方从右至左竖行阴刻行楷 15 行,计 208 字。第二方从右至左竖行阴刻行楷 15 行,计 213 字。现藏于喀左县博物馆。

【释文】

维/天朝国北京路利州□□虎部落居住冯天下奴,/伏缘[1]母亲未卜茔穴,夙夜忧思,不遑所厝,遂/令[2]日者择此高原,出备价钱九万九千九百九十九/贯文,於本宅东北买到茔地一方,南北长一十六步,/东西阔一十五步二尺。东至青龙,西至白虎,南至朱/雀,北至玄武。内方勾陈,掌把,封步界畔。今备/牲牢酒脯,百味香新,共为信契。各已分付,令[3]/工匠修茔安厝已后,永保休吉。故气邪精,不得/忏恡[4]。先有居者,永避万里。然恐阴司无证,/故立此文券为用。[illegible][5]/辛亥年四月十六日立券,孝男冯天下奴,/同立券次男冯白□。/知见人:岁月主。/代保人:今日直符。/[illegible][6](第一方)

维/天朝国北京路利州□□虎部落居住冯天下奴,伏/缘母亲未卜茔坟,夙夜忧思,不遑所厝,遂令日/者择此高原,今已出备价钱银九万九千九百九十九/贯文,於本宅东北买到茔地一方,南北长一十六/步,东西阔一十五步二尺。东至青龙,西至白虎,/南至朱雀,北至玄武。内方勾陈,掌把,封步界/畔。今备牲牢酒脯,百味香新,共为信契。财地/相交,已分付,令工匠修茔安厝已后,永保休吉。/故气邪精,不得忏恡。先有者,永避万里。恐/阴司无证,故立此文券照用青律。[illegible]/辛亥年四月十六日立券,孝男冯天下奴,/同立券次男冯白□。/代保人:今日直符。/知见人:岁月主。[illegible]/(第二方)

【校注】

[1]伏缘:侯申光(2017:40)释作“伏禄”,有误。

[2]令:侯申光(2017:40)释作“今”,有误。

[3]同上。

［4］忏悋：侯申光（2017：40）释作“忏悔”，有误。

［5］[illegible]：符咒。

［6］[illegible]：“合同”二字半边。

【参考文献】

侯申光：《喀左官大海出土两块金代买地券》，《辽金历史与考古》2017年第2期（总第八辑），第36—40页。

【图版】

照片分别见《辽金历史与考古》2017年第2期，第37页图2、第38页图3。

### 3. 金泰和元年（1201）刘瑀为父母买地券

【解题】

2005年，辽宁省辽阳市小屯镇江官屯村南山出土，瓷质，高32、宽31、厚4厘米，白化妆土罩以薄透明釉，毛笔黑釉书丹。额题“天穴之卷”。

【释文】

维南赡部洲[1]，大金国泰和元年岁次辛酉，四月建癸巳，/十有八日丁酉之辰，祭人京东瓷窑务住人刘瑀，为亡/考妣因凶袭吉[2]，于南山之阳约二里地，谨用银钱[3]五伯（佰）/贯文，駞马各十头疋（匹）[4]，买地一段。南北长一十四步四分八厘，/阔一十二步五分。东至青龙，西至白虎，南至朱雀，北至/真武。内方勾陈，分擘掌四域。丘承（丞）墓伯，封步界畔。/道路将军，齐整阡陌。千秋万世，永无殃咎。若辄干/犯[5]诃禁者，将军亭长，收付河伯。今以牲牢酒飰（饭），百味/香新，共为信契。财地交相，分付工匠修营（茔）安厝/之后，永保休吉。知见人：岁月主。代保：今日直符。/故气邪精，不得忏悋。先有居者，永避万里。若/违此约，地府主吏自当其祸。主人内外存/亡，悉皆安吉。急急如/五帝使者女青律令。/

【校注】

［1］南赡部洲：佛教传说中四大部洲之一。

［2］因凶袭吉：买地券多作“相地袭吉”“占地袭吉”，故疑此处摹写有误，或是原书券者之误。

［3］钱：李大伟（2013：19）未释。王嘉永、王荐、苏德永（2014：184）释作“子”。

［4］駞马：骆驼和马。

［5］干犯：李大伟（2013：19）释作“干犯”，可从。王嘉永、王荐、苏德永（2014：184）释作“于干纪”，有误。

**【参考文献】**

1. 李大伟：《辽阳碑志续编》，辽宁民族出版社 2013 年版，第 19—20 页。

2. 王嘉永、王荐、苏德永：《新发现的金代瓷质买地券》，《中国书法》2014 年第 2 期，第 184—185 页。

**【图版】**

照片、摹本分别见《中国书法》2014 年第 2 期，第 184—185 页。

## 第二节　华北地区新见买地券

华北地区包括北京市、天津市、河北省、山西省和内蒙古自治区。本节主要涉及北京、河北、山西、内蒙古四省（市、区），其中北京 2 种、河北 1 种、山西 19 种、内蒙古 1 种，计 23 种。

### 一、北京

#### 1. 元延祐元年（1314）海寿为父母买地券

**【解题】**

1971 年 10 月，北京朝阳区东直门外酒仙桥的一座火葬墓（M15：1）出土，长方形板瓦，长 36、宽 18—20 厘米，朱书楷体，8 行，每行 21 到 30 字，约 195 字。

**【释文】**

维延祐元年五月甲寅朔望日庚申，大都崇教坊住人／中顺大夫海寿，伏缘父母奄逝，未卜茔坟，夙夜忧思，不遑所厝。今日／者[择]此高原，系通州西阳村之原，堪为宅兆。梯已出备钱綵，买到墓地一方，南北长／四十七步，东西阔四十五步，东至青龙，西至白虎，南至朱雀，北至玄武，内方／勾陈。财地相交，各已分付，工匠修茔安厝已（以）后，永保休吉。／知见人：岁月主。代保人：今日直符。故气邪精，不得干恡，先有居／者，永避万里。若违此约，地府主吏自当其祸。[助]葬主里／外存亡，悉皆安吉。急急如玉帝[1]使者女青律令。／奉付。／

**【校注】**

［1］“玉帝”可能是“五帝”。

【参考文献】

1. 黄秀纯、雷少雨:《北京地区发现的元代墓葬》,载北京市文物研究所:《北京文物与考古》第二辑,北京燕山出版社 1991 年版,第 219—248 页。

2. 祝庆:《元代买地券研究》,山西大学硕士学位论文, 2015 年。

3. 李春圆:《元代买地券校录及类型学的初步研究》,载刘迎胜、姚大力主编:《清华元史》第四辑,商务印书馆 2018 年版,第 95—162 页。

2. 元大都路□□□为亡父母买地券

【解题】

1970 年 4 月,北京石景山区金顶街食堂火葬墓出土长方形石质地券(M17:9),长 36、宽 31 厘米,竖行朱书,楷字。券文 10 行,每行 8 到 21 字,约 186 字。

【释文】

维南瞻部州大元国大都路□□□,/伏缘父母奄逝,未卜茔坟,不 遑所厝。遂于□□□……/择此高原,来去朝迎,地占袭吉。地属本县□□之原,/堪为宅兆。梯己出备钱綵买到墓地一方,南北长/一十七步,东西阔一十七步,东至青龙,西至白虎,南至/朱雀,北至玄武,内方勾陈,分掌四域,丘承墓□□□伯,奉(封)步界畔。□□□□□,致使千秋百/载,永无殃咎。□□□□□停(亭)长缚付/河伯。今备牲牢酒脯,百味香新,共为信契。财地/交相,各已分付,工匠修[1]/……付墓中……永不侵。/

【校注】

[1]黄秀纯、雷少雨(1991:241)释文中释“朝”作“朔”,“勾陈”作“四界”,“四域”作“西域”,“今”作“三”,“修”作“备”。另外,释文中缺字均已据文意补出。

【参考文献】

黄秀纯、雷少雨:《北京地区发现的元代墓葬》,北京市文物研究所:《北京文物与考古》第二辑,北京燕山出版社 1991 年版,第 219—248 页。

## 二、河北

1. 元前至元十四年(1277)葛法成买地券

【解题】

2004 年 3 月,张家口市宣化区城东出土买地券 1 块(M1:16),放在墓主人

脑后，板瓦，长 28.5、上宽 15.4、下宽 19.4、厚 2.1 厘米（图一〇），朱书 13 行。

【释文】

维[1]大元国上都路宣德府南开永宁坊居住孝男魏泉，/右（?）魏泉并家□□等，伏为/故母葛法成□□，龟筮协从，相地袭吉。宜于本府东南安厝/宅兆所，谨用钱九万九千九百九十贯文，兼五綵信币，买地/一段。东西阔一十四，南北长一十五步，计积二百一十七步。东至青龙，/西至白虎，南至朱雀，北至玄武。内外勾陈，分掌四域。已择定至元十四/岁次丁丑五月己丑朔初二日庚寅甲时安葬。丘承墓伯[2]，封步界畔。/道路将军，齐整阡陌。千秋万载，永无殃咎。若辄干犯河（呵）禁者，/将军亭长，收付河伯。今以牲牢酒饭，百味香新，共为信契。财地/交相，分付工匠安厝已（以）后，保休吉。知见人：岁月主。保人：今日直符。故/气邪精，不得忏恡[3]。先有居者，永避万里。若违此约，地府主吏自/当其祸。主人内外存亡，悉皆安吉。急急如/五帝使者女青律令。/

【校注】

［1］维：《简报》（第 53 页）释作"经"。张传玺（2014：568）、祝庆（2015：92）、李春圆（2018：100）释作"维"。

［2］丘：《简报》（第 53 页）、祝庆（2015：92）释作"立"。张传玺（2014：568）、李春圆（2018：100）释作"丘"。

［3］忏恡：《简报》（第 53 页）释作"忏悕"。张传玺（2014：568）、祝庆（2015：92）、李春圆（2018：101）释作"忏恡"。

【参考文献】

1. 张家口市宣化区文物保管所：《河北宣化元代葛法成墓发掘简报》（此称《简报》），《文物》2008 年第 7 期，第 49—54 页。

2. 李春圆：《元代买地券校录及类型学的初步研究》，载刘迎胜、姚大力主编：《清华元史》第四辑，商务印书馆 2018 年版，第 95—162 页。

【图版】

照片见《文物》2008 年第 7 期，第 52 页图一〇。

## 三、山西

### 1. 辽开泰五年（1016）刘重绍买地券

【解题】

20 世纪末或 21 世纪初，山西大同南郊出土，石质，碑形，碑圆首，高 54、宽

43、厚4厘米，下有榫长4厘米。两面刻，正面为刘重绍孙刘延贞开立庄账，18行483字。背面为刘重绍买地券，9行179字。

**【释文】**

买地壹闉（阙）。东至青龙，西至白虎，前至朱雀，后至玄/武。上至穷（穹）仓（苍），下至黄泉，四至分明。其地南北长二十九步，/东西阔二十七步。其地周流贰亩，地合三才[1]。开泰五年四月一日，/没殁人刘重绍遂于后土黄灵君边买上件地安置坟茔[2]。/交邈钱九万九千九伯（佰）九十九文足佰[3]。其地并钱当日交相分/祔（咐）讫，并无态欠[4]。如卖后回（悔），有土扶辄来忓恡[5]。直代（待）燋（焦）槃（榖）/重生，熟灰有烟，断鸡能鸣，乱丝能了□，孝乌头/白[6]。代保人：东王公、西王母。官有明文，以为后捡。急急如/律令敕摄，合同天地。/

**【校注】**

[1]三才：天、地、人。

[2]茔：殷宪（2012：143）释作"茔"。

[3]邈钱：冥钱。

[4]态欠：拖欠。

[5]土扶：殷宪（2012：144）指出："想是指有在这块土地上起房盖屋的人。"从文意看，"土扶"可能是地下鬼神。山西大同北郊卧龙湾5号墓出土辽大安九年（1093）牛公买地券，上有"如卖后，或有土夫辄来忓恡"。买地券中多作"故气邪精，不得忓恡"。辽宁朝阳市出土金皇统九年（1149）翟氏买地券"如先有鬼神居者，永除万里，不得忓恡"。

[6]燋（焦）槃（榖）：《晋商史料全览（大同卷）》（第697页）释作"燋（焦）槃（榖）"，可从。殷宪（2012：143）释作"雄槃"。其中第一字形作"燋"，第二字形作"槃"。第二字，殷宪（2012：144—145）又释作"槃"，意为煮熟的食物，就是说煮熟的鸭子是不会重生的。从字形看，当以前者为是。山西出土辽大安九年（1093）牛公买地券有"如卖后，或有土夫辄来忓恡，直待焦谷从生"等，亦可证。此种说法早在东汉已经出现，如河南出土东汉光和二年（179）王当买地券有"即欲有所为，待焦大豆生，铅卷（券）华荣，鸡子之鸣，乃与诸神相听"。诸类说法均喻不可能实现之事。断鸡：即断鸡子，指孵不成小鸡的坏鸡蛋。孝乌：乌鸦。

【参考文献】

1. 山西省政协《晋商史料全览》编辑委员会、大同市政协《晋商史料全览·大同卷》编辑委员会:《晋商史料全览(大同卷)》,山西人民出版社 2006 年版,第 695—699 页。

2. 殷宪:《大同新出唐辽金元志石新解》,三晋出版社 2012 年版,第 140—145 页。

【图版】

拓片见《晋商史料全览(大同卷)》第 697 页;另见《大同新出唐辽金元志石新解》第 142 页。

### 2. 辽乾统八年(1108)武演稟买地券

【解题】

1987 年 8 月,山西省雁北地区文物工作站在山西省朔州市山阴县北周庄镇郑庄村发现。青石质,圭首,长 52、宽 36、厚 6 厘米,阴刻楷书 17 行,计 318 字。

【释文】

……赡□[1]□大辽□应州河阴县杨庄村/太原郡武演稟□□□□□忻男□持□经佛名/寿亡知……去大辽□□□□□□□□一日掩□寿宗/□附葬同□□□□□□□□□次□故龟筮协从,祖(相)/地袭吉[2],宜于城东□四□□历□□□银钱九万九千九/百九十九贯□□□□□□□□□酒钱,百味香新[3],共为/信契。就于皇天父、后土母□比下民安置坟茔[4],东西南/北方圆二十七步,周流□□,合三万[5]。东至青龙,南至朱/雀,西至白虎,北至玄武。上至青天,下至黄泉,其地四至/分朗(明),即日钱财分付与天地神明了[6]。保人:张陆、李定度[7]。/知见人:东王公、西王母。书契人:石功曹;读契人:金主薄(簿)[8]。/书契人飞上天,读契人入黄泉。如买地已(以)后,或有土挟(扶)/□忏悋[9],直待燋(焦)谷从(丛)生,熟炭有重(?),段鸡能鸣,乱丝从理[10]。/官有明文,已为后验。/

乾统八年岁次戊子七月一日乙(巳)时破地十三日甲时扣掩讫。/

时建人[11]太原郡武从兴、妻彭氏、弟从谨、妻穆氏、次弟/从谅、妻王氏。/

【校注】

[1]赡□:李白军、常学文、丰驰(2003,2018:1957)释作“赡铭”,从地券照片看,“铭”字有误,暂存疑不释。

［2］龟筮协从，祖（相）地袭吉：李白军、常学文、丰驰（2003，2018：1957）释作“龟座□从祖地袭”，有误。

［3］百味香新：李白军、常学文、丰驰（2003，2018：1957）释作“苦味香甜”，有误。

［4］后土母：李白军、常学文、丰驰（2003，2018：1957）释作“□玉□”，有误。

［5］周流□□：疑是“周流壹顷”，图版不清，暂存疑。

［6］分朗：原券写作“分朗”，应是“分明”之误。

［7］李定度：李白军、常学文、丰驰（2003，2018：1957）释作“李安富”，有误。

［8］石功曹、金主薄（簿）：李白军、常学文、丰驰（2003，2018：1957）释作“石铭会”“金正汉”，有误。

［9］土扶：可能指地下鬼神，详见辽开泰五年（1016）刘重绍买地券注释［5］。忏惉：李白军、常学文、丰驰（2003，2018：1957）释作“恢恼”，有误。

［10］直待燋（焦）谷从（丛）生，熟炭有重（？），段鸡能鸣，乱丝丛理：其中“重”字有残泐，不能确释。李白军、常学文、丰驰（2003，2018：1957）释作“直待燋杀丛生熟炭有重改鸡能鸣”，有误。本句大概指说要等到烧焦的谷子重新生长，……已坏的鸡蛋能够鸣叫，散乱的丝能够理清，均是比喻不可能实现之事。

［11］时：李白军、常学文、丰驰（2003，2018：1957）释作“特”，有误。

**【参考文献】**

1. 李白军、常学文、丰驰：《辽地契考释》，原载《大同今古》2003 年第 3 期；后见大同市考古研究所主编《大同考古资料汇编（四）》，文物出版社 2018 年版，第 1957—1958 页。

2. 田野：《山阴县辽武从兴买地券初析》，微信公众号山力户外 2019 年 9 月 30 日。

**【图版】**

照片、拓片见微信公众号山力户外 2019 年 9 月 30 日。

### 3. 金正隆六年（1161）王万买地券

**【解题】**

2008 年 6 月，山西汾阳市西南东龙观 M3 盗洞边出土泥质灰陶买地券（M3：01），正方形，边长 34、厚 5 厘米（图六七，彩版九三：2），朱书，由右向左 15 行 251 字。

【释文】

正隆六年二月二十三日汾阳军崇德坊居/住王万于今年二月十八日殁故，龟筮协从，/相地袭吉，宜于本州[1]西河县文信乡东景云/村祖园东南安厝宅兆。谨用钱九百九十九/贯文，兼五綵信币买地一段，封茔壹座，东西/阔壹拾参步，南北长壹拾参步。东至甲乙，西/至庚辛，南至丙丁，北至壬癸，内方戊己，分擘/掌四域。丘墓神祇，封步界畔。道路之神，齐整/阡陌[2]。千秋百岁，永无殃咎。今以辅（脯）修酒饭，百味香新，共为信契。财地交相，分付工匠修茔/安厝已（以）后，永保休吉。知见人：辛巳、辛卯。保人：/丙寅。故气邪精，不得忏悋[3]。先有居者，永戁他/处。若违此约，此地府掌事者，自当其祸。王万/内外存亡，悉皆安吉。急急如/五方使者女青律令。/

【校注】

［1］本州：指家乡所在州。

［2］齐：《报告》（第75页）释作"斋"。

［3］忏悋：《报告》（第75页）释作"忏悔"。

【参考文献】

山西省考古研究所、汾阳市文物旅游局、汾阳市博物馆：《汾阳东龙观宋金壁画墓》（此称《报告》），文物出版社2012年版，第74—76页。

【图版】

摹本见《汾阳东龙观宋金壁画墓》第76页图六七；照片见《汾阳东龙观宋金壁画墓》彩版图九三：2。

4. 金大定四年（1164）张竘为父母买地券

【解题】

1995年出土，现存介休张壁村。青砖质，高33、宽35、厚5厘米，楷书12行。中间部分由于图版不清，故未分行。

【释文】

维大定四年岁中二月丙辰朔十一月丙寅，汾州灵/石县张壁村祭主张竘，伏为安葬父/母并已请灵[1]，谨用钱九万九千九百九十九贯文，兼/五綵信币，买地一段。东西一十三步，南北一十三步。东至青龙，西至白虎，南至朱雀，北至玄武。内方勾陈，分擗（擘）四域。丘承墓伯，分步界畔。道路将军，齐整阡陌。千秋之外，永无艰。若[1]辄干犯河（呵）禁者，将军庭长，收赴河伯。今以牲醪

（牢）酒膳（脯），百味香新，共为信契。财地交相，工匠修营已（以）后[2]，永保休吉。/知见人：岁月主。保人：今日直符[3]。故气邪精，不得忏恡。/仙者当永避万里。若违此约，地主吏自当其祸。/祭主内外存亡，悉皆安吉。/急急如律令，摄。/

【校注】

［1］父母：景茂礼、刘秋根（2014：32）释作“父母”。翟泰丰（2015）释作“祖父母”。图版不清，暂从前释。已请灵：景茂礼、刘秋根（2014：32）释作“已请灵”。翟泰丰（2015）释作“请灵”。图版不清，暂从前释。

［2］若：景茂礼、刘秋根（2014：32）释作“苦”。

［3］后：景茂礼、刘秋根（2014：32）释作“竣”。

［4］今日直符：景茂礼、刘秋根（2014：32）释作“今立符”。

【参考文献】

1. 翟泰丰：《来自介休张壁古堡的震撼》，《山西日报》2005年10月11日C01版。

2. 景茂礼、刘秋根：《灵石碑刻全集》上册，河北大学出版社2014年版，第32—33页。

【图版】

照片见《灵石碑刻全集》上册，第32—33页。

## 5. 金大定八年（1168）马秘为父母买地券

【解题】

2011年，山西灵石县交口乡马家庄村出土，青砖质，高28、宽59、厚8厘米，楷书24行，自第2行至19行顺逆相间，末5行顺序书写。

【释文】

维大金墓志一首。/

维大金国河东北路汾阳军灵石县/文殊乡马家庄村祭主马秘，今于大/定八年四月初六日故殁父母马演葬。谨用钱九万九千九百九十九贯文，就此黄天父、后土/母[1]、社稷主，买到前件墓田匡浃名山福地，/故宜亡考妣安厝幽室一座。今用地三十亩，/合一步，长三十七步五分三厘一毫二丝，阔二十二步，/合甲穴。东至青龙，南至朱雀，西/至白虎，北至玄武。上至苍天，下至黄泉，/中宫勾陈，分擘明堂[2]四域。丘承墓伯[3]，/分步界畔。道路将军，齐整阡陌。千秋百/岁,永除殃咎[4]。若辄干犯河(呵)禁者,将军庭长,收赴河伯。今以牲醪(牢)酒脯[5],共为/信契。即日财地交相,修坟立志,永保休吉。……保人:张/坚固、李定度。……/大定八年四月初六日……/汾阳军灵石县文殊乡马家庄,故殁□□马演……/父马斌、母阿□,戊子岁丁巳月丁酉日□时吉[6]……/

【校注】

[1]后土母:景茂礼、刘秋根(2014:34)释作"一臣二母"。

[2]分擘:分别掌管。景茂礼、刘秋根(2014:34)释作"分掰"。明堂:坟地墓前祭祀后土诸神的场所。

[3]丘承墓伯:景茂礼、刘秋根(2014:34)释作"丘水墓化"。

[4]殃:景茂礼、刘秋根(2014:34)释作"夭"。

[5]脯:景茂礼、刘秋根(2014:34)释作"膳"。

[6]岁:景茂礼、刘秋根(2014:34)释作"岁次",衍"次"字。

【参考文献】

景茂礼、刘秋根:《灵石碑刻全集》上册,河北大学出版社2014年版,第34—35页。

【图版】

拓片见《灵石碑刻全集》上册第34页。

### 6. 金大定十八年(1178)杨裕发买地券

【解题】

1985年,山西灵石县古太平村出土,原石佚失。

【释文】

维时大金大定十八年岁次戊辰二月戊寅朔初八日立。

省司河东北路汾州灵石县灵瑞乡太平村祭主杨裕发,协从,相地袭吉,宜于村南,处地吉祥属云集,地茔价九十九贯文,兼五诀,需商出卖于杨姓。以上尺度步九分,东至青龙,西至白虎,南至朱雀,北至玄武。以勾陈,分座掌四域。丘承墓百(伯),封之高大,远疏阡陌。千秋百光,永无祸殃,兴旺安乐,邻村可赏,百祥如意,气味舒心,村傍伯叔考,祥嘉永久[1]。修坟立志,修茔安厝,以经永葆,兴荷嘉仁,请公待办评,有无曲折,立吏自尝,非福自如,人内恭修,废长可大,青史流芳[2]。

墓志云云。

大定十八年三月二十三日立。

【校注】

[1]景茂礼、刘秋根(2014:37)据县史志办记录,虽未见图版,但“柑地龙吉”误录作“相地袭吉”,“分座掌四域”疑是“分擘掌四域”。而“兼五诀,需商”“封之高大,远疏阡陌”“百光”疑有误,未见图版,暂从原释。

[2]地券末尾有墓志铭的意味。

【参考文献】

景茂礼、刘秋根:《灵石碑刻全集》上册,河北大学出版社2014年版,第37页。

7. 金大定十八年(1178)马诚买地券

【解题】

山西灵石县交口乡马家庄村出土,原石佚失。

【释文】

维大金国河东北路汾阳军灵石县文殊乡马家庄祭主马诚。

今用九十九万九千九百九十九贯文,就此黄天父、后土母、社稷主,买到前件墓田周德墓之地安厝宅。宅地东西一十七步,南北一十七步,合一亩二分零九步。八音童(同)乐,旦□苍天,黄泉安厝,永保休吉。代保人:张坚固、李定度。□□人:石功曹。□地人:金主簿。□□飞上天,读契人入黄泉[1]。急急如五帝律令。

大定十八年七月二日马□。

【校注】

[1]原释文中“后土母”释作“一臣二母”,“张坚固”释作“张坚周”,“石功曹”释作“在功曹”,“读契人”释作“续契人”,均误。

【参考文献】

景茂礼、刘秋根:《灵石碑刻全集》上册,河北大学出版社2014年版,第38页。

8. 金大定二十二年(1182)郝□□买地券

【解题】

2015年8月,山西省考古研究所在山西临汾市汾西县永安镇郝家沟村北金墓采集到一件砖质买地券(M1采:1),正方形,边长33、厚5.5厘米,从左向右朱书9行(图二一)。

【释文】

维南赡部洲大金(?)国□□平阳府/汾西县赵村保郝家庄郝□□,/买到地捌分,佳(?)[1]作钱九万九千贯九百/九十文,其钱[2]交付足。东至青龙,南至/朱雀,西至白虎,北至玄武。上至苍天,/下至黄泉。其地四至分明。故立文字/为据。/大定廿二年后十一月十二□□□书□□□/□□□。/

【校注】

[1]佳:《简报》(第21页)释作“佳”,待考。

[2]钱:《简报》(第21页)释作“身”,有误。

【参考文献】

山西省考古研究所、汾西县文物旅游局:《山西汾西郝家沟金代纪年壁画墓发掘简报》(此称《简报》),《文物》2018年第2期,第11—22页。

【图版】

照片见《文物》2018年第2期,第20页图二一。

### △9. 金明昌二年(1191)买地券

【解题】

2019年6月,山西省考古研究所对运城市垣曲县中条山冶炼有限公司办公楼前金代墓葬进行抢救性考古发掘。其中,出土一方砖质买地券,部分泐蚀,整体已不可识读,清晰部分见有“明昌二年”等。

【释文】

大金国河……垣曲县……/之村……/东至青堂,……/苍天,下至黄泉,四至……/九十贯……/……功曹……/……有……/明昌二年□月□日……/

【参考文献】

山西省考古研究所:《垣曲县金代仿木构砖室结构墓葬发掘结束》,山西省文物局网站2019年7月26日。

### 10. 金明昌七年(1196)董海买地券

【解题】

1964年10月,在侯马市西郊牛村古城南墙南一里处马平阳机械厂基建施工中发现了一座砖室墓(M102号),墓后室南壁门上方有墨书砖质地券1方(图六),自右至左竖书21行。

【释文】

唯南赡部州大金国河东南路绛州/曲沃县禠祁乡南方村董海,今于/明昌七年十月初一日丙午日,于高/原安厝宅兆[1]。谨用钱九万九千九/百九十贯文,买地一段。东西南北各一/十三步数。东至青龙,西至白虎,南/至朱雀,北至玄武。内方勾陈,分擘/明堂四域。丘丞墓伯,封步界畔。道/路将军,齐整阡陌。千秋万岁,永无/殃咎[2]。若辄干犯诃禁者,将军/亭长,收付河伯[3]。今以牲牢酒飰(饭)[4],共/为信契。财地交相,付分工匠修茔/安厝已(以)后[5],永保休吉。知见人:岁/月主。主保人:今日直苻(符)。故炁邪/精,不得忏悋[6]。先有居者,永避万/里。若违此约,地府主吏[7]自当其/祸。主人内外存亡,悉皆安吉者。/急急如律令。/明昌七年十月一日,砌墓人:董靖,/董楼喜,/董念(廿)五[8]。/

【校注】

[1]兆:《原报告》(第34页)释作“北”。陈杏留(2010:13)释作“兆”,可从。

[2]殃:《原报告》(第34页)释作“殁”,有误。

[3]伯:《原报告》(第35页)释作“泊”,有误。

[4]牲:《原报告》(第35页)释作“推”。陈杏留(2010:13)释作“牲”,可从。

[5]付分:实是“分付”之倒序。

[6]忏悋:《原报告》(第35页)释作“肝□”。陈杏留(2010:13)释作“忏悋”,可从。

[7]吏:《原报告》(第35页)释作“史”。陈杏留(2010:13)释作“吏”,可从。

[8]原释文未释,但据摹本可补出“禠”“钱”“飰”“炁”。

【参考文献】

山西省考古研究所侯马工作站《侯马102号金墓》,《文物世界》1997年第4期,第28—40页。

【图版】

摹本见《文物世界》1997年第4期,第34页图六。

## 11. 金泰和二年(1202)马氏买地券

【解题】

1995年,侯马乔村西北浍河北岸第二阶台地IV区M4309出土,方砖,边长33、厚0.5厘米,朱书,部分漫漶不清。

【释文】

维泰和二年岁次壬戌十月……丘墓今……吉……文……修茔…后，永保休吉。知见人：岁月主。保人：……今日符。故……得……先有居者，永避万里城[1]。若违……地府自……主人内外，悉皆安吉。急急如玉（五）帝使者。……为凭下……孝子……亡妣马氏……地主人……保人：今日……知见人……

【校注】

［1］城：疑有误。未见图版，暂从原释。

【参考文献】

山西省考古研究所：《侯马乔村墓地（1959—1996）》，科学出版社 2004 年版，第 981—983 页。

12. 金正大五年（1228）孟禧为先祖孟选买地券

【解题】

2009 年，山西省晋中市榆次区北田镇福堂村 M1 出土（M1：1），砖质，正方形，长 35.3、宽 35、厚 4 厘米（图六），朱书，行楷书竖向书写，计 13 行，共计 193 字。

【释文】

河东北路太原府榆次县三教乡区当村／祭主孟禧，右为先祖孟选在于浅土，未曾千（迁）／葬，选捡得西南庚向封园贰座，合六甲冢穴。今／用钱九万九千九伯（百）九十贯文，买墓／地壹段，南北□□□之拾贰步拾五分○。／东至青龙，西至白虎，南至朱雀，北／至真武。上至苍天，下至黄泉。内方[1]句／陈，四域上下。墓伯，封部界畔。道路将军，／千（阡）陌。千秋万岁，永无殃咎。……／长，收付河伯[2]。今以酒饭，百味香新，已（以）后，永保／安吉。知见人：岁月日。主保人：直符。急如律令。／见人：张坚固。／保人：李定度。正大五年六月十九日。／

【校注】

［1］内方：王俊、闫震（2013：8）释作“方内”。

［2］王俊、闫震（2013：8）释作“禁忌者将军，长收封伯”。按买地券行文格式，此处多作“若辄干犯诃禁者，将军亭长，收付河伯”。图版第 9 行末模糊，第 10 行可见“长，收付河伯”。本券行文较简，如“丘丞墓伯，封部界畔。道路将军，整齐千（阡）陌”。“今以牲牢酒饭，百味香新，安厝已后”。

【参考文献】

王俊、闫震:《山西晋中发现金代正大五年墓》,《中国国家博物馆馆刊》2013 年第 10 期,第 6—10 页。

【图版】

照片见《中国国家博物馆馆刊》2013 年第 10 期,第 8 页图六。

13. 元至元十八年(1281)张□成买地券

【解题】

1995 年秋,山西侯马市农业生产资料公司院内 M2 元墓出土买地券 1 方,方砖,边长 31 厘米,朱书,部分字迹漫漶不清。

【释文】

□□□南路平阳府绛州曲沃县褫祁乡秦村,殁故张□成,□□协从[1],□□□□□吉,宜于祖坟西南坤方,化坟一所,安厝宅兆。谨用银钱九万九千九百九十贯,兼五綵信币,买到地一方。东至甲乙,西至庚辛,南至丙丁,北至壬癸。内方勾陈。东西阔一十步六分二厘五毫,南北长一十一步二分。内壬穴为祖茔坟。丘丞墓伯,封步界畔。道路将军,齐整阡陌。千秋万岁,永无殃咎。若有干犯禁者,将军亭长,收付河伯。今[2]以牺□□录□[3],百未(味)香新,共为信契。财地交相,封(分)付工匠修茔□□,永宝(保)休吉。知见神:岁月主。保神:今[4]日直符。故气邪精,不得干犯。先有居者,咏(永)避万里。若违此约,地府主吏自当其祸。主人内外[5]存亡,悉皆安吉。急急如五(玉)帝使者女青律令。摄大元国至元十八年后八月初四日立券人张□成□□。

【校注】

[1]从:《简报》(第 95 页)释作“徙”,有误。祝庆(2015:94)、李春圆(2018:102)释作“从”,可从。

[2]今:《简报》(第 95 页)释作“令”,有误。祝庆(2015:94)、李春圆(2018:102)释作“今”,可从。

[3]牺□□录□:此处一般写作“牲牢酒饭”,疑有误,未见图版,暂存疑。祝庆(2015:94)释“牺”作“牲”。

[4]今:《简报》(第 95 页)、祝庆(2015:94)释作“令”,有误。李春圆(2018:102)改释“今”,可从。

[5]外:《简报》(第 95 页)释作“处”,有误。祝庆(2015:94)、李春圆

（2018：102）释作“外”，可从。

【参考文献】

山西省考古研究所侯马工作站：《侯马市区元代墓葬发掘简报》，《文物季刊》1998 年第 3 期，第 90—100 页。

14. 元至元二十三年（1286）陈和为亡父买地券

【解题】

2010 年 12 月，山西省吕梁市汾阳市杏花村镇小相村北约 500 米小相墓地出土买地券 1 件（2010SFXM8：6），方砖，边长 32、厚 5 厘米。朱书，10 行 123 字，个别字漫漶不清。网络有照片公布，但模糊不可辨识。

【释文】

维大元国河东北路汾州西河县大夏乡小相村 / 葬主陈和□告 / 右，伏为安厝慈父宅兆。言[1]用钱九千九百 / 九十九贯文，兼五綵信币，就 / 皇天父、后土母、社稷十二边，买得□□ / 墓地一段。东至青龙，南至朱雀，西至白虎，/ 北至玄武。上至苍天，下至黄泉，四至分明。/ 即日钱财分付，/ 天地神明□保。/ 至元贰拾三年二月□陈和券。/

【校注】

［1］言：韩炳华、张喜斌（2011：13）、李春圆（2018：107）释作“言”，疑是“谨”字。

【参考文献】

韩炳华、张喜斌：《山西汾阳小相墓地发掘简报》，《文物世界》2011 年第 6 期，第 11—14、40 页。

15. 元至元二十四年（1287）徐老先生买地券

【解题】

2008 年 3 月，山西洪洞县历山庙出土，砖质，边长 33、厚 7 厘米，朱书。历山庙珍藏室收藏。

【释文】

维大元国至元二十四年岁丁亥八月己未朔十四日葬，/ 平阳府洪洞县圈头付上英庙住持张志瑞，伏为祖师 / 徐老先生之灵，于西南平原地内安厝宅兆[1]。谨用伍綵信币[2]/ 买地一段，不计尺步。东至青龙，西至白虎，南至朱雀，北至玄武。内/方勾陈,分擘界畔。道路将军,齐整阡陌。致使千秋百载,永无/殃咎[3]。财地相交,共为信契。/知见人:岁月直符。/主保人:今日直使。/故气邪精,不得干恡。先有居者,永避万里[4]。若违此/约,地府主吏息(自)当其祸,悉皆安吉[5]。急急如/五帝使者女青律令。/

【校注】

[1]宅兆:马志正、张亚群、钱秀杰、范晋芳(2009:54)释作"宅北",有误。

[2]谨用伍綵信币:马志正、张亚群、钱秀杰、范晋芳(2009:54)释作"仅用化缘的信币",有误。

[3]永无殃咎:马志正、张亚群、钱秀杰、范晋芳(2009:54)释作"示凭,绥咎",有误。

[4]永避万里:马志正、张亚群、钱秀杰、范晋芳(2009:54)释作"求避百里",有误。

[5]地府主吏息(自)当其祸,悉皆安吉:马志正、张亚群、钱秀杰、范晋芳(2009:54)释作"地府主事息当其祸,悉皆安告",有误。

【参考文献】

马志正、张亚群、钱秀杰、范晋芳:《徐老先生墓葬解读》,《山西师范大学学报(自然科学版)·研究生论文专刊》2009年第A1期,第53—55页。

### 16. 元大德七年(1303)李全甲为父母买地券

【解题】

1950—1951年,山西汾城北贾岗出土砖券,朱书。

【释文】

南瞻部洲河东南路平阳府……太平县,信人李全甲,伏缘父母奄逝,……大元国大德七年十一月十九日吉择……龙藏[1]吉地……一方,南北长一十三步,东西……南向朱雀,北向玄武。……步界畔,道路将军,……若有……百味香新……牲牢酒铺(脯)……安吉。急急如律令。……五帝使者,……书律令,……券二本,一本…………后土[2]一本,乞付墓中灵亡父母……合同二字,……今(令)古……永不侵夺。大德七年十一月十九日,李松、李千。

【校注】

[1]龙藏:崔斗辰(1952:35)释作"龙藏"。疑是"袭"字,未见图版,暂从原释。

[2]后土：崔斗辰（1952：35）释作“占土”，有误。

[3]书：崔斗辰（1952：35）释作“寺”，有误。

**【参考文献】**

崔斗辰：《山西省各地文物古迹勘察报告》，《文物参考资料》1952年第1期，第14—52页。

### 17. 元延祐七年（1320）卢子善为祖父母买地券

**【解题】**

山西省崞县（今原平县）出土，方砖边长29.5厘米，朱书，计340字。虽然图影不清，但可据泰定元年（1324）谢子成等为曾祖父母买地券校补。

**【释文】**

大元延祐七年岁次庚申五月己卯朔十二日庚寅□时，冀宁路崞州南关街西居住，祭主卢子善，□伏缘祖父奄逝，有母在堂，建立寿坟。夙夜忧思，不遑所厝，遂令日者[1]，择此高原，来去朝迎，地占袭吉，地属本州本关住宅西北乾位，合本音，冠带临官之方，福德之位，长原之地内，堪为宅兆[2]。梯己出备钱綵[3]，买到坟地一方，南北长二十步，东西阔一十七步五厘。东至青龙，西至白虎，南至朱雀，北至玄武。内方[4]勾陈，分擘四域。丘承（丞）墓伯，封步界畔。道路将军，齐整阡陌。致使千年万载，永无咎殃。若有干犯，并令将军亭长，缚付河伯。今备牲牢[5]酒脯，百味香新，共契。财地交相，已分付，令工匠修茔安厝已（以）后，永保休吉。知见人：岁庚申、月壬午[6]。代保人：直符小吉。故气邪精，不得干犯。先有居者，永避万里。若违此约，地府主吏，自当其祸。助葬内外存亡，悉皆[7]安吉。急急如五帝□君玄□律令。一本乞付墓中，令亡[8]祖□□□江（？）文（？）□□□□收把，准备付身，永远照用。背书合同二字，令故气伏尸[9]，永不侵争。

**【校注】**

[1]遂令日者：《山西古迹志》（第21页）、祝庆（2015：37）释作“逆□□有”。李春圆（2018：122）改释作“遂□□者”。据泰定元年（1324）谢子成等为曾祖父母买地券，应是“遂令日者”。

[2]兆：《山西古迹志》（第21页）释作“北”。祝庆（2015：37）、李春圆（2018：122）释作“兆”。

[3]梯己：私人财物，指个人出钱。韩森（2008：170）指出是“指称卖主拥

有的土地"。钱綵:《山西古迹志》(第21页)释作"锓(?)绥"。祝庆(2015:37)、李春圆(2018:122)释作"钱綵"。

[4]内方:《山西古迹志》(第21页)释作"内方向",衍"向"字。

[5]牲牢:《山西古迹志》(第21页)释作"发生牢"。祝庆(2015:37)、李春圆(2018:122)释作"牲牢"。

[6]壬午:《山西古迹志》(第21页)释作"壬千"。

[7]亡悉皆:《山西古迹志》(第21页)释作"壬(?)愁(?)咎"。祝庆(2015:37)、李春圆(2018:123)释作"亡悉皆"。

[8]一本乞付墓中,令亡:《山西古迹志》(第21页)、祝庆(2015:37)释作"□□元付□中人□(?)"。李春圆(2018:123)释作"□□乞付□中人□"。

[9]《山西古迹志》(第21页)释作"反牲备付身永远照用。背书合用□□□□□□□□"。祝庆(2015:37)、李春圆(2018:123)释作"反牲备付身永远照用。背书合同□□□□□□□□"。李春圆(2018:123)释作"反准备付身永远照用。背书合同□□□□□□□□"。据泰定元年(1324)谢子成等为曾祖父母买地券,应是"收把,准备付身,永远照用。背书合同二字,令故气伏尸"。

**【参考文献】**

1.[日]水野清一、日比野丈夫著:《山西古迹志》,孙安邦、李广浩、谢鸿喜译,山西古籍出版社1993年版,第20—22页。

2.[美]韩森著:《传统中国日常生活中的协商:中古契约研究》,鲁西奇译,江苏人民出版社2008年版,第170页。

3.祝庆:《浅析崞州元代买地券》,《文物世界》2015年第3期,第37—40页。

**【图版】**

照片见《山西古迹志》图版13:30。

### 18.元泰定元年(1324)谢子成等为曾祖父母买地券

**【解题】**

2005年,山西忻州原平县崞阳镇出土,砖质,方形,朱书17行,约360字。现存山西忻州文管处。

【释文】

维大元泰定元年岁次甲子三月丁亥[朔]廿六日[1]壬子，河东北路冀宁路崞/州南关居住祭主谢子成等，伏缘/曾祖父母奄逝，未卜茔坟，夙夜忧思，不遑所厝。遂令日者，择此高[原]，/来去朝迎，地占袭吉。地属本州[2]住宅北方壬子之位，合本音，利方长/原之地内，堪为宅兆。梯已出备钱綵，买到墓地一方。南北长二十步，东西阔/一十七步九分五厘。东至青龙，西至白虎，南至朱雀，北至玄[武]。内方勾陈，管/分擘[3]四域。丘承（丞）墓伯，封步界畔。道路将军，齐整阡陌。致使千年百载，/永无殃咎。若有干犯，并令将军亭长，缚付河伯。今备牲牢酒脯，百/味香新，共为信契。财地相交，各已分付，今（令）工匠修茔安厝已（以）后，永保休吉。/知见人：岁甲子、月戊辰。代保人：直苻（符）从魁。故气邪精，不得干恡。先有/居者，永避万里。若违此约，地府主吏，自当其祸。助葬主里外/存亡，悉皆安吉。急急如/五帝使者女青[4]律令。/一本乞付墓中，令亡/

曾祖父谢德，祖父谢思、父叔谢元　谢忠信　谢仲礼

谢义，谢仲威　谢文贵

/收把，准备付身，永远照用。今分券，背书合同二字，令/故气伏尸，永不侵争。/

【校注】

［1］廿六日：祝庆（2015：37）释作"廿八日"。李春圆（2018：123）改释作"廿六日"。而泰定元年三月廿六日正是壬子日，故后释可从。

［2］本州：祝庆（2015：37）释作"本州岛岛"，"岛岛"系衍字。

［3］分擘：祝庆（2015：37）释作"分擎"，有误。李春圆（2018：124）改释"分擘"，可从。

［4］青：祝庆（2015：37）漏释"青"字。

【参考文献】

祝庆：《浅谈崞州元代买地券》，《文物世界》2015年第3期，第37—40页。

【图版】

照片见《文物世界》2015年第3期，第38页图一；另见祝庆《元代买地券研究》第125页图2.4。

### 19. 元孟彦仔等买地券

**【解题】**

现存山西忻州文管处，砖质，方形，由于朱砂脱落和字迹潦草，大部分券文难以辨认。录文不完整，有图影，祝庆（2015：99）录有释文，在此基础上据文意并参照图版补出部分释文。

**【释文】**

维大元……秀容县独柏乡呼遥村[1]/……於今月初四日□□□□[2]/……地……等谨□处心□/……南原……宅兆一所，谨用……/……南北长二十步，东……/□□，计……东至青龙，西至白虎，南至朱雀，北至/玄武。内方……丘承墓伯，封步界畔。道路将军，/齐整阡陌。千秋百载，永无殃咎。若辄干犯诃禁者，将/军亭长，收付河伯。今以牲牢酒饭，百味香新，共为信契。财/地交相，分付工匠修茔安厝已后，永保大吉。知见人：岁月主。/代保人：今日直符。故气邪精，不得忏恡。先有居者，永避万里。/……主吏自当其祸。主人内外存亡，……/……五帝……令/……右种九用者[3]/……券人孟彦仔等……/

**【校注】**

［1］祝庆（2015：99）释作“客照独檐□呼”。李春圆（2018：136）改释作“秀容县独柏乡呼遥村”，可从。

［2］祝庆（2015：99）释作“……神□相□□□”。李春圆（2018：136）改释作“于今月初四日创□□□”。图版不清，仅可辨识“於今月初四日”。

［3］祝庆（2015：99）释作“右种元角青”。李春圆（2018：136）改释作“右种九用者”。

**【图版】**

照片见祝庆《元代买地券研究》第125页图2.5。

## 四、内蒙古

### 1. 元大德十年（1306）佚名买地券

**【解题】**

1990年8—9月，内蒙古多伦县境内元上都城南砧子山南区墓葬群M43出土两块买地券，每块都是两个板瓦重迭而合，买地券用朱砂书写在下面一块板瓦上。C穴的买地券券文多漫漶不清，前2行文字较清晰，字迹与A穴相同。A穴买地券，券文部分脱落，内容不完整，朱书，约200多字。

**【释文】**

时大元大德十年岁次丙午四月庚子朔初二□□□，上都小/东门外街北居住。伏缘父母奄逝，未[1]卜茔坟，夙/夜忧思，[2]不遑所厝。今遂二七日者择[3]此高原，来去朝回，地土/冢[4]。地属本路东关之原，□属……，买到□/长……步，东西……步。东至青龙，西至白虎，南至朱/雀，北至玄武。内方勾陈，管分擘四域[5]。丘承[6]……/齐整阡陌，致使千百载，永无殃咎者。若有干犯[7]，将军/亭长，缚付河伯[8]。今备牲牢酒脯，百味香新，□□相奉已今分付[9]，令工匠修宅安厝已（以）后，永保。/知见人[10]：岁月主。代保人：今日直符。故气……归[11]，不得干扰。先有/居者，永避万里。若违此约，地府主吏，自当其祸……内/外[12]存亡，悉皆安吉。……/天帝[13]使者女青律令[14]。/

**【校注】**

［1］未：《原报告》（第667页）、祝庆（2015：91）释作“者”。李春圆（2018：115）释作“未”，可从。

［2］夙夜忧思：《原报告》（第667页）释作“□受恩□人与”。祝庆（2015：91）、李春圆（2018：115）均从。从地券行文格式看，此处应是“夙夜忧思”。遑：《原报告》（第667页）释作“径”。祝庆（2015：91）、李春圆（2018：115）释作“遑”。

［3］择：《原报告》（第667页）、李春圆（2018：115）释作“缘”。祝庆（2015：91）释作“择”，可从。

［4］地土冢：《原报告》（第667页）释作“地土冢”，可疑，此处一般作“地占袭吉”。李春圆（2018：115）释作“地占冢”，可参。

［5］四：《原报告》（第667页）、祝庆（2015：91）、李春圆（2018：115）释作“地”。

［6］丘承：《原报告》（第667页）、祝庆（2015：91）释作“丘原”。李春圆（2018：115）释作“丘丞”。

［7］干犯：《原报告》（第667页）、祝庆（2015：91）释作“未愿”。李春圆（2018：115）释作“干犯”。

［8］河伯：《原报告》（第667页）、祝庆（2015：91）释作“所须”。李春圆（2018：115）释作“河伯”。

[9]□□相奉已今分付:应是“财地交相,各已分付”。因未见图版,暂存疑。

[10]知见人:《原报告》(第667页)释作“和克又”。祝庆(2015:91)、李春圆(2018:115)释作“知见人”。

[11]故气:《原报告》(第667页)、祝庆(2015:91)释作“故合”。李春圆(2018:115)释作“故气”。“……归”,疑是“邪精”,因无图版对照,暂从原释。

[12]外:《原报告》(第667页)、祝庆(2015:91)释作“我”。李春圆(2018:115)释作“外”。

[13]天:《原报告》(第667页)、祝庆(2015:91)、李春圆(2018:116)释作“大”。

[14]原报告缺文,据文意补出部分,另有部分释文可疑,因无图版可校,暂存疑。

**【参考文献】**

1. 内蒙古文物考古研究所、锡林郭勒盟文物管理站、多伦县文物管理所:《元上都城南砧子山南区墓葬发掘报告》(简称《原报告》),《内蒙古文物考古文集》第一辑,中国大百科全书出版社1994年版,第639—671页。

2. 祝庆:《元代买地券研究》,山西大学硕士学位论文,2015年。

3. 李春圆:《元代买地券校录及类型学的初步研究》,刘迎胜、姚大力主编:《清华元史》第四辑,商务印书馆2018年版,第95—162页。

## 第三节　西北地区新见买地券

西北地区包括陕西省、甘肃省、青海省、宁夏回族自治区、新疆维吾尔自治区五省区。本节主要涉及陕西、甘肃、宁夏三省区,其中陕西23种、甘肃32种、宁夏5种,计60种。

### 一、陕西

#### 1. 北宋嘉祐八年(1063)孙胜买地券

**【解题】**

长40、宽40、厚8厘米,券文18行,正书,新中国成立后乾县出土,现藏乾陵博物馆。右侧题“故孙二父墓券”。此券是买地兼告神。

【释文】

二父名胜，本乾州人也。昔之生也，然常处于镇城。/今则死焉，是宜安于宅兆。嗣子佑，谨于本州奉天/县孝节乡，就祖谦先行钱置买到地土，内刑（型）割其/田，而以工匠修营成墓一所，安葬父孙胜者。/东至青龙，西至白虎，南至朱雀，/北至玄武。内方勾陈，分掌四域。/见者：岁月。保者：日时。/右前项墓址，委是其真，的无虚伪[1]。今谨以清酌[2]庶/羞（馐）之奠，用昭告于常处所主之神，洎父孙胜，伏/乞知悉，永为常主。侻（倘）有无名异鬼，失位诸神，或/隐晦以先居，或恃强而后夺，若然则深宜自省，速/敛迹于他方，勿犯宪条[3]，促全躯于幽所。况事有所/以难明语，因兹而具述。如有违此约者，请之/地府，将此照理，以见显明。伏愿安措已后，/魂归所守，灵享常宁，俾已殁祖宗，共谐于欢庆。/见存骨肉，别迓于禧褕[4]。祷祝之诚，奚止千万。/时大宋嘉祐八年岁次癸卯十二月戊辰/朔初五日建，谨券。/孙构书，梁演刊。/

【校注】

[1]的无：确实没有。

[2]清酌：祭祀所用清酒。

[3]宪条：法律规定。

[4]禧褕（褕）：《咸阳碑刻》（第492页）释作“禧襝”，有误。禧，吉祥、幸福。褕，华美的衣服。禧褕，与“欢庆”相对，表示幸福美好。

【参考文献】

1.《新中国出土墓志·陕西卷（壹）》下册，文物出版社2000年版，第155—156页。

2. 王友怀主编：《咸阳碑刻》，三秦出版社2003年版，第491—492页。

【图版】

拓片见《新中国出土墓志·陕西卷（壹）》上册第147页。

2. 北宋绍圣二年（1095）佚名买地券

【解题】

1980年，陕西宝鸡市扶风县新店乡黄甫村出土，砖质，方形，边长32、厚7厘米，顺逆相间7行。扶风县博物馆藏。

【解题】

大宋国扶风县饴原乡新店村/赵，今月初日卖墓田壹所，/东至东公，西至西母，南至朱雀，/北至玄武。准计价钱九万九千九百/九十九文足。书契人：梁肩（坚）故（固）。/智（知）见人：李安处[1]。/绍圣二年正月初七日。/

【校注】

[1]梁肩故、李安处：可能是地券书写人对“张坚固”“李定度”之误写。

【参考文献】

陕西省文物志编纂委员会、扶风县文物志编纂委员会、周原博物馆（罗西章）：《扶风县文物志》，陕西人民教育出版社1993年版，第190页。

### ▲3. 北宋崇宁三年（1104）李训买地券

【解题】

北京古陶文明博物馆藏，砖质，长29、高52、厚5.5厘米。出土时地不详。因图版个别地方不清，少数字未释出。

【释文】

宋故李君之券，　　讳训，/府君生居城邑，死安宅兆。尅巳[1]崇宁三年五月十八日，卜/葬我于天兴县邵亭乡王述泊社[2]之原安厝宅兆，谨用钱/九万九千九百九十九贯文，并五綵信币买地一段。东西/一十一步，南北二十二步，计坟二科[3]。东至青龙，西至/白虎，南至朱雀，北至玄武。内方勾陈，分擘掌四域。/丘丞墓伯，封步界畔。道路将军，齐整阡陌。千秋万岁，永无/殃咎。若辄干犯呵禁者，将军亭长收付河伯。今以牲牢酒/脯，百味香新，共为信契。财地交相，分付工匠修营安厝已/后，永保休吉。知见人：岁月主。保人：今日直符。故气邪精，不/得忓恡。先有居，永避万里。若违此约，地府主吏自当。/

【校注】

[1]尅巳：具体含义不清，疑指选择日期。

[2]天兴县：今陕西省宝鸡市。

[3]科：可能是量词，具体含义待考。

【参考文献】

路东之：《问陶之旅：古陶文明博物馆藏品掇英》，紫禁城出版社2008年版，第305页。

【图版】

照片、拓片见《问陶之旅：古陶文明博物馆藏品掇英》第305页。

### 4. 北宋大观二年（1108）陈府君买地券

**【解题】**

1956年4月，西安市东郊出土，砖质，9行89字。

**【释文】**

维大观二年岁次戊子八月／戊寅朔十五日庚寅□□，／陈府君今于万年县龙／首乡长乐社土公□□贾／正墓宅一所。上至仓（苍）天，下／至黄泉，分掌四域。东至青／龙，西至白虎，南至朱雀，北／至玄武。今日迁葬，殃去福／来。急急如五帝使律令。记。／

**【参考文献】**

《北宋陈公墓》，陕西省文物保护研究院编著，载姜宝莲主编：《二十世纪五十年代陕西考古发掘资料整理研究》上册《西安东郊及关中东部》，三秦出版社2015年版，第753—756页。

**【图版】**

摹本见《二十世纪五十年代陕西考古发掘资料整理研究》上册《西安东郊及关中东部》，第754页。

### 5. 北宋宣和五年（1123）何怀保买地券

**【解题】**

1955年4月，宝鸡姜城堡北宋墓出土一方砖刻地券，长方形，长53、宽33、厚5厘米，楷书10行205字。

**【释文】**

维大宋宣和五年岁次癸卯十一月庚辰朔二十一日庚子，何／怀保以宣和二年四月十三日殁故，龟筮协从，相地袭吉，／宜于凤翔府宝鸡县散关乡车村社之原祖茔壬穴之内／安厝宅兆。谨用阴钱九万九千九百九十九贯文买地一／段，计一料，东西九步，南北一十一步，北有拜坟地三步。东／至青龙，西至白虎，南至朱雀，北至真武，内方勾陈，分掌／四域，丘丞墓伯，封步界畔，道路将军，齐整阡陌，千秋／万载，永无殃咎[1]。知见人：岁月。掌保人：今日直符。故气／邪精，不得忏㤭[2]，先有居者，永避万里，掌人内外存亡，／悉皆安吉。急急如五帝使者女青律令！／

**【校注】**

［1］咎：原释文（第228页）未释。

[2]忓悋：原释文（第228页）释作“行怪”，有误。

**【参考文献】**

《宋代何怀保墓》，陕西省文物保护研究院编著，载姜宝莲主编：《二十世纪五十年代陕西考古发掘资料整理研究》下册《西安西郊及关中西部》，三秦出版社2015年版，第227—228页。

**【图版】**

拓片见《二十世纪五十年代陕西考古发掘资料整理研究》下册《西安西郊及关中西部》，第228页。

## 6. 南宋绍兴十八年（1148）王隐、刘氏买地券

**【解题】**

安康市汉滨区恒口镇月河南贺家坝出土，陶质，边长30、宽9.5厘米，阴文竖刻，券文顺逆相间，楷书12行，每行17字。

**【释文】**

维绍兴十八年岁次戊辰十月乙卯秋朔七日辛/酉，木直之痕[1]，即有大宋国金州昭化军西城县/崇义乡第三都蒲平村，殁殆（故）亡人王隐刘氏/家亲，今将银钱万万九千九百九十九贯文[2]，于/此皇天父、后土母、十二社稷之前，买到此墓田一/所，其地周流一顷[3]。东至青龙，西至白虎，南至朱雀，/北至玄武，上至苍天，下至黄泉。保人：东王公、西王/母。知见人：张坚故、李定度。价契人[4]：食（石）功曹、金主/簿。即日刻时[5]，酒脯钱财，分付与天地神明了足。/一买已后，其地给付亡人王隐刘氏为主，诸鬼更/不得妄来侵占。书契人飞上天，读契人入黄/泉。一如太上老君□勑。急急如律令摄。/

**【校注】**

[1]朔：李厚之、张会鉴（2007：80）、王晓洁（2007：123）释作“秋”，有误。木直之痕：语义待考。

[2]万万：李厚之、张会鉴（2007：80）、王晓洁（2007：123）释作“九万”，有误。

[3]顷：李厚之、张会鉴（2007：80）、王晓洁（2007：123）释作“顾”，有误。

[4]价契人：即是定价人。

[5]即日刻时：语义待考。

【参考文献】

1. 李厚之、张会鉴:《女青鬼律与出土地券》,载《安康道教文化》,中国文史出版社 2007 年版,第 79—83 页。

2. 王晓洁:《陕西安康出土的墓莂》,《考古与文物》2007 年增刊《汉唐考古》,第 123—126 页。

7. 南宋绍兴二十七年(1158)罗再昌等买地券

【解题】

1974 年,汉中市略阳县徐家坪乡猪儿坝村罗氏祖茔出土,砖质,正方形,边长 27 厘米,顺逆相间 9 行。

【释文】

大宋兴州长举县干渠庄居住,殁[1]/故亡人罗再昌等,今用钱万万[2]/玖千九伯(百)九拾贯文,去青/龙山下,买到墓地壹段。东/至青龙,西至白虎,南至朱雀,北至/玄武。保人:张坚固。见人:李定度[3]。/一买以后,永[归]亡过人罗再昌、罗/怀间为住宅。急急如律令。/时绍兴二十七年十二月十七日券[4]。/

【校注】

[1]殁:陈显远(1996:17)、胡海帆、汤燕(2008:305)释作"未"。图版不清,暂释"殁"。

[2]万:陈显远(1996:17)、胡海帆、汤燕(2008:305)释作"五"。黄景春(2018:469)释作"万",可从。

[3]度:陈显远(1996:17)释作"青"。胡海帆、汤燕(2008:305)、黄景春(2018:469)释作"度",可从。

[4]券:陈显远(1996:17)、胡海帆、汤燕(2008:305)释作"刻"。黄景春(2018:469)释作"券",可从。

【参考文献】

1. 陈显远:《汉中碑石》,三秦出版社 1996 年版,第 17 页。

2. 黄景春:《中国宗教性随葬文书研究》,上海人民出版社 2018 年版,第 469 页。

【图版】

拓片见《汉中碑石》第 17 页。

### 8. 南宋淳熙元年（1174）滑璋买地券

【解题】

20世纪80年代，陕西安康市汉滨区张滩镇后堰出土，陶质方砖，边长43厘米，左行楷体19行，行19字。现藏安康历史博物馆。

【释文】

地券。/（额题）

维大宋淳熙元年岁次甲午九月乙酉朔十三日/丁酉，主葬滑璋，奉为先考先妣并以亡兄，本贯/永兴，流移昭化，顷缘兵革，稽奉迁茔，扪心追远[1]，孝/礼殊亏。遂同长幼之心，共启孝诚之志，卜其宅兆，/安厝先灵。况乃龟筮协从，相地袭吉，宜于金州西/城县界永宁乡第十一都洛河村大平坝安厝宅/兆。谨用钱九万九千九百九十九贯文，兼五綵信/币，买地一段。南北长二十步，东西阔一十八步。四/分半（畔）：东至青龙，西至白虎，南至朱雀，北至玄武。内/方勾陈，分擘掌四域。丘丞墓伯，封步界畔。道路将/军，齐整阡陌。千秋万岁，永无殃咎。若辄干犯诃禁/者，将军亭长，收付河伯。今[以]/牲牢酒饭，百味香新，共为信/契。财地交相，分付工匠修营安厝，已（以）后永/保休吉。知见人：甲午岁、甲戌月。主保人：丁酉日直/符。竹（故）气邪精，不得干悋[2]。先有居者，永避万里。若违/此约，地府主吏，自当其祸。主人内外存亡，悉皆安/吉。急急如五帝信者女青律令。/淳熙元年岁次甲午九月十三日滑璋等券[3]。/

【校注】

[1]兵革：战争。扪心：表示反省。

[2]干悋：张充沛（1991：19）释作“十吝”。胡海帆、汤燕（2008：306）释作“干恪”。鹏宇（2012：68）释作“干悋”，冒犯、侵夺之意。竹气：是“故气”书写之误，指先死之人的不灭之气。

[3]券：王晓洁（2007：124）释作“卷”，有误。

【参考文献】

1. 张沛：《安康碑石》，三秦出版社1991年版，第17—19页。

2. 王晓洁：《陕西安康出土的墓葥》，《考古与文物》2007年增刊《汉唐考古》，第123—126页。

3. 鹏宇：《新见买地券砖释文校正六则》，《郑州师范教育》2012年第5期，第67—70页。

【图版】

拓片见《中国古代砖刻铭文集（上）》第438页图1675；另见《考古与文物》2007年增刊《汉唐考古》第124页图三。

9. 南宋淳熙元年（1174）刘顺泰为亡妻、亡男买地券

【解题】

安康市汉滨区果园张坎出土，陶质，方形，边长31厘米。此券行文与上揭淳熙元年（1174）滑璋买地券同。

【释文】

维淳熙元年岁次甲午十二月初一日甲寅，祭主刘顺泰，为自身年老，欲造青堂[1]。及以亡妻、亡男见在浅土，谨发孝心，修诸厝幽室。龟筮从吉，相地袭吉，宜于金州西城县永宁乡第十二都杏溪村安厝宅兆。谨用钱九万九千九百九十九贯文，兼五綵信币买地一段。长二十步，阔壹拾贰步。东至青龙，西至白虎，南至朱雀，北至玄武。内方勾陈，分擘掌四域。丘丞墓伯，封步界畔。道路将军，齐整阡陌。千秋万岁，永无殃咎。若辄干犯诃禁者，将军亭长，收付河伯。今以牲牢酒饭、百味香辛，共为信契。财地交相，分付工匠修营安厝已后，永保休吉。知见人：甲午岁、丙子月主。保人：甲寅日值符。竹（故）气邪精，不得干吝。先有居者，永避万里。若违此约，地府主吏，自当其祸。主人内外存亡，悉皆安吉。急急如五帝信者女青律令。淳熙元年十二月初一日甲寅祭主刘顺泰券。

【校注】

[1]青堂：本指青砖砌成的房屋，此指坟墓。

【参考文献】

1. 李厚之、张会鉴：《女青鬼律与出土地券》，《安康道教文化》，中国文史出版社2007年版，第80—81页。

2. 王晓洁：《陕西安康出土的墓葥》，《安康文化》2009年第4期，第37—39页。

10. 金大定二十四年（1184）张通为祖父母、父母买地券

【解题】

1989年2月，咸阳市淳化县县城南关居民建房时出土青灰色陶砖券一方，正方形，边长30.5、厚3.8厘米，券文自右至左楷书14行。现存淳化县文化馆。

【释文】

祖父不记名、祖婆谢氏、父张兴、母侯氏，住金州洵/阳县平地乡弟（第）四都，并在浅土，祭主男张通，今于/邠州淳化县平古乡仁义社村原上安厝宅/兆。谨用钱九万九千九伯（百）九十九贯，买地一/段，东西一十二步，南北一十二步，东至青龙，西至白虎，南至朱雀，北至玄武，内方勾陈，分擘明堂四域。/丘丞墓伯，封步界畔。道路将军，齐整阡/陌。千秋万岁，永无殃咎。若有干犯诃禁者，将军/亭长，收付河伯。今以牲牢酒飰，共为信契。财[1]/交相分付，工匠修营安厝已后，永保休吉。知见人：/岁月主人、今日直符。故气邪精，不得忓悋[2]。先有/居者[3]，永避万里。若违此约，地府主吏，自当其/祸。主人内外存亡，悉皆安吉。急急如律令。/金大定二十四年岁次甲辰正月辛卯朔十六日，张通。/

【校注】

[1]财：姚生民、姚晓平（2010：40）释作"时"，有误。

[2]忓悋：《淳化县文物志》（第42页）释作"忓悟"，姚生民、姚晓平（2010：40）释作"忓怪"，均有误。

[3]居：姚生民、姚晓平（2010：40）释作"君"，有误。

【参考文献】

1. 姚生民：《淳化县文物志》，陕西人民教育出版社1991年版，第42页。

2. 姚生民、姚晓平：《淳化金石文存》，三秦出版社2010年版，第40页。

【图版】

拓片见《淳化金石文存》第147页图三五。

11. 金大定二十四年（1184）杨氏、马狗狗买地券

【解题】

1991—1992年，陕西宝鸡市陇县原子头遗址金墓出土，标本M56：3，砖质，近方形，长29、宽28.5、厚6厘米（图一七零），一面朱书12行，前7行正刻，后5行倒刻，共204字。

【释文】

维大金大定二十四年甲辰岁二月庚申朔，有陇州/汧源县善化乡西瓦窑社亡过马宅杨氏、亡过马/狗狗，于临汧乡西菜菌社张家有善化乡/温水店社地内安厝宅兆。今用钱九万九千/九百九十九贯文足，就皇天后土、十二社稷边/买

得地一段。东西一十七步，南北一十七步，具四至/如后：东至青龙，西至白虎，(以下倒刻)/南至朱雀，北至玄武。/内外勾陈，分掌。道路将军，齐整。保人：张陆、李/定度。知见人：东王公、西王母。书契人：石功曹。读契人：金/主簿。邪精不得忏恡。先有居者，永避千里。急急/如律令敕。二月二十五日甲申安葬马宅杨氏、马狗狗□[1]。/

**【校注】**

[1]原报告释文中“保人”释作“正保人”，衍“正”字。“汧”误释作“千”，“蔨”误释作“菌”，“石”误释作“名”。另，最后一字释作“掌”，此字形作“[illegible]”，待考。

**【参考文献】**

宝鸡市考古工作队、陕西省考古研究所：《陇县原子头》，文物出版社2005年版，第257—258页。

**【图版】**

拓片见《陇县原子头》第258页图一七零。

### 12. 南宋淳熙十四年（1187）徐仪为先考徐玘、先妣张氏买地券

**【解题】**

安康城西堤外出土2方买地券，现藏安康历史博物馆。石质，方形，边长40厘米，阴文竖刻，券文楷体，共10行，每行22字。第二券左侧骑缝有大字半写“合同”二字。

**【释文】**

维淳熙十四年岁次丁未七月一日庚子朔初十日己酉，/殁故徐玘[1]，宜于金州西城县第十一都永宁/乡西堤外安厝宅兆。/谨用钱玖万玖仟玖伯(佰)玖拾/玫贯文，兼/五綵信币，买地壹叚(段)。东至青龙，西至白虎，南至朱雀，北至玄武，内方勾陈。阡陌将军，丘/承(丞)墓伯神等。今以牲牢酒脯，百味香新，共为信/契。财就地交付，安厝已后，永保吉昌。知见人：岁/月主。保人：今日直符。故炁邪精，迴避远去。若违/此约，地府主吏，自当其祸。急急如五帝使者女青律令。/淳熙十四年七月日殁故徐玘券。/(第一方)

金州西门外居住奉孝男徐仪，为先祖在浅土，未经/大葬，谨发孝心，于西堤外雍保义地内买地一段，与/先考徐玘、先妣张氏安厝宅兆。谨选淳熙十四年七月/十日斩草[2]开山，修砌坟茔一所。/(第二方)

【校注】

[1]玘：王晓洁（2007：125）释作“圮”，有误。

[2]斩草：与“开山”均是葬事的重要环节，用茅草敬神。

【参考文献】

王晓洁：《陕西安康出土的墓莂》，《考古与文物》2007年增刊《汉唐考古》，第123—126页。

【图版】

第一方拓片引自《考古与文物》2007年增刊《汉唐考古》第125页图四。

13. 宋代佚名买地券

【解题】

1986年7月，陕西宝鸡市扶风县法门镇官务吊庄村宋墓出土，砖质，长33、宽32、厚6厘米。朱书，字迹多模糊不清。12行，其中5—8行倒书，其余正书。周原博物馆藏。

【释文】

凤翔府扶风县岐阳镇郭下陈□□□/上启冥空灵圣一切神明兮，有行□□□□□□□/年八月朔日时，□此西山福地之中安厝宅□□/斩草掘土，劝山神地□□乞移居□□□□□□□/几不生障难□□□□□□□□□/□□又□□□九千九百九十九文，/□□□□□□社稷十二边，买得前件/□□□ □□□即明□至乐莫不/一项[1]，东至青龙，南至朱雀，西至白虎，/北至玄武。上□□□，□□□□，□□□/分明，即日□□（以下倒书[2]）明。□□□时□/张陆，读契人金主簿[3]。□□□□上□。/

【校注】

[1]即明□至乐莫不一项：疑释文有误，未见图版，暂仍原释。

[2]罗西章（1993：190）指出本地券“12行，其中5—8行倒书”，而第191页又指出“即日□□”以下倒书，二者必有一误。

[3]时□：可补作“时见”。金主簿：罗西章（1993：191）释作“金生□”，有误。

【参考文献】

陕西省文物志编纂委员会、扶风县文物志编纂委员会、周原博物馆（罗西章）：《扶风县文物志》，陕西人民教育出版社1993年版，第190—191页。

### 14. 金明昌四年（1193）郄震买地券

**【解题】**

1997年1月，陕西耀县董家河镇西原董家河金墓出土墓契1件（M2：1）。泥质灰陶，方形，边长35、厚5厘米，朱书楷书10行，行24—26字，共249字。

**【释文】**

维大金明昌四年十月十六日，郄震以明昌三年三月初五日歿故。/龟筮协从，相地袭吉。宜于耀州同官县永宁乡丰择村南原上/安厝宅兆[1]。谨用钱玖万[2]玖千玖伯（佰）玖拾玖贯文，兼五綵信币，买地过壹/段。东西各长壹拾步，南北各阔玖步。东至青龙，西至白虎，南/至朱雀，北至玄武。内方勾陈，分掌四域。丘承（丞）墓伯，封部界畔。道/路将军，齐整阡陌。千秋万岁，永无殃咎[3]。若辄干犯[4]封禁者，将军/亭长，收付河伯。今以牲牢酒饭[5]，百味香新，都为信契。财地交相[6]，/分付工匠修营[7]安厝已（以）后，永保休吉。知见人：岁月主。保人：今日直/符。故气邪精，不得忏悋。先有居者，永避万里。若违此约，地府主吏/自当其祸。主人内外存亡，悉皆安吉。急急如五帝使者女青律令。/

**【校注】**

［1］上：《简报》（第83页）释"工"，据下揭明昌七年（1196）唐宁父母买地券，应是"上"字。安：《简报》（第83页）释"告"，王新英（2009：232，2012：364）同，有误。

［2］玖：《简报》（第83页）释"玫"，有误。陈杏留（2010：12）释作"玖"。

［3］殃：《简报》（第83页）释"卅"，有误。王新英（2009：232）释作"卅"，王新英（2012：364）改释"殃"。

［4］干犯：《简报》（第83页）释"千犯"，有误。王新英（2009：232，2012：364）释作"干犯"。

［5］饭：《简报》（第83页）释"饮"，王新英（2009：232，2012：364）同，有误。

［6］地：《简报》（第83页）释"兆"，王新英（2009：232，2012：364）同，有误。

［7］分：《简报》（第83页）释"永"，王新英（2009：232，2012：364）同。陈杏留（2010：12）释作"分"。营：《简报》（第83页）释"管"，王新英（2009：232，2012：364）同，有误。

**【参考文献】**

铜川市考古研究所:《陕西耀县董家河金墓清理简报》(此称《简报》),《文博》1998年第1期,第17—20、83页。

## 15. 金明昌七年(1196)唐宁父母买地券

**【解题】**

2010年12月,陕西省铜川市耀州区石柱镇阿来村金墓M2墓室北端出土买地券1件(标本10阿M1:7),方砖,边长33、厚6厘米。朱书楷体14行。地券左侧另有楷体朱书“合同分券”四字。

**【释文】**

维大金明昌七年六月初二日唐宁父母殁故,龟/筮协从,相地袭吉。宜于耀州同官县神水乡故县村/东南原上安厝宅兆。谨用钱九万九千九百九十九贯文,/兼五綵信币,买地一段。东西□□步,南北□□□□步。东/至青龙,西至白虎,南至朱雀,北至玄武。内方勾陈,/分擘[1]四域。丘丞墓伯,封部界畔。道路将军,齐整/阡陌。千秋万岁,永无殃咎。若辄干犯诃禁者,将军/亭长,收付河伯。今以牲牢酒飰(饭),百味香新,共为/信契。财地交相,付工匠修营安厝已(以)后,……。/知见人:岁月主。保人:今日值符。故气邪精,不得忏恡。/先有居者,永避万里。若违此约,地府主吏,自当/其祸。主人内外存亡,悉皆安吉。急急如五帝使者/女青律令。/墓券。/(正面)

合同分券[2]。/(侧面,四字均为左半边)

**【校注】**

[1]擘:《简报》(第24页)释作“掌”,应是“擘”。

[2]券:其实此字在正面亦有,清楚可见。

**【参考文献】**

陕西省考古研究院、铜川市考古研究所:《铜川阿来金、明墓葬发掘简报》(此称《简报》),《文博》2015年第2期,第17—24页。

**【图版】**

正面、侧面照片见《文博》2015年第2期第21页图一〇:1, 2。

## 16. 金明昌七年(1196)元氏买地券

**【解题】**

陕西西安出土，仁和韩氏旧藏。《艺风堂金石文字目》14卷28页收目。高29、宽29.5厘米。正书14行，计247字。

【释文】

维大金明昌七年岁次丙辰五月庚辰朔十七日，祭亡□□□/亡考元□，已于明昌叁年七月十三日殁故，龟筮协从，/相地袭吉，宜于京兆府长安县□西乡□前□东南/原安厝宅兆。谨用钱九万九千九百九十九贯文，兼五/綵信币，买地壹段。东至青龙，西至白虎，南至朱雀，/北至玄武。内方勾陈，分掌四域。丘丞墓伯，封部界畔。道/路将军，齐整阡陌。千秋万岁，永无殃咎。若有干/犯诃禁者，将军停(亭)长，收付河伯。今以牲牢酒饭、百味/香新，奉之信契。财地交相，分付工匠修营安厝/以后，永保伏(休)吉。知见人：岁月主。保人：今日直/符。故邪精不得忏悋[1]。先有居者，永避万里。若违此/约，地府主使(吏)，自当其祸。主人内外存亡，悉皆安吉。/急急如/五帝使者女青律令。/合同。/

【校注】

[1]悋：胡海帆、汤燕(2008：332)释作"恪"。鹏宇(2012：69)释作"悋"。

【图版】

拓片见《中国古代砖刻铭文集(下)》第491页图1883。

### 17.金贞祐四年（1216）佚名买地券

【解题】

2013年11月，西安市文物保护考古研究院在西安市南郊黄渠头村配合基建考古发现一座金代墓葬，出土买地券1件，同出镇墓石4块。买地券(M88：1)，置于人骨左肩部位，方形青砖，长30.2、宽29.5、厚5厘米。朱书楷书14行，满行18字，共160字，个别字迹漫漶不清。

【释文】

维大金贞祐四年□□□□□□□□□日壬午/立祖葬之母□□□□□□□□□□□□吉。宜/于京兆府□□□□□□□□□□□□□□下安/厝宅兆。□□□□□□□九万九千九百九十九，/买地一。南至[1]□□□□□□□□□□。东至青龙，/西至白虎，南至朱雀，北至玄武。内方勾陈，分擘四/域[2]。丘承(丞)墓伯，封步界畔。道路将军，齐整阡陌。秋千/千岁[3]，永无干犯。各若□□□，将军停(亭)长收/付[4]。今以河[5]牲牢酒脯，百味香新，共为信契。

财地/交相,分付工匠修营安厝□□□之。知□□□/岁月主。保代保[6]。故气养精[7],不得干□。□□□/者,永避万里。若违此约,地府/内外存亡,悉皆安吉。急急/五帝使者如(女)青律令。/

**【校注】**

[1]南至:疑有误,未见图版,暂仍原释。

[2]擘:《简报》(第31页)释作"壁",有误。域:《简报》(第31页)释作"城",有误。

[3]千:《简报》(第31页)释作"干",有误。"秋千千岁",实即"千秋千岁"。

[4]各:疑有误。收:《简报》(第31页)释作"水",有误。

[5]河:疑是衍字。

[6]保代保:疑有误,未见图版,暂从原释文。

[7]养:疑是"邪",未见图版,暂从原释文。

**【参考文献】**

西安市文物保护考古研究院、辽宁师范大学历史文化旅游学院:《西安南郊黄渠头村金墓发掘简报》(此称《简报》),《文物春秋》2014年第5期,第29—31、50页。

## 18. 金元光二年(1223)佚名买地券

**【解题】**

2008年,铜川市阿来村村民杨西京在建房时发现一件砖质买地券。砖边长35.5、厚5.5厘米。砖正面磨光,有纵向界格,券文朱书楷体14行。部分文字漫漶不清。

**【释文】**

维□□□□年岁次□未四月……/□□□□元光元年[1]十一月二十八日殁故。龟筮协从,/相地袭吉。宜于耀州同官县神水乡合水村西南平/原上安厝宅兆。谨用钱九万九千九百九十九贯文,兼五/綵信币,买地一段。东西阔八步五分二厘,南北长壹/拾壹步三分陆厘。东至青龙,西至白虎,南至朱雀,/北至玄武。内方勾陈,分擘四域。丘丞墓伯,封部界/畔。道路将军,齐整阡陌。千秋万岁,永无殃咎。若辄/干犯诃禁者,将军停(亭)长,收付河伯。今以牲牢酒飰(饭),百/味味香新,共为信契。财地交相,分付工匠修营安厝/□□□□吉。知见人:岁月主。保人:今日值符。□□□/将□□□□。若违此约,地府主吏,

自当其祸。主人内外□□/□□□□□。急急如/□使者女青律令。/

【校注】

[1]元光：金宣宗完颜珣年号。

【参考文献】

陕西省考古研究院、铜川市考古研究所：《铜川阿来金、明墓葬发掘简报》，《文博》2015年第2期，第17—24页。

## 19. 金正大三年（1226）李居柔买地券

【解题】

2014年2月，陕西省考古研究院对位于西安市雁塔区观音庙村西影路副46号小区院内李居柔墓进行发掘清理。出土买地券1方（标本M1：13），泥质青砖，方形，边长29、厚5厘米。正面磨光涂黑，自右向左朱书共13行（图二三）。

【释文】

维大金正大三年岁次丙戌九月朔二十二日癸亥，安/葬立祖故夫资政大夫前陕西东路转运使兼行六/部尚书李居柔，以今年八月初五日□□□，龟筮协/从，相地袭吉，宜于京兆府咸宁县龙首邨修行/北社安厝宅兆，谨用钱九万九千九百九十九/贯文，兼五綵[1]信币，置武五郎坟地一亩，于内建/立新坟一座。东至青龙，西至白虎，南至朱雀，/北至玄武。内方勾陈，分掌四域。丘承墓伯，封步/界畔。道路将军，齐整阡陌。千秋千岁，永无/咎殃。若辄干犯诃禁者，将军亭长，收付河伯。/今以牲牢酒飵、百味香新，供为信契。财地交/相，分付工匠，主人内外存亡，悉皆安吉。急急如/五帝使者女青律令。/合同（半字）。/

【校注】

[1]綵：《简报》（第49页）、《陕西省考古研究院新入藏墓志》（第347页）释作“丝”，均误。

【参考文献】

1. 陕西省考古研究院：《陕西西安金代李居柔墓发掘简报》（此称《简报》），《考古与文物》2017年第2期，第40—49页。

2. 陕西省考古研究院编：《陕西省考古研究院新入藏墓志》，上海古籍出版社2019年版，第347页。

【图版】

照片见《考古与文物》2017年第2期第48页图二三；另见陕西省考古研究院:《陕西省考古研究院新入藏墓志》第175页第一七七号。

20. 元至元十二年（1275）翟氏买地券

【解题】

2013年12月,西安市文物保护考古研究院配合秦美置业有限公司蓝山水岸项目的基本建设,于西安市长安区南郊航天产业园内M6元墓,出土1方砖质买地券(M6:1),方形,长37、宽36、厚6.5厘米(图一三)。朱书,字迹剥落严重。

【释文】

……一十七日□甲……/……佐……父……长……至元十二年/……五年,故亡人……至元十二年九月……十一月二十九日……/……父,至元十二年九月……翟氏……/…见……九月二十一日了/……年……氏……/……氏……袭吉,宜/……原……/……付……/……/

【参考文献】

西安市文物保护考古研究院:《西安航天城元代墓葬发掘简报》,《文博》2016年第3期,第13—18页。

【图版】

摹本见《文博》2016年第3期第18页图一三。

21. 元至元二十八年（1291）唐进为妻姜从善买地券

【解题】

西安出土,具体时地不详。砖质,正方形,高27.5、宽29厘米,楷书15行。额题“墓致(志)券砖”。此券四至具有真实色彩。

【释文】

维大元国至元二十八年岁次辛卯/二月己巳朔廿八日丙申,祭主唐进。/伏缘室人[1]姜从善亡殁之后,今择以/长安县义阳乡栖真观之原。东西/阔一十七步,南北长一十七步。东至青龙,/西至白虎,南至朱雀,北至玄武。内方勾陈,/分掌四域。丘承(丞)墓伯。伏(?)愿安葬已后,故/气邪精,不得干犯。如有违者,并令将军/执缚。若违此约,如/女青。急急如律令摄。/除外,东□至李□,长二十四步。/南□至□□,阔二十步。/西□至林大哥,长二十四步。/

北□至马□庵，阔二十步。/

【校注】

[1]室人：妻子。

【参考文献】

西安碑林全集部、高峡主编：《西安碑林全集》第95卷《墓志》，广东经济出版社、海天出版社1999年版，第4773—4774页。

【图版】

拓片见《西安碑林全集》第95卷《墓志》第4774页。

### 22. 元元贞元年（1295）袁贵安买地券

【解题】

2011—2012年，西安市曲江乡缪家寨村元代墓葬（2012JGYM109）出土1方买地券，同出5块镇墓石。买地券1件（M109：55），方砖制成，边长29.3—30、厚5厘米，朱书。券文楷书，12行，共271字（图三四）。

【释文】

维大元元贞元年岁次乙未闰四月乙巳朔初五日己酉，祀神/土。祭主安西府咸宁县东关北坊永兴街居住孝男袁显、袁翰/于先亡祖穴。父亲袁贵安，于元贞元年四月初十日故，龟筮协从，相/地袭吉，宜于本县洪固乡三赵村正北原上安厝宅兆。谨用伍[1]/綵信币，买到坟地一段，计地一亩二分。其地东至青龙，西至/白虎，南至朱雀，北至玄武，内方勾陈，分掌四域。丘丞墓伯，封步/界畔。道路将军，齐整阡陌。千秋百载，永无殃咎。若辄干犯/诃禁者，将军亭长，收付河伯。今以牲牢酒饭、百味香新，共/为信契。财地交相，分付工匠修营安厝已后，永保大吉。知见人：岁/月主。保人：今日直符。故气邪精，不得奸（忏）恡。先有居者，永避万里。/若违此约，地府主吏，自当其祸。主人内外存亡，悉皆安吉。急急如/五帝使者，女青律令。/

【校注】

[1]伍：《简报》（第40页）释作“钰”。李春圆（2018：111）释作“伍”，可从。

【参考文献】

西安市文物保护考古研究院：《西安曲江缪家寨元代袁贵安墓发掘简报》（此称《简报》），《文物》2016年第7期，第23—42页。

**【图版】**

照片见《文物》2016年第7期第32页图三四。

23. 元至正二十年（1360）程氏买地券

**【解题】**

2002年8月,咸阳市文物考古研究所在咸阳师院新校区出土一方买地券,青砖质,长30.5、宽29.5、厚6.5厘米,朱书,楷体,从右至左14行,近300字。背面朱书“合同”二字半边合文。

**【释文】**

维大元至正二十年太岁庚子三月戊子朔初□,/得在奉元路咸阳县安业乡廓下居住。伏缘亡□□□□□张氏/大阿秋使秀阿婶程氏之丧乎,奄逝,未卜茔坟,夙夜忧思,不遑[1]/所厝。遂令日者,择此高原,来去朝迎,地占袭吉。初至咸阳东北/之原壤为宅兆,悌(梯)己出备钱綵[2]买到墓地一方,长十一步,阔一十/五步。东至青龙,西至白虎,南至朱雀,北至玄武。内方勾陈,分擘四域[3]。/丘承墓伯,封步界畔。道路将军,齐整阡陌。千秋万岁,永/无殃咎。若有干犯,并令将军亭长缚付河伯。今备牲牢酒饭,百味/香新,共为信契。财地交相,各已分付。今工匠修茔安厝,已后永/保休吉。/知见人:岁月主。代保神:今日直符。故气邪,不得干恡,先有/居者,永避百里。若违此约,地府主吏,自当其约。莫祸主人[4],/里外存亡,悉皆安吉。急急如　　付七人偶[5]□□/五帝使者女青律　　伏巳□□□□/

**【校注】**

[1]不遑:赵旭阳(2017:212)补释作“不达”,有误。

[2]钱綵:赵旭阳(2017:212)释作“钱丝”,有误。

[3]分擘四域:赵旭阳(2017:212)补释作“分擎四域”,有误。

[4]墓祸主人:赵旭阳(2017:212)补释作“莫祸主人”,恐有误。未见图版,暂仍原释。

[5]付七人偶:赵旭阳(2017:214)指出:“以人偶陪葬逝者,应该是当时的埋葬习俗,使其可以在阴间得以照看、侍奉。”

**【参考文献】**

赵旭阳:《咸阳师院出土元代买地券释》,载咸阳市文物考古研究所编:《文物考古论集(二)》,三秦出版社2017年版,第212—215页。

## 二、甘肃

### 1. 北宋至道二年（996）尉晖买地券

【解题】

2003 年 8 月，甘肃庆阳市宁县九龙川九陵村出土。2004 年 8 月，庆城县博物馆收藏。长 35.5、宽 31、厚 3.5 厘米，石质，从右到左阴刻 11 行，计 122 字。

【释文】

宁州安定县九陵乡辛村／人户尉晖边卖（买）得闉（阙）地一所，全料[1]／长壹拾壹步，阔玖步，衙前叁步／半。谨六至如后：／东至青龙，西至白虎，南至朱雀，／北至玄武，上至仓（苍）天，下至黄泉。／右件闉（阙）地计钱九万九千九百九十／九贯文[2]，出卖（买）已（以）后，一任亡人永恒为／主。书券人：石公（功）曹，见人：辛道度[3]。／大宋至道二年二月十三日，／卖（买）闉（阙）地人尉晖。／

【校注】

［1］全料：张志升（2018：11）未释。“全料”疑指整块地。

［2］文：张志升（2018：11）释作“大”，有误。

［3］曹：张志升（2018：11）释作“卖（买）”，有误。辛道度：其他地券通常写作“李定度”。

【参考文献】

张志升：《庆城县博物馆馆藏北宋至道二年尉晖买地券考释》，《文物鉴定与鉴赏》2018 年第 10 期，第 11—13 页。

【图版】

照片见《文物鉴定与鉴赏》2018 年第 10 期，第 11 页图一。

### 2. 北宋景德三年（1006）史府君买地券

【解题】

甘肃庆阳市宁县出土，红砂岩石质，圆首，长方形，自右到左竖行 17 行。

【释文】

维大宋国景德三年岁次丙午十二月己巳／朔二十二日庚寅，史氏府君家，生居城／邑，死安宅逃（兆）。先没故，今龟噬（筮）协从，相地／袭吉。宜于邠州定平县[1]北平乡王村庄北／买墓地壹所，计钱肆伯（佰）九十九贯文。／东至青龙,西至白虎,南至朱雀,北至玄/武。内方勾陈。上至仓(苍)天,下至黄泉。丘丞/墓伯,封步界畔。道路将军,整齐阡陌。/阡(千)秋万岁,永无咎殃。若辄忓把(犯)何(诃)禁/者,将军亭帐(长),收付河伯。今以姓(牲)牢之奠/酒饭,百味香辛(馨),共为信契。安厝以后,/永无殃祸,永保休吉。先有居者,永避/千里。若为(违)此约,地府主使(吏),自当其/祸。急急如律令。摄。/保人:张坚故。保人:李定度。/书契人:石公曹。读契人:金主簿。/书契人飞上天,读契人入黄泉。/

【校注】

[1]定平县:在今甘肃宁县政平镇。

【参考文献】

1. 唐晓军:《甘肃古代石刻艺术》,民族出版社2007年版,第243页。

2. 张弛:《新见陇右买地券辑考》,《陇右文博》2019年第1期,第48页。

【图版】

拓片见《甘肃古代石刻艺术》第243页图61。

### 3. 北宋嘉祐五年(1060)刘氏苻(府)君买地券

【解题】

2013年,天水市张家川恭门镇城子村出土,青砖,墨书,正方形,边长30.5、厚5厘米。顺逆相间。现藏于张家川县博物馆。图版模糊不清。

【释文】

维南赡部州大宋距海□□修罗管界□/清水县弓门寨[1]郭下没故亡人刘氏苻(府)君[2],/今于见住主宅轧(乾)地方工展[3]祖坟,壬地之方,买/得墓茔壹所,东至甲乙青龙,西至庚辛白/虎,南至丙丁朱雀,北至壬癸玄武。上至苍/天,下至黄泉。□地巨并金准,计价钱[4]九万/九千九百九十九贯□□□□□□□□□□□□□/便□故□□□永□□□□□□幽屋或/□□□□□□□□□□□侵占,不得[5]/……上天,□□□。急急如律令。/嘉祐伍年八月丁□朔十九日□/……/

【校注】

[1]弓:原释文(第42页)释作"恭",有误。

[2]苻:原释文(第42页)释作"符",有误。

[3]方工展:疑是人名,待考。

[4]□地巨并金准:图版模糊,待考。价钱:原释文(第42页)释作"价系",有误。

[5]侵占,不得:原释文(第42页)无,据图版补出。

**【参考文献】**

张家川回族自治县文物局、张家川回族自治县博物馆编:《张家川金石录》,文物出版社2018年版,第42页。

**【图版】**

照片见《张家川金石录》第42页。

### 4. 北宋熙宁二年(1069)毛氏买地券

**【解题】**

2013年7月4日,甘肃省平凉市庄浪县博物馆在水洛镇何马村西南永泉寺南60米处采集到1件砖质买地券,泥质灰陶,呈正方形,边长33.2、厚5.5厘米,正面朱砂红隐约可见,阴线刻11行,文字均阴文楷书,共计125字。

**【释文】**

南膳(瞻)部州大宋国德顺军水洛城百/姓女弟子毛氏买到西北山下墓/田壹所,周流[1]一倾,且陆至并全。/东至青龙,西至白虎,/南至朱雀,北至玄武。/上至苍天,下至黄泉。/用钱玖万玖千玖伯(佰)贯文足,其钱分付/与天地神明了足[2]。知见人:东王父、西王母。/石公曹、李定杜(度)写。书契人:戊己土。读/契人:张坚故者。熙宁二年五月二日丁卯/朔。/

**【校注】**

[1]周流:四周围绕一圈,此指方圆。

[2]了足:钱付讫并且数目足够。

**【参考文献】**

1. 王江平、赵军明、张晓莉:《甘肃庄浪发现宋"熙宁"二年券砖》,《中国文物报》2013年8月16日第8版。

2. 王克生、刘继涛:《庄浪金石》,中国文史出版社2015年版,第193—194页。

**【图版】**

照片见《中国文物报》2013年8月16日第8版。

5. 北宋熙宁二年（1069）杜义买地券

【解题】

1974年9月，天水市张家川县恭门镇麻崖村出土，砖刻，正方形，边长30、厚7厘米，阴刻10行，计140多字，自右至左，顺逆相间。现藏于张家川县博物馆。

【释文】

维上用石，下用木，皆真颠倒书，令两头/光[1]。惟大宋国秦州界清水县弓门寨，维/熙宁贰年岁己酉肆[2]月壹日丁酉朔贰/拾伍日辛酉，葬埋没古（故）亡人杜义，今用钱/玖万玖千贯文，就此[3]黄泉买得墓田，周/留（流）壹所。东至青龙，西至白虎，南至朱雀，/北至玄武。上至仓天，下至黄泉。其地及/钱当日交相分付讫，并无悬欠[4]。保人：东/王公、西王母。知见人：张坚古（固）、李定度。书/契人：金主补（簿）。奉勅（符箓）[5]急急如律令。/

【校注】

[1]真颠倒书：真书，即楷书。"真颠倒书"，张弛（2019：42）指出："是指以颠倒的顺序用楷书来写。"光：张弛（2019：41）释作"尖"，有误。下揭熙宁三年（1070）王氏阿鉴买地券亦有"令两头光"。"真颠倒书，令两头光"可能指两种书写顺序不同，使生人与地下鬼神均能阅读。

[2]肆：原释文（第40页）释作"律"，有误。

[3]文，就此：原释文（第40页）释作"交戴氏"，有误。

[4]交相分付讫，并无悬欠：契约文书常用语，类同用语有"当日交相付了，并无悬欠""是日钱契两交，并无悬欠""其钱及地立契日交，相分付讫，并无悬欠"等，"悬欠"指久欠未清。敦煌契约文书中还有"一无悬欠"的套语，也是指双方都无或完全没有久欠未清之事①。

[5]"奉勅"之后"𣂁"，应是符箓，原释文（第40页）释作"用"、张弛（2019：41）释作"印"，均有误。

【参考文献】

1. 张家川回族自治县文物局、张家川回族自治县博物馆：《张家川金石录》，文物出版社2018年版，第40—41页。

2. 张弛：《新见陇右买地券辑考》，《陇右文博》2019年第1期，第38—53页。

① 可参陈晓强：《敦煌契约文书语言研究》，人民出版社2012年版，第46页。而王启涛将"悬欠"理解作拖欠，"逋""悬""欠"均为同义词，意义均是"欠"，理解稍有不同，见王启涛：《敦煌西域法制文书语言研究》，人民出版社2016年版，第79页。

【图版】

照片、拓片见《张家川金石录》第41页。

### 6.北宋熙宁三年（1070）王氏阿鉴买地券

【解题】

天水市张家川县出土，顺逆相间。具体出土情况不详。

【释文】

维上用石，下用木，皆真颠倒书，令两头光。/惟大宋国秦州界清水县弓门寨，维熙/宁叁年岁次庚戌捌月壹日戊午朔叁/日庚申，葬埋没古（故）亡人王氏阿鉴，用钱[1]玖/万玖千贯文，就此黄泉买得墓田周留（流）/壹所。东至青龙，西至白虎，南至朱雀，北至/玄武。上至苍（苍）天，下至黄泉。其地及钱当日/交相分付讫，并无悬欠。保人：东王公、西/王母。知见人：张坚固、李定度。书契人：金/主补（簿）。奉勑（符箓）[2]。急急如律令。/

【校注】

[1]钱：原释文（第43页）释作"鉴"，有误。

[2]"奉勑"之后"⺆"，应是符箓，原释文（第43页）释作"用"，有误。

【参考文献】

张家川回族自治县文物局、张家川回族自治县博物馆：《张家川金石录》，文物出版社2018年版，第43页。

【图版】

拓片见《张家川金石录》第43页。

### 7.北宋熙宁五年（1072）魏府君买地券

【解题】

天水市城区出土，具体时间、地点不详。自右至左，墨书券文7行，顺逆相间，正、背面均有券文。目前仅见正面照片。

【释文】

维大宋熙宁伍年岁次/壬子二月辛亥朔十六/丙寅日，今有南瞻普（部）州（洲）/大宋国秦州界成纪县[1]/董谷社魏房付（府）君[2]，不幸/早终。用钱万万九千九佰/九佰九十九佰，就此黄/（正面）……

【校注】

[1]成纪县：今天水市城区。

[2]张弛(2019：42)指出：券文中亡人的名读,从书写来看“魏”为亡人姓氏无疑,后面的“房”字多了一点,似乎是别字,结合下面的“付”字,我们或可推知,当时书券人本欲写“魏府君”三字,但将“府”错写成“房”之后,又写出“付”字来补救。

【参考文献】

1. 天水市委宣传部：《天水市书画艺术的历史与现状》,《中华书画家》2016年第1期,第120—123页。

2. 张弛：《新见陇右买地券辑考》,《陇右文博》2019年第1期,第38—53页。

【图版】

正面照片见《中华书画家》2016年第1期,第121页；另见《陇右文博》2019年第1期,第41页照5。

8. 北宋绍圣元年（1094）刘钦买地券

【解题】

砖质,自右至左墨书9行,顺逆相间。由于墨迹脱落严重,部分文字无法释读。出土地不详,现藏张家川县博物馆。

【释文】

维南瞻部洲大宋国修罗管界秦州清水县□□城[1]右城殁故亡人刘钦,今用钱九万九千九佰九十贯文,于黄天父、后土母、社稷十二边买地,……东至青龙,西至白虎,南至朱雀,北至玄武。上至苍天,下至黄泉,四至分明。……神不得侵害堪责。故见人：东王父、西王母。代保人：张坚固、李定度。书券人：石功曹。读券人：金主簿。绍圣元年甲戌岁十一月己亥朔廿二日庚申。

【校注】

[1]□□城：张弛(2019：44)疑是“床穰城”。

【参考文献】

张弛：《新见陇右买地券辑考》,《陇右文博》2019年第1期,第38—53页。

【图版】

照片见《陇右文博》2019年第1期第43页照8。

### 9. 北宋元符三年（1100）□氏妇人买地券

**【解题】**

1985 年，天水市麦积区伯阳镇南集村出土，现藏麦积区博物馆，砖质，长 30、宽 19.5、厚 4.5 厘米，阴刻，顺逆相间，自右向左朱书，8 行 134 字，部分字迹模糊。

**【释文】**

元符三年庚辰。/（额题）

地券文状。兹於泰州界陇城第二保[1]，□/氏妇人泣啼于千（阡）陌，向此地山上买得墓田/壹所[2]，化墓银钱九万九千贯文足，分付与/天神、地神。四至如后者：东至青龙，西至白虎，/南至朱雀，北至玄武。上至苍天，下至黄泉。保/人：张坚固。知见人：李定度。书契人：石功曹。/买地人非（飞）上天，卖地人入黄泉。一居已后，/永不得侵夺亡人墓宅[3]。□魂[4]定魄（？）。奉敕。/

**【校注】**

［1］第二保：今天水市麦积区伯阳镇一带。

［2］此地：雷恩荣（2019：50）释作"北"，有误。壹所：汪明（2015：29）、刘雁翔（2017：331）、雷恩荣（2019：50）释作"此所"，有误。

［3］墓宅：汪明（2015：29）、雷恩荣（2019：50）释作"墓宅"，可从。刘雁翔（2017：331）释作"墓室"，有误。

［4］魂：汪明（2015：29）、雷恩荣（2019：50）释作"魂"，可从。刘雁翔（2017：331）未释。

**【参考文献】**

1. 汪明：《麦积区金石校注》，三秦出版社 2015 年版，第 29—30 页。

2. 刘雁翔：《天水金石文献辑录校注》，三秦出版社 2017 年版，第 331 页。

3. 雷恩荣：《天水市麦积区博物馆宋代地券砖简考》，《丝绸之路》2019 年第 2 期，第 59—60 页。

**【图版】**

拓片见《麦积区金石校注》第 29 页。

### 10. 北宋崇宁五年（1106）苟氏娘子买地券

**【解题】**

砖质，长 30.3、宽 31.2、厚 5.2 厘米，阴刻 10 行，自右至左顺逆相间，朱书。出土地不详，原藏仰澍斋，现捐赠清水县博物馆。

【释文】

维大宋国秦州清水县殁故亡人苟氏娘子，/今将钱玖万玖仟玖佰玖拾贯文足，就/黄天父、后土母处买得墓田壹所，造为择兆。/其买地钱，截斩草日，分付与稷神了足，土地/在前。其墓田东至青龙，西至白虎，南至/朱雀，北至玄武。上至苍天，下至黄泉。山川/谷主为邻，河伯水官作故。知见人：城栢子[1]。代/保人：张坚固。来往人：李定。书契人：石公曹。读/契人：金主簿。急急如律令。崇宁伍年岁/次丙戌贰月甲子朔贰拾壹日甲申。苟氏券文。谨状。/

【校注】

[1]城栢子：张弛（2019：44）指出：券文中提到的知见人"城栢子"，不见于其他买地券。检现有买地券，"知见人"有书"赤松子"者，或与"城栢子"属于同一类道教神祇。

【参考文献】

张弛：《新见陇右买地券辑考》，《陇右文博》2019年第1期，第44页。

【图版】

照片与拓片分别见《陇右文博》2019年第1期第43页照9，10。

11. 北宋大观元年（1107）张氏夫身买地券

【解题】

2001年1月，甘肃省庄浪县韩店镇西门村征收。灰陶质，方形，边长32、厚5厘米，阴刻朱书。

【释文】

维南瞻部洲大宋国修罗管界西德顺军水/洛城王家城裹（里）大道亡考张氏夫身，生居什/邑，死归宅兆。今于向东北山置买得墓/田一所，具四至如后：/

东至青龙，西至白虎，/南至朱雀，北至玄武。/上至仓（苍）天，下至黄泉。/

右件四至分明。今用银钱九万九千九百九十/九贯文，向皇天夫（父）、后土母处买得前墓田一所。/知见人：石公曹。书券人：高山赤松子。读券/人金主簿，飞上天。书券人入海去。急急如/律令[1]。敕煞。

大观元年二月十五日张氏夫身券。/

【校注】

[1]急急：王克生、刘继涛（2015：197）释作"行"，"急行"解作"急速奉行"，有误，虽未见图版，但误释作"行"之字应是承上重文符号。

【参考文献】

王克生、刘继涛:《庄浪金石》,中国文史出版社 2015 年版,第 195—197 页。

【图版】

照片见张建军主编《庄浪博物馆文物精品图集》,甘肃人民出版社 2018 年版,第 202 页。

12. 北宋大观元年(1107)孔永宗等为亡父孔士和买地券

【解题】

1974 年 11 月,甘肃临夏县城西红园门口之南州交通局工地出土,后藏临夏县文化馆。青砖质,高 31、宽 30、厚 4 厘米。阴刻 11 行,146 字。

【释文】

维大宋岁次丁亥十一月壬子朔初/九日庚申,河州界廓下[1]孔永宗亡/过父亲孔士和殁故。龟筮协从,相/地袭吉,宜于西北安厝宅兆。谨用/钱九万九千九百九十九贯文,兼/五綵信币,共为契约,周流一倾。/东西长一十三步,南北阔九步。东至/青龙,西至白虎,南至朱雀,北至玄武。/内方勾陈,分。伯,界畔,道路将军。书契/人:金主簿。急急如五帝使者律令。/主券人:长男孔永宗,次男孔士德。/

【校注】

[1]廓下:张弛(2019:48—49)则认为“廓下”即“郭下”,有两种释义。一指从唐代开始,对于县治与州治(或郡治)同在一城的县,称之为“郭下县”或者“附郭县”。二是“郭下”与“郭内”同意,泛指州治或县治所在的城市。据 2013 年张家川县宋墓出土北宋嘉祐五年(1060)刘氏符君买地券,可知“郭下”应指城内之意。

【参考文献】

1. 张思温:《积石录》,甘肃民族出版社 1989 年版,第 59—60 页。

2. 张启安:《砖券档案》,《档案》1992 年第 6 期,第 42—43 页。

3. 他维宏、康兆庆:《宋金对河州的经略——以买地券为中心的考察》,《青海民族大学学报》2016 年第 3 期,第 74—79 页。

4. 张弛:《新见陇右买地券辑考》,《陇右文博》2019 年第 1 期,第 38—53 页。

## 13. 北宋政和元年（1111）郭德美买地券

**【解题】**

天水市张家川县出土，顺逆相间。具体出土情况不详。

**【释文】**

维南赡部州大宋国修罗管界□□□/大□□千人户亡人郭德美乞（?）不幸/命终[1]，今用钱九万九千九百九十九贯文/足[2]买墓地一段。东至甲乙青龙，西至庚辛白/虎，南至丙丁朱雀，北至壬癸玄武。上至苍/天，下至黄泉。分与山神土地众明众□。/保人：张坚固、李定度。见人：东王父、西王/母。书契人：金主薄（簿）。已后不得[3]侵夺，□□/避之千里。政和元年二月二十一日，郭德美。/

**【校注】**

[1]千：原释文（第46页）释作"子"，有误。不幸命终：原释文（第46页）无，据图版补出。

[2]足：原释文（第46页）释作"定"，有误。

[3]不：原释文（第46页）释作"若"，有误。

**【参考文献】**

张家川回族自治县文物局、张家川回族自治县博物馆：《张家川金石录》，文物出版社2018年版，第46页。

**【图版】**

拓片见《张家川金石录》第46页。

## 14. 北宋政和六年（1116）刘文广买地券

**【解题】**

天水市张家川县出土，顺逆相间。具体出土情况不详。

**【释文】**

惟大宋国秦州界清水县弓门寨下，惟政和六/年岁次丙申，葬用十二月二十六日乙酉，没/古（故）亡人刘文广，用钱九万九千九伯（百）贯文，/就此黄泉，买到墓田周留（流）一所。东至青/龙，西至白虎，南至朱雀，北至玄武。上至/仓（苍）天，下至黄泉。其地及钱当日交付讫，/并无少欠。代保人：东王公、西王母。知见人：张/坚古、李定度。书契人：金主捕（簿）。奉勅急/急如律令。/奉太上勅。/

【参考文献】

张家川回族自治县文物局、张家川回族自治县博物馆:《张家川金石录》,文物出版社 2018 年版,第 47 页。

【图版】

拓片见《张家川金石录》第 47 页。

## 15. 北宋宣和二年(1120)郭宅程氏买地券

【解题】

天水市张家川县出土,顺逆相间。具体出土情况不详。

【释文】

宣和二年庚子岁四月三日,大宋秦/州弓门寨下殁古(故)亡人郭宅程氏,今/用钱九万九千九伯(百)九十贯文,于皇天/父、后土母处买到墓地一所,东至青/龙,西至白虎,南至朱雀,北至玄武。/其即日钱财分付与山川土地,后有/诸鬼神不得忓恡侵夺坟墓[1]。先有/居者,远避千里外[2]。知见人:岁月主者。/保人:今日值符。急急如五帝使者/女青律令。(符箓)/

【校注】

[1]忓恡:原释文(第 48 页)释作"忓悔",有误。

[2]千:原释文(第 48 页)释作"十",有误。

【参考文献】

张家川回族自治县文物局、张家川回族自治县博物馆:《张家川金石录》,文物出版社 2018 年版,第 48 页。

【图版】

拓片见《张家川金石录》第 48 页。

## 16. 南宋建炎元年(1127)买地券

【解题】

庄浪县博物馆藏,出土时地不详。灰陶质,方形,边长33、厚5.5厘米,15行。

【释文】

维大宋岁具建炎元年二月丁未次朔[1]□□□□西□花□是付□,宜于□□□□□置买……南北……谨银钱九万九千九百九十九文……墓地一所。……如后:东至青龙,西至白虎,南至朱雀,北至玄武。上至苍天,下至黄

泉。……今……见作□人:姜……具神……知见人:……地之……

【校注】

[1]维大宋岁具建炎元年二月丁未次朔:疑录文有误,或是“维大宋岁次建炎元年二月丁未朔”。未见图版,暂仍原释。

【参考文献】

王克生、刘继涛:《庄浪金石》,中国文史出版社2015年版,第197—198页。

17. 南宋建炎元年(1127)戚安买地券

【解题】

甘肃平凉市静宁县城东关峰台山脚下出土。灰陶质,长32、宽31、厚4厘米。券文阴刻,楷体12行计168字。

【释文】

维南赡部州,大宋国德顺军静边砦(寨)[1]/下亡考百姓戚安,生居在世,死归宅兆。/今拣得建炎元年八月初三日吉神,迁/送至[2]东北山下。买到一百六十三指挥引/箭手[3]雷振身分(份)地内安,方七步□地一所。/谨用金钱九万九千九百九十九贯文,/买到前件墓田。六至如后:/东至青龙,西至白虎,南至朱雀,/北至玄武。上至苍天,下至黄泉,/六至分明。钱财即日分付了足,其地内有/勾陈出入,分掌四域,道路更不得侵夺。/建炎元年八月初三日戚安状。/

【校注】

[1]静边寨:北宋天禧元年(1017)建,在静宁县城川乡吕河村东,为唐代陇右牧南使城故址。

[2]至:王万胜(2009)、张弛(2019:49)释作“至”。王科社(2010:19)释作“于”。

[3]引箭手:引,拉开弓。引箭手即是弓箭手。

【参考文献】

1. 王万胜:《一方宋代买地券透露的历史信息》,《平凉日报》2009年11月18日。

2. 王科社:《关于新发现宋建炎元年戚安墓券的重要认识》,《丝绸之路》2010年第8期,第18—25页。

3. 张弛:《新见陇右买地券辑考》,《陇右文博》2019年第1期,第38—53页。

### 18. 南宋建炎元年（1127）杨氏奉荐买地券

【解题】

1993年5月，定西市安定区内官镇乌龙村二神出土，砖质，长30、宽28.5厘米，现藏安定区博物馆，正面阴刻10行。

【释文】

维大宋国定西寨管下居住沈清/亡母杨氏奉荐故亡，今银钱/一万九千九百九十九贯文，就皇/天后土买至东南山脚下墓地一/段。东至青龙，西至白虎，南至朱雀，/北至玄武。上至苍天，下至黄泉。/四至分明。其钱分付与天地神明。/如有先□，不得侵夺，远避千里。/□□□急急如律令。/建炎元年十月十七日杨氏勅。/

【校注】

［1］居住：梁发祥（2018：271）释作“启□”，有误。

【参考文献】

1. 梁发祥：《陇中地区丧葬“抱砖”习俗发微——兼谈墓券文中“直符”神的演变》，《宗教学研究》2018年第3期，第270—277页。

2. 张文彩：《定西城考证》，“陇中文苑”微信公众号第735期（2019年5月19日）。

【图版】

照片见“陇中文苑”微信公众号2019年5月19日。

### 19. 南宋建炎二年（1128）李泽买地券

【解题】

1952年，甘肃陇西县仁寿山东侧南山寺附近南宋古墓出土。青石质，环首，高48.5、宽26.5、厚5.2厘米，座高5.3厘米，状似石碑，今已佚失。

【释文】

维大宋国巩州居住李泽，以（已）于建炎二年岁次戊申五月一日甲申朔□□，初四日丙戌，相地袭吉，宜于地安厝宅兆。谨用钱九千九百九十九贯文，买地一段，方一十三亩。东至青龙，西至白虎，南至朱雀，北至玄武。四分勾陈，分擘四域。丘承墓伯，封步界畔。道路将军，齐整千（阡）陌。千高[1]，永无殃咎。辄干犯诃禁，将军亭长……

【校注】

[1]原释文错误较多,“丘墓基伯”应是“丘承墓伯”,“封界涉畔”应是“封步界畔”。另“四分”或是“内方”,“干高”应是“千秋万岁”之类,未见图版,暂仍原释。

【参考文献】

汪楷主编:《陇西金石录》上册,甘肃人民出版社2011年版,第20页。

### 20. 南宋绍兴五年(1135)李真买地券

【解题】

2005年,庄浪县二郎山出土,灰陶质,长32、宽32.6、厚5.6厘米,朱书14行。

【释文】

维政和七年十月初一日□,乙卯岁初七日卒[1]。□大宋国德顺军水洛城郭下所管辖北门外河北居住亡人李真,买到□□□手刘福东虎丘山下中心墓田一所。今具四至如后:东至青龙,西至白虎,南至朱雀,北至玄武。上至苍天,下至黄泉。行前顷买到墓地□□,准计。今用银钱九万九千九百九十九贯文。内至勾陈,两□□□□明借入地铃人文付讫[2]。知见人:东任公、西王母。写契人:□全簿[3]。保人:冯□□□□□□□□□□□□□□□□。先有居仆[4]□□。

□□。

【校注】

[1]政和七年:北宋徽宗年号,1117年。乙卯岁:南宋绍兴五年,1135年。

[2]原释文“明借入地铃人文”疑有误,未见图版,暂仍原释。

[3]□全簿:当是“金主簿”之误刻。

[4]先有居仆:疑是“先有居者”,未见图版,暂仍原释。

【参考文献】

王克生、刘继涛:《庄浪金石》,中国文史出版社2015年版,第198页。

### 21. 伪齐阜昌八年(1137)买地券

【解题】

1995年,庄浪县韩店镇北河岸出土。灰陶质,方形,边长31、厚5.5厘米,11行125字。

【释文】

□□□阜昌八年[1]岁次丁巳□□癸亥朔二十三日乙酉,有□□□□□吉至冥旬[2],用银钱九万九仟九百九十九贯文,买到墓地一所。东至青龙,西至白虎,南至朱雀,北至玄武。上至苍天,下至黄泉。书契人:张□□。□□□□:李定度。左□墓□一□西后神志神□[3]敢侵犯,□□□如律令。敕煞。阜昌八年三月□日□□□。

【校注】

[1]阜昌八年:金国所立伪齐帝刘豫在位年号,时南宋绍兴七年,公元1137年。

[2]吉至冥旬:文意不明,疑录文有误。

[3]左□墓□一□西后神志神:文意不明,疑录文有误。

【参考文献】

王克生、刘继涛:《庄浪金石》,中国文史出版社2015年版,第199页。

## 22.南宋隆兴二年(1164)苟青生买地券

【解题】

1985年,天水市麦积区甘泉镇徐家湾宋墓出土。砖质,长29、宽29、厚4.5厘米,阴刻,顺逆相间,自右向左11行126字。现藏天水市麦积区博物馆。

【释文】

维大宋国於南赡成州界/天水县东柯社[1]第三保人户苟/青生,乃阖祔化归冥(冥)路[2],正西南/上(?)买到墓一所,四角周全。谨用/银钱玖万玖阡玖百玖十玖贯文/足。其钱分付与界判[3],陆至已定。/上至苍天,下至黄泉。东至青龙,/西至白虎,南至朱雀,北至玄武。/来往人:东翁、西王母。知见人:石公/曹。依口[4]书契人:张翁古。於隆兴/二年岁次甲申二月十七日壬申坟券[5]。/

【校注】

[1]成州:治今陇南市成县,北宋属秦凤路,南宋属利州路。东柯社:今麦积区东柯河流域一带。

[2]阖祔:合葬。附,汪明(2015:37)、刘雁翔(2017:331)、雷恩荣(2019:50)释作"附",有误。

[3]界判:雷恩荣(2019:50)释作"界叛",有误。

［4］依口：汪明（2015：37）、刘雁翔（2017：331）、雷恩荣（2019：50）释作“付口”，有误。

［5］壬申坟券：汪明（2015：37）、雷恩荣（2019：50）释作“甲申境券”，刘雁翔（2017：331）释作“奉申境香”，均有误。

【参考文献】

1. 汪明：《麦积区金石校注》，三秦出版社 2015 年版，第 36—37 页。

2. 刘雁翔：《天水金石文献辑录校注》，三秦出版社 2017 年版，第 331 页。

3. 雷恩荣：《天水市麦积区博物馆宋代地券砖简考》，《丝绸之路》2019 年第 2 期，第 59—60 页。

【图版】

拓片见《麦积区金石校注》第 37 页。

## 23. 金大定十八年（1178）赵氏买地券

【解题】

1953 年 9 月 12 日，甘肃省临夏州康乐县胭脂镇马集村金墓出土，砖质。

【释文】

维南瞻（赡）部州修罗管界[1]大金国临洮府康乐寨七十八指挥第五都，居住李宅赵氏，不幸命终，就西山脚下安厝宅兆。谨用银钱九万九千九百九十贯文买地一段。东至青龙，西至白虎，南至朱雀，北至玄武，周迴四至分明。内方勾陈，分擘明堂[2]四域，丘承墓伯，分步界畔。道路将军，收付河伯。今将细马银钱，名香酒飦五果，共为信契。安厝以后，千秋万岁，永无灾咎。知见人：岁月主。保人：日时直符。故气邪精，不侵忏恡。先有居者，远避万里。九后，更不得代夺[3]。案女青律令。

大定十八年岁次戊戌壬辰朔初五日丙申。

【校注】

［1］修罗管界：宋坤（2017：224）指出：“修罗最大特点即为好争斗，故而战场又称修罗场。北宋时期所出现的‘修罗管界’范围大体相当于宋夏边界地区。笔者推测或正因该地区北宋末年战乱较多，故而称为‘修罗管界’。”①

① 宋坤：《虚拟与真实——唐宋辽金时期佛教影响下的地理表述》，《河北学刊》2017 年第 2 期，第 220—224 页。

[2]明堂：墓地中的一个区域，即后土神的居所[①]。

[3]原释文多有讹误，其中“宅呃”应是“宅兆”，“销钱”应是银钱，“兵承”应是“丘承”，“地府”应是“收付”，“酒飦”应是“酒飰”，“以往”应是“以后”，“灾，各”应是“灾咎”，“知见之”应是“知见人”，“真行”应是“直符”。另，“细马”疑是“纸马”，“名香”“九后”“代夺”均可疑。

**【参考文献】**

康乐县志编纂委员会：《康乐县志》，生活·读书·新知三联书店1995年版，第312页。

### 24. 金明昌元年（1190）宋德买地券

**【解题】**

1965年7月15日，临夏市城西出土，砖质，长、宽均为30、厚4.2厘米。砖边线自右至左横书“立券人宋德”五字。券文墨书16行。现藏临夏市文化馆。

**【释文】**

维大金明昌元年岁次庚戌十二月辛/巳朔十七日丁酉，河州司使司第九/居住宋德，先于今年十一月十八日不/幸寿终。宜于第十一正将下城下□□□/千□分地内北山下安厝宅兆。谨用钱九万九千九百九十九贯文，买地一段。/东西五步，南北七步。东至青龙，西至/白虎，南至朱雀，北至玄武。内方勾陈，/分擘掌四域。丘承（丞）墓伯，封步界畔。道路/将军，齐整阡陌。/千秋千岁，永无殃咎。若辄/干犯诃禁者，将军亭长，收付河伯。今以牲牢/酒飰（饭），百味香新，共为信契。财地交相分付，/营修安厝已（以）后，永保休吉。保人：直符。知见人：/岁月主[1]。故气邪精，不得忓恡。先有居者，永/避万里。若违此约，地符（府）主吏自当其祸。/内外存亡，悉皆安吉。急如急律令。/

**【校注】**

[1]主：张思温（1989：66）释作“至”，疑作“主”。

**【参考文献】**

张思温：《积石录》，甘肃民族出版社1989年版，第65—67页。

---

① 翟鹏飞：《墓地明堂位心研究》，载《西部考古》第17辑，科学出版社2019年版，第250页。

## 25. 金明昌元年（1190）胥某氏买地券

【解题】

方形,砖质。边长31、厚7厘米。楷书14行,行20字。断为三块,因朱砂褪色,部分文字漫漶不清,现存陇西县博物馆。

【释文】

维大金明昌元年[1],谨有陕西临洮路巩州陇西县下北岭后狼掌居住人户胥宅正魂,于大金□□□□年十二月十八日亡殁故,龟筮协从,相地袭吉,宜于巩州熟羊寨照城坡西岭西北□□安厝宅兆。谨用钱九万九千九百九十九贯文,兼五綵信币,买地一段。四□方一十三步,东至青龙,西至白虎,南至朱雀,北至玄武。内方勾陈,分掌四域。丘丞墓伯,封步界畔。道路将军,齐整阡陌。千秋,永无殃咎。若辄干犯,□□□□□□□□□□□□。今以牲牢酒饭,百味香馨,共为信契。财地交相,分付工匠修茔安厝已后,永保休吉。□□□□□□。主保人:直符。故避万里。若违此约,地府主吏,自当其祸。□□□□□□□□□□□,主皆安吉。急急如五帝使者女青律令！庚戌岁乙□月□□□□□□□□□□□。

【校注】

[1]明昌元年:金章宗第一个年号,公元1190年。

【参考文献】

汪楷主编:《陇西金石录》上册,甘肃人民出版社2011年版,第28页。

## 26. 金泰和五年（1205）王氏买地券

【解题】

甘肃陇西县东关新村赵姓人家收藏。砖质,方形,已断为六块,右上角略残,高52、宽46、厚7厘米。券文由朱砂书写,因风蚀淡化,模糊不清。

【释文】

□□□□□□□□元年岁次辛酉七月初一日□□□□□□一日癸酉,殁故录事司第六坊王氏彩□□□,相地袭吉,宜于陇西县南草市城东淡□□官道上向正南山平原川下安厝宅兆。谨用钱九万九千九百贯文,兼五綵信币,买地一段。东至西一十七步,南至北一十七步。东青龙,西白虎,南朱雀,北玄武。内方勾陈,分擘掌四域[1]。丘承莫(墓)伯,分部界畔。道路将军,齐整仟(阡)伯(陌)。千秋万载[2],永无殃咎。若辄干犯诃禁者,将军亭长,收付河伯将军。今以牲牢酒飰[3],百味新香,共为信契[4]。财地交相[5],分付工匠修营安厝已后,永保吉

昌。知见人:岁月。担保人:今日值符。故气邪精,不得忓吝[6]。先有居者,永避万里[7]。若违,地府主事,自当其祸。主人内外存亡,云皆安吉。急急五帝使者女青律令。泰和五年八月日券文。

【校注】

[1]域:《陇西金石录》上册第29页释作“城”,有误。

[2]万:《陇西金石录》上册第29页释作“岁”,有误。

[3]飰:《陇西金石录》上册第29页释作“馔”,有误。

[4]共:《陇西金石录》上册第29页释作“司”,有误。

[5]交:《陇西金石录》上册第29页释作“变”,有误。

[6]忓:《陇西金石录》上册第29页释作“悭”,有误。

[7]永:《陇西金石录》上册第29页释作“承”,有误。

### 27. 南宋开禧二年（1206）裴俊夫妇买地券

【解题】

甘肃陇南市礼县红河乡草坝村出土,南昇钧收藏,具体情况不详。额题“宋公裴/公之灵、/王氏、仇/氏券文”。

【释文】

维大宋利州西路成州天水县马邑州社茅城谷居住河东郡/裴俊,以嘉泰元年三月初九日殁故,龟筮协从,相地袭吉,宜于/本县本社茅谷地名成家平(坪)安措厝宅兆。谨用钱九万九阡(千)九/陌(百)九拾九贯文,兼五綵信币,买地一段。东西二拾步,南北二拾步。/东至青龙,西至白虎,南至朱雀,北至真武。内方勾陈,分掌四域。/丘承墓伯,封部界畔。道路将军,齐整阡陌。千秋万岁,永无殃咎。/辄干犯诃禁者,将军亭长,收付河伯。今以牲牢酒脯,百味香新,/共为信契。财地交相,分付工匠修营安措已后,永保休吉。知见/人:岁月主。保人:今日直符。故气邪精,不得忓怪。先有居者,永避/万里。若违此约,地府主吏自当其祸。主人内外存亡,悉皆安吉。/急急如五帝使者青女(女青)律令。/开禧二年三月初一日,壬午朔初四日乙酉书券文。/

【参考文献】

蔡副全:《〈妙胜院敕碑〉释考——兼论天水、昧谷、西、邽之地望》,《中国边疆史地研究》2016年第4期,第135—146、183页。

【图版】

拓片见天之水网 2017 年 4 月 11 日（http://www.tianzhishui.com/2017/0411/47248.shtml）。

28. 元至元二十六年（1289）蒲法先买地券

【解题】

1998 年 6 月 25 日，甘肃武威永昌镇刘沛村村民在平田整地时发现一座元墓，武威市文体局和市博物馆接到报告后立即派工作人员赶赴现场进行清理发掘，出土一方木板买地券，高 57.5、宽 22、厚 2 厘米。长方形，松木质，已残，字有缺损。木板正面自左至右竖写朱红色汉字楷书题记，12 行。

【释文】

大元国永昌府君致祭孝男蒲文中……以□□故父蒲法先，存/系壬辰相，今卜不山之下、神后之原，安厝宅兆，谨用钱九万九千九百/九十九贯文，兼五綵信币，买地一段。东置（至）青龙，西置（至）白虎，南至朱雀，/北置（至）玄武。内方勾陈，分掌四域。丘承墓伯，封部界畔。道路将军，齐整/阡陌。千秋万岁，永无殃咎。若辄干犯诃禁者，将军亭长收付何伯。/今以牲牢酒饭，百味香新，共为信契。财地相交，分付工匠修营/安厝已后，永保休吉。知见人：岁月主。保人：今日直符。故气邪精，/不得干恡。先有居者，永避万里。若违此约，地府主吏，自当其祸。/主人内外存亡，悉皆安吉[1]。急急一如/女青诏书律令。/太岁己丑至元二十六年三月庚辰旦初五日甲申，直吉时告下，/给往故[2]蒲法先收执。/

【校注】

［1］梁继红（2003：11）释文错讹较多，“谨”作“护”，“綵”作“铢”，“伯”作“旧”，“违”作“遣”，“存亡”作“存立”，“悉”作“爰”。杜玉奇（2016：184—185）、李春圆（2018：109—110）均有改释，可从。

［2］往故：杜玉奇（2016：185）、李春圆（2018：110）释作“往故”，吴浩军（2017：509，2019：231）释作“使故”，今从前释。

【参考文献】

1. 梁继红：《武威元墓清理简报》，《陇右文博》2003 年第 2 期，第 11—12 页。

2. 杜玉奇：《武威出土元代至元二十六年蒲法先买地券研究》，《西夏学》第十三辑，第 182—189 页。

3. 吴浩军:《河西买地券丛考》,载张德芳:《甘肃省第三届简牍学国际学术研讨会论文集》,上海辞书出版社 2017 年版,第 491—512 页;另见吴浩军:《河西墓葬文献研究》,上海古籍出版社 2019 年版,第 230—235 页。

**【图版】**

照片见《西夏学》第十三辑,第 184 页。

### 29. 元延祐六年(1319)薛文玉买地券

**【解题】**

现存陇西县博物馆。方形,砖质。长 22.8、宽 23、厚 7.8 厘米。楷书 15 行,行 4 至 22 字不等。

**【释文】**

大元陕西巩昌府陇西县兴化坊住人薛文玉,于延祐六/年十月初九日,在家因疾身故。龟筮协从,相地袭吉,宜于/本府桃薗(园)乡五牟谷安厝宅兆。谨用钱九万九千九百九/十九贯,五綵信币,买地一段,东西长二十步八分/五厘,南北阔二十步。东至青龙,西至白虎,南至朱雀,/北至玄武。内方勾陈[1],分掌四域。丘丞墓伯,封步界畔。道路将/军,齐整阡陌。千秋万岁,永无殃咎。若辄干犯诃禁者[2],/将军亭长,收付何伯。牲牢酒飰[3],百味香新,共为信契。/财地交相,分付工匠修茔安厝宅兆已(以)后,永保安吉。/知见人:岁主。代保人:今日直符[4]。故气邪精,/不得忓悋[5]。先有居者,永避万里[6]。若违此约,地/府主吏自当其祸。主人内外存亡[7],永保安/吉[8]。急急如/五帝使者女青律令!/乞付墓中亡人薛文玉收把,准备付身,/永远照用。/

**【校注】**

[1]勾陈:《陇西金石录》上册第 59 页释作“句陈”,有误。

[2]诃禁者:《陇西金石录》上册第 59 页释作“禁旨”,有误。

[3]飰:《陇西金石录》上册第 59 页释作“馔”,有误。

[4]直:《陇西金石录》上册第 59 页释作“持”,有误。

[5]忓悋:《陇西金石录》上册第 59 页释作“忓吝”,有误。

[6]永:《陇西金石录》上册第 59 页释作“求”,有误。

[7]存:《陇西金石录》上册第 59 页释作“从”,有误。

[8]永:《陇西金石录》上册第 59 页释作“光”,有误。

【图版】

拓片见《陇西金石录》上册,第59页。

30. 元至治三年 (1323) 常德用买地券

【解题】

1978年,甘肃平凉市静宁县威戎镇贾庄村出土,砖质,方形,边长33、宽5厘米,楷书朱书13行260字。图版部分模糊不清。

【释文】

维大元岁次癸亥己未月辛酉朔甲子日……静宁州威戎街……/主孝男常天祐等,伏缘亡父常德用奄逝,未卜茔坟,夙/夜忧思,遂令日者择此高原,地占袭吉,地属本界/……北为□□。梯己出备钱綵买到墓地一方,南北长……/十五步,东西阔一十五步。东至青龙,西至白虎,南至朱雀,北至玄/武。内方勾陈,管分擘四域。丘丞墓伯,封步界畔。道路将军,/齐整阡陌。致使千秋百载,永无殃咎。若有干犯,并令将军/亭长,缚付河伯。今以牲牢酒脯,百味香新,共/为信契。……安厝已后,永保休吉。/……代保人:今日直符。故气邪精,不得干/……永避万里。若违此约,地府主吏,自当其/祸。……/给付亡人常德用收执照。/

【参考文献】

阎惠群主编:《静宁博物馆文物精品图集》,甘肃人民美术出版社2011年版,第150—151页。

【图版】

照片见《静宁博物馆文物精品图集》第151页。

31. 元泰定四年 (1327) 王文义为父母买地券

【解题】

天水市张家川县出土,具体出土情况不详。顺逆相间。

【释文】

大元国泰定四年岁次丁卯二月庚午朔越二十七/日丙申,秦州清水县第一保右坊居住[1]人王文义,伏[2]/为父母□收,父母俱各在堂,年尊未卜[3],长母寿/域,夙夜忧思,不遑所厝,遂令[4]日者择此高原,风/水朝迎,地占袭吉,龟筮协从[5],宜于本州本县本治/本村巽山吉穴之原[6],堪为宅兆,梯己用钱九万/

九千九百九十九贯文，买到墓地[7]一所，长阔各九/十九步[8]。东至青龙，西至白虎，南至朱雀，北至玄武。/内方勾陈，上至天苍[9]，下至黄泉。即日钱财交付/天地神明了当[10]。财地交相，各已分付。牙保人：张坚/固、李定度。知见人：东王公、西王母。先有居者，永避/万里[11]。应干地下百鬼[12]，不得侵夺。急急如/五帝使者女青律令。/右券付与　收执付身照用。/

【校注】

[1]右坊居住：原释文（第49页）释作"治坊川侄"，有误。

[2]伏：原释文（第49页）释作"代"，有误。

[3]未卜：原释文（第49页）释作"来□"，有误。

[4]令：原释文（第49页）释作"今"，有误。

[5]龟筮：原释文（第49页）释作"黾荧"，有误。

[6]吉穴：原释文（第49页）释作"吉元"，有误。

[7]墓地：原释文（第49页）释作"坟地"，有误。

[8]九十九：原释文（第49页）释作"九十"，有误。

[9]天苍：原释文（第49页）释作"苍天"，有误。

[10]即日：原释文（第49页）释作"吉日"，有误。了：原释文（第49页）释作"今"，有误。

[11]居：原释文（第49页）释作"君"，有误。里：原释文（第49页）释作"俚"，有误。

[12]应干地下百鬼：原释文（第49页）释作"千地下有鬼"，有误。

【参考文献】

张家川回族自治县文物局、张家川回族自治县博物馆：《张家川金石录》，文物出版社2018年版，第49页。

【图版】

拓片见《张家川金石录》第49页。

### 32. 元至正四年（1344）严惠昭买地券

【解题】

甘肃陇南市礼县崖城乡泰山庙出土，现存礼县博物馆。砖质，正方形，边长26、厚6厘米，顺逆相间10行。

【释文】

维大元至正四年,太岁甲申七月戊子朔初四日/辛卯,陕西礼店崖石镇,焚修羽化希文凝妙玄/微大师严惠昭,谨备钱财万万九千九百九十九/贯文,就问皇天父、后土母、社稷十二[1]边,/置买到前件[2]墓田北山岗地一所[3]。其地东至青/龙,南至朱雀,西至白虎,北至玄武,上至苍天,下至/黄泉,四至分明。即日钱财分付天地神明了。/托保人:张坚固、李定度。知见人:东皇父、西王母。/书契人:石功曹。证契人:金主薄。青衣童子[4]读契□,/死上天。亡人骨,正安葬,入黄泉。急急一如律令。/

【校注】

[1]问:《礼县金石集锦》(第137页)释作"向",有误。赵逵夫(2018:491)、赵逵夫、赵玉龙(2019:49)释作"问",可从。后土母:《礼县金石集锦》(第137页)释作"厚土母",有误。赵逵夫(2018:491)、赵逵夫、赵玉龙(2019:49)释作"后土母",可从。十二:《礼县金石集锦》(第137页)、赵逵夫(2018:491)、赵逵夫、赵玉龙(2019:49)释作"土一",有误。

[2]前件:《礼县金石集锦》(第137页)、赵逵夫(2018:491)、赵逵夫、赵玉龙(2019:49)释作"前村",有误。

[3]所:《礼县金石集锦》(第137页)、赵逵夫(2018:491)、赵逵夫、赵玉龙(2019:49)释作"处",有误。

[4]青衣童子:《礼县金石集锦》(第137页)、赵逵夫(2018:491)、赵逵夫、赵玉龙(2019:49)释作"青莲单子",有误。

【参考文献】

1. 礼县老年书画协会、礼县博物馆编:《礼县金石集锦》第137页,2000年10月。

2. 赵逵夫主编:《陇南金石校录》第二册,社会科学文献出版社2018年版,第491—492页。

3. 赵逵夫、赵玉龙:《补〈全元文〉至正年间佚文七篇》,《山西大同大学学报》2019年第2期,第45—50页。

【图版】

拓片见《礼县金石集锦》第137页。

## 三、宁夏

### 1. 北宋天禧元年（1017）张文仙买地券

【解题】

宁夏固原博物馆藏，红砂石质，圭首，长31.5、宽20、厚7厘米。

【释文】

维大宋天禧元年岁次丁巳十月丙寅/朔二十日乙酉，镇戎军彭阳城弓/箭手、第八副指挥使张文仙亡，/比成氏夫人黄天父邑，今[1]是/用钱万万九千九百九十九贯/文，向十二边买得墓田，周流/一倾（顷）。明立四至：东至青龙，西至白/虎，南至朱雀，北至玄武。上至仓（苍）/天，下至黄泉。内属勾陈。/右件其钱，即日分付与天曹/地府明了，神祇如。知见人：东王/公、西王母。代保人：张坚古（故）、李定度。书/契人：石公曹。读契人：金主簿。书/契人飞上天，读契人入海中。山头/赤松子领读[2]，而摄□记之耳。/男弓箭手、第八副指挥使张文仙。/小男文秀，/成氏夫人张思风（？）。/

【校注】

[1]比：靠近。今：字形作“今”，《选编》（第113页）、马东海、王金铎（2013：200）释作“令”。

[2]读：《选编》（第113页），马东海、王金铎（2013：200）释作“候”。

【参考文献】

1. 宁夏固原博物馆：《固原历代碑刻选编》（此称《选编》），宁夏人民出版社2010年版，第111—113页。

2. 马东海、王金铎主编：《原州区文物志》，宁夏人民出版社2013年版，第200页。

【图版】

拓片分别见《固原历代碑刻选编》第111页图版19—1、第112页图版19—2、第113页图版19—3，4。

### 2. 北宋庆历三年（1043）虎户仇绪买地券

【解题】

2007年，宁夏固原彭阳县白阳镇姚河村赵洼宋墓出土，现藏彭阳县文物管理所。灰陶质，长44.5、宽43、厚5.2厘米，楷书13行。

【释文】

南瞻部州大宋国修罗管界镇戎军彭阳城虎户仇绪，/生居府君城邑，殒在阎浮世界，黄天后土，/买坟一所。土公、土母、土子、土孙、山川壑主、左邻右/母，谨用银钱玖万玖仟玖佰玖拾玖贯文足陌[1]，/其钱及地当日交付了足，如后并不少欠。谨具/四至如后：东至青龙，西至白虎，南至朱雀，/北至玄武，上至仓(苍)天，下至黄泉。/右件全料坟闕[2]墓田，内外周流一所，四至止定，永没人拦。/郄[3]四神具足，八六分明，二十四位周递，究全上下，出入四路通/达，并无方(妨)碍。修筑已(以)后永世有主，执此契券为凭[4]。/立券人：石坚古[5]、李定度。同立券人：东王公、西王母。/知见人：日月主。保人：南山赤松子。/癸未庆历三年十一月八日记。/

【校注】

[1]足陌：与“短陌”相对，指在用钱时每百文确实为百枚之数，无短缺。

[2]闕：阙，空地。

[3]郄：疑“希”之借字，待考。

[4]为：《选编》(第118页)、杨宁国(2017：234)释作“有”，误。

[5]古：《选编》(第118页)、杨宁国(2017：234)释作“右”，误。石坚古，即张坚固。

【参考文献】

1. 宁夏固原博物馆：《固原历代碑刻选编》(此称《选编》)，宁夏人民出版社2010年版，第117—118页。

2. 杨宁国：《彭阳历史文物》，宁夏人民教育出版社2017年版，第233—234页。

【图版】

照片、拓片分别见《固原历代碑刻选编》第117页图版22-1，第118页图版22-2。

3. 北宋崇宁四年（1105）赵氏府君买地券

【解题】

2003年，宁夏固原泾原县泾原镇庞东村征集，现藏泾原县文物管理所，红砂石质，长方形，高62.5、宽53.5、厚5厘米，底座高15、长55、宽15厘米。额题“赵氏府君地券”，楷书11行。

【释文】

维崇宁肆年岁次乙酉玖月丁未朔拾贰日丙午，/赵氏府君于崇宁贰年拾壹月贰拾日殁故。龟筮/协从，相地袭吉，宜用坎山之下安厝宅兆。谨用钱玖万/玖仟玖佰玖拾玖贯文，并五綵信币，买得墓地一段。/东至青龙，西至白虎，南至朱雀，/北至玄武，上依蒿里，下合黄泉。/内方勾陈，分掌四域。丘丞墓伯，封步界畔。道路将军，整/齐[1]阡陌。永保千秋。辄有呵禁者，将军亭长收付河伯。知见/人：岁月主。保人：今日直符神。古（故）气邪精，远避万里。若违此约，/地府主吏，自当其祸。安厝已（以）后，永保宁吉。/急急如律令敕摄。/

【校注】

［1］整齐：《选编》（第122页）释作"整修"，有误。

【参考文献】

宁夏固原博物馆：《固原历代碑刻选编》（此称《选编》），宁夏人民出版社2010年版，第122—123页。

【图版】

拓片见《固原历代碑刻选编》第123页图版24。

### 4.元至大三年（1310）沈妙清买地券

【解题】

1985年，固原博物馆征集到1方买地券，出自宁夏固原市原州区开城乡开城村开城墓地，砂石质，长方形，长52、宽46厘米（图一〇八，彩版三：1）。楷书20行。

【释文】

维大元至大三年岁次庚戌正月二十五日/吉辰，有开成县南街住人陈文德，伏为/于正月初二日，先妣沈氏妙清掩（奄）世。尊亲□/于本县震山之原，龟筮协从，相地袭吉。坤方/之水，来去潮（朝）迎。谨用明（冥）钱玖阡玖伯（佰）玖拾贯/文，兼五綵信币、金宝珠玉买此墓地一段。南/长一百二十步，北长一百二十步，东阔一百/二十步，西阔一百二十步。内方勾陈，分擘四域。/丘承（丞）墓伯，封步界畔。道路将军，齐整阡陌。至（致）/使春秋百载，永无殃咎。若有干犯，并令将军/亭长，缚付河伯。今以牲牢酒脯，百味香新，共/为信契。财地相交分付，工匠修茔安厝已（以）后，/永保休吉。知见人：太岁月建[1]。主保人：今日直/符。故气邪精，不得干犯。先有居者，永避他乡。/若违此约，地府主吏自当其祸。助葬主内外/存亡。急急如五方使者女青律令。/至大三年岁庚戌正月己卯朔二十五日/癸卯吉辰。券立二本,一本给付亡/□成先妣沈氏妙清,永付山泽者。/

【校注】

[1]建:《原报告》(第184页)释作“逮”。《选编》(第129页)、《宁夏历代碑刻集》(第54页)、李春圆(2018:118)释作“建”。此字字形作“𮞐”,故后释可从。

【参考文献】

1. 宁夏文物考古研究所:《固原开城元墓》(此称《原报告》),科学出版社2006年版,第182—185页。

2. 银川美术馆:《宁夏历代碑刻集》,宁夏人民出版社2007年版,第53—54页。

3. 宁夏固原博物馆:《固原历代碑刻选编》(此称《选编》),宁夏人民出版社2010年版,第129页。

【图版】

照片见《固原开城元墓》彩版三:1;拓片见《固原开城元墓》第183页图一〇八,另见《宁夏历代碑刻集》第53页、《固原历代碑刻选编》第129页图版28。

## 5. 元延祐六年(1319)陈子玉买地券

【解题】

1992年11月,开城文物工作站对宁夏固原县南开城乡六盘山下东坡元安西王府遗址进行调查,出土青灰色砖1方,方形,边长38、厚7厘米,朱书楷书,自右到左17行计275字,固原市原州区文物管理所藏。

【释文】

唯大元延祐六年岁在己未九月壬午朔初三日/甲申,开成路开成县中街住人祭主宋思义,伏缘[1]/亡考[2]陈子玉奄逝,未卜茔坟,日夜忧思[3],不遑所厝。/遂令日者择此高原,来去朝迎,地占袭吉。地属本/原迎原,堪为宅兆。梯己[4]出备钱綵,买到基(墓)地一方,/南北长二十步,东西阔一十七步三分五厘。东至/青龙,西至白虎,南至朱雀,北至玄武。内方勾陈,管/分擘四域。丘承(丞)墓伯,封步界畔。道路将军,齐整阡/陌。致使千秋百载[5],永无殃咎。

若有干犯，并令将军/亭长，缚付河伯。今备[6]牲牢酒脯，百味香新，共为信/契。财地交相，各已分付，令工修茔安厝已（以）后，永/保休吉。/知见人：岁月主。代保人：今日直符。故气邪精，/不得干恡[7]。先有居者，永避万里。若违此约，地/府主吏，自[8]当其祸。助葬主内外存亡，悉皆安/吉。急急如/五帝使者女青律令。/

**【校注】**

［1］伏：《简报》（第126页）、《原报告》（第184页）、《选编》（第130页）、马东海、王金铎（2013：201）释作“状”。李春圆（2018：120）释作“伏”，可从。

［2］亡：《简报》（第126页）、《原报告》（第184页）、《选编》（第130页）、马东海、王金铎（2013：201）释作“士”。李春圆（2018：120）释作“亡”，可从。

［3］忧思：《简报》（第126页）、《原报告》（第184页）、《选编》（第130页）、马东海、王金铎（2013：201）释作“忧忍”。李春圆（2018：120）释作“忧思”，可从。

［4］梯已：此指亡者家人出钱。

［5］千秋：《简报》（第126页）、《原报告》（第184页）、《选编》（第130页）、马东海、王金铎（2013：201）、李春圆（2018：121）均释作“春秋”，有误。

［6］今：《简报》（第126页）、《选编》（第130页）、马东海、王金铎（2013：201）、李春圆（2018：121）释作“今”。《原报告》（第184页）释作“令”。备：《简报》（第126页）、《原报告》（第184页）、《选编》（第130页）、马东海、王金铎（2013：201）、李春圆（2018：121）均释作“以”，有误。

［7］干恡：《简报》（第126页）、《原报告》（第184页）释作“千□”。《选编》（第130页）、马东海、王金铎（2013：201）、李春圆（2018：121）释作“干犯”。各家所释均有误，应是“干恡”。

［8］自：《简报》（第126页）、《原报告》（第184页）释作“命”。《选编》（第130页）、马东海、王金铎（2013：201）、李春圆（2018：121）释作“自”。虽然图版此处泐蚀，但从文意看应是“自”字。

**【参考文献】**

1. 宁夏固原县文物管理所（马东海、程云霞）：《宁夏固原开城元代安西王府建筑遗址调查简报》（此称《简报》），《中国历史博物馆馆刊》2000年第1期，第110—127页。

2. 宁夏固原博物馆：《固原历代碑刻选编》（此称《选编》），宁夏人民出版社

2010年版，第130—131页。

**【图版】**

照片见《固原开城元墓》彩版三：2；另见《固原历代碑刻选编》第131页图版29。

## 第四节　华东地区新见买地券

华东地区包括上海市、江苏省、浙江省、安徽省、福建省、江西省、山东省、台湾省七省一市。本节主要涉及江苏、浙江、安徽、福建、江西、山东六省，其中江苏、浙江各3种，安徽6种，福建1种，江西68种，山东2种，计83种。江西出土买地券数量最多，内容最为丰富。

### 一、江苏

#### 1. 北宋景德二年（1005）万氏夫人买地券

**【解题】**

2013年12月，扬州市文物考古研究所在江苏扬州市邗江区西湖镇润扬北路与台扬路交叉口2013YHSM墓葬出土木质买地券1方（M2：1），近正方形，毛笔书写，另一面书“合同”二字。边长20、厚1.5厘米。自左向右（封三，2、3）。

**【释文】**

维大宋景德二年岁次乙/巳二月己卯朔十四日壬辰，/殁故顿丘郡万氏夫人年/三二，甲戌大故，今月十二日庚/寅天命终世。谨用□□五□/□买得江都东兴宁乡/墓地一[illegible]（所？）。东止甲乙青龙，/西止庚辛白虎，南止丙丁/朱雀，北止壬癸玄武。上止/仓（苍）天，下止黄泉[1]，中至/……天上……人：张坚固。/……见人：李定度。安□/……大……/……/……万里[1]……/

**【校注】**

[1]“黄泉”之后，《简报》（第39页）未出释文，本文初出部分可识者。

**【参考文献】**

南京大学历史学院考古文物系、扬州市文物考古研究所：《扬州四季金辉南唐墓和宋墓考古发掘简报》（此称《简报》），《江汉考古》2017年第1期，第36—41页。

【图版】

正面、背面照片见《江汉考古》2017年第1期封三：2，3。

2. 北宋景德四年（1007）刘六买地券

【解题】

2013年12月，扬州市文物考古研究所在江苏扬州市邗江区西湖镇润扬北路与台扬路交叉口2013YHSM墓葬出土木质买地券1方（M3：1），长方形，长25、宽13、厚15厘米，毛笔书写，另一面书“合同”二字。自左向右（封三，4、5）。

【释文】

维大宋国扬州广陵县左厢北进贤/坊殁故亡人年七十九岁，刘六到今，于/景德四年岁次丁未朔身亡，宜利/取九月□□□□□□□□/理。今就土府之神□□□□/□府君为□□□□□□□，/买得扬州江都县东□曹/□乌坂村桂家庄墓地一/□。东止甲乙青龙，西止庚辛/白虎，南止丙丁朱雀，北止壬癸/玄武。上止黄天，下止黄泉。□/银钱一千贯。穴买讫，永/为卧堂[1]为主。/急急如律令。/

【校注】

[1]卧堂：《简报》（第40页）释作“卧堂”，疑是“明堂”。

【参考文献】

南京大学历史学院考古文物系、扬州市文物考古研究所：《扬州四季金辉南唐墓和宋墓考古发掘简报》（此称《简报》），《江汉考古》2017年第1期，第36—41页。

【图版】

正面、背面照片见《江汉考古》2017年第1期封三：4，5。

△3. 北宋天圣三年（1025）顾九娘买地券

【解题】

1976年5月，南通市红卫公社新农十四队建闸工地出土，现收藏于南通博物苑。木质，已破裂为四小块，右上角残缺，长38、宽26.3、厚1.4厘米。墨书，行书13行。

【释文】

……国淮南道崇州城内和惠民/坊……顾氏九娘年登八十一岁，十一月二忽往/……仙人赐酒一盃,迷其道路,至/……东王公、西王母边买得土地墓/……钱万万九千九百九十九贯文。/其地东止甲乙青龙寅卯辰,南止丙丁朱/雀己午未,西止庚辛白虎申酉戌,北至壬癸/玄武亥□丑。上至天仓(苍),下至黄泉。四极之/内,并属亡人山宅。草(蒿)裹(里)职司不得禁护。天上保/人:张坚固。地下见人:李定度。是谁书?水中鱼。/是谁读?高山鹿。若觅,在东海畔。山高/水深无处□寻。奉太上老君勑为地券。/天圣三年乙丑十月十三日,殁故顾氏九娘券。/

## 二、浙江

### 1. 北宋大观三年（1109）余氏十一娘买地券

【解题】

2004年7—11月,龙游县湖镇寺底袁村宋墓出土,红砂岩质地(M31:4),长48、宽35.4、厚7厘米。图版部分泐蚀不清。

【释文】

维大观三年岁己丑五月乙巳朔日……/……龙游县善化乡……/……余氏十一娘,年六十六岁……/阎……死安宅兆。以今岁正月二十二……/……园,冥冥游,遇逢东王公、西王……/……乘醉而返,落黄泉……/……相地袭吉,宜利于本县至/德乡安泰院安厝宅兆。谨用……/……贯文、五彩信币等物,就皇天父/……主边买……安泰院西南……/……东止甲乙青龙,南止丙丁朱雀,/西止庚辛白虎,北止壬癸玄武……/……墓伯,封……/……千秋万岁,永无殃咎。……/……度,见人曹……/……土公、土母、土……/……社稷……[1]/……/……奏上……/……如律令。/

【校注】

[1]原释文(第33页)“玄武”至“奏上”中间未释,今据拓片补释。

【参考文献】

浙江省文物考古研究所、龙游县博物馆编:《龙游寺底袁宋代墓地》,载浙江省文物考古研究所:《浙江宋墓》,科学出版社2009年版,第29—50页。

【图版】

拓片见《浙江宋墓》第33页图五。

### ▲2. 南宋绍兴十五年（1145）罗世崇买地券

【解题】

2016年3月，吴建冲捐赠给慈溪市博物馆，龟形，石质，高38、宽30、厚6厘米，正书12行。

【释文】

维皇宋绍兴十五年岁次乙丑九月甲辰朔十七日庚申吉晨，今/据江东道明州慈溪县鸣鹤乡小山里渎北路东保居住/豫章故罗十六承事。盖以生居舍宅，死安兆域。今日龟噬叶从，袭/吉，宜於本乡张器坎山来龙安葬。谨用钱九万九千九百九十九/贯文，并五綵信币，就皇天后土、天地神祇。内方勾陈，分/掌四域，四至分明。即日钱财分付天神地祇讫。丘丞墓伯，封步界/畔。道路将军，同整阡陌。千秋万岁，永无殃咎。故气邪精，并他处鬼/神，不得干犯。先有居者，永避万里。若违此约，地符（府）主吏，必当责罚。/主人内外安宁，永保祥吉。今给地券壹道，付亡人罗十六承事照据。/保人：张坚固、李定度。知见人：东王公、西王母。书契人：石功曹。读契人：金主/簿。书契人飞上天，读契人入黄泉。急急如律令。符到奉行阴阳，先乞发付。/

【参考文献】

慈溪市文物管理委员会办公室、宁波市江北区文物管理所编：《慈溪碑碣墓志汇编（唐至明代卷）》，浙江古籍出版社2017年版，第166—167页。

【图版】

拓片见《慈溪碑碣墓志汇编（唐至明代卷）》第167页。

### 3. 南宋咸淳三年（1267）任益、葛妙惠买地券

【解题】

2009年3月，浙江余姚城南谭家岭黄山儿童公园工地出土，砖质，方形，边长30厘米。楷书，顺逆相间，13行，共237字。

【释文】

维大宋咸淳三年，岁在丁卯二月己未朔十二日庚午，/绍兴府余姚县在邑烛溪乡城隍庙界居，奉道弟子任/益，妻葛氏妙惠，年将老矣，必为春秋历岁之期。时与□/焉，预备夫妇藏身之所，龟筮叶从，相地惟吉，宜于本县/双雁乡南雷庙界杨岭山阿为葬茔，谨用钱九万九千/九百九十九贯文，兼五綵信币，买地一段。东止青龙，/西止白虎，南止朱雀，北止玄武。内方勾陈，分掌四域。丘/丞墓伯，

封步界畔。道路将军,齐整阡陌。千秋万岁,永无/殃咎。若辄干犯诃禁,将军亭长,收付河伯。今以牲牢酒/饭,百味香新,共为信誓。财地交相,分付工匠营造之后,永保/休吉。见人[1]:岁月主。保人:今日直符。故气邪精,不得/干犯。先有居者,永避万里。若违此约,地府主吏自当其/祸。主人内外,悉皆安吉。急急如五帝主者女青律令敕。/

【校注】

[1]人:叶树望(2011:226)释作"久",有误。

【参考文献】

叶树望:《姚江碑碣》,浙江古籍出版社2011年版,第225—226页。

【图版】

拓片见《姚江碑碣》第225页。

## 三、安徽

### 1.北宋天圣二年(1024)张臻买地券

【解题】

1989年12月,安徽铜陵市枞阳县枞阳镇烈马攀鞍山边出土1方买地券。青石质,长方形,长43.5、宽39、厚1厘米,13行,共203字。

【释文】

南赡部洲大宋国淮南道舒州桐城县永安镇/市,岁次天圣二年八月丙辰朔,殁故亡人张臻,生/在高堂,死归阴道。自用价钱九千九百/九十九贯九文九分九厘,买得九壠五龙/之地。东至甲乙青龙,南至丙丁朱雀,西/至庚辛白虎,北至壬癸玄武。上至天仓(苍),下至黄/泉。週廻[1]四至内,并是亡人张臻千年冢宅,万/岁坟茔。所钱燕子分付,伯(陌)伯(陌)相连,并不相/悮(误)。金门玉户并开通,蒿里(里)将军通/道。见人:张坚过(固)。度钱人:李定度。如/有人来占夺,并赴阎罗大王取。敕。/急急如律令。天圣二年甲子岁,南吕之/月[2]有五日,亡人张臻冢宅文契。故记耳。/

【校注】

[1]週廻:周围。王乐群(1994:151)释作"周围"。

[2]南吕之月:阴历八月。

【参考文献】

王乐群:《枞阳发现北宋时期地券》,《文物研究》第9期,黄山书社1994年版,第150—151页。

【图版】

拓片见《文物研究》第9期第150页。

2. 北宋天圣三年（1025）赵氏大娘买地券

【解题】

1994年1月11日,在安徽省宿松县城东郊宋墓出土,石质,长40、宽30厘米,现藏宿松县文物管理所。

【券文】

维南赡部州大宋国舒州宿松县东郭察,天圣三年岁次乙丑三月庚申朔十四日丙申,殁故天水郡赵氏大娘因随佛采花不返,人生在者,死归蒿里。今天本家艮地十五余步安坟壹所,用银铜钱万万九千黄文足,就西皇母买得吉地一所,四止分明,充为赵氏之坟宅。东止甲乙,南止丙丁,西止庚辛,北止壬癸,上止皇天,下止九泉,永充坟宅,并是亡人赵大娘为主自管。四止周迴应地下诸神[1],不得横来侵占,当犯太上老君敕令。时有买地人是东方朔,卖地人西皇母。见人是张坚故、李定度。双鹤见了飞上天,鲤鱼见了入黄泉。若不见书契人,但来东海边。急急如律令敕。

【校注】

[1]周迴:张振华(1996:103)释作“周迥”,应作“周迴”。

【参考文献】

张振华:《仙人吹笙青白釉开片壶》,载周心田主编:《安徽省文物志稿(补编)》,1996年,第102—103页。

△3. 北宋庆历八年（1048）汪氏买地券

【解题】

石质,部分字迹模糊不清,祁门县博物馆藏。

【释文】

惟庆历八年岁次丙戌/闰正月甲□朔二十一日庚申,/大宋国江南道歙州祁门县制锦/□退山公里偶仑社女弟子汪氏□,/甲戌生,身故,因往灵山采/药,寻远寿之方,路逢仙人饮酒,/赐酒一盃,又□醉□泉□□□□/□。今用□□酒,买得龙子山罡地一□,□/为□□千年之宅。其地东止甲乙,南止丙丁,西止/

庚辛，北止壬癸，中止戊己，□□□人买下之地，/上止青天，下止黄泉。来时□□书？水中双/鲤鱼。谁读？天上鹤。以读□□，□上天，□□/□□，入深泉。保人：张坚古。见人：李定/度。若有人来相仳，□俱来东海□□/边[1]。急急如律令。/

**【校注】**

[1]原释文多有讹误，“祀”应改释“社”，“方子”应是“弟子”，“德”应是“往”，“时□一盏”应是“赐酒一盃”，“田”应是“用”，“四止”应是“罡”，“两隻”应是“雙”，“淮涌”应是“谁读”，“诵”应是“读”。另，“遐山公里偶仑”“灵山”“仳”亦可疑，因未见图版，暂仍原释。

**【参考文献】**

陈浩河：《祁门县发现宋代阴契》，企博网职业博客（祁门博物）2007年2月2日（http://qmmuseum.blog.bokee.net/bloggermodule/blog_viewblog.do?id=537977）。

### △ 4. 北宋元丰三年（1080）汪氏买地券

**【解题】**

石质，部分字迹模糊不清，祁门县博物馆藏。

**【释文】**

维元丰三年岁次庚甲三月庚辰朔廿一日甲申□，□/□部洲大宋国江南道歙州祁门县制锦□和光□□/义狱□市居住女弟子汪氏二姚，元已未年十二月十九日□/丑身故，往龙子冈[1]寻远寿之地，应千山人迁取□□山/丙向，迁葬其地。东止甲乙，南止丙丁，西止庚辛，北止壬/癸，中止戊已。上止青天，下止黄泉，千年之宅为□□□□。/男□奴，女占婢。□□□□不得侵□年□□□□。/见人：张坚姑（故）。保人：李定度。书人：水中双鲤鱼。□□□：/白鹤。白鹤读了，飞上天，鱼书了，入深泉。□□□□/人来相□问，俱来无及（极）天边[2]。/急急如律令。/

**【校注】**

[1]龙子冈：原释作“龙子跱”，有误。

[2]原释文中“□和光□□义狱”“应千山人”“年”均可疑，未见图片，暂仍原释。

【参考文献】

陈浩河:《祁门县发现宋代阴契》,企博网职业博客(祁门博物)2007 年 2 月 2 日。(http://qmmuseum.blog.bokee.net/bloggermodule/blog_viewblog.do?id=537977)。

5. 金大定二十九年(1189)李斌买地券

【解题】

安徽阜阳市太和县出土,砖质,长 35、宽 34.5 厘米。具体出土情况不详。

【释文】

亳州城父县文城乡第九都长斌□□/住居孝男[1]李斌奉为先祖,在于黄土,/□吉日再谋安葬,不敢自享[2]。谨于大定二十九/年六月初八日于□山福地之中,问一切诸神,/用银钱买到营(茔)地一段。东至青龙,西至白虎,/南至朱雀,北至玄武,上至仓天,下至黄泉,/四至分明。准得价分分不限,贯佰在数,钱/□于立契日一并交足,并无少欠。引领人:东王/公。牙保见人:张坚固、李定度。写文字人乔□。/判官定已后,辄莫相侵,切恐阴司无凭,/故立地契与祖□。谨以□□使写□□书。/大定廿九年六月日,立契土葬李斌。/

【校注】

[1]住居:韩自强(2004:229)释作"住志",有误。"孝男",据图版补。

[2]自享:韩自强(2004:229)释作"□",有误。

【参考文献】

韩自强主编:《阜阳·亳州出土文物文字篇》,2004 年,第 229—230 页。

【图版】

拓片见《阜阳·亳州出土文物文字篇》第 195 页图版第 367 号。

6. 南宋开庆元年(1259)祝公二制议、余氏八太孺人买地券

【解题】

1980 年,安徽芜湖市文物管理委员会征集,共 2 方。2012 年,拨交芜湖市博物馆。祝公买地券,砖质,碑形,上端两角被切削,长 33.2、宽 33、厚 4 厘米,阴刻楷书,内含残留朱砂。券文自右向左竖书 18 行,除第 4、5 行为连续顺书外,其余各行均为顺逆相间,计 273 字。余氏买地券,砖质,碑形,上端两角被切削,长 33、宽 32.3、厚 4 厘米,阴刻楷书,内含残留朱砂。券文自右向左竖书 15 行,顺

逆相间，计259字。从券文内容看，祝公、余氏为夫妻。

【释文】

维大宋国淮南西路光州光山县人事，/今寄居江东路太平州芜湖县[1]博望乡/市西街居住，亡考/祝公二制议于宝/祐六年[2]十二月二十六日殁故，龟筮/协从，相地惟吉。宜于太平州芜湖县博/望乡山之原为宅兆。于开庆元年[3]十一/月二十一庚申吉辰安厝。谨用钱九/万九千九百九十九/贯文，兼五綵信币，买地一段。东止青龙，西止白虎，南/止朱雀，北止玄武。内方勾陈，分掌四域。/丘丞墓伯，封步界畔，道路将军，齐整阡陌。/千秋万岁，永无殃咎。若辄干犯诃禁，/将军亭长，收付河伯。今以牲牢酒饭、/百味香新，共为信誓。财地交相分付，工/匠修营安厝已后，永保休吉。见人：岁月主，保人：/今日直符[4]。故气邪精，不得干犯。先有居者，永避/万里。若违此约，地府主吏，自当其祸。主人内外存亡，悉/皆安吉。急急如五帝主者女青律令。/（祝公买地券）

维大宋国淮南西路光州光山县人事，今寄居/江东路太平州芜湖县博望乡市西街居住。亡故/余氏八太孺人于开庆元年八月二十二日殁故，龟筮/协从，相地惟吉。宜于太平州芜湖县博望乡山之/原为宅兆安厝。谨用钱九万九千九百九十九/贯文，兼五綵信币，买地一段。东止青龙，西止/白虎，南止朱雀，北止玄武。内方勾陈，分掌四域。/丘丞墓伯，封步界畔，道路将军，齐整阡陌。/千秋万岁，永无殃咎。若辄干犯诃禁，将军/亭长，收付河伯。今以牲牢酒饭、百味香新，共/为信誓。财地交相分付，工匠修营安厝已后，/永保休吉。见人：岁月主，保人：今日直符。故气/邪精，不得干犯。先有居者，永避万里。若违/此约，地府主吏，自当其祸。主人内外存亡，悉/皆安吉。急急如五帝主者女青律令。/（余氏买地券）

【校注】

[1]芜湖县：张伟（2018：77）释作"芜县"，漏释"湖"。

[2]宝祐六年：南宋理宗赵昀年号，公元1258年。

[3]开庆元年：南宋理宗赵昀年号，公元1259年。

[4]今日直符：张伟（2018：77）释作"今直符"，漏释"日"。下券释文，张伟（2018：78）亦漏释"日"。

【参考文献】

张伟：《芜湖市博物馆藏南宋祝公、余氏买地券考》，《安徽文博》第十三辑，安徽美术出版社2018年版，第77—86页。

【图版】

祝公买地券、余氏买地券拓片分别见《安徽文博》第十三辑第78页图1、2。

## 四、福建

### 1. 南宋绍兴十七年（1147）林七娘买地券

【解题】

1985年，泉州市泉港区南埔镇肖厝村村民肖玉顺在其村北仙公山建房挖地基时，发现一座古墓。1987年11月，当时原惠安县文化馆负责文物工作的同志获知此消息后，立即进行调查，取回随葬品，其中有一件买地券，砖质，正方形，边长33厘米，墨书。图版不甚清晰。

【释文】

维绍兴十七年岁次丁戊六月丁……/日□寅艮初时安葬，……/角音亡人林七娘神魂，甲子……/年八十四岁，入甲子出……丁山癸向……/□，分金坐穴……于……其地东/至青龙，西至白虎，南至朱雀，北至/玄武，各一百二十步。保人：张坚固，□/人：李定度。用钱一千贯文，……开/皇地主、蒿里父老，买……/管……时□人□分……/付，当无……/依此扶助亡人，永□祖者……/券□执为凭。急急如律令。/

【参考文献】

梁少金：《泉港古墓葬拾遗》，《文物鉴定与鉴赏》2014年第5期，第44—45页。

【图版】

照片见《文物鉴定与鉴赏》2014年第5期第44页图2。

## 五、江西

### 1. 北宋咸平元年（998）张三郎买地券

【解题】

鄱阳出土，碑高45、宽35.5、厚2.2厘米。额题“碑”。

【释文】

维大宋咸平元年岁次戊戌四月丁巳朔/拾壹日已酉，今据南赡部州大宋国饶州/鄱阳县慈孝坊没故张氏三郎，于/至道三年[1]丁酉岁春二月拾壹日下世，遂往本州县义犬乡白标社东保甲备见（现）钱/贰仟文省百（陌）收买坟地一所。东至甲乙，/南至丙丁，西至庚辛，北至壬癸，上至皇天，/下至皇泉。千年永定，万岁载不移。何/人书？东海水中鱼，书了随水去。何人/读？天上鹤。往何之？读了上青天。何人/见？山中鹿，见了上深山。若要觅，东/海边。何人保？张坚固。何人引？李定渡。此合上。/

【注释】

[1]至道三年：宋太宗最后一个年号，997年。

【参考文献】

政协江西省鄱阳县委员会编，聂清荣编著：《雁过觅声：鄱阳墓志铭裒辑》，中国文史出版社2017年版，第2—4页。

【图版】

拓片见《雁过觅声：鄱阳墓志铭裒辑》第3页。

### ▲2. 北宋咸平六年（1003）范六郎买地券

【解题】

河北正定百石斋藏，石质，高43、宽42厘米。

【释文】

维咸平陆年岁次癸卯十月一日丁巳朔四日/庚申[1]，有建昌军南城县雅俗乡训俗里下凉/水南保[2]，有殁故亡人范六郎，行年四十八。恩（因）去南山採药[3]，路逢仙人，赐酒一盃，迷醉不/回。易[4]女谨用银钱玖阡（千）玖伯（佰）九拾九贯九文，/于五方土地、土下二千石禄边，永买得土石/龙掘西丁向地一坟[5]。东至甲乙青龙，南至丙/丁朱雀，西至庚辛白虎，北至壬癸玄武。上至青/天，下至黄泉，中为基宅，并属亡人范六郎所/管应有。四□神，不得妄有争占。如有此色[6]，分/付玄都将军朱（诛）斩者已（以）後[7]，亡人安乐，永保平安。/生人富贵吉昌，世代兴隆。其地四神八将，□/落来潮（朝），左怀右抱，吉神潮（朝）损分当。买地之时，/太山府君、阎罗天子上品并皆之见，日月□/明[8]。其地与盘石为界。谁为书？水中鱼。谁为读？天/上鹤。鹤何在？飞上天。鱼何在？入深泉。急急如律令。/保人张坚故（固）。证人：李定度。/

【校注】

[1]咸平陆年：北宋宋真宗赵恒年号，公元1003年。

[2]建昌军南城县：今江西省抚州市南城县。宋太平兴国三年（公元978年），设建昌军，军治在南城（今江西南城县）。军，宋代地方行政单位。

［3］採：刘丽飞（2015：6）释作“棌”。

［4］易：刘丽飞（2015：7）指出：指占卜之官。

［5］土石龙：鬼神。坟：刘丽飞（2015：6）释作“块”，有误。

［6］色：种类。

［7］後：刘丽飞（2015：6）释作“保”。

［8］之见：又作“支见”，证明。时、阎：此二字，刘丽飞（2015：6）未释。

**【参考文献】**

1. 王镛：《书法文献（宋代地券卷）》，青岛出版社 2014 年版，第 13—15 页。

2. 刘丽飞：《百石斋藏宋元买地券释文及词语研究》，河北师范大学硕士学位论文，2015 年，第 6—7 页。

**【图版】**

拓片见《书法文献（宋代地券卷）》第 13 页 1003 号。

### ▲ 3. 北宋景德元年（1004）龚大娘买地券

**【解题】**

河北正定百石斋藏，石质，高 37、宽 37 厘米。

**【释文】**

维景德元年岁次甲辰八月初九日辛酉，大宋/国江南道抚州金谿（溪）县永泰乡北源社殁故亡人/龚大娘，行年八十五岁。谨属天上帝王衡，勑丘/山墓下二千石禄，圹裏（里）游神、五门令长，有亡人因/诣南山彩（采）花，一去不回。今用银钱米粈（粮）等，于开皇/地主边，买得丘山作冢，葬埋殁故亡人龚大娘下/归清泉。上告三天，下勑九泉。地下方圆五亩，东止/甲乙青龙，南止丙丁朱雀，西止庚辛白虎，北止壬/癸玄武。地中骐（麒）驎（麟）、凤凰、章光、玉堂，丘承（丞）墓佰（伯），不得辄/相侵。其地界四封之内，若有虫（虫）毒速出，不得停/流（留）。其钱交领讫。见人张坚故（固）、李定度。谨/题买地文契。急急如律令。/

**【图版】**

拓片见《书法文献（宋代地券卷）》第 16 页 1004 号。

### ▲ 4. 北宋景德三年（1006）黄氏五娘买地券

**【解题】**

石质，长方形，16 行，右行，上海市嘉定区明止堂古砖文化研究与保护中心

收藏。

【释文】

维景德叁年,岁次丙午,十二月己巳/朔,二十四日壬辰,抚州临川县颖秀乡/上城保和顺里殁故亡人黄氏五娘,行/年八十一岁,不行终矩,命归泉府。今/将银钱叁阡贯、酒脯等,于五土冥王/及开皇地主边买得灵台乡三郭/丙向地一坟安殡。东止甲乙青龙,南止/丙丁朱雀,西比庚辛白虎,北止壬癸玄/武,上止青天吉星,下止黄泉水口,中泱(央)/戊己句陈,当心下墓。四止之内,左右南/北,若有琼珠宝玉[1],并属亡人所管,不/忏地神之事,古器灵坛,不得呵责亡/人。谨具地券文。急急如律令。/见人:张坚固。/保人:李定度。/书人:天官道士。/

【校注】

[1]琼:王云(2017:309)释作"琊",有误。

【参考文献】

王云:《明止堂藏两宋墓志地券略述》,《历史文献研究》2017年第2期,第303—313页。

【图版】

拓片见中华石刻数据库《宋代墓志铭》。

### ▲5. 北宋宋真宗大中祥符四年(1011)毛氏六娘买地券

【解题】

石质,上海市嘉定区明止堂古砖文化研究与保护中心收藏。

【释文】

维大宋国临江军新淦县扬名乡善化/里见住双秀里硖口保,大中祥符肆年/辛亥岁三月二十四日,殁故毛氏六娘,/行年三十有六,久疾不痊,命随风烛。相/地袭吉,龟筮叶从,宜於扬名榔双秀里/大安保安厝。今用银钱酒脯,牲牢果栗,/其仪周备,是事香新,于/黄天后土边买得庚向地一穴。其地东/止甲乙青龙,南止丙丁朱雀,西止庚辛/白虎,北止壬癸玄武,四止各一百贰拾/步为界,永为/亡人玄堂。阡陌将军,封绊道路。故气邪/精,不得妄有争占。如有故违,收付/太上诛戮。其地及财各相交付讫。谁为/书?直(值)日功曹。谁为保?直(值)日主簿。急急如/太上女青律令。/

【参考文献】

王云:《明止堂藏两宋墓志地券略述》,《历史文献研究》2017 年第 2 期,第 310 页。

▲ 6. 北宋庆历三年（1043）吴氏买地券

【解题】

江西崇仁县出土,原石藏于百石斋。高 40.5 厘米,宽 36.5 厘米。13 行,满行字数不定。楷书。券额有横书楷体“地券一所”四字。买地券内容书写在竖格内,碑形。

【释文】

维皇宋庆历三年岁次癸未十一月初一/乙未朔初八日壬申,即有抚州崇仁县崇仁/乡宜风里居住杨田下保,殁故亡人吴氏五娘,遐/年七十六岁。遂往南山采花,遇仙人饮酒,蒙赐/一盃,尔乃坠花而死。生则奉天,死则/还地。今用杂綵钱财万万贯,于地神/边,买得住宅,丙南方、坤山庚兖(兊/兑)入头、乙向地□/面。东止甲乙,南止丙丁,西止庚申,北止壬癸,中/央戊己洛(落)穴,将与亡人,永为冢宅。丘承(丞)墓/伯,各禁一百二十步,所有古(故)器(气)精灵,急须远去。/证人:张坚固。成契人:李定度。谁为书? 天上鹤。/谁为读? 高山鹿。鹤何在? 飞上天。鹿何在? 入深山。如/有此色,不得横相求觅。急急如律令。/

【参考文献】

李桥:《海棠花馆藏江西新出宋元买地券整理与研究》,河北师范大学硕士学位论文,2016 年,第 34 页。

【图版】

拓片见《海棠花馆藏江西新出宋元买地券整理与研究》第 118 页图 1。

▲ 7. 北宋皇祐四年（1052）王五娘买地券

【解题】

河北正定百石斋藏石,高 38、宽 37 厘米。

【释文】

维太岁壬辰皇祐四年十二月壬申朔初二癸酉,/谨有大宋国江南西道属洪州丰城县富城/乡长庆里同造村西坊保殁亡人王五娘[1],行年/七十七岁,天寿将终,命归泉府。今用香酒银/钱,于宅东去地名新塘保吴一坑,就[2]/五土冥王及开皇地主边,买得南离山/乾亥向地一穴。东止甲乙,南止丙丁,西止庚辛,/北止壬癸,中央戊己为冢宅。其地应有金/银珠玉,尽系亡人所管,其外神祈不得争/占。所有亡灵并是亡人眷属,散外[3]神鬼,不/得妄相呵责者。谨具地券如前。/见人:张坚固。/保人:李定度。/书人:天官道士。/章公夫人王氏生子三人,长曰承谅,次曰/承谏,次曰建寅。男女孙二十人。公前夫/人亡二十五年,祖宅上□,承谅兄弟皆事/业立家。此坟宅是谅、谏预谋庹[4],建寅刊。/

【校注】

[1]殁:刘丽飞(2015:9)释作"殆"。

[2]就:刘丽飞(2015:9)释作"既(概)",有误。

[3]散外:刘丽飞(2015:10)指出:闲散而无一定职守。

[4]庹:丈量。

【参考文献】

1. 王镛:《书法文献(宋代地券卷)》,青岛出版社 2014 年版,第 25 页。

2. 刘丽飞:《百石斋藏宋元买地券释文及词语研究》,河北师范大学硕士学位论文,2015 年,第 9—10 页。

【图版】

拓片见《书法文献(宋代地券卷)》第 25 页第 1052 号。

▲ 8. 北宋至和三年(1056)李十四娘买地券

【解题】

浙江会稽金石博物馆藏石,方形,边长 44 厘米。

【释文】

维大唐(宋)至和三年三月一日癸丑朔,大宋国江南西道建昌军南城/县南城乡常泰里新风保,即有殁故亡人李十四娘,行年六/十岁,於三月十七日忽染瘧(患),频经扁鹊良药所医,不得。/蒙俄尔之间,是至归空。亡人李十四娘在生之日,往宅正乾/方、卧龙岗丑艮山下阴地一宅,丙午向,用青铜钱九万九千九/百九十九文九分,于开皇地主边,买得阴地一穴充坟墓。上/至青天,下至黄泉,东止甲乙,南止丙丁,西止庚辛,北止壬癸,中止戊己,/周回二十五倾(顷)。丘承(丞)墓伯出,界畔道路斩斩齐千百[1]为验。/安葬已后,永保吉昌,一切山精伏尸古气,不得呵问。证/人日月精,保人张坚固,见人李

定度。不得与鬼神横相/侵夺[2],男夺为奴,女夺为婢。四时□节休改悔,召向之时/不得回。谁为书?水中鱼。谁读[3]?天上鹤。鹤何在?飞上天。鱼/何在?入深泉。文书朽烂不须争。急急如太上老君律令。/

**【校注】**

[1]斩齐千百:应为“整齐阡陌”之误。

[2]侵夺:《宋代墓志》(第329页)释作“倾夺”,误。

[3]谁读:即“谁为读”之省。《宋代墓志》(第329页)释作“谁读(书)”,将“读”改释作“书”,有误。

**【参考文献】**

绍兴市档案局(馆)、会稽金石博物馆编:《宋代墓志》,西泠印社出版社2018年版,第328—329页。

**【图版】**

拓片见《宋代墓志》第328页。

### ▲ 9. 北宋治平元年(1064)危五郎买地券

**【解题】**

河北正定百石斋藏石,高39、宽41厘米。

**【释文】**

维治平元年十二月一日壬辰朔初五/日丙申,右(有)大宋国江南道建昌军南/城县雅俗乡训俗里北团下凉水南保/甲殁故亡人危五郎。用钱二阡(千)贯,于地/名□□买得庚向地一穴,永为墓宅。/东止甲乙青龙,南止丙丁朱雀,西止庚辛白/虎,北止壬癸玄武,上止青天,下止黄泉,参照/左(?)大石为界。其地千年不动,万岁不移,/荫益孝男孝女子孙,寿命长留前(?)。/吉昌进入,田庄蚕荣(?),大旺孽胜,□□/□突口舌□皆消灭,不得有恶神/争占墓地。如有争占,分付玄都律令。/急急如律令。/

**【图版】**

拓片见《书法文献(宋代地券卷)》第26—27页1064号。

### ▲ 10. 北宋熙宁四年(1071)吴十一郎买地券

**【解题】**

河北正定百石斋藏,石质,高35、宽38厘米,额上横书“地券如前”四字。

【释文】

维熙宁四年岁次辛亥九月□□/朔二十五日,即有抚州金溪(溪)县□/德乡葦陂(?)保殁故亡人吴十一/郎,行年二十四岁,天降大祸,命归/泉府。今用钱才(财)酒果于五土明(冥)王、开/皇地主买得……/东止甲乙青龙,南止丙/丁朱雀,西止庚辛白虎,北止壬癸玄/武,上止青天吉星,下止黄泉,永为亡/人万年山宅。急急如律令。见人:/张坚固。保人:李定度。书人:天官道士。/

【图版】

拓片见《书法文献(宋代地券卷)》第28页1071号。

▲11. 北宋元祐元年(1086)徐十一郎买地券

【解题】

石家庄收藏家海棠花馆馆主王文彦收藏,碑形,高45.5、宽37厘米。楷书8行,券额横书楷体“徐君地券”四字。录自李桥、郭锐瑜(2015:92)、李桥(2016:29)。

【释文】

维皇宋元祐元年丙寅岁,大宋洪州丰/城县富城乡梨塘里徐十一郎卒,享年二十/有六,是年十月二十五日己酉,卜地葬于永安/陂,亥山巽向地,礼也。其地用银钱设醮于/地神边买得。东甲乙,南丙丁,西庚辛,北壬癸,/中一穴,将与亡人徐君万年阴宅,外神不/得妄争占。为书人:天上鹤。见人:水中鱼。/保人:张坚固。证人:李定度。急急如太上律令。/

【参考文献】

1. 李桥、郭锐瑜:《新出土江西地区宋元时期买地券概述》,《保定学院学报》2015年第4期,第88—96页。

2. 李桥:《海棠花馆藏江西新出宋元买地券整理与研究》,河北师范大学硕士学位论文,2016年。

▲12. 北宋元祐二年(1087)余二郎买地券

【解题】

石质,藏于河北正定百石斋。长方形,高40.5、宽34.5厘米。券额横书楷体“余君地券”四字。从左至右楷书11行。录自李桥、郭锐瑜(2015:92)、李桥(2016:36)。

【释文】

维皇大宋洪州丰城县富城乡梨塘里咸陂/保，即有余君二郎，享年七十岁，于地名便坑/艮亥山头，用钱于开皇地主买得阴地一穴，/作丙向。东止甲乙，南止丙丁，西止庚辛，北止壬癸，上/止皇天，下止黄泉，为中一穴，将与亡人/余君万年阴宅。荫益子孙，光荣后代，外神不/得妄来争占。书人：天上鹤。见人：水中鱼。保人：张/坚固。证人：李定度。急急如太上律令。/金乌如箭，光景难留。/古今所志，死去滔滔。/元祐二年岁次丁卯十一月己酉朔谨记。/

【图版】

拓片见《海棠花馆藏江西新出宋元买地券整理与研究》第119页图2。

【参考文献】

王云：《明止堂藏两宋墓志地券略述》，《历史文献研究》2017年第2期，第303—313页。

▲13. 北宋元祐三年（1088）熊氏九娘买地券

【解题】

河北正定百石斋藏，石质。

【释文】

地券如前。（额）/

维元祐三年岁次戊辰十一月初一癸卯朔/初七日己酉，洪州丰城县大顺乡诸陂/里住藏酬社殁故亡人熊氏九娘，行/年七十岁，天降大祸，命归泉府。今用/钱财酒菓于五土明（冥）王、开皇地主边，买/得土名后坑，乾亥来山，辛戌（戌）落作（坐）乙向地一穴。/东止甲乙青龙，南止丙丁朱雀，西止庚/辛白虎，北止壬癸玄武，上止青天吉/星，下止黄泉，永为亡人万年山宅。/急急如律令。见人：张坚固。/保人：李定度。书人：天官道士。/

【图版】

照片见《书法文献・宋代地券》第17页第1088号。

▲14. 北宋元祐四年（1089）吴十三郎买地券

【解题】

六边形（碑形），高60、宽53厘米。11行，满行16字。从左至右楷体书写。券额从左至右横书楷体“地券如前”四字。录自李桥（2016：30）。

【释文】

维皇宋国江南西道抚州临川县左界具/庆坊故吴十三郎。先元祐四年四月,用白/钱九千九百九十九贯文、五色彩,就此/皇天父、邑庄主边,买下得本县新丰乡安/仁里路东保金凤坑阴地一面。今于政和/二年七月卜葬于穴,其地发作东北,艮山/丁未向。东止甲乙青龙,南止丙丁朱雀,西/止庚辛白虎,北止壬癸玄武,内外勾陈,分/停四域。丘承(丞)墓伯,分断界止。道路将军,齐/整百里。千秋万岁,永无[1]殃咎。地主:张坚固。/保人:李定度。见人:功曹。书人:玄武。读人:白/虎。地中土符、将军、社稷见亡人过往,不得/妄有勘责[2]侵夺,随身衣物,已给公验。粮瓶/贮千年之涌水,五谷代万岁之粮食。今奉,/太上老君给地券一道,永为公据。/所在神祈(祇)不得违科犯约,如违犯者,奏/上。准/勅斩之,急急如律令。/

【校注】

[1]无:李桥(2016:30)释作"元"。

[2]勘责:问罪。

▲15.北宋元祐七年(1092)甘十九郎买地券

【解题】

原石藏于河北正定百石斋。碑形,高43、宽33厘米。10行,从左至右楷体书写。券额从左至右横书楷体"甘君地券"四字。录自李桥(2016:37)。

【释文】

维皇元祐七年岁次壬申十一月庚辰/朔十三壬辰日,大宋洪州丰城县富成乡外/吴里胡顿丹阳甘君十九郎,享年五/十有四,于辛未十二月二十七日俄终天命,魂/归泉壤,卜之地名宅西甲山头,作庚向向[1]/阴地一穴。东止甲乙,南止丙丁,西止庚辛,北止/壬癸,上止皇天,下止黄泉,中为一穴将与亡人/万年阴宅。荫益子孙,光荣后代,外神/不得妄来争占。书人:天上鹤。见人:水中/鱼。保人:张坚固。证人:李定度。急急如令。/

【校注】

[1]此"向"刻在"向"字左侧。

【图版】

拓片见《海棠花馆藏江西新出宋元买地券整理与研究》第120页图3。

### ▲ 16. 北宋绍圣元年（1094）甘二十郎买地券

**【解题】**

额题“宋故甘君地券”。北京大有名堂藏石，13 行 230 字。

**【释文】**

维皇绍圣元年十月己巳朔初五癸酉日，大宋/洪州丰城县富城乡祝爞里丹阳二十郎，讳/子祥，立性纯和，生平正直，仕祖之为业，耕耨/本孝养于亲，内外无伤恶之言。娶陈氏为/妻，生子三，女有一，长曰天槩，次曰天祐，三宗政，出/家（嫁）女聘鲁国[1]。长新妇熊氏，次黄氏，孙冬姐，/外生酉孙春姐。以甘君于今年正月初十日，享年/四十有五，偶然而卒，魂归泉壤，卜之地名[2]盖/母坑坤山头，用钱万万贯，就开皇地主买得/甲向阴地一穴。东止甲乙，南止丙丁，西止庚辛，北止/壬癸，上止皇天，下止黄泉，为中一穴，将为亡人万/年阴宅，外神不得妄来争占。书人：天上鹤，见/人：水中鱼，保人：张坚固，证人：李可（定）度。急急如律令。/

**【校注】**

［1］三宗政，出家（嫁）女聘鲁国：原释文断作“三宗政出，家女聘鲁国”，有误。

［2］卜之地名盖母坑坤山头：原释文断作“卜之地，名盖母坑坤山头”，有误。

**【参考文献】**

梅跃辉：《〈宋故甘君地券〉考及艺术解析》，载《宋代地券书法精选（二）·宋故甘君地券、宋少五秀才地券》，荣宝斋出版社 2018 年版，第 2—13 页。

**【图版】**

拓片见《宋代地券书法精选（二）·宋故甘君地券、宋少五秀才地券》第 12 页。

### ▲ 17. 北宋绍圣元年（1094）李三郎买地券

**【解题】**

六边形（碑形），高 46、宽 41 厘米。11 行，满行 16 字。从左至右楷体书写。券额从左至右横书楷体“地券”二字。录自李桥（2016：30—31）。

**【释文】**

维大宋绍圣元年太岁甲戌十一月一日/巳（己）亥朔二十二日庚申，即有抚州临川县/临汝坊住，/殁故亡人李三郎，行年五十四岁，天降/大祸，命归泉府。

今用钱财酒果,于五土/冥王、开皇地主边,买得临汝乡国[上]/……长源保阴地一穴。东止甲乙,南止/丙丁,西止庚辛,北止壬癸,上止青天,下止/黄泉水口,永为亡人万年山宅。/急急如律令。见人:张坚固。/保人:李定度。书人:天官道士。/

▲18. 北宋崇宁元年(1102)黄二十二郎买地券

【解题】

河北正定百石斋藏石,高44、宽38厘米,1102号。

【释文】

宋故江夏黄府君券。(额题)/

维皇宋崇宁元年岁次壬午十二月辛亥朔初六/日丙辰,江南西道洪州丰城县富城乡外吴里荡/村中社殁殆(故)江夏黄二十二郎,享年八十岁,于是年/六月二十四日身亡。谨用钱财酒果,于宅西南土名影/里(里),就五土冥王、开皇地主边,买得乾山来龙、壬亥/降势、作(坐)丙向地一穴,为于冢宅。东止甲乙,南止丙丁,西/止庚辛,北止壬癸,中央并属亡人千千年之冢宅。永镇/刧刧[1]之丘灵。若有珍宝,并属亡人所管,不干地神之/事。谨具地券为名[2]者。书人:天官道士。保人:张坚固。/见人:李定度。急如律令。/(符箓)三十八将共为邻,/券镇丘垅荫儿孙。/

【校注】

[1]刧刧:刘丽飞(2015:12)指出即"世世"。

[2]名:刘丽飞(2015:12)认为通"命",命令。

【图版】

拓片见《书法文献·宋代地券》第29页1102号;另可见《东方艺术》2012年第12期第123页。

▲19. 北宋大观三年(1109)章氏十娘买地券

【解题】

河北正定百石斋藏石,高、宽均是35厘米,1109号。

【释文】

章氏十娘地契。/(额题)

维皇宋岁次己丑大观三年十月壬申朔二十一日壬辰,江/南西路洪州丰城

县富成乡同造里水南/保殁故章氏十娘，行年四十七岁。于大观/三年正月十二日，忽然天降大祸，命往泉/台。昨用钱财万万贯，于土名查坑买/得坤山来龙癸向地一穴。其地东止甲/乙，南止丙丁，西止庚辛，北止壬癸，中央戊/己为亡人冢宅。内坊（方）勾陈，主掌四城[1]。地/下若有珍宝珠玉，并系亡人所管。前/亡君子，后化[2]女人，并为邻里。伏尸故器[3]，/不得妄来呵责。如违此约，付与汝（女）清（青）。急/急如律令。/书人：天官道士；保见人：岁月主者。/

【校注】

[1]内坊（方）勾陈：刘丽飞（2015：13）指出：内坊，皇太子东宫所属官署之一，管理宫内事务。这里与“勾陈”合用，指冥府神灵的所属官署。勾陈，即钩陈，本指星官名，这里表示冥府的神灵。四城：刘丽飞（2015：13）指出：城的四处，指全城。

[2]化：死。

[3]伏尸故器：刘丽飞（2015：13）指出：指其他亡灵鬼魂。

【图版】

拓片见《书法文献·宋代地券》第31页1109号。

### ▲20. 北宋大观四年（1110）毛一郎买地券

【解题】

河北正定百石斋藏石，高42、宽33厘米。

【释文】

故毛君一郎地券。/（额题）

维皇宋大观四年岁次庚寅闰八月一日丁酉，/是日辛酉，即有皇帝子孙毛君一郎而于今/年二月十五日偶抛家业，访水寻云，遂同王母/之贪欢，乃逐庥[1]而不返。因兹被仙人将药酒迷/滞，不返阳间。今来在巳方寻踏，得山地乃得长/长丁离山巽落、迁作（坐）乾向，放乾水归辛[2]。其地/东止东王公，南止南岳岭，西止西王母，北止北/岳。今将四止内山宅，克在今晨良利[3]，用厝/西河毛一郎充万年山宅，千岁阴场，使地神无/境外之灾，得亡者有超生之道。惟须/天星，会合地卦，通宜[4]二十四山，则将将咸归；三十/八坐，则神神拥护。以斯吉地，永镇家庭。诸位神/通，即无争占者。急急如律令。/引至保见人：张坚固、李定度。/

【校注】

[1]庥：庇荫、保护。

［2］长长：长久。丁、离表示南方，巽表示东北方，乾表示北方。

［3］克：占卜。

［4］通宜：刘丽飞（2015：14）指出：全部（与二十四山）合适。

【图版】

拓片、照片分别见《书法文献·宋代地券》第32—33页第1110号。

### ▲21. 北宋政和八年（1118）黄氏买地券

【解题】

原石藏于百石斋，高40.5、宽29厘米。8行，满行字数不定。楷书。券额有横书楷体“□黄氏地券”五字。买地券内容书写在竖格内。左上角有残。碑形。录自李桥（2016：31）。

【释文】

维皇宋政和八年岁次戊戌二月癸丑□□/朔初四日丙辰，江南西路洪州丰城县富/城乡同造里心保，殁故黄大娘，行年七十三岁。于/去年正月初八日辞世。昨用钱财万万贯于谭家/震山头，买得庚向地一穴。其地东西四土，各令/断处，中央戊巳，为亡人冢宅。伏尸故器（气），不得/妄来呵啧。如违此约，送付汝（女）青。急如律令。/……天官道士，保见人：岁月主者。/

### ▲22. 北宋宣和七年（1125年）郭公买地券

【解题】

石质，宽37、高41.5、厚1.8厘米，额题“宋故郭公地券”。现藏北京大有名堂。

【释文】

维宣和七年岁次乙丑十一月戊辰朔二十/六日癸巳，临江军新淦县[1]文城……/仙□保大□东居住人氏先考亡人郭大郎[2]，/行年六十八岁，行不择日，出不择时，因向后/园采花，路逢仙人赐酒，因醉迷魂不归[3]，/今用银钱九千九百九十九贯文，于/开皇地主边，买得钦风乡归里杨梅峡艮山/庚向阴地一穴。东止甲乙青龙，西止庚辛白/虎，南止丙丁朱雀，北止壬癸玄武。上止皇天，/下止黄泉，内方勾陈，与亡人千万百年为宅兆。/急令[4]。卖地人：张坚固。保见人：李定度。/交钱人：功曹。书契人：直符[5]。/

【校注】

［1］临江军新淦县：《宋代地券书法精选（三）·曾氏大娘买地券、宋故郭公

地券》(第 22 页)、李周强(2019:149)释作“□□年。新经县”,释文、断句均有误。

[2]居住人氏先考亡人郭大郎:《宋代地券书法精选(三)·曾氏大娘买地券、宋故郭公地券》(第 22 页)、李周强(2019:149)释作“居唯□□□先□□大即”,有误。

[3]因醉迷魂不归:《宋代地券书法精选(三)·曾氏大娘买地券、宋故郭公地券》(第 22 页)、李周强(2019:149)释作“日醉迷云□□□”,有误。

[4]急令:《宋代地券书法精选(三)·曾氏大娘买地券、宋故郭公地券》(第 22 页)、李周强(2019:149)释作“□□”,有误。

[5]卖地人:张坚固。保见人:李定度。交钱人:功曹。书契人:直符:《宋代地券书法精选(三)·曾氏大娘买地券、宋故郭公地券》(第 22 页)、李周强(2019:149)释作“买地人:张坚同。保见人:李定辰。交钱人:功曹。书契人:直符”。券末的中见人均是买地券中常见名称,出现误释,应是与对买地券材料不熟悉有关。

**【参考文献】**

1. 柴天鳞:《真率之持,刻画之文——〈宋故郭公地券〉浅谈》,载《宋代地券书法精选(三)·曾氏大娘买地券、宋故郭公地券》,荣宝斋出版社 2018 年版,第 21—23 页。

2. 李周强:《〈熊氏夫人地券碑〉与〈宋故郭公地券碑〉比较研究》,《艺术科技》2019 年第 8 期,第 148—150 页。

**【图版】**

拓片见《宋代地券书法精选(三)·曾氏大娘买地券、宋故郭公地券》第 22 页,另见《艺术科技》2019 年第 8 期第 149 页图二。

### ▲23. 北宋靖康元年(1126)揭公量买地券

**【解题】**

河北正定百石斋藏石,高 40、宽 44 厘米,第 1126 号。

**【释文】**

揭公量地券。/(额题)

维皇宋靖康元年岁次丙午闰/十一月二十五日丙辰,即有长/宁乡张熩里孝男揭宗强偕弟/侄等,用钱财采(彩)帛约计九千九/百九十九贯,于开皇地主边,买/得东堂坎壬山丁向地一穴。地/东止甲乙,南止丙丁,西止庚辛,/北止壬癸,上止青天,下止黄泉,/居中一穴,与亡父揭九郎为万/年冢宅。墓中什物系亡人所管,/地神不得妄来争占者。保人:张/坚固。见人:李定度。书人:天官道/士。内外神将,须当拥护。急急如/律令者。范明刊。/

【图版】

拓片见《书法文献·宋代地券》第34—35页第1126号。

### ▲24. 南宋建炎二年(1128)甘十一郎买地券

【解题】

河北正定百石斋藏石,高50、宽46厘米。

【释文】

甘十一郎地契。/(额题)

维皇宋建炎二年岁次戊申十一月辛/巳朔十二日壬辰,谨属江南西路洪州丰/城县富城乡同造里心坊保殁故甘十/一郎,行年五十七岁,于今年九月初五日,忽/然天降大祸,命往泉台。昨用钱财万/万贯,于地名谭家源,告白五土地神边,/买得离山壬向地一穴。其地东止甲乙,/南止丙丁,西止庚辛,北止壬癸,中央戊己为亡/人冢宅。应有前亡君子,后化女人,并为邻/里。伏尸故器,不得妄来呵责。如违此约,送/付汝(女)青。急急如律令。书人:天官道士。/保见人:岁月主者。/

【图版】

拓片见《书法文献·宋代地券》第36页1128号。

### ▲25. 南宋绍兴十年(1140)熊氏□娘买地券

【解题】

青石质,高40、宽49.5、厚3.5厘米。楷书,额题“熊氏夫人地券”。现藏北京大有名堂。

【释文】

维皇宋绍兴十年,岁次[1]□□□/辛丑朔初六日丙午,本贯洪州……/县富城乡梨塘里西坑(坑)保殁故熊氏□/娘,享年五十一岁。爰于今年七月二十四/日倾辞世寿,命往泉乡。昨用钱财万/万九千九百九十九文,告自开皇地主、五/土地神,买得坤山癸向阴地一穴[2]。其地/东止甲乙,南止丙丁,西止庚辛，北止壬/癸[3]。上止青天，下止黄泉，永为亡人万年/冢宅。应有前亡君子，后化女人并为邻/里，伏尸固（故）器（气）不得妄来呵啧（责）。如违此约[4]，/送付汝（女）青。急急如律令。书人：天官道士。保见人：岁月主者。/

【校注】

[1]岁次：李周强（2019：148）释作"发□"，有误。

[2]开皇地主、五土地神：李周强（2019：148）断作"开皇地主五、土地神"，有误。

坤山癸向：坐西南向东北。李周强（2019：148）释作"土坤山癸向"，衍"土"字。

[3]西止庚辛，北止壬癸：李周强（2019：148）释作"西止庚辛壬，癸"，漏释"北止"，且断句有误。

[4]违：李周强（2019：148）释作"遗"，有误。

【参考文献】

李周强：《〈熊氏夫人地券碑〉与〈宋故郭公地券碑〉比较研究》，《艺术科技》2019年第8期，第148—150页。

【图版】

拓片见《艺术科技》2019年第8期第148页图一。

### ▲26. 南宋绍兴十四年（1144）桂氏十娘买地券

【解题】

江西贵溪县出土，河北正定百石斋藏石，江西出土，额题"宋故桂氏地契"。

【释文】

维皇宋绍兴十四年岁甲子月建癸/酉一日庚辰初三壬□，即有信州/贵溪县化行乡□□社/亡人桂氏十娘行年七十二岁，因/南山采花，得遇仙人赐酒一杯，寻/仙不返，命归大道。今用钱二千贯，/就开荒（皇）地主边，买得艮山丁向阴/地一穴，东止甲乙，南止丙丁，西止/庚辛，北止壬癸，上止皇天，下止皇/泉，中是亡人阴宅，外人不得侵占。/四畔山林流水尽系亡人契置。牙/人张坚固，保人李定度。东皇公证/见，西王母证知。皇（黄）帝若问何人书？/水中鱼。何人读？天上鹤。鹤何在？上/天去。鱼何在？入深渊。若要相见，万/万九千年。急急如律令敕。/

【参考文献】

陈瑞青、池素辉:《花、药与酒:买地券所记宋代信众的曼妙死亡方式》,《宁夏社会科学》2017年第2期,第180—188页。

▲27. 南宋绍兴十七年(1147)饶氏夫人地券

【解题】

北京大有名堂藏石。额题“饶氏夫人地券”。

【释文】

维皇宋绍兴十七年九月廿四日乙酉,抚州宜/黄县仙桂乡八都殁故亡人饶氏夫人,今/因天年有限,命没不回。今则卜其宅兆,谨/用钱于皇天大邑买得本都禄山寺/南地,坤离来山,乾亥是向,作万年阴宅。东/止甲乙,南止丙丁,西止庚辛,北止壬癸。丘丞/墓伯,封断界止。地中地府将军社稷,/恐见亡人过往,不得有勘责呵夺,随/身衣物已系给公据。如有故相呵夺,奏/太上大帝诛斩。粮罂贮千岁湧水,五/谷仓积万岁之粮[1]。应有灵祈不得/违故。皇上有/敕。急急如律令。丁卯岁记。/

【校注】

[1]粮罂贮千岁湧水,五谷仓积万岁之粮:原释作“粮罂贮千岁,漫水五谷仓。积万岁之粮”,释文、断句均有误。

【参考文献】

马德田:《〈饶氏夫人地券〉艺术风格简析》,《宋代地券书法精选(五)·饶氏夫人地券、宋故董氏孺人地券》,荣宝斋出版社2018年版,第5—7页。

【图版】

拓片见《宋代地券书法精选(五)·饶氏夫人地券、宋故董氏孺人地券》第6页。

▲28. 南宋绍兴二十三年(1153)甘守旼买地券

【解题】

石质,上海市嘉定区明止堂古砖文化研究与保护中心收藏。

【释文】

皇宋绍兴二十三年癸酉十月二十/九日甲申,葬于丹阳。十五公讳守旼,/享年八十一岁,于壬申四月七日卒。/公治家有道,为人慷慨。常□经典,薄/览阴阳。而□乡傥。生男子从、子政，女／三人，男女孙等。葬于宅东，兑山亥落／巳巽向，翼水长流□丙，巽水潮揖。于／开皇地主边用钱一千贯。保人张坚／固，证人李定度，买入其地，永为阴宅，／荫益子孙，代代吉昌，人人安稳。急急／如律令。叹曰：／

乌兔[1]如箭，光影难留。／

浮生有限，流水滔滔。／

**【校注】**

［1］乌兔：指代岁月。

**【参考文献】**

王云：《明止堂藏两宋墓志地券略述》，《历史文献研究》2017年第2期，第303—313页。

### ▲29. 南宋绍兴二十七年（1157）曾氏大娘买地券

**【解题】**

北京大有名堂藏石，正书13行。

**【释文】**

维皇宋丁丑绍兴二十七年八月一日甲午／朔，至初九壬寅直日[1]，谨有抚州宜黄县[2]／仙桂乡长寿里上际上保住故女曾／氏大娘，行年七十二岁，因去南山采药，遇／仙人赐酒一盃，因而大醉不回。今用香酒银／钱，于宅巽方，本音山下，开皇地主、／后土阴官，买得阴地一穴。坤山来龙，／作癸向，元辰水入甲流，后入于癸长流。其地／东止甲乙，南止丙丁，西止庚辛，北止壬癸，上／至青天，下止黄泉。四止之内，亡人千年之塚宅，荫后代之子孙。书人功曹，保人传／送。凶恶凶神[3]不得妄有争占。如违，／唯玄都治罪。急如律令。／

**【校注】**

［1］初九：原释作“初元”，有误。

［2］宜黄县：原释作“宜黄”，漏释“县”。

［3］凶神：“凶”字上有石花，不甚清晰，暂仍原释。

**【参考文献】**

李林：《曾氏大娘买地券》，载《宋代地券书法精选（三）·曾氏大娘买地券、宋故郭公地券》，荣宝斋出版社2018年版，第2—5页。

【图版】

拓片见《宋代地券书法精选（三）·曾氏大娘买地券、宋故郭公地券》第4页。

### ▲30. 南宋绍兴二十八年（1158）黄氏夫人买地券

【解题】

河北正定百石斋藏石，高34、宽32厘米，第1158号。

【释文】

黄氏地券。/（额题）

维皇宋绍兴二十八年岁次戊寅八/月丁亥朔二十二日戊申，洪州丰城/县富城乡黄氏夫人倾辞世寿。乃得/吉卜，就本县同源山吉地一穴。东止/甲乙，南止丙丁，西止庚辛，北止壬癸，/上止青天，下止黄泉，其中一穴为黄氏/夫人万万年寿地。于当年十一月初四庚/申大葬已（已）后，仰龙虎朝迎，神灵护卫/亡人，安利子孙吉昌，一如/诰命。/天官道士书。/

【图版】

拓片见《书法文献·宋代地券》第37页。

### ▲31. 南宋绍兴二十九年（1159）官氏二娘买地券

【解题】

额题"故官氏地券"。出土时地不详，私人收藏。

【释文】

故江西路抚州临川县新丰乡长丰里和岭保奉/孝男刘明、有忠、有志、有文、孝妇刘氏、袁氏、黄氏、黄氏、/孝女四娘、男孙应祖、应宗、应春、应祥、应善、明哩、政/哩、□哩、□哩、壬□、□孙、定孙、女孙一□细姑、侄妇熊氏、/唐氏、熊氏延孙辛□□□寿老等，伏为伤念亡妣/官氏二娘，元命前己巳年十月十八日辰时生，卒于戊寅/十月初一日，享年七十岁[1]。凭白鹤仙，就后龙山寻到/阴地一穴，座（坐）癸山丁向，元辰归寅申长流。东止甲乙，南/止丙丁，西止庚辛，北止壬癸。上至青天，下至黄泉，四域（？）/之内，并系亡者万年冢宅。山灵呵护，百世其昌。迁之/者谁？白鹤仙也。书之谁？张坚固也。应有充（？）道精/邪，不许亡（妄）行争占。如有此色，即付天官女青依法/收斩□下。急急如律令。己卯六月初八甲申葬。/

【校注】

[1]由官氏生卒年推定，生于己巳年，卒于戊寅年，首先可以推定以下五种可能：北宋开宝二年（969）—宝元元年（1038）、北宋天圣七年（1029）—元符元年（1098）、北宋元祐四年（1089）—南宋绍兴二十八年（1158）、南宋绍兴十九年（1149）—嘉定十一年（1218）、南宋嘉定二年（1209）—景炎三年（1278）。再由"前己巳年"可推定生于北宋，卒于南宋，故可断定"北宋元祐四年（1089）—南宋绍兴二十八年（1158）"这一组合最有可能。

[2]己卯年：南宋绍兴二十九年（1159）。

【参考文献】

贾韬：《宋买地券书体、书风及相关问题研究》，《中国书法·书学》2019年第5期，第148—159页。

【图版】

拓片见《中国书法·书学》2019年第5期，第156—157页。

### 32. 南宋绍兴三十年（1160）胡六郎买地券

【解题】

1982年12月16日，江西新建县樵舍出土买地券一方，青石质，长82、宽56、厚2厘米。

【释文】

维皇宋绍兴三十年庚辰大（太）岁，九月初一日丙子吉辰，胡六郎于廿九年五月初二日殁故。龟筮协从，相地袭吉。宜于本贯洪州新建县桃花乡黄圹村冯□保，安厝宅兆。以是年九月廿七日壬寅吉辰取乙时，迁坐幽室。

【参考文献】

杨后礼：《新建县樵舍南宋墓》，《江西历史文物》1983年第2期，第20、21页。

### ▲33. 南宋绍兴三十一年（1161）周鼒买地券

【解题】

原石藏于百石斋。碑形，高37、宽31厘米。楷书15行，满行15字。券额有横书楷体"坟券"二字。录自李桥、郭锐瑜（2015：93）、李桥（2016：39）。此券前半是墓志，后为买地券，合二为一。

【释文】

宋故周氏名鼒，字德材，抚之临川人也。/世代豪右，至德材以儒业著，娶崇邑延/陵之裔，生子四人，长曰：良吕、良弼，余小/字曰：痣哩、庚哩。女一人，偕丱角褓保（褓）[1]，未/练俗务，德材以绍兴三十年十二月十/七终于正寝，享年三十有九，逾次年辛/巳三月九日壬午卜云：其吉归窆于河/塘源之山。其地东止甲乙，西止庚辛，南/止丙丁，北止壬癸。谨备财物，买此吉地/安厝。前有朱雀，后有玄武，左蟠青龙，右/踞白虎。秀水来朝，远山拥护。牙人：张坚/固、李定度。书契人：天上鹤。证见人：水中/鱼。如遇春秋祭祀，众与餐之。所有亡人/随身财帛，遞相收掌一切。邪神妖魅不/得侵占，如违先斩后奏。急急如律令。/

【校注】

[1]丱角：指小孩。

▲34. 南宋绍兴三十一年（1161）甘公买地券

【解题】

河北正定百石斋藏石，高36、宽32厘米，第1161号。

【释文】

宋故甘公墓券。/（额题）

本贯洪州丰城县富城乡祝熫/里烟源栎浪保居住，即有孝男/甘克昌等用大钱一万余贯，就/开皇地主买得东北角来龙风/水地一穴，壬亥山丙向，安葬于/先考十承事。其地东止甲乙，南/止丙丁，西止庚辛，北止壬癸，上/止皇（黄）天，下止黄泉，惟心一穴是/甘公阴宅，地头诸神杀（煞）不得侵/占。今立此地券为凭者。/太岁辛己（巳）绍兴三十一年九月廿日券。/保人：张天师。/牙人：李定度。书人：天官道士。/

【图版】

拓片见《书法文献·宋代地券》第40页。

▲35. 南宋乾道三年（1167）李二娘买地券

【解题】

河北正定百石斋藏石，高39、宽38厘米，第1167号。

【释文】

维皇宋太岁丁亥乾道三年十乙（二）月二/十日，建昌军南城县稚（雅）俗乡

训俗里南/团里(里)塔土保殁故李氏二娘,行年七十/六岁,命归蒿裹(里)。谨用银钱三千贯,于五/方地主边,买[1]得地各(名)黄家坑丑山未向/阴地一穴。东止甲乙,南止丙丁,西止庚辛,北/止壬癸,上止青天,下止黄泉。丘承(丞)墓伯,/各占一百二十步。不得四野鬼神争占。保见人:/东王公。证见人:西王母。谁为书?水中鱼。谁为读?天/上鹳(鹤)。鹳(鹤)何在?飞上天。鱼何在?入深泉。若要[2]/相寻觅,但来东海边。急急如律令。/

【校注】

[1]买:刘丽飞(2015:18)漏释"买"字。

[2]要:刘丽飞(2015:18)释作"安"。

【图版】

拓片见《书法文献·宋代地券》第41页。

### ▲36. 南宋乾道四年(1168)吴四县尉买地券

【解题】

原石藏于百石斋。买地券长方形,高50、宽39厘米。楷书11行,券额横书楷体"宋故吴县尉地券"七字。

【释文】

维皇宋大宋国江南西道抚州崇仁县东耆文家/桥上保吴四县尉,忽因乾道四年[1]八月二十五日,于/南山采药,逢仙人赐酒一杯,因此不回乡。亡人在生/之日,北门外青云乡十五都地名硖石,在张坚固、李/定度边,用钱玖阡玖百玖拾玖贯文买得阴地一穴。其/地兖山发龙、乾山过骨、亥山落头,作巽向。东止甲乙,南止/丙丁,西止庚辛,北止壬癸,中止亡人冢宅,不得别外鬼神争/占。如有乱来争占,/太上老君殿前青衣童子先斩后奏。急急如律令勅。/书人:天官道士。/见人:水中鱼。/

【校注】

[1]年:李桥、郭锐瑜(2015:92)释作"季"。李桥(2016:35)改释作"年"。

【参考文献】

李桥、郭锐瑜:《新出土江西地区宋元时期买地券概述》,《保定学院学报》2015年第4期,第88—96页。

37. 南宋淳熙六年（1179）佚名买地券

【解题】

1988年10月20日，宜春市高安县城东北郊东方红乡赤溪村内一座长方形券顶砖室墓中出土一方地券，位于墓室前端，旁有石碑一块，长方形，圆弧顶，高57、宽47厘米，碑首刻“酆都罗山拔苦超生镇鬼真形”十二字，其下刻冥府图一幅，图中以小字楷书标注17个府、宫名称。地券呈长方形，陶质，长33.2、宽29厘米，题称“地券文”，下有13行，二百余字，多漫漶不清。

【释文】

维皇宋淳熙六年岁次己亥九月……昨在家□染患，……六年……东至甲乙青龙，南至丙丁朱雀，西至庚辛白虎，北至壬癸/玄武。其地上至皇天，下至黄泉，中至亡者。……人：东王公。□人：西王母。……/急急如律令。/

【参考文献】

陈行一、肖锦秀：《江西高安县发现南宋淳熙六年墓》，《考古》1994年第2期，第185—187页。

【图版】

拓片见《考古》1994年第2期第187页图四。

▲ 38. 南宋淳熙六年（1179）董氏孺人地券

【解题】

额题“宋故董氏孺人地券”。北京大有名堂藏石。

【释文】

维皇宋淳熙六年岁次己亥九月丙辰朔二十七日/壬午，临江军新淦县观湖上居住故董氏孺人，于淳/熙五年戊戌岁十月二十五日辞世。今用银钱五綵/信币，于开皇土主处买得地名钦风乡归正里巨亭保内婆墓坑，离山行龙，乙山落穴，戌乾向阴地/一穴安厝。东止甲乙青龙，南止丙丁朱雀，西止庚辛/白虎，北止壬癸玄武，上极皇天，下极黄泉。丘丞/墓伯，封断界畔。道路将军，齐整百里。千秋万岁，永充/宅兆。外从二十八将迎相护持。如违此约，地券主者/自当其咎。亡人安处，子子孙孙永保富贵。急急如/太上律令敕。/知见人：岁月主者。书契人：功曹。/保见人：今日直符。读契人：主簿[1]。/

【校注】

[1]读契人：原释作“□契人”，有误。主簿：原释作“主符”，虽然第二字泐

有石花,但前有"书契人功曹",可知后应是"读契人主簿",形成对举。

【参考文献】

马德田:《〈宋故董氏孺人地券〉艺术风格简析》,载《宋代地券书法精选(五)·饶氏夫人地券、宋故董氏孺人地券》,荣宝斋出版社2018年版,第19—21页。

【图版】

拓片见《宋代地券书法精选(五)·饶氏夫人地券、宋故董氏孺人地券》第20页。

### ▲39.南宋淳熙八年(1181)刘氏三十一娘买地券

【解题】

河北正定百石斋藏,石质,额题篆书"宋故刘氏孺人地契"。此券末为墓志铭。

【释文】

维皇宋淳熙八年岁次辛丑月建辛/丑葬日庚申,即有信州贵溪县仁福乡/莲湖里下外历社殁故刘氏三十一娘,/享年六十二岁,忽于戊戌年九月命抛/尘世,高卧白云。先用钱十万贯,就苍陵(林)/君边买得土名满□王家源申山甲向/阴地一穴。其地东不越界,西不逾坛,南/不侵阴,北不犯阳。腾蛇莫动,白虎莫惊。/司命着字,蒿裹(里)题名。其地上无盘石,下/无伏尸。上有盘石,即为邻里。下有伏尸,/即为奴婢。松柏森森,山水重重,安厝之/后,子孙显荣。呜呼哀哉。铭曰:/苍龙之耳,凤凤之翅。千山悉朝,万水俱至。/白鹤迁茔,青乌立记。券无虚词,永终厥世。/

【参考文献】

梅跃辉:《百石斋藏宋元地券书法初探》,《东方艺术》2012年第12期,第117—138页。

【图版】

拓片见《东方艺术》2012年第12期,第119页。

### ▲40.南宋绍熙三年(1192)章氏买地券

【解题】

六边形。高40.5、宽34厘米。17行,满行字数不定。楷书。券额有日、月、云纹，两侧有水云纹。从左至右书写。买地券内容与券额有横线隔开。录自李桥（2016：37—38）。

【释文】

维大宋国江南西路抚州金溪县顺／德乡廿二都承义砦（寨）朱田东保居住／女弟子章氏四娘，行年七十二岁，于／今月十一乙卯日时不幸。在生用钱于开皇／地主边，永买得土名彭家源山地一穴，行龙是／东北行，伏入巽山出，面正作壬向元辰，水庚辛／长流。卜其宅邸，受扣开皇地主[1]，用藏倾逝之章／氏四娘。用一万二千之钱，界东南西北之地。／前朱雀，后玄武，左青龙，而右白虎。有此疆尔／界之殊，古往今来之异。张坚固共为牙保，李／定度同作证明。百千年魂魄之归，亿万载山／川如故。儿，长友升；次：友文，三：友明，四：友信。先儿卒。／有孙三人。从此而去，简简获无疆之福，阴益／绵绵。龙不拔基，大书石券，故作泉台之照，谨券。／绍熙二年正月十六日。／知见人：岁月主。保见人：今日直符。／依口书人：天官道士。／

【校注】

［1］邸：李桥（2016：37）释作“邵”。扣：询问。

### ▲41. 南宋庆元二年（1196）廖承务买地券

【解题】

原石藏于百石斋，正方形，高36厘米，宽36.5厘米。11行，满行字数不定。楷书。自左向右书写。券额有日、月、云纹，内容书写在竖格内。录自李桥（2016：31—32）。

【释文】

维皇宋庆元二年岁次丙辰二月辛亥／朔越初十日庚申，即有大宋国江南西路／建昌军南城县坊墩，故廖四十六承务。／今备银钱九百贯，就本郡雅俗乡土名／社山坑，买得阴地一穴，丑山坐艮作坤／向。东西南北各止甲、庚、丙、壬，中与廖承／务，作万年冢宅[1]。凡山之所环，水之所带，百／步为界，悉封茔之所有也，被魑魅不／得干悋亡䰟（魂）[2]。诸山灵地祇，常摩呵／之以护佑。谨揭地券于墩之右，柏／人司之，急急如玄都女青律令。／

【校注】

［1］冢：李桥（2016：32）释作“家”。

［2］悋：李桥（2016：32）释作“悟”。

### ▲ 42. 南宋彭锦买地券

【题解】

原石藏于百石斋。正方形，高39.5、宽36.5厘米。15行，满行18字。楷书。从左至右书写。券额有日、月纹饰，两旁有水云纹。录自李桥（2016：38—39）。此券与绍熙三年（1192）章氏买地券格式完全相同，彭锦与章氏可能是夫妻合葬。

【释文】

维大宋国江南西路抚州金溪县顺德乡廿[二]/都承义砦（寨）朱田东保居住弟子彭锦，行年/　岁，于今月日时不幸。在生用钱于开皇/地主边，永买得土名彭家源山地一穴，行龙是/东北行，行龙伏入巽山出，面正壬向元辰，水庚辛/长流。卜其宅邸，受扣开皇地主，用藏倾逝之彭/锦。用一万二千之钱，界东南西北之地。前朱雀，/后玄武，左青龙而右白虎。有此疆尔界之殊，古/往今来之异。张坚固共为牙保，李定度同作证/明。百千年魂魄之归，亿万载山川如故。儿，长友升；/次：友文，三：友明，四：友信。先儿卒。有孙三人。从此而/去，简简获无疆之福，阴益绵绵。龙不[拔]之基，大/书石券文，故作泉台之照，谨券。年/　月日。/知见人：岁月主。/保见人：今日直符。依口书人：天官道士。/

### ▲ 43. 南宋嘉泰三年（1203）椿年地券

【解题】

河北百石斋藏石，额题“地券”。此券除无买地价格，其他与买地券相同。

【释文】

维皇宋嘉泰三年十月初一丙/申朔二十四日己未，谨昭告于/皇天后土，今将椿年葬于所居之东园内。其地来山去水，坐辛/作辰。东止甲乙，南止丙丁，西止/庚辛，北止壬癸，左青龙，右白虎，/前朱雀，后玄武。四止之内，并将/安葬亡者。自今以后，应是山神/魍魉不得侵犯。/急急如太上律令/敕。/

【图版】

拓片见《书法文献·宋代地券》第56页。

### ▲ 44. 南宋开禧元年（1205）徐十四郎买地券

【解题】

长方形，高39、宽32.5厘米。10行，满行17字。楷书。券额有日、月、云纹。

从左至右书写,并书写在竖格内。录自李桥(2016:32)。

【释文】

维皇宋开禧元年二月初一己丑朔初七日,/即有大宋国江南西路建昌军南城县南城/乡常泰里围丰源下保居住,亡过徐十四郎,享年/七十一岁,偶尔倾丧。用钱九千九百九十九贯,买得/坤地结顶乾亥山安穴,作巽巳向。其地东止甲乙,/南止丙丁,西止庚辛,北止壬癸,上止青天,下止黄泉,/中心一穴,永为亡人墓宅,不得有人争占。如人/争占,分付魁罡大神[1]处斩。保人:张坚/固。牙人:李定度。依口书人:天冠道/士。急急如律令。/

【校注】

[1]魁罡:即奎刚。

▲45. 南宋开禧元年(1205)黄寅妻徐氏夫人地券

【解题】

河北正定百石斋藏,石质。

【释文】

维宋隆兴府丰城县梨塘里乔/□黄寅妻徐氏,乃同邑奉化乡留/□里乡贡进士徐沂妹也,归于吾/家氏二十有四年,生男女六七人,先/皆夭化[1],不幸于开禧乙丑年六月一/日以疾终于正寝,得年五十三,于当/年十月七日庚申葬于所居之南/聂园之岭,来龙南离,坐寅甲向申/庚,水流乾子癸。其地上不干/天星,下不犯地曜,南北东西山神地/主各借一百二十步,永为亡妻安居焉。/奉准/太上律令,毋诸侵犯。谨券。/

【校注】

[1]夭化:夭折。

【图版】

拓片见《东方艺术》2012年第12期,第127页。

46. 南宋开禧三年(1207)郭细九买地券

【解题】

2004年6月23日,江西宜春市袁州区下浦街道郭家村小组南宋墓出土,买地券通高43.5、宽40、厚2.5厘米,券文竖行阴刻,14行共303字。

【释文】

维皇宋国江南西路袁州宜春县诏君乡太安里李/利源居住,殁殆(故)亡人郭细九郎,行年六十七岁,忽被/闫罗所召,泰山所追,限满归窆。今龟卜,□□一山宅/兆[1]。奉钱玖阡(仟)玖伯(佰)玖拾玖贯玖文玖分,就地主张坚固、李/定度处立契,买得其地名杨桐山甘家屋侧、艮山行/龙作丁向。其地[2]东至甲乙青龙,南至丙丁朱雀,西至/庚辛白虎,北至壬癸玄武。上至天苍,下至黄泉。已(以)上/六至分明,永为亡人郭细九郎山宅祖主[3]。地中精邪/永不得故契惊犯。如有此色,捉赴/太上封刀寸斩。后存亡人得安,儿孙富贵,永远吉/昌。其地及财信当日交付,迁坟为界。其地时见人:/东王公。保人:西王母。书契:功曹。读契:主簿。出地:张/坚固、李定度。太上勑。/旹(时)太岁丁卯开禧三年十月日,给付亡人郭细九即收执[4]。/

【校注】

[1]窆:涂师平、苏茂盛(2004:49)释作"空"。涂师平、苏茂盛(2004:49)释作"今龟卜等安敕正山宅地"。图版此处模糊,暂释作"今龟卜,□□一山宅兆"。

[2]地:涂师平、苏茂盛(2004:49)释作"他",有误。

[3]山宅祖主:涂师平、苏茂盛(2004:49)释作"山祖宅主"。

[4]此券原释文误将顺序颠倒,其释文亦多有错乱。

【参考文献】

涂师平、苏茂盛:《江西宜春袁州区出土南宋地券》,《南方文物》2004年第4期,第49页。

【图版】

照片见《南方文物》2004年第4期,第49页。

▲47. 南宋嘉定四年(1211)胡六五买地券

【解题】

河北正定百石斋藏石,高53、宽36厘米。

【释文】

宋故胡六五承事地券。(额题)/

维皇宋岁次嘉定四年十一月一日己酉朔越初三日辛亥良利,/具(居)主(住)江南西路抚州崇仁县惠安乡恭仁里大塘下社罗师/保殁(?)故/六五承事,

享年六十九岁，不幸于己巳年岁黄钟[1]二十七/□(日)寿尽。于地名何家塘，买到乾亥巍(尾)入艮收，甲山面庚/向午，避诸神，不许妄为，令子子孙孙长旺。东止甲乙青/龙，南止丙丁朱雀，西止庚辛白兽，/北止壬癸玄武，上止青龙天[2]，下止/黄泉，永为亡人万年山宅。保人：/张坚固。见人：李定度。书人：/天冠(官)道士。一如土下九天律令所勑。/

【校注】

[1]黄钟：刘丽飞(2015：26)指出：本指乐律十二律中的第一律。因黄钟律和冬至相应，所以又指十一月。古代为预测节气，把苇膜烧成灰放到律管内，到某一节气，相应律管内的灰就会自行飞出。

[2]青龙天："龙"为衍字。

【图版】

拓片见《书法文献·宋代地券》第67页1211号。

### ▲48. 南宋嘉定五年(1212)少五秀才买地券

【解题】

北京大有名堂藏石，方形，楷书10行138字。

【释文】

维皇宋嘉定五年岁次壬申十/月癸酉朔二十日壬辰，抚州宜黄/县仙柱乡十都俞坊水东保没故/少五秀才[1]，本命壬戌[2]闰十二月十一/日辰时生，于今年正月二十日夭化。/今用银钱三千，就此开皇地主边，买/得阴地一穴，兑山卯向[3]安葬。保人张/坚固，证人李定度。东止甲乙，南止丙/丁，西止庚辛，北止壬癸，四止之内亡人为/主。邪神不得争占。准太上律令施行[4]。/

【校注】

[1]少五秀才：亡者去世时只有10岁，故"秀才"仅是虚称。

[2]壬戌：南宋嘉泰二年，公元1202年。

[3]兑山卯向：坐西朝东。

[4]施行：原释作"旅行"，有误。

【参考文献】

梅跃辉：《〈宋少五秀才地券〉考及艺术解析》，《宋代地券书法精选(二)·宋故甘君地券、宋少五秀才地券》，荣宝斋出版社2018年版，第40—47页。

【图版】

拓片见《宋代地券书法精选(二)·宋故甘君地券、宋少五秀才地券》第46页。

▲ 49. 南宋嘉定十一年（1218）甘氏买地券

【解题】

河北正定百石斋藏石,高38、宽31厘米,第1218—1号。此券末尾为告神文。

【释文】

宋故甘氏地券。/(额题)

维皇宋太岁戊寅嘉定十一年朔/二月二十二日,丰城县富城乡□□/里华阳甘氏夫人不幸命□,六十/而故,吴家坑山石土□土□□之/东甲艮为祖,坐亥向巳,水流西去,/辅挟[1]左右青龙白虎,前迎后拥朱/雀玄武。所买之地,开皇地主、天官/道士书契为据。知见者谁?坚固、定/度。山川百神宜加卫护,魍魉山精,/无令肆侮。扫去不祥,二灵安堵[2]。亿/万斯年,不忧不惧。孝子世华至诚/必顾,神之听之,毋忽斯语。/

【校注】

[1]辅挟:辅助。

[2]安堵:安居。

【图版】

拓片见《书法文献·宋代地券》第69页。

▲ 50. 南宋绍定元年（1228）揭氏地券

【解题】

河北正定百石斋藏石,高51、宽42厘米。额题“地券”。此碑虽然主体是告神文,但有买地内容“昨用钱置买斯土”,故予以收录。释文录自刘丽飞(2015:33)。

【释文】

皇宋绍定元年十一月二日/壬申,孤哀子章季颖谨昭告于/厚源之山神:“以昨用钱置买斯/土,安厝先妣夫人揭氏,仗神/威灵,环卫四维[1],巩固真宅[2]。或有/不正、不直之魑魅魍魉,妄敢侵/犯,神其殛之[3]。无作神羞(馐)。春秋祭/祀先灵,神与飨(享)之,以报神德,惟/神默会[4]。右右前后一切有位之/神,

阴扶显祐[5],保吾家道昌隆,子/孙繁衍,富贵寿考[6],五福备全[7]。荷/神之休[8],更图后报。急急如律令。”/

【校注】

[1]环卫:护卫。四维:指东南、西南、东北、西北四个方向。

[2]真宅:指人死后的真正归宿,即坟墓。

[3]殛:诛杀。

[4]默会:暗自领会。

[5]阴扶显祐:暗中辅助并显灵保佑。

[6]寿考:长寿。

[7]五福:指寿、富、康宁、攸好德、考终命。

[8]荷:承受。

【图版】

拓片见《书法文献·宋代地券》第82页。

▲51. 南宋绍定三年(1230)危十九郎地券

【解题】

碑形,高46、宽39厘米。12行,满行14字。从左至右楷体书写。券额有日、月、云纹。买地券内容书写在竖格中。原石藏于百石斋。录自李桥(2016:32—33)。

【释文】

维皇宋绍定三年七月日,即有雅俗/乡二十九都石厚铺下保,近故亡人/危十九郎,享年三十一岁。不幸于今月/十四日身死。今用钱九千九百九十/九贯,买到开皇地主地名山塘阴地/一穴。其地东至甲乙,南至丙丁,西至庚辛,/北至壬癸,上至青天,下至黄泉,中心/永为亡人阴宅。仰下界无道鬼神,/不得争占。如违,捉赴/清(青)衣童子[1],先斩后奏施行。/其文字,何人书?水中鱼。/何人做?天上鹤。月朔。/

【校注】

[1]青衣童子:大神的差役。

▲52. 南宋景定三年(1262)胡十二郎买地券

【解题】

原石藏于百石斋。碑形,高36厘米,宽41.5厘米。15行,从左至右楷体书写。券额楷书“墓”一字,并有日、月、云纹。录自李桥(2016: 35—36)。

【释文】

维皇宋景定三年壬戌岁十月三十日癸未/日朔,即有孝男胡三、胡四,次男狗里,孝妻、孝女/胡氏一娘等,为父胡十二郎,年五七岁,不幸于/十月廿八日往南山采药,路逢仙人,次(赐)酒一杯,共长醉,/至晚不回。今用艮(银)钱一万贯,就黎家窠买得吉/地一穴。超□来龙,辛山作乙向。东止甲乙,南止丙/丁,西止庚辛,北止壬癸,上止青天,下止黄泉,中止亡/人作洗池。阴(荫)益代代不□。/卖地人:张坚故。买地人:李定度。/交钱人:今日今使者[1]。/证见人:东王公、/西王母。/书契人:天冠道士。/何人书?何人读?读入长岗。/急急如律令。/

【校注】

[1]释文中“超”“洗池”“今使者”可疑,未见图版,暂仍原释。

▲53. 南宋咸淳三年(1267)姚氏一娘买地券

【解题】

高、宽32厘米,河北正定百石斋藏石。

【释文】

维皇宋咸淳三年六月丁/巳朔十一日,即有孝男王六、/新妇尹氏四娘、孝孙等伏为/亡母姚氏一娘,享年六十七岁,/不幸于今月初九逝世。今备银/钱一阡(千)贯,就南坑,自以祖坟边,/开皇地主……东止甲/乙,南止丙丁,西止庚辛,北至壬癸,上/止青天,下止黄泉,中是亡人冢宅。/保见者:坚固仙人。书契者:天冠(官)道/士。常垂不尽之庥[1],虑防人鬼所争。/固(故)立券文而照证。/

【校注】

[1]庥:庇护。

【图版】

拓片见《书法文献·宋代地券》第105页第1267-3号。

▲54. 南宋咸淳八年(1272)傅九买地券

【解题】

原石藏于百石斋。正方形,高38.5、宽33.5厘米。12行,满行18字。从左至右楷体书写。券额有日、月、云、飞鸟纹。录自李桥（2016：33—34）。

【释文】

维皇宋咸淳八年岁次壬申九月一日丙辰朔/越，即有建昌军南城县雅俗乡训俗里北园外/东坑保，殁故傅九承事，元命己酉四月初三日/戌时生，享年八十有四。不幸于壬申年二月初五夜/处终人世，今来安葬。先用银钱伍仟贯，就开皇/地主边，买得土名牛硖石阴地一穴，坤申山宅□/艮向。其地东止甲乙，南止丙丁，西止庚辛，北止/壬癸，中是亡人寝卧之宫。山之所围，水之所/围，百步为界。下界山精地神，不得干涉/亡人魂▣（域），永为亡人万年冢宅。柏人辞当，/于郭之右，今立地券为据。咸淳八年九月十/七壬申日，孤哀子荣、出继男昌有，兴□里□□文。/

### ▲55. 南宋德祐元年（1275）施有成买地券

【解题】

高58、宽32厘米，河北正定百石斋藏。此券兼买地与告神于一体。

【释文】

地券。/（额题）

维皇宋德祐元年太岁乙亥九月戊辰朔越十/有五日壬午，孤子施仁寿、仁仲、文广、元寿谨昭告/于山神曰："先君讳有成，生于庆元丁巳十月之/丁亥，卒于咸淳甲戌六月甲子。兹得吉卜，葬查坑/之阳，用钱九万九千贯买到此地。东止甲乙，南止/丙丁，西止庚辛，北止壬癸，上止碧落[1]，下止黄泉。按/青乌鬼律云：'葬不立券，有同盗葬。'谨立斯券，与神/为之誓曰：'先君卜葬查坑之阳，山神拥护，/呵禁不祥，灵魂安妥，后人吉昌。/春秋祭祀，尔神亦与其享。'"谨券。/

【校注】

［1］碧落：青天。

【图版】

拓片见《书法文献·宋代地券》第109页第1275号。

### △56. 元至大元年（1308）阮张氏买地券

【解题】

河北正定百石斋藏石，长54、宽34厘米。

【释文】

维大元正大元年岁次戊申十月丙戌朔越二十四日己／酉，抚州路临川县招贤县招富里西廨上保居孝女阮氏／道娘、[illegible]娘、三娘、四娘、五娘，孝婿周士质等，以所生母张氏，／元命癸酉年三月初二日巳时建生，于戊申年九月十二／日殁故，龟筮协从，相地维吉，宜于本里西廨许家湖为宅／兆安厝。谨用钱九万九千九百九十九贯文，兼五綵信币，／买地一段。东止青龙，西止白虎，南止朱雀，北止玄武。内方／勾陈，分掌四域。丘丞墓伯，谨肃界封。道路将军，齐整阡陌。／若辄干犯呵禁，将军亭长收付河伯。财地交相分付，修营／安葬，永保无咎。若违此约，地府主吏，自当其祸。主人内外／存亡，悉皆安吉。急急如五帝主者女青律令。／

【图版】

拓片见尚艺书院微信公众号 2019 年 11 月 21 日，第 1038–1 号。

### 57. 宋代王氏夫人买地券

【解题】

1988 年 5 月至 9 月间，宜春造纸厂基建工地 M96 宋墓出土一方圆首陶质地券，墨书，高 37、宽 40.5、厚 2.7 厘米。

【释文】

维皇宋国江南西路袁州宜春县城内□□，／蔡家巷殁故亡人王氏，刘君百一秀才□□。王／氏孺人寿终而来。谨用钱九万九千九百九十九贯文，取买得本县茂才里早禾冈寿地一穴，□□／人卜得大利，停西山卯向安厝。其地东止甲乙青龙，南／止丙丁朱雀，西至庚辛白虎，北止壬癸玄武。上□□□，下法[1]地里，上顶青天，下止黄泉。若安葬亡人之后，所带／随身衣物□□等及有已（以）上四至分明。各随界分□／守墓四镇将军、坟亭照司、墓中令长、伯（柏）人等常加守护，无□□□五□凶神侵犯界止。奉／太上天师律令，□□□□一片给付刘百一秀才、大（太）原／王氏收执，照□者／吉时告下，□到达行，□□以后，道□禁□，龙神□□，风水相宜，亡人府安，家眷□□。立此地券，四止分明，千□万□，永不□□。／

【校注】

[1]《原报告》（第 19 页）释作“法”，疑是“至”字。

【参考文献】

江西省文物考古研究所、宜春市博物馆:《江西宜春下浦坝上古墓群发掘报告》(此称《原报告》),《江西文物》1991 年第 2 期,第 1—34 页。

▲ 58. 宋李八郎买地券

【解题】

浙江会稽金石博物馆藏石,高 46、宽 42 厘米。

【释文】

维大宋抚州金谿县归德乡苦竹耆杨洲上/保,即有殁殆(故)亡人李八郎,行年八十五岁,/忽被二鼠侵藤,四蛇俱逼,命落黄泉,魂归冥道。生/居浮世,死还棺椁。今用银钱五阡贯文,於开皇地主边,永/买得土名宅西乾山丙向、回龙大地一坟,於/乙亥年[1]九月十九日安葬,礼也。其地东止甲乙/青龙,南止丙丁朱雀,西止庚辛白虎,北止壬癸玄武,中止戊/己冥堂,上止青天吉星,下止黄泉大道。当心下穴,永为亡/人李八郎万年冢宅,阴益子孙,代代富贵。其地四至知(之)/内,若有日前灵坛古迹[2],不得妄来争占。如有此色,分付/七十二神、王子乔、丁令[3]。保见人:张坚固、李定度。书人:天官道士。/

【校注】

[1]乙亥年:属于宋代乙亥年有北宋开宝八年(975)、景祐二年(1035)、绍圣二年(1095)、南宋绍兴二十五年(1155)、嘉定八年(1215)、德祐元年(1275),不能断定,暂存疑。

[2]古迹:姜同绚(2019:15)指出:"往昔升仙得道之人所居之地。"① 其说可从。

[3]丁令:"丁令威"的省称,传说中的汉代仙人。

【参考文献】

绍兴市档案局(馆)、会稽金石博物馆编:《宋代墓志》,西泠印社出版社 2018 年版,第 330—331 页。

【图版】

拓片见《宋代墓志》第 331 页。

① 姜同绚、文静:《买地券道教文化词语拾零》,《漯河职业学院学报》2019 年第 5 期第 13—16 页。

### ▲ 59. 宋官四娘买地券

【解题】

江西出土，陶质，现藏北京大有名堂。长 32.5、宽 25.8、厚 2.5 厘米，分上下两段界格，楷书朱书 17 行，每行分上、下两栏，每栏多是 7 字，共 232 字。

【释文】

维皇宋　年　月　日　朔。/ 大宋国内当天苍，世上冥司有地隍。/ 江南建昌新城县，旌善钦贤曹源保[1]。/ 元在曹源保内住，身故信女官四娘，/ 本命壬戌八月降，廿六日申时娘，/ 伏为行年　岁，暂往南山采花□[2]。/ 忽遇仙人来饮酒，蒙赐一盃便身亡。/ 干后落桥而身故，精神恍惚入泉乡。/ 投得南山做木郎，买得棺材全具足。/ 八片充为一□丧[3]，两头都是闲乡事。/ 中心便是四娘房，用到银钱壹仟贯，/ 买地一穴葬四娘。张坚固二人来书史[4]，/ 李定断和作弟郎。其山东止甲乙青龙位，/ 南止丙丁朱雀乡，西止庚辛白虎位，/ 北止壬癸玄武垠，中止亡人作冢宅，/ 万岁千秋不移垠。泉下土精并百鬼，莫来争占我□垠[5]。太上急急如律令。/

【校注】

[1] 曹源保：随文豪（2018：28，2019）释作“曹鬼保”，有误。

[2] 花□：未释字形体作“[illegible]”，疑是“菌”，待考。

[3] □丧：此二字形体作“[illegible]”“[illegible]”，暂从原释，待考。

[4] 书史：随文豪（2018：28，2019a）释作“书曼”，随文豪（2019b：24）释作“书史”，字形作“[illegible]”，可能是“史”或“典”，因图版不甚清晰，暂从随文豪（2019b：24）所释。

[5] □垠：随文豪（2018：28）释作“□垠”，随文豪（2019a，2019b：24）释作“□圹”。其中后一字字形作“[illegible]”，故释“垠”可从。前一字形体作“[illegible]”，待考。

【参考文献】

1. 随文豪：《〈宋四娘地券〉考及艺术性解析》，载《宋代地券书法精选（一）· 宋故左氏地券、宋四娘地券》，荣宝斋出版社 2018 年版，第 28—33 页。

2. 随文豪（2019a）：《从新出土〈宋四娘地券〉看宋代地券书法价值》，《书法导报》2019 年第 17 期（4 月 24 日）第六版。

3. 随文豪（2019b）：《从新出土〈宋四娘地券〉看宋代地券书法价值》，《书法赏评》2019 年第 2 期，第 24—27 页。

【图版】

拓片见《宋代地券书法精选(一)·宋故左氏地券、宋四娘地券》第32页,另见《书法赏评》2019年第2期第24页图一、《书法导报》2019年4月24日第六版图1。

### ▲60. 元至元四年(1267)章福一买地券

【解题】

河北正定百石斋藏石,高50、宽28厘米,第1267—2号。

【释文】

地券。/(额题)

维至元四年岁次戊寅十月辛卯朔越十八戊申日,/据(居)抚州路临川县临汝二都训义里良江中保居住,孝男/章必海、必广,孝女章氏一娘、细姑、净姑,婿蔡必先伏为亡/父章福一,即元命甲午年十一月二十日未时受生[1],不幸于十月十/四日身故。今用楮钱三伯(佰)贯置到山地一段[2],坐落本郡[3],土名贺/家山。内坐乾向巳,巽山源朝接,吉水回(回)环。东止甲乙,南止丙丁,西止/庚辛,北止壬癸,上止青天,下止黄泉,中止亡人万年墓宅,毋得下界/邪精魍魉争占。如有违犯,准依/太上女青条律施行。/

【校注】

[1]元命:寿命。受生:出生。

[2]楮钱:祭祀时焚烧的纸钱。

[3]郡:刘丽飞(2015:45)释作"都"。

【图版】

拓片见《书法文献·宋代地券》第104页。

### 61. 元至元二十年(1283)张瑜买地券

【解题】

1991年1月,江西樟树市进修学校出土。青石质,圆额呈梯形,高41.5、宽40.5厘米。从右至左阴刻楷书11行,顺逆相间。据同出墓志,可知张公名瑜,字国正。

【释文】

维大元国至元二十年岁次癸未四月辛巳朔越一有七日丁酉[1],江西道临江

路清江县清江镇孝义坊孤子张震龙，以先考正心居士张公，于今年二月二十三日殁故。龟筮协从，相地惟吉。宜于崇学乡淦水里周嘉圆三原为宅兆安厝。谨用钱九万九千九百九十九贯文，兼五綵信币，买地一段。东止青龙，西止白虎，南止朱雀，北止玄武。内方勾陈，分掌四域。丘承（丞）墓柏（伯），谨肃界封。道路将军，齐整阡陌。若辙（辄）干犯[2]诃禁，将军亭长，收付河伯。今为信誓，财地交相，分工匠修营，永保无咎。若违此约，地府主吏自当其祸。主人内外存亡，悉皆安吉。急急如泣[3]五帝主者女青律令。

【校注】

[1]丁酉：陈杏留（2010：16）指出“越一有七日”应是丁丑。而李春圆（2018：105）指出至元二十年中，朔日为辛巳、十七日为丁酉的只有十月，故改作十月。

[2]干犯：黄冬梅（1996：12）释作“干犯”。祝庆（2015：105）、李春圆（2018：105）释作“干犯”。

[3]泣：黄冬梅（1996：12）释作“泣考”，待考。

【参考文献】

黄冬梅：《江西樟树元纪年墓出土文物》，《南方文物》1996年第4期，第12—14页。

### ▲62. 元至元二十年（1283）章氏太君买地券

【解题】

河北正定百石斋藏石，长42、宽40厘米。额题“故章氏太君墓”。

【释文】

维大元国至元二十年岁次癸未六月癸未朔越/二日甲申，抚州临川县新丰乡敬顺里上伊保近故/亡祖母章氏太君，元命前甲子年[1]九月初五子时生，/享年七十有九，不幸于是年五月二十日倾逝。亡者生/前妻夫危念（廿）乙承事先故，生男二人，长四乙承事，故，/不仕。次四二承事，亦先亡，孝新妇吕氏、傅氏，孝男孙/友成、友信、友定、友文、友德，孙媳妇章氏、黄氏、朱氏、/黄氏、陈氏，曾孙寄孙、真孙、月孙，曾女孙一娘、二娘等/孝眷。呜呼！今将银钱一大会，凭地师采得土名陈坍长/荫阴地安葬。其地丑艮行龙，坐壬向丙，水归坤申。所/葬之地，惟愿龙神荫祐，永享久长富贵。所有阴府/地神不许争占。葬前一日，孝男孙危友成等拜立。/

【校注】

[1]前甲子年：指南宋嘉泰四年（1204）。

【图版】

拓片见《书法文献·宋代地券》第111页第1283号；另可见《东方艺术》2012年第12期，第131页。

## 63.元大德三年（1299）凌文秀买地券

【解题】

1991年1月23日，鹰潭市梅园公园出土。青石质，长方形，长71.4、宽37、厚1.7厘米。自右向左篆刻。

【释文】

地券。/（额题）

徽州祈门县武山乡尤昌里板石社，寓舡（船）居。凌文秀命属端平己未年正月初九巳时生，得寿六十三，于丁酉大德元年闰十二月初三巳时，前去南山采药，遇着仙人留住，后回来，致今命归泉世。生前用冥钱九万九千九十九贯九十九文足[1]，就土公土母处，买得信州贵溪仙源乡詹方官山为双穴。巽山行龙，离山遇脉，坐坤申，向丑艮。其地东止甲乙，南至丙丁，西至庚辛，北至壬癸，上至青天，下至黄泉，中至凌文秀農[2]冢宅。棺木一具，四角完全。衣衾等物。何人书？天上鹤。何人书？水中鱼。鹤在渊。恐有千年古器之精，妄来[3]争占，太上敕下，有青衣童子奉天庭照天律施行。大德三年岁次己亥七月初六日立券。东请王公证见，西请王母证明。

【校注】

[1]足：曲利平、倪任福（1993：26）、祝庆（2015：107）释作“足”。陈杏留（2010：19）释作“贯”。

[2]農：曲利平、倪任福（1993：26）、祝庆（2015：107）释作“農”。李春圆（2018：113）释作“家”。

[3]来：曲利平、倪任福（1993：26）、祝庆（2015：107）、李春圆（2018：113）均释作“采”，有误。

【参考文献】

曲利平、倪任福：《江西鹰潭发现纪年元墓》，《南方文物》1993年第4期，第25—27页。

## ▲64. 元至大元年（1308）张氏买地券

**【解题】**

河北正定百石斋藏石，具体出土情况不详。

**【释文】**

维大元至大元年岁次戊申十月丙戌朔越二十四日己酉，抚州路临川县招贤乡招富里西廨上保居孝女阮氏道娘、呈娘、三娘、四娘、五娘，孝婿周士质等，以所生母张氏元命癸酉年三月初二日巳时建生[1]，于戊申年九月十二日殁故。龟筮叶从，相地维吉，宜于本里西廨许家湖为宅兆安厝。谨用钱九万九千九百九十九贯文，兼五綵信币买地一段。东止青龙，西止白虎，南止朱雀，北止玄武。内方勾陈，分掌四域。丘丞墓伯，谨肃[2]界封。将军，齐整阡陌。若辄干犯呵禁，将军亭长收付河伯。财地交相分付，修营安葬，永保无咎。若违此约，地府主吏自当其祸。主人内外存亡，悉皆安吉。急急如五帝主者女青律令。

**【校注】**

［1］建生：出生。

［2］肃：刘丽飞（2014：54—55）释作“聿”，循，遵循。李春圆（2018：117）改释作“肃”，可从。

## 65. 后至元二年（1336）赵命保买地券

**【解题】**

2009年11月下旬，为配合上饶至武夷山（赣闽界）高速公路建设工程，江西省文物考古研究所与铅山县博物馆联合对铅山县永平镇八水源村的外垄山元代纪年墓进行了抢救性考古发掘。出土灰陶质买地券一方，方形，高34.7、宽34.2、厚3.5厘米，墨书楷体，中有符箓一行（图七）。

**【释文】**

新故明达省元赵公墓契吉。/（额题）

铅山州在城中市状元坊□里巷居住，奉为□□□/道，孝男赵求臣，孝□□□□□□□□□，/孝妻祝□□□□□□□，合家眷等上干[1]。□□□/洪造意者，伏为新故明建省元赵公命保，壬子年四月十二日丑时，享/年二十四岁。夫赵公乙亥年十月十七日得世，灵柩尚存，用仲安葬。今凭张/坚固、李定度为开，用钱九千九百九拾九贯九分九厘，就问地主武夷王买/阴地一穴，坐落□□名□基，地乃兑山行龙，□坤向艮[2]，水流吉方。□/择丙子至元二年五月十五日，

□□葬，永为□业[3]。无令古墓伏尸□/神等，如有此子之神□□，武夷王□能抵当，不涉亡者之事[4]。其地东至/青龙，南至朱雀，西至白虎，北至玄武，上至青天，下至黄泉。何人迁？白鹤仙。何人/书？一稗师。有□□□□□□□证。知见[5]亡者安葬之后，荫男荫女，/益子荫孙。田农万担，谷稷千仓。官禄绵远，世代昌吉者。/至元二年丙子六月[6]日，地主：武夷王（押）。地契。/才人[7]：张坚固（押）。/见证人：李定度（押）。/太上老君急急如律令敕（符箓）。/引见人：南山笋（押）。/担保人：海中鱼（押）。/东皇公，/西皇母。/

**【校注】**

[1]合家眷等：李育远、钟文良（2012：9）释作"合家春寺"，有误。李春圆（2018：127）改释作"合家眷等"，可从。

[2]艮：李育远、钟文良（2012：9）释作"良"，有误。李春圆（2018：128）改释作"艮"，可从。

[3]□业：李育远、钟文良（2012：10）释作"州□"，有误。李春圆（2018：128）改释作"□业"，可从。

[4]无令古墓伏尸□神等，如有此子之神□□，武夷王□能抵当，不涉亡者之事：李育远、钟文良（2012：10）释作"元公古墓，伏尸福神，□□□□如有此子之神，□□武夷王□能抵当一涉士者之事"，有误，今从李春圆（2018：128）所释。

[5]知见：李育远、钟文良（2012：10）、李春圆（2018：128）释作"知旬"，有误。

[6]六月：李育远、钟文良（2012：10）释作"立目"，有误。李春圆（2018：128）改释作"六月"，可从。

[7]才人：此释可疑，图版此处不清，暂从原释。另，武夷王、张坚固后均有花押符号，李育远、钟文良（2012：10）释作"□且□""□□前"，有误。

**【参考文献】**

李育远、钟文良：《江西铅山元代纪年墓发掘简报》，《中国国家博物馆馆刊》2012年第4期，第6—10页。

**【图版】**

照片见《中国国家博物馆馆刊》2012年第4期第9页图七。

### 66. 元至正十一年（1351）苏汉用等为母舒氏一小娘买地券

**【解题】**

1988年3月，江西九江博物馆征集，陶质，近方形，长32、宽31.5、厚3.5厘米，正书13行,顺逆相间。

【释文】

维大元至正十一年三月初七日,小石门里孝男/苏汉用等,以母亲舒氏一小娘于至正八年五月/十五日戌时殁故。龟筮叶吉,相地维吉,宜于开州/路广济县安乐乡小石门里石城中村周佃住基/为宅兆安厝。说[1]用价钱九万九千九百九十九贯/文,兼五綵信币,买地一段。东止青龙,西止白虎,南/止朱雀,北止玄武。内方勾陈,分掌四域。丘丞墓/伯,谨肃界封。道路将军,齐整阡陌。若辄有/干犯诃禁,将军亭长收付河伯。今以牲牢酒饭,/共为信誓[2]。财地交相分付,工匠修茔,永保无咎。/若违此约,地府主吏,自当其祸。主人内外存亡,悉/皆安吉。急急如五帝主者女青律令。/见人:东王公、西王母、蒿里父老。书:张坚固、李定杜(度)。/

【校注】

[1]说:或是"谨"之误写。李春圆(2018:134)改释作"谨"。

[2]共:胡海帆、汤燕(2008:336)释作"其",有误。

【参考文献】

吴水存:《江西九江发现元代青花瓷器》,《文物》1992年第6期,第94—95页。

【图版】

拓片见《文物》1992年第6期第94页图一。

▲67.(无确切纪年)丘氏道姑买地券

【解题】

河北正定百石斋藏石,长59、宽29厘米。额题"西归丘氏道姑地券"。本券虽无买地内容,但在一定程度具有买地券要素。

【释文】

世居抚州临川临汝四都热□东北保居住,奉/佛举□陈有明,孝男仲信、仲仕,出继男宗仕,新妇韩氏、张氏,孝女陈氏,适男文显,三娘适阮子禄,五娘适蔡德兴,孝孙狗俚、未俚,了姑续慈何氏妙□,/西归室丘氏妙度,元命生丁卯八月初五亥时受生,临行一会扳授莲社五戒/法,道姑于甲子十月十二日正寝归西。剋卜此月二十日癸酉吉辰奉柩安葬本/都罗占山傍,阿公陈公居士垅之左,坐艮向坤。其地高不上低不四界/畔属当人。孝眷泣血谨言,受白莲戒法。牙:子章

□见清。/土府九壘皇君。/证明：功公主本师。阿弥陀佛。/

【图版】

拓片见《书法文献·宋代地券》第147页无确切纪年3号。

### ▲68. 南宋绍熙元年（1190）左氏二娘地券

【解题】

原石现藏于北京大有名堂。石质，方形，边长31.5、厚3.2厘米，阴刻正书12行，共192字。额题“宋故左氏地券”。此券主体是告神文，同时标注墓地四至，具有买地券的因素。本方买地券未见亡人居住地，故不知出土地点，不过从券末格式有“邪妄来争占者，惟神殛之。如子超春秋祭祀，罔敢辙昧于神”，初步判定属于江西出土买地券，然非定论，暂附于江西省末，有待进一步考定。

【释文】

皇宋绍熙元年庚戌岁十月一日壬午朔初四日/乙酉，孝夫范子超、孝男子才、新妇方氏七四娘、/孝女十七娘、孝孙大洪、大富、大方、一幼未名、女孙一人/尚幼。一宗孝眷敢昭告于塘边[1]山神曰：/念昔先妻左氏二娘享年五十有八，不/幸于今年二月三日感疾，终于此地。其山[2]/上合天时，下合地利，丑艮行龙，亥山作丙向。东/止甲乙，南止丙丁，西止庚辛，北止壬癸，其中永为亡/人[3]墓宅。在此四围之中，或有呵护。邪妄来争占/者，惟神殛之[4]。如子超春秋祭祀，冈敢辙昧于/神[5]。故兹以铭：急急如玄女律令。/谨券。/

【校注】

[1]塘边：原释作“碧边”，有误。

[2]山：原释作“此”，有误。

[3]亡人：原释作“衣人”，字形作“[illegible]”，当是“亡”之讹写。

[4]惟：原释作“堆”，有误。殛，诛杀。

[5]冈：原释作“冈”，字形作“冈”，可能是“罔”之讹写，待考。辙：原释作“辙”，字形作“[illegible]”，可能是“献”之讹写，待考。

【参考文献】

李林：《宋故左氏地券》，载《宋代地券书法精选（一）·宋故左氏地券、宋四娘地券》，荣宝斋出版社2018年版，第6—9页。

【图版】

拓片见《宋代地券书法精选（一）·宋故左氏地券、宋四娘地券》第8页。

## 六、山东

### 1. 元前至元十二年（1275）杨延□为父买地券

**【解题】**

1998年2月14日，章丘市文祖镇青野村出土陶质买地券（M1：35），长方形，长29、宽15厘米，朱书，行书13行。《简报》（第16页）定作后至元元年（1335），李春圆（2018：99）定作前至元十二年，可从。

**【释文】**

维/济南路章丘县明秀乡青崖庄住人季（祭）主杨延□伏父□/□□，夙夜忧思，不遑所厝。遂令日者择此高原。地属本县青崖/庄，杨延生为宅兆，梯己[1]出备钱綵买到墓地一方。南北长千三步/五分二厘，东西阔千二步五分。东至青龙，西至白虎，南至朱雀，北/至玄武。内方勾陈，管分四界四域。丘承（丞）墓伯，封步界畔。道路将军，/齐整阡陌[2]，致使千秋万载，永无殃咎。若有干犯，并令将军亭/长，缚付[3]河伯。今备牲牢酒饭，百味香新，共为信契。财地俱交，/各已分付，今（令）工匠修营安厝已（以）后，永保休吉。/知见人：岁月主□□□神后。代保人，休吉。/故气邪精，不得干恡。先有居者，永避万里。若有违此约，地府/主吏自当其祸。助葬主人内外皆吉[4]。急急如五帝主者/汝（女）青如（律）令。/岁次乙亥戊子月仲旬二月庚申日，/杨延。/

**【校注】**

[1]陈杏留（2010：19）指出《简报》（第16页）中“抒正”应是“梯己”，“其背”应是“共为”，“故令”应是“故气”，“个别”应是“干恡”或“干犯”，均可从。

[2]《简报》（第16页）释“金起向鋆”义不可解，李芳、孟庆红（2006）释作“军，齐”，可从。

[3]缚付：《简报》（第16页）释“传付”，李春圆（2018：99）改释“缚付”，可从。

[4]祝庆（2015：91）释“俱”作“相”，“干恡”作“干犯”，“助葬主”作“助葬使”，可参。

**【参考文献】**

1. 章丘市博物馆：《山东章丘青野元代壁画墓清理简报》（此称《简报》），《华夏考古》1999年第4期，第10—16页。

2. 李芳、孟庆红：《章丘出土元代买地券考略》，《中国文物报》2006年9月

20日,第7版。

3. 李春圆:《元代买地券校录及类型学的初步研究》,载刘迎胜、姚大力主编:《清华元史》第四辑,商务印书馆2018年版,第95—162页。

2. 元至正八年（1348）娄德元买地券

**【解题】**

2006年4月12日,济南章丘市双山办事处境内经济工程学院工地出土一块红陶砖质买地券,边长19、厚1.2厘米,自左至右朱书正楷13行,部分字迹模糊不清,计183字。《原报告》附有地券照片,但不清晰。

**【释文】**

维/大元至正八年十一月□□溯(朔)越□□□□□□庄住人祭主娄德元,□□□□□厝,遂令日者择此高原,地□□□,堪为宅兆安厝[1]。□备钱□□□买□,东至青龙,西至白虎,南至朱雀,北至玄武。内方勾陈,分掌四域。丘承(丞)墓伯,界畔封步。道路将军,齐整阡陌。若辄有犯诃禁者,将军亭长,收付河伯。今备牲牢酒□,共为信契。财地分付,工匠修营安厝已(以)后,永保安吉。知见人:岁月主者。保人:今日直符。若违此约,地府主吏,自当其祸。主人内外存亡[2]安吉。急急如[五]帝主者女青律令。/□□□□□□□□□。/

**【校注】**

[1]宅兆安厝:《原报告》释作"安宅兆厝",李春圆(2018:133)改释作"宅兆安厝",可从。

[2]存亡:《原报告》释作"有之",有误。

**【参考文献】**

李芳、孟庆红:《章丘出土元代买地券考略》(此简称《原报告》),《中国文物报》2006年9月20日,第7版。

## 第五节　华中地区新见买地券

华中地区包括河南、湖北、湖南三省,其中河南11种,湖南、湖北各3种,计17种。相对而言,河南出土买地券数量较多。

## 一、河南①

### 1. 北宋太平兴国八年（983）逯氏夫人买地券

**【解题】**

1982 年 2 月，河南濮阳市南乐县城东北中平邑大队村西出土，由两块青砖合成，长 67、宽 16.5、厚 5.5 厘米，墨书 30 行，计 238 字。

**【释文】**

大宋国邺都南乐县贤相乡平邑村北平邑疃，有逯氏夫人，生居城邑，死皈丘墓。问卜宅兆[1]，冥于□北原上约百步。已□买玄圹之地，造□一□，周围五尺。交用现钱九万九千九百九十九□。所在伏藏金器并□物，□随地收官。如有好人在□，□邻里下人一任□使天官□伏为作证明，今书文契，誓不相扞。天上保人：东王翁、西王母、张坚固、李定度。知见人：石功曹、金簿主[2]。书契人：天上鸟。□人[3]：地下鱼。鸟飞上天，鱼入深泉。急急[4]如律令。敕。二月日契。

有逯氏夫人今月日命终于私地矣。礼适君子，奉为亡妻。就太平兴国八年二月十五日殡于村地原上约□步，已未擢殡[5]。□恐陵谷改移，遂立不枉之铭，□日后作永远为记。

**【校注】**

[1]兆：《原报告》（第 144 页）释作“地”。

[2]石功曹、金簿主：《原报告》（第 144 页）释作“石以曾金薄”。金簿主即金主簿。

[3]人：《原报告》（第 144 页）释作“入”。

[4]急急：《原报告》（第 144 页）释作“□之”。

[5]擢：把堆在一起的东西铲到另一处。擢殡，指殡葬。

**【参考文献】**

史国强主编：《南乐县文物志》（此称《原报告》），1984 年，第 143—144 页。

---

① 河南信阳市息县 1999 年出土北宋崇宁四年（1105）买地券，石质，长方形，长 56.3、宽 40.5、厚 9 厘米。券文正文 12 行，满行 19 字，部分文字破损，余 220 字，阴刻，行草书体，券文中有“宋崇宁四年，蔡州新息县”。见《北宋买地券重现息州城》，《大河报》1999 年 1 月 8 日第 8 版。

### 2. 北宋大观四年（1110）盛密买地券

【解题】

1949年后，漯河市出土，长37.5、宽37厘米，正书13行。

【释文】

维大宋国颍昌府郾城县郭下居住盛密，今/用银钱九万九千九伯（佰）九十九贯文，去冯村/黄通地内买得墓园地一段，各长二十步半。/其地东至青龙，西至白虎，南至朱雀，北至真/武。上至青天，下至黄泉，可四至内，并属盛密/先祖。买数已后，永保千年。保人：张坚固。见人：/李定度。书契人：石公曹。印契人：金主簿。卖地/人：东海鱼。已后不得辄有侵夺。先有居者，远/避千里之外。急急如律令/敕。/时大观四年庚寅岁五月已亥朔二/十二庚申日丙时，祭主盛密立契记。/同祭男盛彦、盛意、盛章、盛辛。遂平县匠人于成。/

【参考文献】

中国文物研究所、河南省文物考古研究所：《新中国出土墓志·河南贰（下册）》，文物出版社2002年版，第371页。

【图版】

拓片见《新中国出土墓志·河南贰（上册）》第365页。

### 3. 金正隆五年（1160）唐瑜为叔翁、叔孙母等买地券

【解题】

2011年4—5月，洛阳市文物考古研究院在苗北村西北部的机场路东、310国道南进行考古发掘时，发现五代、宋金时期的墓葬13座，其中金墓（IM3634）出土陶质买地券（IM363：1，图三○），方形，边长30、厚5厘米，朱砂草书，8行84字。买地券周围有5块鹅卵石，分别是绿、青、黄、白、紫五色石。

【释文】

金正隆五年岁次庚寅十一月朔乙亥，考/唐寅孝男唐瑜/奉为叔翁叔孙母等，用银九百买墓场一所。左至青龙，右至白虎，前至朱雀，后至玄武。见人□于石，□□佑孝者昌，昌者有□。正隆五年十一月八□孝男唐瑜书[1]。/

【校注】

[1]图版文字模糊，仅前两行可见分行。

【参考文献】

洛阳市文物考古研究院：《河南洛阳市苗北村五代、宋金墓葬发掘简报》，

《考古》2013 年第 4 期,第 43—56 页。

【图版】

照片引自《考古》2013 年第 4 期第 54 页图三〇。

4. 金大定七年(1167)韩□为父母买地券

【解题】

郑州华夏文化艺术博物馆藏,砖质,朱书,高 32.5、宽 32.5、厚 5 厘米。图版不清,故未分行。

【释文】

维大金大定七年[1]岁次丙申九月癸卯朔初四日丙午立,子韩□奉为父母□殁故,龟筮叶从[2],相地袭吉,宜于嵩州福昌县福庆乡[3]安厝宅兆,谨用钱九万九千九百九十九贯文,兼五綵信币,买□等地一段。其方[4]一十七步,东至青龙,西至白虎,南至朱雀,北至玄武。内方勾陈,分擘掌四域[5]。丘丞墓伯,封步界畔[6]。道路将军,齐整阡陌。千秋万载,永无殃咎。若辄干犯诃禁者,将军亭长,收付河伯。今以牲牢酒饭、百味香新,共为信契,财地交相分付,工匠修营安厝,以后永保休吉。知见人岁月主,保人今日直符,故气邪精不得忓恡[7]。先有居者,永避万里。若违此约,地府主吏,自当其祸。主人内外存亡,悉皆安吉。急急如五帝使者女青律令。

【校注】

[1]大定七年:金世宗完颜雍大定七年,即公元 1167 年。

[2]龟:李宝宗(2017)释作"黾",有误。

[3]福昌县:今洛阳市宜阳县,在历史上曾名福昌县、寿安县、福庆县。

[4]其:李宝宗(2017)释作"自",有误。

[5]分擘:李宝宗(2017)释作"分壁",有误。

[6]界:李宝宗(2017)释作"累",有误。

[7]忓恡:李宝宗(2017)释作"忓怪",有误。

【参考文献】

李宝宗:《从洛阳金代纪年墓杂剧砖雕看戏曲成熟年代》,《中国文物报》2017 年 8 月 22 日,第 5 版。

【图版】

照片见《中国文物报》2017 年 8 月 22 日第 5 版图一。

### 5. 金大定十七年（1177）赵二翁买地券

**【解题】**

1987年，河南省洛阳市新安县铁门镇盐仓村出土，砖质，近方形，长33、宽32、厚5厘米。阴刻行书12行，共133字。

**【释文】**

维属（南）瞻部州大金国河南府孟津县/亲仁乡盐仓村亡过赵二翁，今用钱[1]/九千九百九十贯文，□字□今，于□□/后土买到墓田，周流[2]一顷二十亩，东至/青龙，西至白虎，南至朱雀，北至玄/武。下至黄泉，四至界畔，永无违/碍。卖地人：石公曹。书契人：金主/薄（簿）[3]。牙人：张坚故。见人：李定度。/大定十七年四月二十八日，/买地人赵二翁。/今奉五帝使者/女青律令敕摄。/

**【校注】**

[1]今用钱：王沛、俞凉亘、王木铎（2018：444）释作"合用幣"，有误。

[2]墓田：王沛、俞凉亘、王木铎（2018：444）释作"良田"，有误。周流：王沛、俞凉亘、王木铎（2018：444）释作"□流"，据拓片可补出"周"。

[3]石公曹：王沛、俞凉亘、王木铎（2018：444）释作"石□曹"，据拓片可补出"公"。金主薄（簿）：王沛、俞凉亘、王木铎（2018：444）释作"金□薄"，据拓片可补出"主"。

**【参考文献】**

王沛、俞凉亘、王木铎：《洛阳陶文》，国家图书馆出版社2018年版，第444页。

**【图版】**

拓片见王沛、俞凉亘、王木铎：《洛阳陶文》第444页。

### 6. 金大定二十三年（1183）买地券

**【解题】**

2009—2013年，河南南阳市淅川县下寨遗址M77出土，泥质灰陶（M77：2），方形，高29.6、宽30.4、厚4.73厘米（图一〇五，图版三八：4），朱书，由右向左，背面右侧有朱书半书"□□合同"四字。

**【释文】**

□□□□□州邓州武胜军内乡县□□□/□□□□□□□□□□孝男将青/□□□□□□□□□土，今立契，用钱□□/□□□□□□□□□□□□问先故府君地

府主买到茔地一段。/其地东至青龙，西至白虎，南至朱雀，北至/玄武，上至仓（苍）天，下彻黄泉，内封勾陈，分擘四/域。墓伯界畔，道路，永无祸殃。若有干犯词（诃）禁者，将/军收付，今以工匠修茔安厝以后，永保安吉。知见人：/岁月主。代保人：直符星。故气邪精，不得忏悋。先/有居者，永避千里。若违此约，地府自当□□。/以后，悉皆大吉。急急如律令。五帝使者女青律/令摄。□□□：地府主。买地□□□□：/岁月星。代保人：□□□。/□契人□□□。读契人[1]令□□。/大定二十三年九月初十日，□□□茔□□。/

【校注】

［1］读：《原报告》（第121页）释作“续”，有误。

【参考文献】

河南省文物局编著：《淅川下寨遗址——东晋至明清墓葬发掘报告》，科学出版社2016年版，第119—122、157—159页。

【图版】

摹本见《淅川下寨遗址——东晋至明清墓葬发掘报告》第122页图一〇五，照片见《淅川下寨遗址——东晋至明清墓葬发掘报告》图版三八：4。

7. 金大定二十三年（1183）周成买地券

【解题】

洛阳出土。陶质，长45、宽28.5厘米，阴刻楷书10行，共189字。

【释文】

□□阳县第三都马富庄殁故亡人周成/□□县马富庄西北原安措宅兆。谨用钱[1]九万九/千九百九十九贯文，兼五綵信币，买地一段。东至/青龙，西至白虎，南至朱雀，北至真武。内方勾陈，分/擘掌四域。丘丞墓伯，封步界畔。道路将军，齐整阡陌。/迁（千）秋万岁，永无殃咎。若辄干饭（犯）诃禁者，将军亭长，收付河/伯。今以牲劳（牢）酒饭，百味香新，共为信契。财地交相，分付工/匠修营安厝已后，永保休吉。知见人：岁月主。保人：今日直/符。故气邪精，不得忏悋[2]。先有居者，永避万里。急急如律令。/大定二十三年四月二十一日立券。/

【校注】

［1］谨用钱：王沛、俞凉亘、王木铎（2018：445）释作“谨用幣”，有误。

［2］忏悋：王沛、俞凉亘、王木铎（2018：445）释作“忏悋”，有误。

【参考文献】

王沛、俞凉亘、王木铎:《洛阳陶文》,国家图书馆出版社2018年版,第445页。

【图版】

拓片见王沛、俞凉亘、王木铎:《洛阳陶文》第445页。

8. 金大定二十八年(1188) 司翌买地券

【解题】

1988年,河南焦作市恩村乡西北出土,现存河南焦作市博物馆。青石质,长50、宽43、厚8厘米,楷书13行。

【释文】

维南怀州修武县孝廉乡定禾村祭主/司翌,于村之北买一段,谨用钱/九万九千九百九十九贯文。东至/青龙,西至白虎,南至朱雀,北至玄/武。内方勾陈,分擘明堂四域。丘丞/墓伯,封步界畔。道路将军,整齐阡/陌。千秋永岁,永无殃咎。今已(以)牲牢/酒飰(饭),共为信契。财地交相,分付工匠/修茔安厝已(以)后,永保休吉。知见人:/岁月主。保人:今日直符。先有居者,/永避万里。若违此约,地府主吏自/当其祸。急急如五帝使者。/大定二十八年十二月二十九日,祭主司翌券[1]。/

【校注】

[1]司翌:王新英(2012:313)漏释"翌"字。

【参考文献】

郭建设、索全星:《山阳石刻艺术》,河南美术出版社2004年版,第177页。

【图版】

拓片见《山阳石刻艺术》第177页。

9. 金杨海情为杨四公买地券

【解题】

2000年,河南洛阳市汝阳县城出土。现藏汝阳县文物保护管理所。砖质,长30、宽28、厚5.3厘米,阴刻楷书12行,共146字,其中有一行文字倒置。

【释文】

维南瞻部州大金国嵩州伊阳县吉村居住/孝男杨海情葬送奠杨四公,安其/宅兆。用钱[1]九万九千九百九十九贯文,买地/一段。东西千百步[2],南北千步。/东至青龙，西至白虎。/南至朱雀，北至真武。[3]/内方勾陈，分壁（擘）堂（掌）四域。封步界畔，将军。千/秋万岁，永无咎。钱财，分付工匠安厝已/后，永保休吉。知见人：岁月主。保人：今日。/若违此约，地府主吏[4]自当其祸消/亡。急急如令。□□四年[5]十一月初四葬。/

【校注】

［1］用钱：王沛、俞凉亘、王木铎（2018：446）释作“谨用幣”，有误。下文“钱财”释作“幣财”亦误。

［2］千百步：王沛、俞凉亘、王木铎（2018：446）释作“千百步”，“千”与“步”之间虽有间隔，然图版不清，不知有无字，暂仍原释，待考。

［3］南至朱雀，北至真武：这一行文字书写顺序颠倒。

［4］地府主吏：王沛、俞凉亘、王木铎（2018：446）释作“也府土吏”，有误。

［5］□□四年：王沛、俞凉亘、王木铎（2018：446）释作“□□四年”。细审拓片，似是“明昌四年”（1193），图版不清，暂仍原释。

【参考文献】

王沛、俞凉亘、王木铎：《洛阳陶文》，国家图书馆出版社2018年版，第446页。

【图版】

拓片见王沛、俞凉亘、王木铎：《洛阳陶文》第446页。

### 10. 元宪宗八年（1258）尹平等为祖父母等买地券

【解题】

2013年8—9月，三门峡市文物考古研究所在市区房地产项目工地建设区域M36元墓出土1方买地券，买地券斜靠墓室底部西北角处，券后有一黑色卵石，墓室东北角有一青色卵石，东南角有一红色卵石，西南角有一白色卵石，北部偏中有一黄色卵石，是五色镇墓石。买地券质地为灰砖，方形，边长30、厚5厘米，背面正中模印一右手手印，券文乃朱砂书写，一侧书有半字“合同券”。原报告附有地券缩小照片，不清晰。

【释文】

维大朝岁次戊午[1]六月己卯朔二十五日癸卯，南□□□/陕县第一乡涧南社居住，孝子尹平，同弟尹濡、尹/智信，伏为殁故祖父尹不记名、祖母曹氏，伯父尹一、母/王氏，父一尹兴[2]、母石氏，叔父尹直、婶母马氏，叔尹四、婶母/张氏，兄尹望喜、嫂张氏,兄尹原、嫂解氏,弟尹黑则、尹□□/赛哥、弟新妇皇甫氏,侄新妇常氏。次于七月初二日己酉□□。/龟筮协从,相地袭吉。宜于本县第二乡嘉王庄西原安厝/宅兆。谨用钱九万九千九百九十九贯文,兼五綵信币,买地/一段。东西阔一十二步五分,南北长十三步三分六厘。东至青龙,西/至白虎,南至朱雀,北至玄武。内方勾陈,分掌四域。丘丞墓/伯,封部界畔。道路将军,齐整阡陌。千秋万岁,永无殃灾。/若辄干犯[3]诃禁者,将军亭长,收付河伯。今以牲牢酒□、/百味香新,共为信契。财地交相分付,工匠修营安厝之后,/永保休吉。知见人:岁月主。保人:今日直符。故气邪精,不/得忏悋。先有居者,永避万里。若违此约,地府主吏自当其/祸。主人内外存亡,悉皆安吉。急急如/五帝使者女青律令。/

**【校注】**

[1]岁次戊午:元宪宗八年,公元1258年。

[2]一:可能是衍文。

[3]干犯:史智民、李宝军、张青彦(2014)释作"千祀",有误。

**【参考文献】**

史智民、李宝军、张青彦:《河南三门峡发现元代早期墓葬》,《中国文物报》2014年6月6日,第8版。

## 11. 元皇庆元年(1312)马聚为父母买地券

**【解题】**

1983年12月,新乡市文物工作队在河南新乡县古固寨乡古固寨村南,出土买地券1块,青砖质,呈方形,长24、宽21、厚3厘米,正面打磨平滑。券文用朱砂书写,字体为楷书。正面文字14行,满行25字。字体大小不等,字迹大部分清晰可辨。

**【释文】**

维南瞻部州大元国皇庆元年岁次壬子已酉月甲子朔望,/卫辉路新乡县新中乡介三东居住祭主马聚,/伏缘父母奄逝,未卜茔坟,夙夜忧思,不遑所厝,遂令日者/择此高原,来去朝迎,地占袭吉。地属本州本县介□之后□□马宅□,/梯己出备钱綵买到墓地一方,南北长□□□□□□□□三步八分/一厘二毫五丝。东至青龙,西至白虎,南至朱雀,北至玄武。内方勾陈,/管分擘四域。丘承墓伯,封步界畔。道路将军,齐整阡陌,/致使千秋万载,永无殃咎。若有干犯,并令将军亭长,缚付河伯[1]。今备牲劳酒脯,百味香新,共为信契,□财交相,各已分付。令工匠修茔安厝已后,永保休吉。知见人□岁月主。代保人:今日直符。故气邪精,不得干□。先有居□,□□□□。若违此约,地府主吏,自当其祸。助葬主里外存亡,悉皆安吉[2]。急急如/五帝使者女青律令。/皇庆元年八月廿八日祭主马聚[3]。/

【校注】

[1]冯述一(2018:20)所作释文中,"今日者"应是"令日者","分掰"应是"分擘","家□□"应是"齐整","会"应是"令"。"卜茔坟"前漏释"未"。

[2]冯述一(2018:21)所作释文中,"分会"应是"分付","采"应是"悉"。

[3]虽然公布地券照片并不清晰,但据文意,券文还可补出"伏""遑""厝""原""万""致""契""其""存亡""皆""女青"等。

【参考文献】

冯述一:《新乡县出土元代买地券考》,《文物鉴定与鉴赏》2018年第7期,第20—21页。

【图版】

照片见《文物鉴定与鉴赏》2018年4月(上)第20页。

## 二、湖北

### 1. 北宋靖康元年(1126)杜氏一娘买地券

【解题】

1976年3月,孝感市白沙区花西乡大湾吉村出土,铁质,长31.5、宽22、厚1.5厘米。用朱砂书写从右向左楷书16行,正文前题"合同"二字。

【释文】

维靖康元年岁次丙午三月丁卯朔初七日癸酉,祭主郭/度等,伏为先妣杜氏一娘,以宣和二年三月十三日殁故,/龟筮协从,相地袭吉。宜于德安府安陆县太平乡/马子石村长乐之原[1],安厝宅兆。谨用钱九万九千九百/九十九贯文,兼五綵信币,买地一段。东至青龙,/西至白虎,南至朱雀,北至玄武。内方勾陈,分擘/掌四域。丘承(丞)墓伯,封步界畔。/道路将军,齐整阡陌。千秋千岁,永无殃咎。若/辄干犯诃禁者,/将军亭长,收付/河伯。今[2]以牲牢酒饭,百味香新,共为信契。财地交/相分付,工匠修营安厝以后,永保休吉。知见人:岁/月主。保人:今日直[3]符。故气邪精,不得忏恡。先有/居者,永避万里。

若违此约，/地府主吏命当其祸。主人内外存亡悉皆安吉。/急急如五帝使者女青律令。/

【校注】

[1]太平乡马子石村：高朋（2011：267）释作“太平马子石乡村”，有误。张传玺（2014：525）释作“太平乡马子石村”，可从。

[2]今：摹本有误，高朋（2011：267）、张传玺（2014：525）释作“余”，亦误。

[3]直：摹本作“真”，有误。

【参考文献】

李端阳、陈明芳：《湖北孝感大湾吉北宋墓》，《文物》1989年第5期，第69—70页。

【图版】

摹本见《文物》1989年第5期第70页图七。

### 2. 南宋宝祐四年（1256）任公总管忠训、蒋氏孺人买地券

【解题】

1983年7月至8月，武汉市文物处历史文物科在青山区凤凰山西麓工人村十五舍附近清理了一座南宋夫妇合葬墓，出土一式二方买地券。砖质，为正方形，边长为30.8、厚4厘米。券文楷体朱书，大部分字迹已模糊不清。南室的一方，券首横书“宋故任公总管忠训契券”。北室的一方，券首横书“宋故蒋氏孺人契券”。每券正文各15行，书写格式较特殊，为一行正书、一行倒书的循环颠倒排列。

【释文】

维皇宋宝祐四年……八月己未……/……祖……信阳军……江夏县□□□青城村居住，/孝婿朱文亮、孝儿任氏……/……于宝祐四年七月十九/日在郢管下漕滩，因病……/……地内坐甲/向庚为宅兆。谨[1]用钱九万九千九百九十九贯……/……东止青龙，西止白虎，南止朱雀，北止/玄武。内方……/……干犯呵禁。/将军亭长，收付河伯。/……永保休吉。知/见人[2]：岁月。保人：今日。自保[3]……/……其祸。主人内外/存亡[4]，悉皆安吉。/（第一方）

维皇宋宝祐四年岁次丙辰，八月己未朔，二十四日……/……江夏县西兴乡青城村/居住，孝婿……/……孺人享年六十五，于宝祐四年六月/□□在襄阳府……吉□于郢/江夏县青城村震山之原，买到□田□□义地内座（坐）甲向庚/

宅兆。谨[5]用钱九万九千九百九十九贯文,兼五綵信币,买/地一为[6]。东止青龙,西止白虎,南止朱雀,北止玄武,内有□[7],/分掌四域。丘丞墓佰(伯),/封步界畔。道路将军,齐整阡/陌。千秋万岁,永无殃咎。若辄干犯诃禁,将军亭长,/收府(付)何(河)伯。今以……百味香新,共为信誓。/财地交相分付,……永保休吉。/见人:岁月主。保人:今日直符。故气邪精,不得干犯。□有/□居者,永避万里。若违此约,地符(府)主吏当其祸。主人/内外存亡,悉皆安吉。急急如玉(五)帝主者□□□□。/(第二方)

【校注】

[1]谨:《简报》(第15页)、高朋(2011:268)释作"体"。疑作"谨"。

[2]见:《简报》(第15页)将二券中均释"具",有误。高朋(2011:268)改释作"见"。

[3]自保:《简报》(第15页)释作"自保"。疑有误,因未见图版,暂从原释。

[4]亡:《简报》(第15页)将二券中均释"之",有误。高朋(2011:268)改释作"亡"。

[5]兆。谨:《简报》(第15页)、高朋(2011:268)释作"托护"。"托"应是"兆",归上读,而"护"应作"谨"。

[6]为:《简报》(第15页)、高朋(2011:268)释作"为"。疑有误,应是"所""处"等字。

[7]内有□:《简报》(第15页)释作"内有□",疑有脱字。

【参考文献】

武汉市文物队:《武汉市青山宋墓清理简报》(此称《简报》),《江汉考古》1986年第4期,第12—16页。

### 3. 南宋咸淳八年(1272)吕氏大小娘买地券

【解题】

2000年4月,黄石市西塞山南宋墓出土,砖质,阴刻楷书,朱书,长32、宽30、厚4厘米,顺逆相间。现藏黄石市博物馆。

【释文】

皇宋咸淳八年岁次壬申十一月初一卯朔,二十甲岁越三十甲申。祖贯淮南西路安丰军霍丘县人事(氏),寓居江南西路兴国军大冶县永丰乡章山里鹿栏保道士洑,返孝,父吕辅国同孝男程公道孝眷等敬为亡女安人吕氏大小娘存日入内,系已亥年[1]二月十三寅时生,阳寿卅四岁,不幸于八月十一日寅时在建康府国子监街程宅倾世(逝)。龟筮协从,宜于本时山之阳为宅兆安厝。谨以冥财九万九千九百九十九贯文,兼五綵信币,买地一穴。东至青龙,西至白虎,南至朱雀,北至玄武。内方勾陈,分掌四域。丘丞墓伯,谨肃界封。道路将军,齐整阡陌。千秋万岁,永无殃咎。若辄干犯,诃禁将军亭长,收付河伯。今以酒礼香新,共为信誓。财地两相交付,分付工匠修营安厝已后,永保休吉。见人:岁月主。保人:今日直符。故气邪精,不得干犯。先有居者,远避千里。若违此约,地府主吏,自当其祸。主人内外存亡,悉皆安吉。急急如太上主者[2]女青律令。

**【校注】**

[1]己亥年:南宋嘉熙三年,即公元1239年。

[2]龚长根(2008:266,2012:266)释"居者"作"君子","主人"作"生人","存亡"作"有亡","主者"作"王者",均误。

**【参考文献】**

龚长根:《黄石市西塞山南宋墓买地券、元墓墓志铭疏解》,载《黄石文史资料》第28辑,2008年,第265—269页。又载《青铜文化与矿冶文化研究》,湖北人民出版社2012年版,第233—238页。

## 三、湖南

### 1. 北宋嘉祐四年(1059)焦三郎、周氏一娘买地券

**【解题】**

2002年7月,为配合益阳高尔夫球场工程建设,湖南省文物考古研究所与益阳市文物管理处对市郊梓山湖水库旁工程内地下文物进行了抢救性发掘,两座宋墓各出墓志与买地券,其中青石买地券2方,长方形。标本M1:11,长70、宽45、厚9厘米,楷书,右行(图五四)。标本M2:1,长78、宽40、厚4.5厘米,行书,左行(图五五)。

**【释文】**

维南瞻部州大宋国武安军潭州益阳县/市住没故亡人周氏一娘,行年陆拾三岁,/暂向后菌(园)看花,路逢仙人置酒,玉女传盃,/不觉沉醉,堕落黄泉,一去不回。上无强兄,/下无弱弟,今自身知当。今用银钱壹万玖/仟玖佰玖拾玖贯文足,买得此地名千石乡/梓山源土地一処,所有坟将为亡人万年/募(墓)宅一管。东至甲乙,南至丙丁,西至庚辛,/北至癸巳,上至青天,下至黄泉等,并

属/亡人所管。四孟四仲四季、左右凶神恶鬼、魍/魉邪精，不得横来侵夺。此契何人书？水中/鱼。何人读？高山鹿。鹿上高山，鱼入深泉。知见/人：东王公。作保人：西王母。作证人：张坚固、李/定度。太上老君急急如令敕。/嘉祐四年玖月一日癸巳贰拾捌日庚申朔，没故/亡人周氏一娘地契记。/（M1：11 周氏一娘买地券）

维大宋潭州益阳县市居/没故亡人焦三郎，行年七/十四岁，暂向后园采花，路/逢仙人置酒，玉女传盃，不/觉沉醉，堕落黄泉，一去不/回。上无强兄，下无弱弟身[1]，/自身当今用银钱一万九/千九百九十九贯文，买得/此地土名梓山坟一所，将/为万年墓宅所管。东至甲/乙，南至丙丁，西至庚辛，北/至壬癸，中至戊己，上至青/天，下至黄泉，四至之内，并/属亡人所管。四孟四仲四/季、左右凶神恶鬼、邪精魍/魉不得横来侵夺。此契何/人书？水中鱼。读者高山鹿。/鹿上高山，鱼入深泉。知见：东/王公。作保：西王母。证人：张坚、李/定度。太上老君急急如律令。/（M2：1 焦三郎买地券）

【校注】

[1]身：疑是书写地券者误衍。

【参考文献】

湖南省文物考古研究所、益阳市文物管理处：《湖南益阳梓山湖孙吴、宋墓发掘简报》，载《湖南考古辑刊》第九辑，岳麓书社 2011 年版，第 128—154 页。

【图版】

M1：11 周氏一娘买地券、M2：1 焦三郎买地券拓片见《湖南考古辑刊》第九辑第 151 页图五四、五五。

### 2. 北宋嘉祐七年（1062）佚名买地券

【解题】

1987 年 5 月 8 日，湖南省益阳市桃江县原桃谷乡曾家坪村出土，青石质，呈不规则长方形，长 69、宽 45、厚 9 厘米，正面券文阴刻楷书，直书 11 行，计 201 字。桃江县文物管理所收藏。

【释文】

南赡（赡）部州（洲）大宋国武安军潭州益阳县桂华乡乾田保/没（殁）故亡人，年登三十九岁，于后园看花，遇逢仙人饮酒，赐与[1]/一盏，归家寿终。卜得田宅，宜向地名[2]五步土地，下用轻钱万[3]/万九千九百九十九贯，买得一处地土，修营（茔）塚一駈（丘），东至/甲乙，南至丙丁，西至壬癸，北至玄武，上拴（至）皇天，下拴（至）/黄泉，四至之内，尽嘱（属）[4]亡人。即日葬埋，时人证知：王/子桥（乔）、赤从（松）子、张敬（坚）固、李定度。千年里（鲤）鱼万年鹤，/鱼入深泉，白鹤飞上天。亡人一去不得望回勾连。/若有千灾万祸，切（均）是百（柏）人知当，不步（涉）生人/之事。太上老君急急如律令。嘉祐柒年/十二月二十三日。/

**【校注】**

[1]与：张建平（2016：408）释作"予"，有误。

[2]向：张建平（2016：408）释作"向（间）"，待考。名：张建平（2016：408）释作"名（各）"，待考。

[3]万：张建平（2016：408）释作"五"，有误。

[4]尽：张建平（2016：408）释作"书"，有误。

**【参考文献】**

张建平：《桃江出土的宋嘉祐七年石买地券考》，载《湖南省博物馆馆刊》第十二辑，岳麓书社 2016 年版，第 407—412 页。

**【图版】**

照片、拓片分别见《湖南省博物馆馆刊》第十二辑第 408 页图一、二。

### 3. 元后至元十二年（1335）文寿买地券

**【解题】**

20 世纪 90 年代初，湖南澧县出土。青灰方砖朱书，边长 29.5、厚 4 厘米。正面券文，为楷书略显行草，自右至左计 12 行，共 309 字。整面券文被一幅八卦图案所圈围，券尾有符篆"勅天罡地脉开通黄路"。另有二方地券，青灰方砖朱书，一方边长 31、厚 4.5 厘米，一方边长 27、厚 4 厘米，字迹均不清。

**【释文】**

至元年乙亥闰十二月己卯朔越十二日庚寅，澧州路在城孝德坊冯家升/泉土地分居，殒故父亲文公寿原知事，元命于乙未年五月十六日寅时，生/寿年四十岁大限，甲戌年二月有二日约寅卯时分在家因疾终于正寝，/停柩在堂。龟筮协从，相地袭吉[1]。宜于本州澧阳县同由乡安仁南村余药/下保张家业土地，分自己地上迁，作乾山巽向之原宅兆[2]。谓今庚寅/吉旦移灵，还山安葬。谨用钱财买地一穴。东止甲乙，西止庚辛，南止/丙丁，北止壬癸，中央戊己，分

掌四域。丘丞墓伯，封步界畔。道路将军，齐整/阡陌。千秋万岁，永无殃咎。□□□□□□□□诃禁，将军亭长，收付河伯。□□□礼，共为信誓。财地交相分付，工匠修营安葬之后，永保休吉。知见人：岁/月主。保人：今日直符。故气邪精，不得干犯。先有居者，永避万里。如违此约，/地府主吏，自当其祸。主人内外存亡[3]，悉皆安吉。急急如/五帝主者女青律令。/

【校注】

[1]乙未：元贞元年，公元1295年。甲戌：后至元十一年，公元1334年。相地袭吉：《原报告》（第93页）、李春圆（2018：125）释作"刻地龙古"。

[2]乾山巽向：坐西北向东南。兆：《原报告》（第93页）释作"北"。李春圆（2018：125）改释作"兆"，可从。

[3]存：《原报告》（第93页）释作"有"。李春圆（2018：126）改释作"存"，可从。

【参考文献】

湖南澧县博物馆：《湖南澧县出土元明地券》（此称《原报告》），《江汉考古》1993年第1期，第93—94页。

## 第六节　华南地区新见买地券

华南地区包括广东省、广西壮族自治区、海南省、香港特别行政区、澳门特别行政区，本节主要涉及广东省出土2种买地券。

### 1. 南宋乾道三年（1167）陈六郎、柳氏五娘买地券

【解题】

1988年9月22日，广东省湛江市原海康县（今雷州市）白沙乡全茂坡一座夫妻合葬宋墓出土地券砖两块，方形，边长31.5、厚2.5厘米，楷书，朱书。现存湛江雷州博物馆。

【释文】

维乾道三年岁次丁亥正月一日庚子朔十五日甲寅，即有大宋国雷/州海康县延德乡安仁里郭居西湖坊，以亡故考陈六郎/于绍兴三十年[1]十一月十七日殁故，龟筮协从，相地袭吉，宜於/本州本县郇溏源石奇系鞍马田头山地安厝宅

兆。谨用/钱九万九千九百九十九贯文，兼五綵信币，买地一段。东西一百步，/南北一百步。东至青龙，西至白虎，南至朱雀，北至玄武，内/方勾陈，分掌四域。丘丞墓伯，封步界畔。道路将军，齐整/阡陌。千秋万岁，永无殃咎。若辄干犯诃禁者，将军亭长，收付/河伯。今以牲牢酒饭，百味香新，共为信契。财地交相，/分付工匠修营安厝已后，永膺休吉。知见人：岁月/主，保人：今日直符。祟气邪精，不得干恡。先有居者，永避/万里。若违此约，地府主吏，自当其祸。主人内外存亡，悉皆安/吉。急急如/五帝律令。地券合同。/(第一方)

维乾道三年岁次丁亥正月一日庚子朔十五日甲寅，即有大宋国雷州海康县延德乡安仁里郭居西湖坊，以亡故妣柳氏五娘于绍兴二十二年四月初八日殁故，龟筮协从，相地袭吉，宜於本州本县郇溏源石奇系鞍马田头山地安厝宅□。谨用钱九万九千九百九十九贯文，兼五綵信币，买地一段。东西一百步，南北一百步。东至青龙，西至白虎，南至朱雀，北至玄武，内方勾陈，分掌四域。丘丞墓伯，封步界畔。道路将军，齐整阡陌。千秋万岁，永无殃咎。若辄干犯诃禁者，将军亭长，收付河伯。今以牲牢酒饭，百味香新，共为信契。财地交相，分付工匠修营安厝已后，永膺休吉。知见人：岁月主，保人：今日直符。祟气邪精，不得干恡。先有居者，永避万里。若违此约，地府主吏，自当其祸。主人内外存亡，悉皆安吉。急急如五帝律令。地券合同。(第二方)

**【校注】**

[1]绍兴三十年：公元1160年。伍庆禄、陈鸿钧(2019：448)释作“乾道三年”，有误。伍庆禄、陈鸿钧(2019：448)所作南宋乾道三年(1167)陈六郎买地券释文错讹较多，如“七月十七日”“□信敞□”“丘成”“殃各”“君□”“域禁者”“什吉”“直待”“判官”均有误，今以邓杰昌(1989：52)为主。

**【参考文献】**

1. 邓杰昌：《最近发现的三座南宋纪年墓》，载《海康文史》1989年第1辑，1989年，第52—53页。

2. 伍庆禄、陈鸿钧：《广东碑刻铭文集(第四卷)·摩崖刻铭类吉金砖瓦刻铭类》，广东高等教育出版社2019年版，第448页。

**【图版】**

拓片引自《广东碑刻铭文集(第四卷)·摩崖刻铭类吉金砖瓦刻铭类》第448页。

### 2. 南宋淳熙十五年（1188）王□□买地券

**【解题】**

1988年9月22日，广东省湛江市原海康县（今雷州市）白沙乡全茂坡宋墓M1出土1方青灰色地券砖，长42、宽25.5、厚3.7厘米，朱书。

**【释文】**

维淳熙十五年太岁戊申十一月□□□□一日□□，即有大宋国广南西路雷州海康县延德乡安仁里居敬德坊以亡□□□王□□□寿享年五十三岁，于淳熙八年四月初一日寿终于本州本县地名郇溏□□安葬。谨用钱九万九千九十九贯九文九分九厘九毫，兼五彩信币，就地主张坚固、保人李定度买地一段，东西百步，南北百步。东至甲乙，西至庚申，南至丙丁，北至壬癸。内方勾陈，分掌四域。丘丞墓伯，封步界畔。道路将军，整齐仟（阡）陌。千秋万岁，永无殃咎。若辄干犯诃禁者，将军亭长，收付河伯。今以牲牢酒饭，百味香新，共为信契。财地交相，分付工匠修营安厝已后，永膺休吉。知见人：岁月主，保人：今日直符。祟气邪精，不得干恡。先有居者，永避万里。若违此约，地府主吏自当其祸。□太上老君敕。急急如律令。

**【参考文献】**

邓杰昌：《最近发现的三座南宋纪年墓》，载《海康文史》1989年第1辑，第52—53页。

## 第七节　西南地区新见买地券

西南地区包括重庆市、四川省、贵州省、云南省、西藏自治区五省（市、区），西藏自治区目前未出土买地券。本节主要涉及四川、云南二省，其中四川116种，云南2种，计117种。四川省出土买地券数量多，内容丰富，生动有趣。

## 一、四川

### 1. 北宋雍熙四年（987）王思买地券

**【解题】**

1985年，成都蒲江县东北乡（今鹤山镇）体泉村五组出土，现存成都蒲江县文物保护管理所，白砂石质，碑形，高42、宽37、厚3.2厘米。楷书，从右至左11

行，125字。

**【释文】**

维雍熙四年岁次丁亥十一月/庚申朔一日庚申奉为亡灵/王思，今将白银信钱万万贯文/于蒲江县普慈乡蒲同里土地/神处市买地一段，上至青天，下/至黄泉。东至青龙，西至白虎。南/至朱雀，北至玄武。内外勾陈，守/护坟墓。自有文书契券分明。相/见人：岁月日辰。如若地神不容，/自招其祸。急急如律令。/亡灵王思地券文合同。/

**【参考文献】**

刘雨茂、荣远大（成都文物考古研究所）：《成都出土历代墓铭券文图录综释（上）》，文物出版社2012年版，第102页。

**【图版】**

拓片见《成都出土历代墓铭券文图录综释（上）》第101页图版五四。

## 2. 北宋淳化三年（992）费洪买地券

**【解题】**

现存成都大邑县文物保护管理所，出土时地不详，红砂石质，高53、宽33、厚3.8厘米。券文从右至左十五行，正书223字。

**【释文】**

维淳化三年太岁壬辰二月乙丑朔/六日庚午，邛州安仁县锦乡永安里/男弟子费洪[1]，行年七十七岁，十月生。/弟子生居尘境，长在阎浮，假四大以/为刑（形），附阴阳而德（得）体，五温（蕴）之跪，浊世/陈倾，所以选求福地，/见（建）荣（营）吉宅，曾（增）益/寿年。今备黄铜赤钱、五綵杂信，就此/东王公、西王母处买得造延寿堂地/一所，东至青沙，南至幽都，西至入没[2]，/北至玄武。上至青天，下至黄泉。一买/已（以）后，用山为界，以海为边。保证人：张坚/故（固）、李定度。知证分明。纔（财）地交付工匠，/修营造立寿堂之后，地下诸神不得/禁故侵犯侵犯[3]。急急如地下五帝老/君。急急如青帝使者。急急如律令。/

**【校注】**

[1]刘雨茂、荣远大（2012：104）指出：券主费洪亦可能是佛道双修信士。

[2]入没：北宋乾兴元年（1022）阿费买地券是"日没"。

[3]侵犯侵犯：刘雨茂、荣远大（2012：104）指出：后一处"侵犯"二字疑为

衍文。

【图版】

拓片见《成都出土历代墓铭券文图录综释（上）》第 103 页图版五五。

### 3. 北宋大中祥符三年（1010）张先买地券

【解题】

1998 年，成都蒲江县松华乡（今寿安镇妙乐村）建华机砖厂墓葬中出土，现存成都蒲江县文物保护管理所，白砂石质，碑形，高 48、宽 37、厚 3.4 厘米。券文从左至右 12 行，149 字。

【释文】

维大中祥符三年岁次庚戌十一月丙/子朔二日壬申[1]，今有邛州信政县/归义乡马鸣里殁故亡人张先，谨/用白银信钱万万千贯文，于山川/社稷十二神边买得墓田一所，周/流一倾。东至青龙，南至朱雀，西至/白虎，北至玄武。上至苍天，下至黄/泉，四至分明。即日有钱财交付，/天地神明了。内方拘（勾）陈，停是亡人。/保券人：张坚固、李定度。书券/人：金主簿。读券人：石功曹。证见人：/青乌子。急急如律令。/

【校注】

[1]壬申：刘雨茂、荣远大（2012：106）指出应是"丁丑"。

【图版】

拓片见《成都出土历代墓铭券文图录综释（上）》第 105 页图版五六。

### 4. 北宋天禧元年（1017）金四娘买地券

【解题】

现存成都郫县文物保护管理所，出土时地不详。陶质，上下边沿残缺，残高 37、宽 36.5、厚 4 厘米，券文从左至右 13 行，正书 143 字。

【释文】

维天禧元年岁次丁巳十二/月乙丑朔月（越）七日辛未，大宋/西川益州郫县善行村，今/有没故亡人金四娘，用钱万万/九千九佰九十九贯文，就此青/天为父，后土为母，社稷主□/买得前件墓田一所，周流一/倾，东至青龙，西至白虎，南/至朱雀，北至玄武。上至仓（苍）天，下/至黄泉，四至分明。即有钱财/分付天地神了。保人：张坚故（固）、李/定度。只（知）见人：东王父、西王母。

书/券人飞上天,读券人入黄泉。/

【图版】

拓片见《成都出土历代墓铭券文图录综释(上)》第107页图版五七。

### 5. 北宋天禧五年(1021)杨氏买地券

【解题】

1994年3月,成都新津县五津镇顺江村九组出土,红砂石质,中下部残断,残高42、宽36、厚3.5厘米。从左至右十三行,正书146字。

【释文】

维天禧五年太岁辛酉十月癸卯/朔七日己酉,殁故亡妣杨氏之灵,生/居堂室,死皈宅兆。龟筮叶从,相地/袭吉。宜于蜀州新津县合江乡□/江里之源(原)安厝。谨用五綵镇信□□/主地□安都边买得此地一段,□□□/九步,其地用充安排者。/东至青龙,西至白虎,/南至朱雀,北至玄武。/内方拘陈。上至青天,下至黄泉。分/掌四域。丘承(丞)墓陌(伯),封步界畔。道路/将军,整齐阡陌。急急如五帝使者女/青律令。/

【参考文献】

郑伟:《新津五津镇宋代砖室墓清理小记》,《成都文物》1995年第1期。

【图版】

拓片见《成都出土历代墓铭券文图录综释(上)》第109页图版五八。

### 6. 北宋天圣元年(1023)何氏买地券

【解题】

1991年7月,成都蒲江县东北乡(今鹤山镇)金马村二组出土,白砂石质,高40、宽33、厚3.5厘米。碑石正中刻一"碑"字,两侧分刻"日""月"二字。券文从右至左顺逆相间正书11行,计169字。

【释文】

维天圣元年太岁癸亥九月壬戌朔二十三/日甲申,即有邛州蒲江县盐挡乡恩洽里/殁故亡人何氏,今用钱万万九千九百九十九贯/文,就于当里黄(皇)田(天)父、后土母、社稷十二神处/买得前件墓田一所,周流一倾,东至青龙,西至白虎,/南至朱雀,北至玄武。上至苍天,下至黄泉,四/至分明。即日钱财分府(付),天地神名(明)了。保人:张坚涸(固)、李定/度。见知:东王父、西王母。

书契人：侯功曹。读/契人：金主簿。书契人飞上天。读契人入黄泉。/急急如太上老君律令。/

【参考文献】

四川省文物管理局：《四川文物志》上册，巴蜀书社 2005 年版，第 303 页。

【图版】

拓片见《成都出土历代墓铭券文图录综释（上）》第 115 页图版六一。

### 7. 北宋天圣四年（1026）徐兹买地券

【解题】

2009 年 8 月 21 日，眉山市洪雅县中保镇平乐村七组发现一宋代夫妻合葬古墓，出土泥质灰陶买地券，呈碑形，高 40、宽 38、厚 5 厘米。券文顺逆相间。

【释文】

维天圣四年太岁丙寅伍月二十七朔，今有亡人为徐国嘉州洪雅县集果乡侏明里，今有殁故亡考君徐国大人，用钱九万九千九十九贯九百文，就此天父□佑拾二边买得前件墓田，用四脉□[1]。东至青龙，南至朱雀，西至白虎，北至玄武。上至苍天，下至黄泉，四至分明。即日钱财安定，玄鬼灵，永无禁固（锢）。葬讫，安定亡人。东王父、西王母，四渎[2]敢当告于显考君徐兹地券。永无禁固，苦痛哀哉。

【校注】

［1］佑拾：释文可疑，未见图版，暂仍原释。用四脉□：释文可疑，或是“周流壹顷”之误，未见图版，暂仍原释。

［2］四渎：江、河、淮、济四河。

【参考文献】

葛仲洪：《北宋古墓“现身”洪雅中保，“买地券”见证历史变迁》，《眉山日报》2009 年 9 月 1 日。

### 8. 北宋天圣九年（1031）樊氏十一娘买地券

【解题】

1988 年 1 月，成都蒲江县蒲江大桥南侧出土，白砂石质，高 50、宽 42、厚 4 厘米。碑形，额部刻“日”“月”及卷叶纹图案，从左至右正书 12 行，177 字。

【释文】

维天圣九年岁次辛未十一月甲辰朔[1]/九日壬午,大宋东京剑南西川邛州蒲/江县普慈乡礼过里殁故亡人樊氏十/一娘,今用铜钱万万九千九百九十九贯文,/就于恩洽里黄(皇)天丈(父)、后土母、十二神边买得/前件墓田一所,周流一倾,东至青龙,西至/白虎,南至朱雀,北至玄武。上至苍天,下/至黄泉,四至分明。即日8·(钱)财分付天地神/明了。保人:张坚固、李定度。知见人:东王父、西/王母。书�(券)人:石功曹。读磱(券)人:金主簿。书磱(券)/了飞上天。读磱(券)了入黄泉。太上勅急急/如律令。/

【校注】

[1]甲辰:刘雨茂、荣远大(2012:118)指出应是“甲戌”。

【图版】

拓片见《成都出土历代墓铭券文图录综释(上)》第117页图版六二。

9. 北宋景祐二年(1035)杨氏买地券

【解题】

2017年3—4月,成都文物考古研究院对成都市武侯区群众路唐宋墓地进行发掘,其中M6出土墓券2方,红砂石质。一方买地券,一方敕告文券。买地券(M6:3),正方形,长34、宽34.3、厚2.2厘米,从左至右阴刻(图二二)。

【释文】

维景祐二年太岁次……丙辰朔二/十九日甲申,故杨氏地券。生居……/安宅兆。卜筮叶从,相地咸吉。宜于此/华阳县江安东福地之原安厝。谨用/信钱买地,东至青龙,西至白虎,南至/朱雀,北至神武。中方勾陈,分掌四域。/丘丞墓伯,封步界畔。道路将军,整/齐阡陌。千秋万岁,永无咎殃。若辄忓(干)[1]/犯诃禁者,将军停(亭)长,收付河伯。今/以牲牢酒食,百味香莘,共为信契。/财地交付,工匠修茔安厝已(以)后,永/保亨吉。主人内外存亡安吉。急急/如律令。/

【校注】

[1]忓:《简报》(第332页)释作“忏”,有误。

【参考文献】

成都文物考古研究院:《成都市武侯区群众路唐宋墓地发掘简报》(此称《简报》),载成都文物考古研究院:《成都考古发现2016》,科学出版社2018年版,第 319—344 页。

【图版】

拓片见《成都考古发现 2016》第 338 页图二二。

10. 北宋景祐四年（1037）周氏买地券

【解题】

现藏成都文物考古研究所,出土时地不详。红砂石质,券石右上角残损,高 34、宽 35.5、厚 2.5 厘米,从左到右楷书 12 行,存 192 字。

【释文】

维景祐四年岁次丁丑二月甲辰朔二十 / 七日庚午,故周氏地券。生居城邑,死安宅 / 兆。卜筮叶从,相地咸吉。宜于此华阳县普 / 安乡福地之原安厝。谨用信钱买地,东 / 至青龙,西至白虎,南至朱雀,北至神武。/ 内方[1]勾陈,分掌四域。丘承(丞)墓陌(伯),封步界畔。/ 道路将军,整齐阡陌。千秋万岁,永无咎。/…… 犯诃禁者,将军停(亭)长[2],收付河 / 伯。…… 酒食[3],百味香莘(辛),共为信契。/…… 茔。安厝已(以)后,永保元吉。/…… 人: 今日直符。故炁 /…… 内外存亡安吉。/

【校注】

[1]内: 刘雨茂、荣远大(2012: 120)释作“中”。

[2]释文在“将军”前,刘雨茂、荣远大(2012: 120)衍“茔”字。

[3]酒食: 员鑫(2017: 64)释作“酒色”,有误。

【参考文献】

员鑫:《四川地区宋代买地券整理与研究》,西华师范大学硕士学位论文,2017 年。

【图版】

拓片见《成都出土历代墓铭券文图录综释(上)》第 119 页图版六三。

11. 北宋景祐四年（1037）向正生圹买地券

【解题】

1986 年 3 月,成都蒲江县寿安镇白岩寺八组出土,白砂石质,碑形,额部刻“日”“月”并卷云纹、波浪纹等图案,中部残断,残高 44、宽 35、厚 5 厘米,正书 14 行,部分字漫漶不清,可识者 126 字。此为生前预造坟墓地券。

【释文】

维景祐四年岁次丁丑十月己巳朔，/钑（剑）阁西川……今有邛州/依政县归义乡寿安里/……向正行年六十五/……今日行年吉月/……时，预置吉宅，今用/……钱万万九千九佰九十/九贯文，就于十二神边/买得吉宅一所，东至青/龙，南至朱雀，西至白虎，/北至玄武。上至青天，下至/……券分明。/……地，不得……/……/

【图版】

拓片见《成都出土历代墓铭券文图录综释（上）》第121页图版六四。

12. 北宋宝元二年（1039）王承氏买地券

【解题】

2014年11月至2015年4月，成都文物考古研究所、双流县文物保护管理所在双流县九龙湖小区宋墓出土3方买地券。其中M5：5买地券，红砂石质，风化严重。M6：2皇祐四年（1052）□氏地券，红砂石质，方形，阴刻文字10行（图九）。M7：2宝元二年（1039）王承氏买地券，红砂石质，方形，阴刻文字12行（图一一）。

【释文】

维宝元二年岁次己卯十月己未朔二/十七日乙酉，故王承氏地券。生居城邑，死/安宅兆。卜筮叶从，相地咸吉，宜于此广都/县永兴□福地之原安厝。谨使信钱买/地，上至青天，下至黄泉，东至青龙，西至/白虎，南至朱雀，北至真武，中方勾陈，分/掌四域。丘承（丞）墓陌（伯），封步界畔。道路将军，/整齐阡陌。千秋万岁，永无咎殃。若辄干/犯[1] 诃禁者，将军亭长，收付河伯。今以牲/牢酒食，百味香辛，共为信契。财地[2]交付/工匠修营安厝已后，永保休吉。主人内/外存亡，大小安吉。急急如律令。/（M7：2）

维大宋皇祐四年岁在壬辰十/一月壬寅朔八日己酉□氏地券。/生居城邑，死安宅兆，龟筮叶从，/相地咸吉，宜于此广都县永兴/乡□营胜地安厝。□有四神分/明，东有□□青龙，西有庚辛白/虎，南有丙丁朱雀，北有壬癸玄/武，□方□戊己，于□□为五方/□□封□□□□□□□□守护/□千秋万岁□□□安。/（M6：2）

【校注】

[1]干犯：《简报》（第454页）释作“千犯”，有误。

［2］财：《简报》（第 454 页）释作“以”，有误。

【参考文献】

成都文物考古研究所、双流县文物保护管理所：《双流县九龙湖小区宋墓发掘简报》（此称《简报》），载《成都考古发现 2014》，科学出版社 2016 年版，第 442—459 页。

【图版】

M6：2、M7：2 拓片分别见《成都考古发现 2014》第 451 页图九、第 453 页图一一。

### 13. 北宋庆历四年（1044）勾君买地券

【解题】

现藏成都郫县文物保护管理所，出土时地不详。陶质，略呈正方形，中部残断，边长 39.7、厚 4.9 厘米。券文镌刻在方格内，方格外右侧还刻有“大吉。合同”四字。从左到右正书 11 行，部分字迹漫漶不清，现存 169 字。

【释文】

维庆历四年岁次甲申二月甲午朔四日丁/酉，今有大宋国釰（剑）阁南道成都郫县普安乡殁/亡考勾君之□□□□乙丑□。今将白银钱/财、茶菓酒脯于黄（皇）天父、社稷之处，买得冢宅/一处，东至青龙，西至白虎，南至朱雀，北至玄/武。上至青天，下至黄泉，自有四至分明。钱财/茶菓交付天地神明了。证保人：张坚固、/李定度。知见人：东王父、西王母。书契人：天上/功曹。读券人：地下金主簿。高罡赤松子，地下/鬼母共同证知。百鬼不得妄相侵夺。急急/如律令。/

【图版】

拓片见《成都出土历代墓铭券文图录综释（上）》第 123 页图版六五。

### 14. 北宋嘉祐七年（1062）宋朋买地券

【解题】

2001 年，成都邛崃市回龙镇凤龙村出土，现存成都邛崃县文物保护管理所。红砂石质，碑形，左下残缺，中下部残断，残高 57、宽 38、厚 3 厘米。从右至左正书 9 行，现存 161 字。

**【释文】**

维嘉祐柒年十一月甲辰朔三十日癸酉,今有邛/州依政县升平乡怀恭里殁故宋朋,今用五/綵信钱万万九千九伯(百)九十九贯九十九文就此皇天/父、后土母、社稷十二位神边买得归厚里墓田一所,/东至青龙,南至朱雀,西至白虎,北至玄武。/上至青天,下至黄泉,四至分明。即日钱财分付与天/地神明了。保人张坚固、李定度。委见人:东王父、西/王母。书契人:石功曹。书契人:金主簿。知见人:……/契人:鱼,入水。急急如律令。……/

**【图版】**

拓片见《成都出土历代墓铭券文图录综释(上)》第131页图版六九。

15. 北宋治平三年(1066)房庶买地券

**【解题】**

20世纪80年代,成都市九眼桥一带出土,现存成都文物考古研究所。红砂石质,券石破损,高42.1、宽38.9、厚3厘米。券文从左至右正书11行,126字。同墓另出华盖宫文。

**【释文】**

维治平三年岁次丙午十一月辛亥朔/二十三日癸酉,故将仕郎、试秘书省教(校)书郎/房府君地券。生居城邑,死安宅兆。卜筮叶从,/相地咸吉。宜于此华阳县履贤乡之原/安厝。谨使信钱买地,其界东至青龙,西至/白虎,南至朱雀,北至神武。中方勾陈,分掌/四域。丘丞墓陌(伯),封步界畔。道路将军,整/齐阡陌。千秋万岁,永保元吉。知见人:岁月/主者。保人:今时(日)直符。故炁邪精,不得忓恡。先/有居住,永避万里。若违此约,分付地府主吏/自当其祸。主人内外存亡安吉。急急如律令。/

**【图版】**

拓片见《成都出土历代墓铭券文图录综释(上)》第144页图版七七。

16. 北宋治平四年(1067)费亨买地券

**【解题】**

1985年5月,成都邛崃县临邛镇(南河乡)文笔村一座单室砖室墓中出土。地券呈碑形,红砂石质,券额呈弧形,中部刻“日”字,高58.5、宽45、厚6.5厘米,文字从右向左书写,楷书,13行162字。

【释文】

维大宋国治平四年太岁丁未二月庚辰十七/日丙申,今有剑南西川邛州临邛县……政/里殁故亡人费亨,/生居乡邑,死安宅兆。龟筮[协从],/相地袭吉。宜于临溪县[崇明]……/买田置造墓宅一所。/东至青龙,西至白虎,/南至朱雀,北至真武。/内坊(方)勾陈,分冢四城(域)。整齐阡陌。千[秋万岁],永无殃/咎。若辄干犯何(诃)禁之者,将军亭长,收[付河伯]。今以/牲牢酒饭,百味新(馨)香,共为信契,裁(财)地[交付工匠修]/茔。安厝已(以)后,永保吉昌。/急急如地下五帝律令。/

【图版】

拓片见《成都出土历代墓铭券文图录综释(上)》第147页图版七九。

17. 北宋治平四年(1067)买地券

【解题】

2014年1月至3月,成都文物考古研究所(今成都文物考古研究院))与蒲江县文物管理所在四川蒲江县朝阳湖镇杨柳村4组清理发掘5座北宋中晚期砖石混筑券顶墓。其中M5出土买地券1件(M5:1),红砂石质,碑形。通高33.8、厚5厘米。券首高4.2、宽13—26.5厘米,券身高26.7、宽29.8厘米,券座高2.8、宽35厘米。券首雕刻云纹,券座线刻帷幔纹。券身用竖线分栏,纵11行,券文满行13—18字不等,计166字。

【释文】

维治平四年太岁丁未九月□丙子□/日甲申朔,今有大宋国剑南道西川邛州蒲江县普慈泉乡仁惠里殁故亡/人,今铜钱万々九千九佰九十贯/文足,就此黄天父、后土母、十二神边,买得千年/墓宅一所,周流顷。东至青龙,南至朱雀,/西至白虎,北至玄武。上至苍天,下黄泉,四至分/明。即日持钱财分付太上[神]名。知见人:□/东王父、西王母。书券人:[石]功曹。读券人:金/主簿。书券人飞上天,读券人入黄泉。/太上敕,急々如律令□令”

【参考文献】

成都文物考古研究院、蒲江县文物管理所:《四川蒲江县杨柳村宋墓发掘简报》,《四川文物》2019年第5期,第29—40页。

【图版】

拓片引自《四川文物》2019年第5期第36页,图一三。

### 18. 北宋熙宁二年（1069）郭氏买地券

【解题】

1981 年，成都市东郊麻石桥四川省抗生素研究所出土，现存成都文物考古研究所。红砂石质，高 40.5、宽 39、厚 3 厘米，从右到左楷书 13 行，183 字。

【释文】

维熙宁二年岁次己酉正月己巳朔五/日癸酉，故永寿县太君郭氏地券文。/生居府邑，死安宅兆。卜筮叶从，相地/咸吉。宜于此华阳县积善乡常平里/名山祖茔福地之原安厝。谨依葬范，/择此福田。左安青龙，右安白虎。前安/朱雀，后安玄武。中方勾陈，分掌四域。/丘丞墓陌（伯），道路将军，封步界畔，整齐/阡陌。千秋万岁，永无咎殃。知见人：岁/月主者。保人：今日直苻（符）。故炁邪精，/不得忓恡。先有居者，回避万里。若违/此约，分付地府主吏。然后存亡安吉。/急急如律令。/

【图版】

拓片见《成都出土历代墓铭券文图录综释（上）》第 152 页图版八二。

### 19. 北宋熙宁四年（1071）刘守谦买地券

【解题】

现存成都文物考古研究所，出土时地不详。红砂石质，券石断裂，左上、下残缺，高 42、宽 38、厚 2.6 厘米，从右至左楷书 10 行，存 160 字。另出六边形敕告文。

【释文】

维熙宁四年岁次辛亥二月丁巳朔二十六日/壬午，故刘守谦地券[1]。生居城邑，死安宅兆。卜/筮叶从，相地咸吉。宜于此华阳县星桥乡福/地之原安厝。谨用信钱买地，其界东至青/龙，西至白虎，南至朱雀，北至真武。中方/勾陈，分掌四域。丘承（丞）墓伯，道路将军，封步/界畔，整齐阡陌。千秋万岁，永保元吉。知见人：/岁月主者。保人：今日时直苻（符）。故炁邪精，不得/忓恡。先有居者，回避万里。若违此约，地府/主吏，自当其祸。此后主人……/

【校注】

[1] 刘守谦：同墓所出敕告文券有“今有小兆臣刘守谦，行年七十七岁，二月二日生”，据此可知刘守谦生前曾是道士。

【图版】

拓片见《成都出土历代墓铭券文图录综释（上）》第 161 页图版八七。

## 20. 北宋熙宁四年（1071）杨承秀买地券

**【解题】**

现存都江堰市文物管理局，出土时地不详。陶质，高 41.6、宽 41.3、厚 5.6 厘米，左侧边竖刻“合同”二字的右半，从右至左顺逆相间，正书 11 行，205 字。

**【释文】**

维熙宁四年岁次辛亥十月壬子朔十日辛酉，今/有大宋剑南道西川永康军（郡）导江县长乐乡太平/里，今有殁故亡人杨承秀使钱万万九千九伯（佰）九十九贯/文，于后土主社稷并□十二位神边，买得前件墓田，周/流一倾，自有四至，界畔分明。东至青龙，南至朱雀，西至白/虎，北至玄武。内至拘（勾）陈。上至仓（苍）天，下至黄泉，文书为/契。四至分明，悉皆安吉。证见人是东王父、西王母、张竖（坚）故（固）、李定度、/王仙乔、赤松子、青乌子、玄女等。知证保人：张仲景[1]。/书契：石功曹。读契人：金主簿。今日钱财分付/黄天后土处。亡人杨承秀入黄泉。急急如/律令。大富大贵也。/合同。/

**【校注】**

[1]张仲景：在买地券中将医学家作为见证人比较罕见，体现出地券制作者的个人风格。

**【图版】**

拓片见《成都出土历代墓铭券文图录综释（上）》第 164 页图版八九。

## 21. 北宋熙宁五年（1072）杨璝买地券

**【解题】**

现存成都邛崃市文物保护管理所，出土时地不详。红砂石质，高 36、宽 36、厚 2.6 厘米。从右到左正书 11 行，171 字。

**【释文】**

维熙宁伍年太岁壬子拾月丙子朔/拾日乙酉，即有邛州依政县圣化乡涌/泉里商姓[1]亡父杨璝（瑰）买得新兴里墓/田一所。今用同（铜）钱万万九千九百九贯文，就此黄（皇）/天父、后土母、社稷十二神边买得前件墓田/一所，周流一倾，东至青龙，南至朱雀，西至白虎，/北至玄武。上至苍天，下至黄泉。田至分明，即/日钱财分付天地神明了。保人：张坚周（固）、陆[2]李定/度。如（知）见人：东主（王）父、西王母。书券人：石功曹。读/券人：金主簿。书契了，飞上天。读券人，/入黄泉。急急如律今（令）。/

【校注】

[1]商姓：属于五音相宅法。

[2]陆：刘雨茂、荣远大（2012：170）指出："陆"字疑为衍文。这也体现出本地券制作者文化水平低。

【图版】

拓片见《成都出土历代墓铭券文图录综释（上）》第169页图版九二。

### 22. 北宋熙宁七年（1074）杨氏买地券

【解题】

现存成都文物考古研究所，出土时地不详。红砂石质，高43、宽39.5、厚3.5厘米。从左到右正书9行，155字。

【释文】

维熙宁七年岁次甲寅正月己亥朔二十/三日辛酉，故杨氏地券。生居城邑，死安宅/兆。卜筮叶从，相地咸吉。宜于此成都县延/福乡之原安厝。谨使信钱买地。其界东/至青龙，西至白虎，南至朱雀，北至神/武。中方勾陈，分掌四域。丘承（丞）墓陌（伯），封/步界畔。道路将军，整齐阡陌。千秋万岁，/永无殃咎。安厝已（以）后，长亨元。分付，地府/主吏自当其祸。主人内外存亡安吉。急急如律令。/

【图版】

拓片见《成都出土历代墓铭券文图录综释（上）》第171页图版九三。

### 23. 北宋元丰四年（1081）赵德成地券

【解题】

1998年10月，成都市南郊紫荆小区紫荆北路四季花园工地发现两座砖室墓。其中M1：9地券位于封门墙后，呈方形，红砂石质，额题"赵德成地券"五字，长45、宽42厘米，从右至左立书11行，156字。

【释文】

维元丰四年岁次辛酉九月甲申朔十/三日丙申，郎（即）有殁故赵德成地券。生/居人世，死安宅兆。卜筮叶从，相地咸吉。/宜于此广都县政路乡福地之原安/厝。谨使信钱九千九万九伯（佰）九十文买/地，其地东至甲乙青龙，西至庚辛白/虎，南至[1]丙丁朱雀，北至壬癸真武，中/方戊己勾陈，分掌四减

（域），封步界畔。/道路将军，整齐阡陌。千秋万岁，地/下伯（百）鬼，不得侵夺。有知见人：岁。主吏/自当其契，然后存亡。急急如女青律令。/

【校注】

［1］至：高朋（2011：236）释作“连至”，衍“连”字。

【参考文献】

王方：《成都市南郊北宋赵德成墓清理简报》，《四川文物》2001 年第 3 期，第 70—72 页。

【图版】

拓片见《四川文物》2001 年第 3 期第 72 页图十一。

24. 北宋元祐二年（1087）李氏买地券

【解题】

1989 年，成都邛崃市南河乡连山村出土，红砂石质，呈碑形，左上角残损，中部断裂，残高 50.5、宽 39、厚 3.1 厘米，从右到左正书 13 行，存 198 字。

【释文】

维元祐二年太岁丁卯上月壬午朔二十八日己酉，今有大宋/国剑南西川邛州临邛县新兴里临邛乡亡李……/娘，生居乡邑，死安宅兆。龟筮协从，相地袭吉。宜/于殷义里买国置造墓宅一所，/东至青龙，西至白虎，/南至朱雀，北至玄武。/上至苍天，下至黄泉。一买之后，以山为界，以海为/边，悉属亡人。近（丘）承（丞）墓陌（伯），整齐千（阡）陌。千秋万岁，永无/央（殃）咎。若辄忏犯何（诃）禁知（之）者，收付河伯。今与牲牢酒/飰（饭），百味新（馨）香，共为信吃（契）。裁（财）地交付工匠修营（茔），永保/亨通。安厝已（以）后，切（切）诸神侵犯，自有[1]保证人/张坚固、李定度、/赤松子知见分明。急急如律令。/

【校注】

［1］自有：员鑫（2017：70）释作“自由”，有误。

【参考文献】

汪雄：《邛崃县南河乡宋墓清理小记》，《成都文物》1990 年第 2 期。

【图版】

拓片见《成都出土历代墓铭券文图录综释（上）》第 179 页图版九七。

## 25. 北宋元祐二年（1087）徐氏买地券

**【解题】**

2012年4月，彭州市紫光兴城建筑工地发现一座北宋砖室墓，出土青砖质买地券1件（M1：21），呈方形，边长37、厚4.5厘米，从右向左竖刻11行，部分文字漫漶不清。

**【释文】**

维元祐三年岁次丁卯三月甲辰二十九日壬申，徐大……朱雀……玄武，……分明，即日钱财分付与……张坚固、李定度[1]。知见人[2]：东王父、……金主簿。书契人：……。急急一如天下九天律令。

**【校注】**

［1］定：《简报》（第61页）释作“足”，有误。员鑫（2017：70）改释作“定”，可从。

［2］知：《简报》（第61页）、员鑫（2017：70）释作“如”，有误。

**【参考文献】**

龚扬民、杨素荣（成都文化考古研究所文物保护管理所）：《四川彭州市北宋徐氏墓发掘简报》，《考古》2014年第4期，第54—62页。

## 26. 北宋元祐二年（1087）罗氏二娘子买地券

**【解题】**

2009年3—5月，双流县华阳镇骑龙村“欧香小镇”唐宋墓葬M31夫妻合葬墓南室、北室各出一件红砂石质买地券（图一九、二〇），其中M31：1长41、宽37、厚6厘米。

**【释文】**

维元祐二年岁次丁卯……朔□□日□酉，/罗氏二娘子地券。……/相地咸吉。宜于此广都县合江乡之原安厝。谨/用信钱买地，其界左至青龙，右至白虎，前至朱雀，/后至玄武。中方勾陈，分掌四域。丘承（丞）墓伯，道路/将军，封步界畔，整齐阡陌。千秋万岁，永保元/吉。知见人：岁月主者。保人：今日时直符。故炁/邪精，永避万里。若违此约，分付地府主吏/自当其祸。□□/一如律令。/

**【参考文献】**

成都文物考古研究所、双流县文物管理所：《双流县华阳镇骑龙村“欧香小

镇”唐宋墓葬发掘简报》，载《成都考古发现 2011》，科学出版社 2013 年版，第 435—460 页。

**【图版】**

拓片见《成都考古发现 2011》第 452 页图一九。

### 27. 北宋元祐三年（1088）王公买地券

**【解题】**

1982 年 9 月，蒲江县东北乡（今鹤山镇）飞虎村五组出土，白砂石质，高 51、宽 36、厚 4.1 厘米，从左到右正书 12 行，部分文字漫漶不清，存 176 字。

**【释文】**

维元祐三年太岁戊辰九月甲辰时，今／有大宋国剑南道西川蒲江县盐泉／乡恩洽里男弟子王□成山买得墓田／□置造吉□，使弟子使钱万万九千九百／九十九贯文，就此黄天置造吉宅内十二／……前件吉地……西至白／虎，南至朱雀，北至玄武。上至青天，下至黄／泉，即日钱财分付吉宅内了。保人是东王父、／西王母。书契人：海中鱼。读契人：江中水。愿吉／……九……／……生见九（？）……卖地／……急急如律令。／

**【图版】**

拓片见《成都出土历代墓铭券文图录综释（上）》第 181 页图版九八。

### 28. 北宋元祐四年（1089）费爕先为齐氏三娘买地券

**【解题】**

1982 年，成都邛崃市出土，具体情况不详。红砂石质，高 62、宽 49、厚 4.5 厘米。呈碑形，从右到左正书 13 行，存 240 字。

**【释文】**

维元祐四年太岁己巳二月壬寅朔初八日己酉，今／有大宋国剑南西川邛州临邛县盘石乡长兴／里大道徵姓至□□，费爕先为先妣齐氏三娘，／享寿七十九岁，于元祐三年十二月八日下世。呜呼，／生死既判，幽冥已隔，不为……造忍，真郎／爕先于本县崇明乡□□里山丙（？）内卜／得墓地一所，出备金钱□买□，于熙宁五年／十一月内，与母亲齐氏三娘别造……今日□□伏乞／上苍天，下黄泉，东青龙，西白虎，南朱雀，北玄武。／右件茔域之内，一切诸……亡灵／安于其地，无诸干犯。若有干犯，□付与……／河伯水官施行。谨具苻泊……丘……已

后……/子孙蕃衍盛大，永奉祭祀，扫洒不绝。□□[1]/

【校注】

[1]□□：疑是“谨志”二字。

【图版】

拓片见《成都出土历代墓铭券文图录综释（上）》第188页图版一〇三。

## 29. 北宋元祐五年（1090）韩氏十八娘买地券

【解题】

1975年10月，蒲江县西来乡石桥村三组出土。白砂石质，呈碑形，由碑帽、碑身、碑座三部分组成。高41、宽32.5、厚33厘米，从右至左正书11行，可识者160字。

【释文】

维元祐五年太岁庚午十月壬辰朔十八日/己酉之辰，今有邛州蒲江县钦德乡政教/里殁故亡母韩氏十八娘之灵，今将信钱万/贯文，就于东王父、西王母买得墓宅一/所，周流一倾。东至青龙，南至朱雀，西/至白虎，北至玄武。上至青天，下至黄泉。/四至分明。即日钱财……/……知见人：张坚/故（固）……作券人：石功曹。读券人：/金主簿。书券人：天上鸟。……/……鱼入深泉。□□□□不得/……/

【图版】

拓片见《成都出土历代墓铭券文图录综释（上）》第190页图版一〇四。

## 30. 北宋绍圣元年（1094）姜氏七十娘买地券

【解题】

2014年1—3月，成都文物考古研究所（今成都文物考古研究院）与蒲江县文物管理所在四川蒲江县朝阳湖镇杨柳村四组清理发掘5座北宋中晚期砖石混筑券顶墓。其中M3出土买地券1件（M3：1），红砂石质，碑形，通高45.5、厚4厘米，券首高9、宽31厘米，券身高30.5、宽30.5厘米，券座高6、宽35.5厘米。券首雕刻云纹，券座雕刻斜线纹。券身用竖线分栏，两侧留边，纵12行，计154字。

【释文】

维绍圣元年太岁甲戌十月己巳朔/五日癸酉，今有大宋东京剑南西/州邓州蒲江县蒲慈乡仁惠里大道/殁故亡人姜氏七十娘,今用铜钱万/九千九佰(百)九十贯文,莫[1]此于天父后土母、/社稷十二神边,买得前件荒□墓/一所。东至青龙,西至白虎,南至朱雀,/北至玄武,上至苍天,下至黄泉,四至/分明。即日前(钱)财分付天地神明。保/人:张坚固、里(李)定度。书券人读/□。鱼入深水,鸟飞上天。太上[2]老君急急如律令。/

**【校注】**

[1]莫:其他买地券此处多用"就","莫"义待考。

[2]太上:《简报》(第32页)释作"天上",有误。

**【参考文献】**

成都文物考古研究院、蒲江县文物管理所:《四川蒲江县杨柳村宋墓发掘简报》(此称《简报》),《四川文物》2019年第5期,第29—40页。

**【图版】**

拓片分别见《四川文物》2019年第5期第32页图六,第33页图七。

### 31. 北宋绍圣元年(1094)刘起买地券

**【解题】**

2003年5月10日,成都市文物考古研究所在成都市成华区青龙乡海滨村(四川省工业贸易学校)进行抢救性发掘,出土买地券2方(M5:39, M4:2),红砂石质。M5:39(图三五)部分残损,长37.5、宽36.5、厚2.4厘米,10行153字。M4:2刘观买地券(图三六)则残损较为严重,残高37.5、宽36.5、厚2.4厘米,楷书,残存8行43字。M4墓主为刘观,是M5墓主刘起之父,死于元丰二年(1079),享年53岁,元丰五年(1082)葬于华阳县普安乡沙坎里祖茔之地,后因"以地不利"而于绍圣二年(1095)改葬华阳县星桥乡清泉里。刘起为刘观之长子,死于元祐四年(1089),享年39岁,绍圣元年(1094)葬于"父茔之北"。

**【释文】**

□□绍圣元年岁次甲戌十月己巳朔十七日/乙酉,故刘起地券。生居城邑,死安/宅兆。卜筮叶从,相地大吉。宜于此华阳县星/桥乡福地之原安厝。其界东至青龙,/西至白虎,南至朱雀,北至玄武。上方勾陈,/分掌四域。丘丞墓伯,封步界畔。道路将/军,整齐阡陌。千秋万岁,永无殃咎。知见/人:岁月主者。□□□□□□□。故炁邪精,不得忓恡[1]。先有居者,永避万里。如违此/约,分付地府主吏自当其祸。□□□令。/(M5:39)

……年……/日甲申改葬，刘……/死安宅兆。……/阳县星桥乡福地之原安厝。……东至青/龙，西至白虎，南至朱雀，北至玄武。……/陈，分掌四域。丘丞墓伯，道路将军，封步/界畔，整齐阡陌。……/□□：岁月主者。……/（M4：2）

【校注】

［1］忏悋：《简报》（第 302 页）、高朋（2011：239）释作"忏惜"，有误。员鑫（2017：72）改释作"忏悋"，可从。

【参考文献】

成都市文物考古研究所：《成都市青龙乡海滨村墓葬发掘简报》（此称《简报》），载《成都考古发现 2003》，科学出版社 2005 年版，第 266—307 页。

【图版】

M5：39 拓片见《成都考古发现 2003》第 305 页图三五，M4：2 拓片见《成都考古发现 2003》第 306 页图三六。

## 32. 北宋绍圣四年（1097）黎氏买地券

【解题】

2009 年 3—5 月，双流县华阳镇骑龙村"欧香小镇"唐宋墓葬 M31 夫妻合葬墓南室、北室各出一件红砂石质买地券（图一九、二零），其中 M31：2 长 35.5、宽 36.5、厚 5.5 厘米。

【释文】

□绍圣四年岁次丁丑十一月辛巳朔四/日甲申……故黎氏地券。生居人世，死安宅兆。/卜筮叶从……此广都县合江乡/……今用信钱买地，其界左/……白虎……至玄武，上（内）方勾陈，/……墓伯，道路将军，封步□/……千秋万岁，永保元吉。知见人：岁/……保人：今日时直符。故气邪精，永去万/……此约，分付地府。主人安吉，一如律令。/

【参考文献】

成都文物考古研究所、双流县文物管理所：《双流县华阳镇骑龙村"欧香小镇"唐宋墓葬发掘简报》，载《成都考古发现 2011》，科学出版社 2013 年版，第 435—460 页。

【图版】

拓片见《成都考古发现 2011》第 453 页图二〇。

### 33. 北宋绍圣五年（1098）佚名买地券

【解题】

1992 年，成都崇州市出土，陶质，破损，残高 37、宽 37、厚 2.6 厘米，正书 14 行，文字缺泐较多，可识者仅 44 字。

【释文】

绍圣五年岁次戊寅二月庚辰□二十三日壬/寅，则有亡考君……/玖千玖佰……/居亡人□……/地□□□□……/东至青龙，西至白虎，/南至朱雀，北至玄武。/上至青天，下至黄泉。/内方勾陈，……/今……/

【图版】

拓片见《成都出土历代墓铭券文图录综释（上）》第 223 页图版一二七。

### 34. 北宋元符元年（1098）温五一郎买地券

【解题】

1989 年 1 月 18 日，蒲江县东北乡体泉村五组出土，白砂石质，呈碑形，高 47.5、宽 34、厚 3.8 厘米，从左到右正书 11 行，部分文字漫漶不清，现存 158 字。

【释文】

维元符元年太岁戊寅八月一日丙/子朔二十一日丙申，今有大宋剑南西/川邛州蒲江县普慈乡蒲同里羽姓[1]/殁故亡人温五一郎，今用铜钱万万/九千九百九十九贯文，就此黄（皇）天/父、后土母、社稷十二神边买得前件/墓田一所，周流一倾，东至青龙，南至/朱雀，西至白虎，北至玄武。上至苍/天，下至黄泉，四至分明。即日钱财分/付天地神明。保人：张坚固、李□读（度）。/书契人飞上天，读契人入黄泉。太上老君急急如律令。/

【校注】

[1] 羽姓：刘雨茂、荣远大（2012：226）指出：按中国古代丧葬中“五音葬法”的习俗，即按宫、商、角、徵、羽五音，用“吹律定姓”的方法选择墓地，券主姓氏可能属羽音，故称“羽姓殁故亡人”。

【图版】

拓片见《成都出土历代墓铭券文图录综释（上）》第 225 页图版一二八。

## 35. 北宋崇宁元年（1102）明子文买地券

【解题】

2005年10月25日，四川彭州市天彭镇七里村十一组北宋墓葬发现。砖质，高36.5、宽30、厚3.9厘米。右角残14字。

【释文】

维崇宁元年，太岁壬午十一月壬午朔初四日乙酉，□□□内居住，殁故明子文，置就彭州九陇县神泉乡造坟宅安葬。今用钱伍佰文，就此黄天父、后土母、社稷十二神祇，买得坟田岗留业。东至青龙，南至朱雀，西至白虎，北至玄武。天地神明，上至青天，下抵黄泉，四至分明。即行钱财分付与天地神明讫。保人：张坚固、李定度。知见人：东王父、西王母[1]。书契人：石功曹。读契人：金主簿。□□□□□□□□□□□□□□□□□。急急如律令。

【校注】

[1]东王父、西王母：沈洪民（2007：13）释作“东下父、西平母”。

【参考文献】

沈洪民：《彭州七里村北宋墓清理简况》，《成都文物》2007年第3期，第13—16页。

## 36. 北宋崇宁三年（1104）张氏□□娘子买地券

【解题】

2009年3—5月，双流县华阳镇骑龙村“欧香小镇”唐宋墓葬M34出土一件红砂石质买地券（M34：10），长36、宽37.3、厚4.5厘米（图二一）。

【释文】

维崇宁三年岁次甲申正月丙子朔/初十日乙酉，故张氏□□娘子/地券。生居城邑，死安宅兆。卜筮叶从，相地/咸吉。宜于此广都□□□乡福地之原安厝。/其界东至青龙，西至自虎，南至朱雀，北至/……勾陈……道路/……步界畔……陌，千……/……□岁……者。保人：今日时[直]/符。……先有居者，□/避……/

【参考文献】

成都文物考古研究所、双流县文物管理所：《双流县华阳镇骑龙村“欧香小镇”唐宋墓葬发掘简报》，载《成都考古发现2011》，科学出版社2013年版，第435—460页。

【图版】

拓片见《成都考古发现2011》第454页图二一。

37. 北宋崇宁四年（1105）高氏买地券

【解题】

1977年，蒲江县五星乡金橙村二组出土。白砂石质，呈碑形，额正中刻日、月图案，刻“日”“月”二字，下有北斗星座图，高48、宽31、厚3.8厘米，部分文字漫漶不清，从左到右正书12行，存131字。

【释文】

维有太岁太崇宁四年十月二日，/今有大宋剑南西川成都府□路下/邛州依政县归厚里殁故亡人高氏，用备/信钱万万九佰九贯文，买得墓田/一所，东至青龙，/西至白虎，南至朱雀，/北至玄武。下至苍天，下至黄泉，/四至分明。即日前（钱）钱分付天地神明/了。保知见人：东王父、西王母、张坚/故（固）、李唐（定）度。书契人飞上天，/读契人入黄泉。/太上老君急急如律令。/

【图版】

拓片见《成都出土历代墓铭券文图录综释（上）》第239页图版一三四。

38. 北宋大观二年（1108）邓士言买地券

【解题】

2002年，绵阳市涪城区塘汛镇群文村出土，长42、直径10.6厘米，灰砂石，八棱柱形，现藏绵阳博物馆。

【释文】

维大观二年太岁戊子十一月十三日良辰，今有大宋绵州/巴西县东庆乡嘉会里清信弟子邓士言，今用时价/□钱九十贯九十九文，就此黄天父、后土社稷十二边买得前/件南山下丙穴吉宅二宜（？）墓田一所，周流一倾。东至青龙，西至/白虎，南至朱雀，北至玄武。上至仓（苍）天，下至黄泉，肆至分明。即日钱/□分付天地神明。牙保人：张坚固、李定度。知见人：东王父、西/皇母。书契人：石功曹。读契人：金主薄（簿）。书契人飞上天，读契人入黄/泉。/

【参考文献】

王锡鉴主编：《涪江遗珠：绵阳可移动文物》，科学出版社2015年版，第182页。

【图版】

拓片见《涪江遗珠：绵阳可移动文物》第 182 页。

39. 北宋大观二年（1108）魏三十三郎买地券

【解题】

1983 年 11 月，蒲江县插旗乡金家村一组出土，白砂石质，呈碑形，额左右两侧分刻“日”“月”二字，高 39、宽 28、厚 2.8 厘米，从左至右正书 11 行，部分文字漫漶不清，存 169 字。

【释文】

维大观二年岁次戊丑（子）九（十）月丁丑朔[1]九/日乙酉，即有大宋城（成）都邛州蒲江县/蒲川乡还和里殁故亡父魏三十三郎，/今用信钱万万九千九百九十贯文，就此南山/买得墓田一所，用券建宅，千年不移、不□、/不动。东至青龙，西至白虎，/南至朱雀，北至玄武，内至勾陈。上至仓（苍）天，/下至黄泉，四至分明。即日钱财分付十二神明了。□/书契人：石功曹。读契人：金主簿、王乔、赤松子。/读契人天上飞鸟，□鱼入黄泉，神不得侵/夺。……律令。/

【校注】

[1]戊丑（子）九（十）月：刘雨茂、荣远大（2012：242）指出：大观二年干支应为戊子年，而非“戊丑”，应为镌刻之误。又“九月丁丑朔，九日乙酉”中“九月”二字漫漶不清，且有改动痕迹。但“丁丑朔九日乙酉”则表明应为大观二年十月九日，而非九月九日。

【图版】

拓片见《成都出土历代墓铭券文图录综释（上）》第 241 页图版一三五。

40. 北宋政和二年（1112）柳文纪买地券

【解题】

现存成都青白江区文物保护管理所，出土时地不详。陶质，高 37.8、宽 37.2、厚 5 厘米，从左至右正书 8 行 106 字。

【释文】

维政和二年太岁壬辰，/今有大宋剑南道西川成/都府新都县江浦乡合口里，今有殁故/亡人柳文纪，今用银钱玖拾贯文，买得/此墓田一所。东至青龙，

西至白虎，南至 / 朱雀，北至玄武，四至分明。书券人：张 / 坚固。保人：李定度。证见人：东王父、西 / 王母。读券人：海中童子。急急如律令。/

【图版】

拓片见《成都出土历代墓铭券文图录综释（上）》第 243 页图版一三六。

## 41. 北宋政和五年（1115）文用之买地券

【解题】

1980 年 5 月 3 日，成都都江堰市柳街公社一大队一小队出土，现存都江堰市文物管理局。青砂石质，呈碑形，高 62.2、宽 37.2、厚 3.7 厘米，从右至左正书 12 行 161 字。

【释文】

维大宋政和伍年岁次乙未十月一日丁 / 酉朔十三日，今有永康军（郡）青城县 / 义安乡加过里居住文用之，即用信钱万 / 万玖阡（千）玖百玖拾贯玖文，就此黄（皇）田（天）父、后土 / 母、社稷壹拾贰[神]边买得前件墓田壹所，/ 周流壹倾。东至青龙，西至白虎，南至朱 / 雀，北至玄武。上至苍天，下至黄泉，四畔分 / 明。即日分与天地神明了。/ 保人：张坚固、李定度。书契 / 人：石公（功）曹。读契[人]：金主簿。当契人：/ 文用之，入黄泉。急急如律令。/ 合同契券。/

【图版】

拓片见《成都出土历代墓铭券文图录综释（上）》第 245 页图版一三七。

## 42. 北宋政和五年（1115）刘氏六一娘买地券

【解题】

2007 年 10 月，成都附近宋墓出土，同出镇墓石 4 方。砂石质，长方形，长 48、宽 44、厚 20 厘米。现存四川原道文化博物馆。

【释文】

维大宋政和五年，太岁乙未十二月丙申朔二十五日庚申，今有剑南道西川成都府路下简州阳安县龙门乡在郭居住殁故亡人孺人刘氏六一娘，今将钱万万九千九佰九十九贯文足，在大乘乡凤溪里西山之下，黄天父、后土母边，买得千年墓宅一所。东至青龙九夷界，南至朱雀八蛮界，西至白虎六戎界，北至玄武五狄界。上至苍天，下至黄泉，用为亡灵孺人刘氏六一娘所管。立冢后，百鬼不得侵夺。保人：张坚固，见人：李定度。天上石功曹、地下金主薄，高罡赤松子、地下老鬼母，共同证知。书券人：天上鸟。读券人：水中鱼。书券了，鸟飞上天去；读券了，鱼入深泉海中玄[1]。急急一如太上盟文女青律令。

【校注】

[1]玄：徐菲（2009：10）释作“玄”，疑有误。未见图版，暂仍原释。

【参考文献】

徐菲：《镇墓真文的宗教解析》，四川省社会科学院硕士学位论文，2009年，第10页。

### 43. 北宋宣和元年（1119）谯颜买地券

【解题】

1984年6月，成都大邑县敦义乡高庙村出土，红砂石质，高47.5、宽36.5、厚6厘米。额部横书“先考墓券”四字，从右至左楷书13行181字。

【释文】

大宋剑南道西川邛州大邑县慕道乡／崇德里居住角姓男子谯愢□恭为亡父／谯颜以□□乡慕积里卜得新坟慕（墓）田／一穴，以置幽宅，周流四方，以十干八卦／而分□位推六甲乃循环。东至青龙，西／至白虎，南至朱雀，北至玄武。上至苍天，／下至黄泉，悉属谯颜所管。中方勾陈，分／掌四域。丘丞墓伯，封步界畔。道路将军，／整齐阡陌。千秋万岁，永无殃咎。若有忏／犯，收付河伯。以宣和元年岁次已亥十／一月癸卯朔三／日乙巳谯颜归幽宅，／伏愿神祇□□□□□□。急急如律令。／

【图版】

拓片见《成都出土历代墓铭券文图录综释（上）》第250页图版一三九。

### 44. 北宋宣和三年（1121）宋承富买地券

【解题】

现存成都彭州市博物馆，出土时地不详。陶质，高38.6、宽38.1、厚4.3厘米，从左至右正书8行137字。同时出土的还有两块陶质华盖宫文券。

【释文】

维宣和三年太岁辛丑月朔日，今有大／宋国剑南道西川彭州蒙阳县普宁乡居住殁／故亡考宋承富之灵，伏惟灵，谨买备黄铜钱／九百贯文，就此皇天父、后土母、社稷十二神边买／得此□墓田一所，周流一倾。东至青龙，西至白／虎，南

至朱雀，北至玄武。上至苍天，下至黄泉，/四至分明。即入钱财分付天地神明了。书券人飞/上天，读券人得升仙。一如土下急急如律令。/

【图版】

拓片见《成都出土历代墓铭券文图录综释（上）》第252页图版一四〇。

### 45. 北宋宣和四年（1122）邓处温买地券、杨氏卅娘子买地券

【解题】

2003年3月，成都南郊锦江区新光四组北宋夫妻合葬墓出土两方买地券，红砂石质，其中邓处温买地券上半残断，残高38.5、宽38.5、厚2厘米，从左到右楷书11行166字。邓处温妻杨氏卅娘子买地券，中间残断，下端局部残缺，残高38、宽38、厚2厘米，从右至左楷书11行168字。同墓还出有华盖宫文券、镇墓真文券。

【释文】

维宣和四年岁次壬寅十二月丙戌朔初五日/庚寅，故邓处温地券。生居人世，死安宅兆。卜/筮叶从，相地大吉。宜于此广都县政路乡/相如里吉地之原安厝。今用信钱买地，其/界左至青龙，右至白虎，前至朱雀，后至玄武。/中方勾陈，分掌四域。丘承（丞）墓伯，道路将军，/封步界畔，整齐阡陌。千秋万岁，永保元吉。/知见人：岁月主者。保人：今日时直符。故气/邪精，回避万里。若违此约，分付地主掌（长）/吏自当其祸。然后男女昌盛，子孙安吉。/急急如律令。/（邓处温买地券）

维宣和四年岁次壬寅十二月丙戌朔初五日/庚寅，故杨氏卅娘地券。生居人世，死安宅兆。/卜筮叶从，相地大吉。宜于此广都县政路乡/相如里吉地之原安厝。今用信钱买地，其界/左至青龙，右至白虎，前至朱雀，后至玄武。/中方勾陈，分掌四域。丘承（丞）墓伯，道路将军，封/步界畔，整齐阡陌。千秋万岁，永保元吉。知/见人：岁月主者。保人：今日时直符。故气邪精，/回避万里。若违此约，分付地主掌（长）吏自当其/祸。然后男女昌盛，子孙安吉。/急急如律令。/（杨氏卅娘买地券）

【图版】

邓处温买地券拓片见《成都出土历代墓铭券文图录综释（上）》第257页图版一四三，杨氏卅娘子买地券拓片见《成都出土历代墓铭券文图录综释（上）》第258页图版一四四。

### 46. 北宋宣和五年（1123）孟氏三娘子买地券

**【解题】**

1992 年，成都龙泉驿区龙泉镇保安村出土。地券呈正方形，红砂石质，券石破损，局部残缺，边长 35.5、厚 2 厘米。地券从右自左顺逆相间正书 12 行，存 151 字。

**【释文】**

维大宋宣和伍年岁次癸卯拾壹/月庚戌朔初贰日辛亥。今有殁故/祖母孟氏三娘子，信用铜钱伍拾/贯文，就此十二山神边，买得本姓/西南山下兑穴[1]之地，造此千年坟宅/壹所，东至青龙，南至朱雀，西至/白虎，北至玄武，中至戊己。土上至/苍天，下至黄泉。保人：张坚固。证人：/李定度、东王父[2]、西王母。书契人：金/主簿。亡人衣服，不得侵夺。山中/所有诸猛兽，不令惊动。今准/太上口敕律令。/

**【校注】**

[1]兑：成都市龙泉驿区博物馆（2002：91）、高朋（2011：242）释作“瓮”，有误。薛登（2008：25）、员鑫（2017：77）改释作“兑”，可从。

[2]父：成都市龙泉驿区博物馆（2002：91）、员鑫（2017：77）释作“父”，可从。薛登（2008：25）、高朋（2011：242）释作“公”，有误。

**【参考文献】**

1. 薛登：《成都龙泉出土部分买地券汇辑》，《成都文物》2008 年第 1 期，第 24—32 页。

2. 成都市龙泉驿区博物馆：《成都龙泉驿区出土的宋明石质买地券与镇墓券》，《考古与文物》2002 年增刊《汉唐考古》，第 90—98 页。

**【图版】**

拓片见《成都出土历代墓铭券文图录综释（上）》第 264 页图版一四八；另见《考古与文物》2002 年增刊《汉唐考古》第 91 页图一。

### △ 47. 北宋宣和五年（1123）□□□、何氏四娘子买地券

**【解题】**

2018 年 3 月，成都市博物馆（市文管所）与成都市文物考古工作队在成都崇州区崇阳街道石羊社区同心村宋明墓群进行抢救性发掘，出土一方石质买地券。

【释文】

维大宋宣和五年岁次癸卯十月一日庚辰/朔十八日丁丑，即有亡考□□□□、何氏四娘/之券，生居城，死安宅兆，龟筮叶从。宜於蜀□/晋原县白马乡之原，谨以五綵信币、银钱一/百二十贯文，于地府□前，买得墓田一段，其地/各有界至：/东至青龙，南至朱雀，/西至白虎，北至玄武，/内方拘陈，分掌四域。道路将军，齐整□□。/千秋万岁，永保贞吉。太玄□□急急如律令。/

【图版】

拓片见大今：《崇州一批文物"重见天日"，看下有哪些宝贝》，"今日崇州"微信公众号2018年4月26日。

## 48. 南宋建炎三年（1129）费承佑等为费昭福买地券

【解题】

1998年5月，成都崇州市街子镇出土。陶质，呈碑形，高43.5、宽38.5、厚3厘米。从左到右正书12行，133字。

【释文】

宋故费承佑、承禧等，/维建炎三年太岁己酉闰八月丁丑/朔二十日丙申，即有永康青城县长/乐味江镇，以今将钱万万九千九百九/十九文，来在万春界买得墓田，周/流一领（顷）。东至青龙，南至朱雀，/西至白虎，北至玄武。/上至苍天，下至黄泉。今日钱财分付/与天地神明了。保人：张坚故（固）、李定度。/如（知）见人：东王父、西王母。书契人飞上天，/买地人入黄泉。众圣急急如律令。/地契四至分明。/

【图版】

拓片见《成都出土历代墓铭券文图录综释（上）》第304页图版一七五。

## 49. 南宋绍兴三年（1133）史氏十一娘等买地券

【解题】

1983年11月，成都蒲江县插旗乡（今寿安镇）金家村一组南宋砖室墓出土，白砂石质，高45、宽35.5、厚3.1厘米。呈碑形，从右至左正书11行152字，其中最后一行刻在碑座之上。

【释文】

维太岁癸丑绍兴三年十月初一壬/午初四日乙酉直，即大宋剑南道/西川邛州蒲江县蒲川乡还和/里大道角姓殁故亡人史氏/十一娘、毛氏二十娘[1],先使得/钱万万九千九十九贯文,就/于当乡当里本家田上买/得胜地一所,今用营瘗[2],内有四至分明,/上至青天,下至黄泉,东至青龙,西至白虎,/南至朱雀,北至玄武。内有十二煞、东/王父、西王母。书契人飞上天。读契人:合(石)功/曹。交闵(关)[3]人:金主簿。急□伸了[4]。/

【校注】

[1]角姓:刘雨茂、荣远大(2012:307)指出:毛姓属角,史姓属徵。

[2]瘗:埋葬。

[3]交关:交易。

[4]急□伸了:刘雨茂、荣远大(2012:307)释作"急□神了"。员鑫(2017:79)释作"急神了万"。疑是"急如律令"之草写,待考。

【图版】

拓片见《成都出土历代墓铭券文图录综释(上)》第306页图版一七六。

### 50. 南宋绍兴三年(1133)柳赵一郎买地券

【解题】

1983年12月22日,成都蒲江县插旗乡(今寿安镇)金家村一组南宋砖室墓出土,白砂石质,呈碑形,左下角残缺,高46、宽31.5、厚3.2厘米。从右至左正书10行152字。此券与南宋绍兴三年(1133)史氏十一娘等买地券格式近同,且出土地点相同,故柳赵一郎与史氏十一娘、毛氏二十娘可能是夫妻关系。

【释文】

维太岁癸丑绍兴三年十月初一壬午初/四日乙酉直,即大宋剑南道西川邛州/蒲江县蒲川乡还和里大道角姓[1]殁/故亡人柳赵一郎,先使得钱万万九千九百/九十九贯文,就/于当乡当里本家田上买/墓地一所,今用营瘗[2],内有四至分明,上至青/天,下至黄泉,东至青龙,西至白虎,南/至朱雀,北至玄武。内有十二煞、东王父/、西王母。书契人飞上天。读契人:合(石)功/曹。交闵(关)人:金主簿。急急□□了[3]。/

【校注】

[1]角姓:刘雨茂、荣远大(2012:309)指出:柳姓属宫音,而非角音。

[2]瘗:埋葬。

[3]急急□□了:疑是"急急如律令"。

【图版】

拓片见《成都出土历代墓铭券文图录综释（上）》第308页图版一七七。

51. 南宋绍兴三年（1133）杨氏买地券

【解题】

现存成都新都区文物保护管理所，出土时地不详。陶质，右上角残缺，高41、宽40.5、厚4厘米。从左到右10行，存160多字。

【释文】

维绍兴三年岁次癸丑九月壬子朔初九日庚申，今/有大宋剑南西川成都府新繁县永宁乡□建里/居住，殁故先妣杨□魂□，谨备银钱贰佰贯文，/就此本县□□乡，于皇天父、后土母、社稷主边/十二位神处，买得前件墓田一所，东至青龙，/西至白虎，南至朱雀，北至玄武。上至苍天，下/至黄泉，四至分明。即日钱财付与地神了。保/人：岁月主。证见人：今日直符。先有居者，远/避万里。不得妄生忏恠（悋）。殁故先妣……/□□此契券一如律令。/

【图版】

拓片见《成都出土历代墓铭券文图录综释（上）》第310页图版一七八。

52. 南宋绍兴五年（1135）喻世德买地券

【解题】

2007年10月，成都郫县唐昌镇战旗村二组出土买地券（M1：28），陶质，呈正方形，长39、宽39.6、厚3.5厘米，临四边外沿阴刻细小单栏。券书内从右至左立书16行。

【释文】

维绍兴五年岁次乙卯十一月庚午朔二十/七日丙申火危之日[1]，即有近故喻世德/地券，生居成（城）邑，死安宅兆[2]。卜筮叶从，相/地咸吉，宜于彭州崇宁县市内居住。/今将白银钱财九百九十九贯文，买得道/灵间墓田一所，其地四至分明。/东至青龙，西至白虎，/南至朱雀，北至玄武，/内方勾陈，分掌四域。丘承墓陌（伯），封步界/畔。道路将军，整齐阡陌。千秋万载，永/无殃咎。谨以牲牢酒脯，百味香新，/共为信契。财地交付工匠修营。知见人[3]：/今岁月主。保人：今日直符。故气邪精，/不得忏犯。先有居者，永避万里。若违此/约[4]，地府主吏自当其祸。主人内外存/亡，悉皆安吉。急急如律令。/

**【校注】**

[1]火危之日：星象。

[2]生：代自明（2008：28）释作"主"。

[3]知：代自明（2008：28）释作"只"。

[4]违：代自明（2008：28）释作"建"。

**【参考文献】**

代自明：《郫县唐昌宋墓出土文物简述》，《成都文物》2008 年第 3 期，第 25—33 页。

### 53. 南宋绍兴六年（1136）唐升小四□买地券

**【解题】**

2007 年 11 月初，在成都市金牛区欢乐谷东门停车场内基建施工中发现 2 座砖室墓，共出土买地券 2 方，方形，红砂石质。同出敕告文券、华盖宫文券，均为红砂石质。其中 2008CJHM2 出土的 M2：6 蔡氏买地券，方形，残长 31.7、残宽 29.5、厚约 2.5 厘米，已完全残损，仅可辨"精不得忏"四字（图六）。而 2008CJHM1：4 买地券，方形，残长 29、残宽 28.3、厚约 2.5 厘米。从右至左楷书 9 行（图五）。

**【释文】**

唯绍兴六年岁次丙辰十一月□□逾二十六日 / 庚寅，故交唐升小四□地券。□□□邑，死 / 安宅兆。卜筮叶 / 从，相地咸吉。□□□成都 / 县□水乡福地之原安厝□□□东至 / 青龙，西至白虎，南至朱雀，北至玄武，/ 中方勾陈，分掌四域[1]。丘丞墓伯[2]，道 / 路将军，封步界畔，整齐阡陌。千秋万 / 岁，永无咎殃[3]。知见人：岁月主者。保人：今 / 日直符。故气邪精，不得忏恠。一如律令。/

**【校注】**

[1]分：《简报》（第 583 页）释作"以"，有误。员鑫（2017：79）改释作"分"，可从。

[2]丘：《简报》（第 583 页）释作"立"，有误。员鑫（2017：80）改释作"丘"，可从。

[3]咎：《简报》（第 583 页）释作"逢"，有误。员鑫（2017：80）改释作"咎"，可从。

【参考文献】

成都文物考古研究所:《成都市金牛区欢乐谷宋墓发掘简报》(此称《简报》),载《成都考古发现 2010》,科学出版社 2012 年版,第 580—588 页。

【图版】

M1:4 买地券拓片见《成都考古发现 2010》第 584 页图五,M2:6 买地券拓片见《成都考古发现 2010》第 585 页图六。

## 54. 南宋绍兴六年（1136）王氏十二娘买地券

【解题】

2015 年 2 月至 2016 年 5 月,成都文物考古研究院与四川大学考古系对位于成都市青羊区清江东路的张家墩古墓群开展正式勘探和发掘工作,其中 5 座南宋时期砖室墓,共出土 7 方买地券。M1 出土石买地券 2 块,均为红砂石质,平面近方形。其中 M1 南:6,长 32.4、宽 31.9、厚 3 厘米。

【释文】

维绍兴六年岁次丙辰十二月甲午朔初[1]/九日壬寅故王氏十二娘地券,生居城邑,死/安宅兆,卜筮叶从,相地咸吉,宜于此成都/县善政乡福地之原安厝,其界东至/青龙,西至白虎,南至朱雀,北至玄武,中/方勾陈,分掌四域。丘承(丞)墓伯,道路将/军,封步界畔,整齐阡陌。千秋万载,永/……。知见人:岁月主者。保人:今日/……炁邪精,不得忏犯,一如律令。/

【校注】

[1]甲午:《简报》(第 72 页)释作“□十”,有误。

【参考文献】

易立、杨波:《成都市清江东路张家墩隋唐至南宋砖室墓》,《考古》2018 年第 12 期,第 61—80 页。

【图版】

拓片见《考古》2018 年第 12 期第 73 页图三三。

## 55. 南宋绍兴六年（1136）李文元买地券

【解题】

现存成都市文物考古研究所,出土时地不详。红砂石质,券石破损,右上角剥蚀。高、宽均是 32.7、厚 1.8 厘米。从右至左楷书 9 行,存 100 余字。

【释文】

……丙辰八月丙申朔二十五/……真大师李文元地券。生居/城……龟筮叶从，相地咸吉。宜于此成/都县延福□乡福地之原安厝。其界东至/青龙，西至白虎，南至朱雀，北至玄武。中/方勾陈，分掌四域。丘承（丞）墓伯，道路将/军，封步界畔，整齐阡陌。千秋万载，/永无咎殃。知见人：岁月主者。保人：今日/直符。故炁邪精，不得忤犯。急急一如律令。/

【图版】

拓片见《成都出土历代墓铭券文图录综释（上）》第312页图版一七九。

## 56. 南宋绍兴十年（1140）程利富买地券

【解题】

现存成都邛崃市文物保护管理所，出土时地不详。红砂石质，高50.4、宽42.2、厚4.5厘米。券石文字漫漶不清，从右至左顺逆相间正书，13行存167字。

【释文】

……绍兴十年太岁庚申二月丙壬（午）朔/十五日庚申之辰，今有大宋国剑/南道西川成都府下邛州临邛县临邛乡/新兴里殁故亡人程利富，就当里门□，/用金钱万万玖阡（千）玖佰玖拾贯文，就皇天/父、后土母、社稷买得墓田一所，/东至青龙，南至朱雀，/西至白虎，北至真武。/上至苍天，下至泉路。即日钱财分付天地□/□。知见人：张坚固、李定度了。保人：东王父、西/王母。书券人：石功曹。读契人：金主簿。书契/人飞上天，读契人入黄泉。/太上□□令。/

【图版】

拓片见《成都出土历代墓铭券文图录综释（上）》第314页图版一八〇。

## 57. 南宋绍兴十四年（1144）李氏十娘买地券

【解题】

现存成都郫县文物保护管理所，出土时地不详。陶质，高39.8、宽39、厚3.5厘米。从右至左正书12行，121字。

【释文】

大宋绍兴十四年岁次甲子二月/二十八日己酉，即有剑南西川成都/府郫县竹行街居住亡过先妣李/氏十娘地券。生居城邑，死安宅/兆。卜筮叶从，相地咸吉。宜于此/光闰乡福地之原建立冢墓。/其地左有青龙，右有白虎，前/有朱雀,后有玄武。中方勾陈,/分掌四域。丘承(丞)墓伯,道路将/军,封步界畔,整齐阡陌。千秋/百岁,永无殃咎。知见人:岁月/主者。保人:今日时直符。故炁邪/精,不得干犯。急急一如律令。/

【图版】

拓片见《成都出土历代墓铭券文图录综释(上)》第325页图版一八九。

### 58. 南宋绍兴十六年(1146)孙公、贾氏买地券

【解题】

2013年2月,成都文物考古研究院在成都市成华区成华广场宋墓出土墓券11方,有买地券、敕告文券和真文券三种,其中买地券2方,红砂石质,东、西室各一方,分别是M1E:4(图一二)、M1W:3(图一一)。

【释文】

维绍兴十六年太岁丙寅十二月丙/申朔十一日丙午,故夫人贾氏/地券。生居城邑,死安宅地。卜筮/叶从,相地大吉,宜于此华阳县积善/乡福地之原安葬。其界东至骐驎,/西至章光,南至凤凰,北至玉堂。□方/腾虵,九星真君分掌四域。封步界/畔,道路将军,丘丞墓伯。武曲贪狼/巨门君永护万载之阴宅。忽令此/处有先居回避,千山除万里安置/此穴,保祐世代兴隆一如律令。/(M1W:3)

维绍兴十六年太岁丙寅十二月/丙申朔十一日丙午,故隐君孙/公地券。生居城邑,死安宅地。/卜筮叶从,相地大吉,宜于此华/阳县积善乡福地之原安葬。其/界东至青龙,西至白虎,南至朱/雀,北至玄武。内方勾陈,主掌四/域。丘丞墓伯,封步界畔,道路将/军,整齐阡陌。千秋百载,永保休/吉。辟除故炁,妖精回徃(往)万里。若/违此约,分付地府主吏律令。/(M1E:4)

【参考文献】

成都文物考古研究院:《成都市成华区成华广场宋墓发掘简报》,载《成都考古发现2015》,科学出版社2017年版,第694—714页。

【图版】

拓片分别见《成都考古发现2015》第707页图一一,第708页图一二。

### 59. 南宋绍兴二十一年(1151)崔氏买地券

【解题】

2005年6月,成都市西郊成都花园晋阳路出土,现存成都双流县文物保护

管理所。红砂石质，高 29、宽 29.5、厚 1.5 厘米，其右侧上、下角残缺，从左至右正书 8 行，存 105 字。

【释文】

维绍兴廿一年岁次辛未四月壬寅/初一日壬寅，今有殁故崔氏小十娘子/地券文。生居成（城）邑，死安宅兆。卜筮/叶从，相地咸吉。宜于此双流县□/士乡福地之原安厝。其界左至/青龙，右至白虎，前至朱雀，后至/玄武。中至勾陈，分掌四域。丘承（丞）墓/伯，道路将军，整齐阡陌。……/

【图版】

拓片见《成都出土历代墓铭券文图录综释（上）》第 327 页图版一九〇。

60. 南宋绍兴二十二年（1152）□氏四娘子买地券

【解题】

2017 年 3—4 月，成都文物考古研究院对成都市武侯区群众路唐宋墓地进行发掘，其中 M4 出土 1 方残买地券 M4：1（图一〇），残存小半，长 35、残宽 13、厚 2.5 厘米，阴刻从右至右。而 M5 出土墓券 6 方，红砂质，可分为买地券、真文券、华盖宫文券三类。除真文券道家符书为阴刻云篆外，其余皆为阴刻楷书。其中买地券 1 方（M5 扰：1），残存小半，长 32.5、残宽 18.25、厚 2.2，从右至左（图一六）。

【释文】

维绍兴二十二年……/月壬辰朔十一日……/□氏四娘子地……/死安[1]……叶……/宜于此华……/福地之原……/右至白虎……/中方勾……/□□□□……/千秋万载……/月主者。保……/精，永备万……/（M5 扰：1）

……月甲子朔三/……券，生居城邑，/……咸吉，宜于此/……原安厝。其界/……/南至朱雀，北至/……域，丘丞墓陌（伯），/……整齐阡陌。千/……人：岁月主者。/……精，不得忏/……律令。/（M4：1）

【校注】

[1]安：《简报》（第 332 页）补作“居”，有误。

【参考文献】

成都文物考古研究院：《成都市武侯区群众路唐宋墓地发掘简报》，载成都文物考古研究院：《成都考古发现 2016》，科学出版社 2018 年版，第 319—344 页。

【图版】

M4：1，M5：13 拓片分别见《成都考古发现 2016》第 328 页图一〇、第 332 页图一六。

## 61. 南宋绍兴二十三年（1153）喻氏买地券

【解题】

2007 年 10 月，成都郫县唐昌镇战旗村二组出土买地券（M3：9），陶质，呈正方形，长 39、宽 40.2、厚 4.2 厘米，临四边外沿阴刻细小单栏，券中部北上阴刻一单线栏框，两栏之间似有“券地式”三字。券书内区从右至左立书十六行。录自代自明（2008：30）

【释文】

维绍兴二十三年岁次□□□□□□□□□□□□/丁卯火危之日，即有亡□□□□□地券。生居/成（城）邑，死安宅兆。卜筮叶从，相地咸吉。宜于彭/州崇宁县市内居住。今将钱财玖佰玖拾玖/文，买得□□道灵间墓田一所。其地四至分明，/东至青龙，西至白虎，/南至朱雀，北至玄武。/内方勾陈，□□□域。丘承墓陌（伯），封步界畔。道路/将军，整齐阡陌。千秋万载，永无殃咎。谨以/牲牢酒脯，百味香新，共为信契。财地交付工匠/修营。知见人：今岁月主。保人：今日直符。故气邪/精，不得忏害。先有居者，永避万里。若违此/约，地府主吏自当其祸。主人内外存亡，悉/皆安吉。/急急一如/五帝使者清清[1]律令。/

【校注】

［1］清清：应是“女青”之误写。

## 62. 南宋绍兴二十五年（1155）宋钦铸为程氏六娘子买地券

【解题】

1998 年 4 月底，成都市文物考古研究所、龙泉驿区文管所对成都龙泉驿区洪河乡三桥村四组宋兴仁夫妇墓进行清理，出土墓券 16 方，有买地券、敕告文、华盖文券和镇墓真文券。左右室各出 1 方红砂石质买地券，其中右室买地券（右：43）程氏六娘子买地券，高 34、宽 41、厚 2.8 厘米。左室宋兴仁买地券，长 35、残宽 29、厚 2.8 厘米，字迹风化严重无法辨认。

【释文】

维皇宋绍兴二十五年岁次乙亥九月乙/巳朔二十九日癸酉，奉葬故太□[程]

氏六/娘子,生居人世,死安宅兆。地券。卜筮叶从,/相地大吉。宜于此成都府华阳县普安乡/钦仁里吉地之原安厝宅穸。谨以信财买/得吉地壹穴。左至青龙,右至白虎,前至朱/雀,后至玄武。内方勾陈,分掌四域。丘承(丞)墓/陌(伯),道路将军,斋(齐)整阡陌,封步界畔。千烁(秋)万/岁,永无殃咎。若辄忏犯诃禁者,将军亭长,/收付河伯。掌(长)吏自当其祸,为愿保人内外存亡各安泰。急急一如/五帝使者女青律令。/孝男宋钦铸立石。/

【参考文献】

1. 成都市文物考古研究所、龙泉驿区文管所:《成都市龙泉驿区南宋宋兴仁夫妇墓清理简报》,《考古与文物》2002 年增刊《汉唐考古》第 71—83 页。

2.《成都出土历代墓铭券文图录综释(上)》第 354—355 页。

【图版】

拓片见《成都出土历代墓铭券文图录综释(上)》第 348 页图版二〇七;另可见《考古与文物》2002 年增刊《汉唐考古》第 78 页图一一。

## 63. 南宋绍兴二十五年(1155)余氏道三娘买地券

【解题】

现存成都邛崃市文物保护管理所,出土时地不详。红砂石质,高 42.3、宽 33.8、厚 3 厘米。从左到右正书九行,125 字。

【释文】

维绍兴廿五年太岁乙亥十一月乙巳朔/十七日辛酉直,爰有/大宋西川邛州依政县清化乡山泉/里住,殁故先妣余氏道三娘,今用信钱/买得吉地一所,其境四至六甲分明,东/青龙,西白虎,/南连朱雀,北极玄武。上至/仓(苍)天,下至黄泉。一买已(以)后,已(以)山为界,已(以)海为边。/今日钱财分付天地二神了。保人:张坚固、李/定渡(度)。太上地府定将……/

【图版】

拓片见《成都出土历代墓铭券文图录综释(上)》第 356 页图版二一三。

## 64. 南宋绍兴二十六年(1156)胡定国等为黄氏八娘买地券

【解题】

1972 年 5 月,成都大邑县计量局旁机砖厂出土,现存成都大邑县文物保护管理所。陶质,高 34.5、宽 34、厚 4.5 厘米,部分文字漫漶不清。从右到左正书

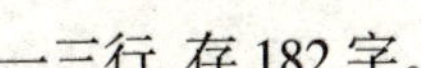

一三行，存 182 字。

【释文】

维绍兴二十六年岁次丙子十一月己巳朔十／六日甲申，哀孙胡定国兄弟□……／祖妣黄氏八娘大丧厝于邛州安仁县慈善／乡归德里。相地数载，用信钱置得墓田一所，／启造墓茔讫。今乃不终天养用，是月日迁坐／幽室。谨立墓田四至如后：／东至青龙，西至白虎，南至朱雀，／北至玄武。上至青天，下至黄泉，／并是墓已为止。先有居此者，永避万里。亡人内／外存亡，悉皆安吉。知见人：岁月主。书契人：左／千秋，右万岁。谨立券契奉行。急急如律／令。／绍兴二十六年十一月十六日哀孙胡定国契。／

【图版】

拓片见《成都出土历代墓铭券文图录综释（上）》第 358 页图版二一四。

## 65. 南宋绍兴二十六年（1156）元存兄弟为任二娘等买地券

【解题】

1983 年 10 月，蒲江县天华镇公议村三组南宋砖室墓出土，白砂石质，呈碑形，高 39、宽 38.5、厚 2.2 厘米，额部中间横刻“日”“月”二字，两侧刻“急如”“律令”四字，左侧刻北斗星座图案。从左到右正书八行 112 字。据《四川文物志》上册第 304 页录文。

【释文】

维皇宋绍兴廿六年庆岁丙子九月／庚子朔廿一日庚申直，大宋蒲江县蒲／川乡钦风里住居孝男元存兄弟奉为／孝亲丘□、任二娘、小五娘、三六□。今用／万万贯，在此福地之内买此墓一所，四／至分明了。保契券：张坚固、李定度。／书券：海中鱼。读券：天上飞鸟。券／书契了，鱼回深泉，男女富贵长久。／

【图版】

拓片见《成都出土历代墓铭券文图录综释（上）》第 362 页图版二一六。

## 66. 南宋绍兴二十六年（1156）李贵买地券

【解题】

2015 年 2 月至 2016 年 5 月，成都文物考古研究院与四川大学考古系对位于成都市青羊区清江东路的张家墩古墓群开展正式勘探和发掘工作。其中 M1 北：3 买地券，长 28.2、宽 27.8、厚 3 厘米。

【释文】

维绍兴二十六年岁次丙子十/二月戊戌朔二十四日辛酉故/亡父李贵地券。生城/邑,死安宅兆。卜筮叶从,相地大/吉,宜于此[成]都县善政乡福地/之原安厝。其界左至青龙,右至/白虎,前至朱雀,后至玄武。中方/勾陈,分掌四域。丘丞墓伯,封步/界畔。道路将军,整齐阡陌。千秋/百载,永保元吉。知见人:岁月主/者。保人:今日直符。故炁邪精,不/得忏犯。存亡安吉。急急如律令。/

【参考文献】

易立、杨波:《成都市清江东路张家墩隋唐至南宋砖室墓》,《考古》2018 年第 12 期,第 61—80 页。

【图版】

拓片见《考古》2018 年第 12 期第 73 页图三四。

## 67. 南宋绍兴三十年（1160）文志扬买地券

【解题】

现存成都文物考古研究所,出土时地不详。红砂石质,高 31、宽 31、厚 2 厘米。券石残破,部分文字漫漶不清,从右到左正书 9 行,存字 137 字。

【释文】

维绍兴三十年岁次庚辰二月庚戌朔□/……故先考文志扬地券。生居城邑,死/安宅兆。卜筮叶从,相地咸吉,宜于此成都/县仙亭乡福地之原安厝。其界东至/青龙,西至白虎,南至朱雀,北至玄武。/中方勾陈,分掌四域。丘丞墓伯,道路/将军,封步界畔,整齐阡陌。千秋万岁,/永无咎殃。知见人:岁月主者。保人:今日/直符。故炁邪精,不得忏[犯]。一如律令。/

【图版】

拓片见《成都出土历代墓铭券文图录综释（上）》第 364 页图版二一七。

## 68. 南宋绍兴三十一年（1161）费氏四买地券

【解题】

1991 年 5 月,成都崇州市隆兴镇明水村出土,陶质,高 37、宽 36、厚 4 厘米。从右到左正书 12 行,存 100 余字。

【释文】

大宋绍兴三十一年岁……/月壬寅朔十三日甲寅……/近故先妣费氏四……

[崇]/庆军晋原县永思乡……/□信钱万贯文，在[皇]天父、……处/买得良田一段，具四至如后。/其地/东至青龙，西至白虎，/南至朱雀，北至玄武。/坊(分)步界畔，道路将军，齐整阡陌。/[千秋]万载，永保清吉。一如/太上五帝使者如律令。/

【图版】

拓片见《成都出土历代墓铭券文图录综释(上)》第366页图版二一八。

69. **南宋绍兴三十二年(1162)苏诚买地券**

【解题】

20世纪90年代，成都温江区出土。红砂石质，高27.5、宽28、厚2厘米。左上角残缺，从右至左正书12行，存132字。

【释文】

维绍兴三十二年岁次壬午十/月甲子朔二十一日甲申，殁故/先考苏诚地券。生居城邑，死安/宅兆。卜筮叶从，相地咸吉。宜就/惟新村福地安坟。其地左青龙，/右白虎，前朱雀，后玄武。中勾陈，/分掌四域。丘承(丞)墓陌(伯)，道路将军，/方步界畔，整齐阡陌。阡(千)秋万岁，/永无衰败。妖怯(怪)邪精，不得忓犯。/先有居者，回避万里。若为(违)此约，/……主吏自当其祸。然后/……如女青律令。/

【图版】

拓片见《成都出土历代墓铭券文图录综释(上)》第368页图版二一九。

70. **南宋绍兴年间佚名买地券**

【解题】

2014年5—10月，成都文物考古研究所、崇州市文物保护管理所对成温邛快速通道崇州段进行发掘，其中1号南宋墓出土1件买地券(DM1:9)，红砂石，风化严重，无法辨识。3号南宋墓出土2方买地券，其中DM3:2(图一九)，青石质，右上角残缺，风化严重，朱书。而DM3:3(图二〇:1)，仅残留右上角，"维大宋绍兴……/朔十五日庚……/县□□兴乡……/□□□□……/"《简报》(第556页)指出：笔者疑两块买地券原非墓主所有，理由一：该墓未经盗扰，两块买地券整齐并列摆放于前室之中，似无残缺理由；二，两块墓志均缺少墓主人姓名，似有意将买地券姓名破坏，一块保留时间，一块保留买地券常有的内容，将其凑成一块相对完整的买地券。

【释文】

……□□/……周流一倾。/……南至朱雀/……北至玄武。/……黄泉。四至分明，即日钱财/……□保人：张坚固、李定度。/……[西]王母。书契人：合（石）功曹。□契人/……□天上，读契人入黄泉。急/……律令。（DM3：2）

【参考文献】

成都文物考古研究所、崇州市文物保护管理所：《崇州市山泉村和德寿村宋墓发掘简报》（此称《简报》），《成都考古发现2013》，科学出版社2015年版，第542—560页。

【图版】

DM3：2拓片见《成都考古发现2013》第559页图一九，DM3：3拓片见《成都考古发现2013》第560页图二〇：1。

## 71. 南宋隆兴元年（1163）伍氏买地券

【解题】

现存成都郫县文物保护管理所，出土时地不详。陶质，中部断裂，残高40、宽39.5、厚5厘米。从右到左正书10行，部分文字漫漶不清，存字116字。

【释文】

维隆兴元年岁次癸未十二月丁巳/一十九日乙亥，故伍□地券。生居城/邑，死安宅兆。卜筮叶从，相地咸吉。/宜于此郫县光闰乡福地之原置立/冢墓。其地左有青龙，右有白虎，前有/朱雀，后有玄武，中方勾陈，分掌四/域。直苻（符）。妖怪邪精，不得妄夺侵夺。/先有居者，永避万里。□后存亡，悉/[皆安]吉。急急一如/[五]帝君律令。/

【图版】

拓片见《成都出土历代墓铭券文图录综释（上）》第370页图版二二〇。

## 72. 南宋隆兴二年（1164）张中正买地券

【解题】

现存成都文物考古研究所，出土时地不详。红砂石质，局部破损，残高33、宽33、厚4厘米。从右到左正书12行，多漫漶不清，可识仅50多字。

【释文】

维大宋隆兴二年……/三月丙戌朔二十……/故张中正五郎地……/邑，死安宅兆。卜筮……/大吉。宜于此华阳……/福[地之原]安厝，其……[青]/龙，……朱[雀]……/玄[武]。中方勾[陈]，……丘/承（丞）[墓]伯，封步界畔。[道路将军]，整/齐阡陌。……/……岁月……/

【图版】

拓片见《成都出土历代墓铭券文图录综释（上）》第372页图版二二一。

### 73. 南宋隆兴二年（1164）□□□五娘买地券

【解题】

现存成都文物考古研究所，出土时地不详。红砂石质，局部破损，残高31.5、宽32、厚3.5厘米。从右到左楷书12行，存154字。

【释文】

维隆兴二年岁次甲申二月丙辰/朔十七日壬申，河东路太原府清/源县梗阳乡东余庄人事（氏）。寄居成/都府华阳县可封坊住，宋故□魏（？）/□□五娘□□□，生居城邑，死安/宅兆。卜筮叶从，□其□□华阳/县升仙乡福田安厝。其界左至青/[龙]，右至白虎，前至朱雀，后至玄武。/中方勾陈，分掌四域。丘丞墓伯，封/步界畔。道路将军，整齐阡陌。先有/居者，速退万[里]。[故炁]邪精，不得忏/犯。分付地……吉一如律令。/

【图版】

拓片见《成都出土历代墓铭券文图录综释（上）》第374页图版二二二。

### 74. 南宋隆兴二年（1164）柳公买地券

【解题】

1974年1月，都江堰市玉堂镇南华村一组出土，青砂石质，券石周边残缺，残高64.5、宽45、厚6厘米。从右到左楷书20行，计326字。

【释文】

[维]大宋隆兴二年岁次甲申十一月壬午朔十九日庚子，/武节大夫前潼川府路兵马钤辖新权知施州军州主管□/事，兼管劝农事沿（沿）边溪桐都巡检使柳□于今年[兹]□/二十一日戌时，以疾千终，享年六十二。今龟筮协从，相地袭/吉。宜于永康军青城县广济乡大皂里之原，择此灵山□地/安厝宅兆。谨备

信钱玖阡(千)玖伯(佰)玖拾玖贯文,兼用五綵信弊(币),/买此地一段,具四至如后。/东至青龙,/西至白虎,/南至朱雀,/北至玄武。/中方勾陈,分掌四域。丘丞墓伯,封步界畔。道路将军,/齐整阡陌。千秋万载,永无殃咎。若有忓犯诃禁者,/将军停(亭)长,收付河伯。今以牲牢酒脯,百味香馐,共为/信契。财地交相,分付工匠修茔安厝已(以)后,永保宁谧。知/见人:岁月主者。保人:今日时直符。或故炁邪精,无令/侵犯。先有居者,永避万里。若违此约,地府主吏,自/当其祸。然后□令,主人内外存亡,悉皆安吉。立此/盟言,永除祸害。急急一如土下九天使者/五帝玄都女青诏书律令。/

【图版】

拓片见《成都出土历代墓铭券文图录综释(上)》第376页图版二二三。

### 75. 南宋乾道五年(1169)张翶小九郎买地券

【解题】

20世纪80年代,成都出土,具体情况不详,现存成都文物考古研究所。红砂石质,券石残断,残高28、宽28、厚3厘米。从右到左正书11行,120字。同出镇墓文。

【释文】

维大宋乾道五年岁次己丑/六月丙戌朔十五日庚子,故/张翶小九郎地券。生居/城邑,死安宅兆。卜筮叶从,相/地大吉。宜于此华阳县积善/乡福地之原安厝。其界/左至青龙,右至白虎,前至朱雀,后/至玄武。中方勾陈,分掌四域。/丘承(丞)墓百(伯),封步界畔。道路将/军,整齐阡陌。千秋伯(百)载,永保元吉。知见/人:岁月主者。保人:今日直苻(符)。/

【图版】

拓片见《成都出土历代墓铭券文图录综释(上)》第378页图版二二四。

### 76. 南宋乾道七年(1171)仲昌言买地券

【解题】

1975年12月,都江堰市中兴镇和乐村出土,陶质,高45.1、宽30、厚3厘米。从左到右正书11行,165字。

【释文】

皇宋乾道七年岁次辛卯十月壬寅朔初八日己酉,即有/蜀州永康县新渠镇市北居近故先考/仲昌言,今于青城县大乐乡修行里祖/坟南位安厝宅兆,其地/东方震宫青龙,西至兑宫白虎,/南至离宫朱雀,北至坎宫玄武。/中方勾陈,分掌四域,封步界至。道路将军,整齐阡陌。/千秋百岁,永无艰咎。先有居者,万里避去。/不得忏悋。若违此约,地府主吏自受其祸。主人/内外存亡家安墓吉。急急一如九地使者律令。/十月初八日近故仲昌言地券。/

【图版】

拓片见《成都出土历代墓铭券文图录综释(上)》第380页图版二二五。

### 77. 南宋乾道七年(1171)李氏戌娘买地券

【解题】

1971年,成都蒲江县寿安镇出土,白砂石质,呈碑形。高40.5、宽33、厚34厘米。从左到右正书10行,171字。

【释文】

维乾道七年岁次辛卯十月壬寅朔初八/日已酉,爰有大宋成都府路邛州蒲江县善何/乡至和里住逝者李氏戌娘以疾倾逝,俄经多年,/今乃利年,在于当乡明良里,择得兑岗庚穴巽/水吉地,以造坟茔,用安神识(祇)。其地信钱收买吉地,/东至青龙,南至朱雀,西至白虎,北至玄武。/上至苍天,下至黄泉,四方界至,标立分明。/赴当界龙神、土地,拥护亡者,令得宅兆,一切鬼/神勿令侵害,乌鸢蝼蚁,莫敢相食。即是孝/子慈孙奉终之至,已有券文,一如律令。/

【图版】

拓片见《成都出土历代墓铭券文图录综释(上)》第382页图版二二六。

### 78. 南宋乾道八年(1172)吴氏十一娘买地券

【解题】

成都出土,具体时地不详,20世纪50年代征集入藏西华师范大学博物馆,编号276号。泥质红陶,制作方法为泥条盘筑,券身尚留有螺旋形拉坯痕迹。残存形状近圆形,下端因残缺而平直。券高33.3、厚2.3、券面底部宽25.4厘米。阴刻行书,自右向左12行127字。

【释文】

维乾道八年岁次壬辰/二月庚子朔廿七日丙寅,近故/蒋宗菩(?)吴氏十一娘地券。生居/城邑,死安宅兆。卜筮叶从,相地咸吉。/宜此华阳县均窑镇赡养

归(?)福地/之原安厝。其界东至青龙,南至/白虎,北至玄武,中方拘(勾)陈,分掌/四神。道路将军,封步界畔,/整齐阡陌,千秋万载无咎殃。/知见:岁月。保人:/今日直符。故炁邪精,不得忏/犯。一如律令。/

【参考文献】

蒋晓春、员鑫:《西华师范大学博物馆所藏墓券述论》,《西华师范大学学报》2016年第5期,第70—77页。

【图版】

拓片见《西华师范大学学报》2016年第5期第70页图1。

### ▲79. 南宋乾道九年(1173)姚氏福寿买地券

【解题】

券石长29、宽34厘米,正书,重庆市博物馆藏。

【释文】

维大宋乾道九年岁次癸已十/□月已未朔初二日庚申,殁故亡人姚氏福寿娘地券。生居/城邑,死安宅兆。卜筮叶从,相地/大吉。宜于此华阳县普安乡钦/德里福地之原安厝。其界左至/青龙,右至白虎,前至朱雀,后至/玄武。中方勾陈,分掌四域。丘丞/墓伯,封步界畔。道路将军,整齐/阡陌。千秋百载,永保元吉。知见/人:岁月主者。保人:今日直苻(符)。故/炁邪精,不得忏犯。存亡安吉。/

【图版】

拓片见《中国西南地区历代石刻汇编》第一册《四川重庆卷》第70页。

### 80. 南宋乾道九年(1173)王琬买地券

【解题】

1998年,蒲江县西来镇石桥村四组出土。白砂石质,高50.6、宽45、厚4.4厘米。券文上文刻"信"字,从右到左楷书15行172字。

【释文】

维乾道九年太岁癸巳十一月庚寅朔二/十日己酉吉辰,据大宋西川邛州/蒲江县钦德乡政教里住亡人王/寿二郎讳琬,以疾倾逝。今值利年,/就于本县本乡永宁里卜得亥岗/壬穴巽水吉地一所,用造坟茔,以/安神识(祇)。其地备信钱收买分明,/东至青龙,南至朱雀,/西至白虎,北至玄武。/上至苍天,下至黄泉，/四方界至，标立分明。/当界龙神、土地，拥佑亡者，令得幽/室。一切鬼神勿令禁锢，鸟鸢蝼蚁，/不敢相食。即是孝子慈孙奉终之/至，所藏之固，已有券，一如律令。/

【图版】

拓片见《成都出土历代墓铭券文图录综释（上）》第384页图版二二七。

81. 南宋乾道九年（1173）邵贵大郎买地券

【解题】

1989年12月，成都双流县出土，青砂石质，略呈正方形，边长30.5、厚3.2厘米。从右到左正书12行，计144字。

【释文】

维大宋乾道九年岁次癸巳十/二月己未朔初八日丙寅，殁故/本贯鄘州人事（氏）先考邵贵大郎/地券。生居城邑，死安宅兆。卜筮/叶从，相地大吉。宜于此华阳县/普安乡福地之原安厝。其界左/至青龙，右至白虎，前至朱雀，后/至玄武，中方勾陈，分掌四域。丘/丞墓伯，封步界畔。道路将军，整/齐阡陌。千秋百载，永保元吉。知/见人：岁月主者。保人：今日直苻（符）。/故炁邪精，不得忏犯。存亡安吉。/

【图版】

拓片见《成都出土历代墓铭券文图录综释（上）》第386页图版二二八。

82. 南宋淳熙二年（1175）欧氏道娘子买地券

【解题】

现存成都都江堰市文物管理局，出土时地不详。陶质，高38.5、宽37.5、厚4.5厘米。券文上方从右到左横向镌刻“没故亡人欧氏墓券”八字。从左到右正书15行，砖券下半部磨蚀严重，漫漶不清，可识读者183字。

【释文】

维大宋剑南西川成都府……导/江县清泉乡居住，奉……/孝纯至孝妇牟氏福……女……/娘女（丈）夫李茂宗孝男……/亡室欧氏道娘子，享年五十六岁，□□。生/居高堂，死安宅。卜筮协从，相地咸吉。宜/于忠信乡之□原□建宅兆。择用淳熙/二年闰九月二十五日……/左青龙神，右白虎神，前朱雀神，/后玄武神。中当……/皇天锡命，后土覆藏……/仰止，丘承（丞）墓伯共

相……妖炁外殄[1],吉祥内臻,以剋……/一依/九地女青律令。/

【校注】

[1]殄:断绝。

【图版】

拓片见《成都出土历代墓铭券文图录综释(上)》第390页图版二三一。

## 83. 南宋淳熙三年(1176)負志成妻甘氏三娘买地券

【解题】

四川省阿坝州汶川县出土,石质,具体时地不详,汶川县文博馆藏,楷书从左向右13行。《羌族石刻文献集成(3)》(第1013—1014页)释文顺序颠倒,断句亦有误,今更正其序,重新断句。

【释文】

维大宋剑南西川成都府路茂州汶川县滋茂乡/負志成、甘氏三娘二魂[1],今用五綵/杂信、金银钱财九十九贯九伯(佰)文,就此皇帝处,买/得前件墓田一所,内有周流一倾,内房(方)勾陈,四至/周逦。其地东至震位青龙,西至兑宫白虎,南至离位朱雀,北至坎宫玄武。上至仓天,下至黄/泉,四至分明。其田书契人:张坚故,读契人:李定度。/保契人:石公曹,印契人:金主簿、高山赤松子。故/炁邪精,远避千里,鬼神不得违越侵夺。亡人各/有界分,天师所逝。急急如律令。/淳熙三年太岁丙申,十一月壬寅朔,初五日丙午,亡人負志成、甘氏/二魂地券,埽(扫)墓大吉。/合同。/

【校注】

[1]滋茂乡:现属麻溪乡。負(员):曾晓梅、吴明冉(2017:1013)隶作"負",有误。

【参考文献】

1. 吴明冉:《明清羌族应用性石刻及其价值》,《赤峰学院学报》2016年第5期,第13—15页。

2. 曾晓梅、吴明冉:《羌族石刻文献集成(3)》,巴蜀书社2017年版,第1013—1015页。

【图版】

照片见《羌族石刻文献集成(3)》第1013页第184号。

## 84. 南宋淳熙六年（1179）张氏五七娘买地券

【解题】

1973年5月，成都大邑县城关镇东门机砖厂出土，陶质，局部破损。高39.5、残宽39、厚4厘米。从左到右正书11行115字。

【释文】

维淳熙六年岁次己亥十月乙酉朔十三日/丁酉，爰有邛州大邑县首德乡仁明里居/故张氏五七娘先具杂綵弊（幣），买在县界当/乡当里之北壬穴甲兑葬地，谨立四方界/至。东至青龙神，/南至朱雀神，/西至白虎神，/北至玄武神。/石碑分立四正，不得故犯，卫护区穴，资助/亡灵于穴安，使享荫（荫）后昆。/谨券。/

【图版】

拓片见《成都出土历代墓铭券文图录综释（上）》第392页图版二三二。

## 85. 南宋淳熙九年（1182）宰氏买地券

【解题】

1992年，成都崇州市出土，陶质，右下角破损，高38、宽38.5、厚27厘米。券文上方刻“宋故宰氏之墓”六字。从右到左正书12行123字。

【释文】

维皇宋淳熙九年太岁壬寅/九月巳（己）己（巳）朔二十九日丁酉，/即有亡嫂（嫂）宰氏□娘子之券。/卜以在于崇庆府江原（源）县唐/安乡有纳里之原。生居城邑，/死安宅兆。相地咸吉，龟筮协/从。谨具四至如后。/东至青龙震官，窀穸在迩[1]。/南至朱雀离官，永保康宁。/西至白虎兑官，子孙昌盛。/北至玄武坎官，福禄利贞。/中央勾陈中官，以为界畔。/

【校注】

[1]窀穸：指墓穴。迩：近。

【图版】

拓片见《成都出土历代墓铭券文图录综释（上）》第396页图版二三四。

## 86. 南宋淳熙十五年（1188）古氏买地券

【解题】

1992年10月至12月，成都市西郊抚琴居民住宅小区的北部金鱼村出土，各墓共出买地券8方，有3方破损严重，无法识读。其中，M2右室出土一方买地券,红砂石质,残高26、宽26、厚2厘米,从右到左楷书9行,存122字。

【释文】

大宋淳熙十五年岁次戊申四月丁卯/朔二十二日戊子,故古氏二……/地券。生居城邑,死安宅兆。卜筮叶从,/……宜于此成都县延福乡福地。其界/左至青龙,右至白虎,前至朱雀,后/至玄武。中方勾陈,分掌四域。丘丞/墓伯,整齐仟(阡)佰(陌)。千秋万载,永/无殃咎。知见人:岁月主者。保人:今日/时直符。故炁邪精,不得忏犯。一如……/

【参考文献】

成都市文物考古工作队:《四川成都市西郊金鱼村南宋砖室火葬墓》,《考古》1997年10期,第61—72页。

【图版】

拓片见《成都出土历代墓铭券文图录综释(上)》第404页图版二三八。

87. 南宋绍熙元年(1190)□氏□娘买地券

【解题】

2015年2月至2016年5月,成都文物考古研究院与四川大学考古系对位于成都市青羊区清江东路的张家墩古墓群开展正式勘探和发掘工作。其中,M10出土石买地券2方,均为红砂石质,平面近方形。M10西:5,长25.5、宽25.2、厚3厘米。M10东:7,长24.7、宽24.6、厚3厘米。

【释文】

大宋绍熙元年岁次庚戌十月壬午/朔初四日乙酉,今有大道女弟子□氏/□娘,行年五十四岁,三月二十日生,/□大□土五帝百灵,但生居□/□复不常,遂卜此于成都县/善政乡福地,预造千年吉宅,/□载寿堂。以此良辰,备兹掩闭。/石真替代,保命延长。绿水一瓶,/用为信契,立此明文,永保清吉。/(M10西:5)

大宋绍熙元年岁次庚戌十月壬午朔/初四日乙酉,故□□□地券,生居城/邑,死安宅兆,卜筮叶从,相地吉。宜于□/成都县善政乡福地之原,安厝。其/界左至青龙,右至白虎,前至朱雀,后/至玄武。中方勾陈,分掌四域。丘承(丞)/墓伯,道路将军,封步界畔,整齐/阡陌。千秋万载,永无咎殃。知见人:岁月/主。保人:今日直符。不得忏犯[1],存亡安吉。/(M10东:7)

【校注】

[1]忏犯:《简报》(第75页)释作“忏犯”,有误。

【参考文献】

易立、杨波:《成都市清江东路张家墩隋唐至南宋砖室墓》,《考古》2018年第12期,第61—80页。

【图版】

M10西:5、M10东:7地券拓片分别见《考古》2018年第12期第75页图四〇、第76页图四一。

## 88.南宋绍熙三年(1192)汤百祥等买地券

【解题】

2003年,成都市彭州市东郊出土,陶质,砖券残损。残高40.4、宽39.8、厚4.6厘米,券文上方横书“故汤公墓券文”,左、右下角各画一只乌龟。券文部分字漫漶不清,从右到左正书12行,存177字。同出陶质镇墓券。

【释文】

维绍熙三年岁次壬子八月辛丑朔初八日戊/申,今有亡过汤百祥、张氏、杨氏正娘、汤杨行/四位亡灵,宜就彭州九陇县辅智乡之原,用钱/财万万贯,就此本姓山水置造墓宅一所,周/围一处岗□一段。今立四至界畔,/东至青龙,南至朱雀,/西至白虎,北至玄武。/上至仓(苍)天,下至黄泉,四至分明。即日钱财分/付与天地神明讫。保人:张坚固、李定度。知/见人:东王父、西王母。书契人:石功曹,飞上天。读/契人:金主簿,入黄泉。所葬已(以)后,坟域无/虞。子孙荣贵,门间光大,长幼亨嘉,大吉。/

【图版】

拓片见《成都出土历代墓铭券文图录综释(上)》第406页图版二三九。

## △89.南宋庆元元年(1195)王隐君买地券

【解题】

2015年12月18日,四川雅安市名山区蒙阳镇关口村四组境内蒙顶山出土石质买地券,额题“王隐君墓铭”,从左至右顺逆相间13行。

【释文】

维庆元元年岁次乙卯三月初一/日丙戌朔十一日丙申,□有雅州/名山县长乐乡始阳里，殁故先考/王时，今用金银钱万万九千九伯（佰）/九十九贯文，就于黄天父、后土公、/土母、社稷一十二位，买得坟/地一所，东至青龙，南（西）至白虎，西（南）至/朱雀，北至玄武，上至苍天，下至黄/泉，即日钱财分付与天地神明，保/见人：张坚固、李定度。知见人：东王/公、西王母。书契人：金主簿。亡人舍/坟埋，见执契为主坛（？），護见存男女/子孙。急急如律令。/

【图版】

照片见《华西都市报》2015 年 12 月 21 日（http://news.huaxi100.com/show-226-719522-1.html）。

90. 南宋庆元三年（1197）杨氏满娘买地券

【解题】

1987 年，成都金堂县长乐乡出土，红砂石质，中部残断，残高 47.5、宽 40、厚 22 厘米，券文上方横刻隶书"杨夫人地券文"六字。部分文字漫漶不清，从右到左正书十行，存 115 字。

【释文】

皇宋庆元三年太岁丁巳十月庚/午朔十六日乙酉，故杨氏满娘地/券。生居城邑，死安宅兆。卜筮叶从，/相地袭吉。宜于本县栖贤乡福地东/山震穴之原安厝。其界左至青龙，/右至白虎，前至朱雀，后至玄武。中/至勾陈，分掌四域。丘丞墓伯，道路/将军，封步界畔，整齐阡陌。千秋万/载，永无殃咎。知见人：岁月主者。保/人：今日直符。故气邪精，不得忏犯。/

【图版】

拓片见《成都出土历代墓铭券文图录综释（上）》第 409 页图版二四一。

91. 南宋庆元三年（1197）细二郎买地券

【解题】

1976 年，四川雅安市荥经县古城坪一座宋代砖室墓中出土。券石为红砂石质，呈圭形，上宽 23、下宽 36、高 34、厚 4 厘米。楷书，9 行，纪年 1 行。券额横刻"羽氏墓券"四字。

【释文】

维皇宋雅州荥经县邛水东街居羽姓[1]亡考老夫细二郎，先使铜钱万贯文，买得亲郭里地名古城胜地一穴，坐庚向申，其四至如右：东至青龙，西至白虎，南

至朱雀，北至玄武。右件四至在前，付亡考收执照使。三月十八日券。

【校注】

［1］羽姓：五音五姓相地法。

【参考文献】

四川省文物管理局编：《四川文物志》上册，巴蜀书社2005年版，第340页。

### 92. 南宋庆元三年（1197）古氏四寿娘地券

【解题】

2015年2月至2016年5月，成都文物考古研究院与四川大学考古系对位于成都市青羊区清江东路的张家墩古墓群开展正式勘探和发掘工作。M68出土石买地券2块，均为红砂石质，平面近方形。M68北：9买地券，长22.7、宽22.3、厚2厘米。

【释文】

大宋庆元三年太岁丁巳/十一月庚子朔初十日己酉，/故古氏四寿娘地券。生居城/邑，死安宅兆。卜筮叶从，相地/大吉。宜于此成都县善政乡/福地之原安厝。其界左至/青龙，右至白虎，前至朱雀，/后玄武。中方勾陈，丘丞墓/伯，……如律令。/

【参考文献】

易立、杨波：《成都市清江东路张家墩隋唐至南宋砖室墓》，《考古》2018年第12期，第61—80页。

【图版】

拓片见《考古》2018年第12期第78页图四九。

### 93. 南宋庆元四年（1198）袁忠信等为袁知修买地券

【解题】

1992年，成都崇州市出土，残高36.2、宽32.8、厚2.6厘米，陶质，砖券破损，局部残缺。略呈正方形，从左到右正书10行，存146字。

【释文】

皇宋庆元四年太岁戊午九月丙申朔初/二日丁酉，今有殁故亡人袁知修不幸早终，生/居城邑，死安宅兆。龟协筮从，相地堿（咸）吉，宜于/晋原县金堤乡之地，使信财一百廿贯，省[1]于砖/山之下，买得良田一段。谨具四至如后：/

东至青龙神,南至朱雀神,/西至白虎神,北至玄武神,/四至分明。□是地精通引亡人,即日信财付与东/王父、西王母,四方自有阡陌将军整齐,永无殃/咎,各保清吉。一如律令。……石匠袁忠信等。/

【校注】

[1]省:详察。

【图版】

拓片见《成都出土历代墓铭券文图录综释(上)》第411页图版二四二。

94. 南宋庆元六年(1200)向福一买地券

【解题】

1993年,成都温江区出土,陶质,高37、宽38、厚45厘米,略呈正方形。券文上方横刻“地府冥文”四字,券文部分磨蚀,从右到左12行,可识者114字。

【释文】

……申十月甲申/朔二十三日□□□□剑南西川成都府/……/……孝男向行之、孝女向□□一家等,奉为/□故父亲向福一承事地券。生居城邑,死/安宅兆。卜筮叶从,相地大吉。宜于温江/县永宁乡□西里……原安厝,其界/左至青龙,右至白虎,前至朱雀,后/至玄武。中方勾陈。丘丞墓佰(伯),道路/将军,今日直符,存亡安吉。地券一道□/上亡人用镇亡灵,速退……固。急急/一如……/

【图版】

拓片见《成都出土历代墓铭券文图录综释(上)》第420页图版二四六。

95. 南宋庆元六年(1200)廖润买地券

【解题】

1988年12月,蒲江县插旗乡八角庙村七组出土,白砂石质,碑形。高36、宽29、厚2.2厘米。碑额线刻两圆圈,内分刻“日”“月”二字,碑下端刻有“地名远池之原”。线框左边外下侧刻道教符书,券文从右到左正书10行149字。

【释文】

立兹契券,千秋宁止。宋故廖氏润师娘[1]。/谨以信币万万九阡(千)九百九十九贯文,/收买宅兆,葬于后土山灵之位。上极太/虚,下盘厚地,东西南北,各广一里。所有/伏尸、故炁、邪精、鬼魅、盘山大泽,各仰明/知主者收治。

岁在庚申，斗建亥位，其/日己酉，即令子位葬于泉里[2]。/维大宋邛州依政县归义乡蒲川里/宋故廖氏润师娘墓名。/敕太上女青诏书，给付亡人廖氏润师娘收执。/（道教符箓一道）

地名远池之原。/（下方）

【校注】

[1]刘雨茂、荣远大（2012：423）指出：券主廖润可能是终生未婚的道士。

[2]泉里：墓中。

【图版】

拓片见《成都出土历代墓铭券文图录综释（上）》第424页图版二四八；照片见《四川文物志》上册石刻碑志卷图版1。

### 96. 南宋嘉泰三年（1203）张氏寅寿娘买地券

【解题】

1987年，蒲江县白云乡窑埂村六组出土，青石质，碑形。高43.5、宽36.4、厚3.7厘米，碑额上刻两排四行"宋张氏寅寿娘墓地券"八字，券文从右至左正向反向间书，楷书11行165字。

【释文】

维皇宋嘉泰三年太岁癸亥十二月初/一日乙未十二日丙午直，乃有殁故/张氏寅寿娘，今用钱九万九千九百贯/九百九十九文，就此地名鸭池口，皇天/父、后土母、社稷土边买得墓田一所，周/流一顷。东至青龙，西至白虎，南至朱雀，/北至玄武，中央勾陈，亡者住处。知见人：/东王父、西王母。证见人：张坚固、李定度。/书契人：天上石功曹、高山赤松子。即日/钱财分付天地鬼神，以为契约。诸墓鬼/神不得侵夺。急急如太上老君律令。/

【图版】

拓片见《成都出土历代墓铭券文图录综释（上）》第426页图版二四九。

### 97. 南宋嘉定元年（1208）佚名买地券

【解题】

2000年，成都崇州市三江镇雷湾村出土，陶质，高、宽均为38.8、厚4厘米。7行，部分字迹已磨蚀，可识者84字。

【释文】

有宋杨……□于后土,今卜斯/地,创建幽堂,以藏遗体。上极太虚,下尽后(厚)地。/东南西北,/各广一里。所有旧冢伏尸故气,暨/夫山择(泽)妖精鬼魅,各仰明知。急急/远避。如有忏犯,主者收治。岁戊辰,月/建辛酉,其日壬申,归于泉里。契券。急急律令。/

【图版】

拓片见《成都出土历代墓铭券文图录综释(上)》第428页图版二五〇。

▲98. 南宋嘉定三年(1210)范孺人买地券

【解题】

北京古陶文明博物馆藏,砖质,长29.5、高28.2、厚1.6厘米,顺逆相间。出土时地不详。

【释文】

简州阳安县[1]龙门乡福口里在城居,殒故孺人/范氏,今忧(用)冥财,诣於皇天父上、后土母、社稷□[2]/边,买得本乡演化皇(?)坤未穴之原墓宅一所,/周流一倾。左至青龙,右至白虎,前至朱雀,后至/玄武。中方勾陈,分掌四域。其界东不犯罡,南不犯/阴,西不犯魁,北不犯阳。书契人:岁月主者。知见/人:今日直符。先有居者,永避万里。百恶(?)不得妄/生禁□□者,范孺人应吉日吉时届赴窀穸。/神识安稳,荫佑见存。乃子乃孙□荣□贵。急/急一如/太上女青明文符命,大宋嘉定三年太岁庚午八月/丙辰朔二十九日甲申,亡人范孺人地券。/

【校注】

[1]简州阳安县:今四川省简阳市。

[2]此字作“[illegible]”,似“恒”,而按买地券通例此处往往写作“神”。

【参考文献】

路东之:《问陶之旅:古陶文明博物馆藏品掇英》,紫禁城出版社2008年版,第305页。

【图版】

照片见《问陶之旅:古陶文明博物馆藏品撷英》第305页。

### 99. 南宋嘉定三年（1210）王志熙买地券

**【解题】**

现存成都彭州市博物馆，出土时地不详。陶质，右上角残损，高35、宽22、厚3.4厘米。从左到右正书8行，存114字。

**【释文】**

维岁次庚午嘉定三年十月丙辰朔十八日/癸酉金开之日，乃有大宋永康军导江县盘/龙乡居亡过王志熙之灵。今用钱万万贯文，就/后土母处买此万年墓宅一所。左至青龙，右/至白虎，前至朱雀，后至玄武。上至苍天，下/至黄泉。保人：张□□[1]、张坚固、李定度。书契人/飞上天，保契人入黄泉。/急急如律令勑。/

**【校注】**

[1]张□□：衍文。

**【图版】**

拓片见《成都出土历代墓铭券文图录综释（上）》第432页图版二五二。

### 100. 南宋嘉定六年（1213）陈氏四娘买地券

**【解题】**

2003年4月16日，成都市青龙乡石岭村七组（磨盘山）自来水管道铺设工地发现一座南宋夫妻合葬墓，出土陶质买地券2方，左右室各有1方，均内刻楷书券文。左室是陈氏之夫买地券（M1：13），长42、宽41.5、厚3厘米，券文不清楚。右室买地券为嘉定六年（1213）陈氏买地券（M1：25），略呈正方形，长宽均为39、厚3厘米，从右到左正书10行，下半部分文字漫漶不清，可识者98字。

**【释文】**

维皇宋嘉定陆年岁次癸酉肆月壬申朔二十/六日丁酉，今有地□，生居城邑，死安宅兆，卜筮……/袭吉，宜于成都府成都县……/亡人陈氏四娘……银钱/玖拾玖贯文，□于皇天后土……/□千年之穴，四至具后，东至青龙，/西至白虎，南至朱雀，北至玄武。/内方勾陈，分长（掌）四域。丘丞……/将军。见人：李定度。证人：张坚固。……买地/人：陈氏。永远为照，不得干犯……/

**【参考文献】**

成都市文物考古研究所：《成都市青龙乡石岭村宋墓发掘简报》，载《成都考古发现2003》，科学出版社2005年版，第397—417页。

【图版】

拓片见《成都出土历代墓铭券文图录综释(上)》第436页图版二五四。

### 101. 南宋嘉定六年(1213)吴骏买地券

【解题】

现存成都文物考古研究所,出土时地不详。青石质,右上角缺损,高33、宽33.5、厚4厘米。从左到右正书8行,可识者94字。

【释文】

维嘉定六年太岁癸酉九月/戊戌朔二十三日庚申吉旦收葬,/大宋西川成都府广都县石柱/乡殁故亡父吴骏,使钱一万贯/文,买得十二神处墓田,周流一倾,/其东甲麒麟,南丙凤凰,西庚章/光[1],北壬玉堂,中至勾陈,分掌四神。/道路将军,安慰亡人内外□□急……/

【校注】

[1]章光:刘雨茂、荣远大(2012:435)释作"龙龟",有误。麒麟、凤凰、章光、玉堂均是四吉神兽。

【图版】

拓片见《成都出土历代墓铭券文图录综释(上)》第434页图版二五三。

### 102. 南宋嘉定十年(1217)冯小四郎为王氏买地券

【解题】

1994年,成都崇州市西江乡安龙村出土,陶质,高37、宽36.5、厚3.4厘米。从右到左正书11行92字。

【释文】

维皇宋嘉定十年太岁丁丑十/月乙巳朔十七日辛酉,爰有/亡兄承事冯小四郎、亡娌(嫂)堂前/王氏六娘子之丧,生居城邑,死/安宅兆。龟筮协从,葬于崇庆府/晋原县承惠乡守节里之原。今/具四至于右:/南北东西,/四三二一,/卫护亡魂,/永保贞吉。/

【图版】

拓片见《成都出土历代墓铭券文图录综释(上)》第443页图版二五九。

### 103. 南宋嘉定十年（1217）赵祝买地券

**【解题】**

1991 年，成都崇州市隆兴镇明水村五组出土，陶质，砖券局部破损，高 37、宽 36.7、厚 2.6 厘米。从右到左正书 12 行 93 字。

**【释文】**

维皇宋嘉定十年太岁丁丑十/月乙巳朔十七日辛酉，爰有/先妣孺人王氏赵祝娘子之丧。/生居城邑，死安宅兆。龟筮协从，/葬于崇庆府晋原县承惠乡守/节里之原。今具四至于右：/东至青龙，/西至白虎，/南至朱雀，/北至玄武。/安茔已（以）后，/永保清吉。/

**【图版】**

拓片见《成都出土历代墓铭券文图录综释（上）》第 445 页图版二六〇。

### 104. 南宋嘉定十年（1217）李公买地券

**【解题】**

2015 年 2 月至 2016 年 5 月，成都文物考古研究院与四川大学考古系对位于成都市青羊区清江东路的张家墩古墓群开展正式勘探和发掘工作。M68 出土石买地券 2 块，均为红砂石质，平面近方形。M68 南：7，已残。长 20.5、宽 19.6、厚 2 厘米。

**【释文】**

大宋嘉定十年太岁丁丑九/月……日甲申，故李/……地券。遂卜此宜於/成都县善政乡福地，左至/青龙，右至白虎，前至朱/雀，后至玄武。中方勾陈，/分掌四域，存亡安吉。/

**【参考文献】**

易立、杨波：《成都市清江东路张家墩隋唐至南宋砖室墓》，《考古》2018 年第 12 期，第 61—80 页。

**【图版】**

拓片见《考古》2018 年第 12 期第 78 页图四八。

### 105. 南宋嘉定十一年（1218）蒲许大郎地券

**【解题】**

现存成都邛崃市文物保护管理所，出土时地不详。红砂石质，高 38.5、宽

35、厚5厘米。券文上方从右到左隶书“有宋蒲许大郎地券”八字。从右到左楷书八行96字。

【释文】

立兹契券。千秋宁止。蒲许大郎,/谨以将币葬于后土,卜于斯里,/创建幽堂,以藏遗体。上极太虚,/下尽原地[1]。东西南北,各广一里。/蒲许大郎伏尸故气,盘载山泽,/妖精鬼魅[2],各仰明知,火急远避。/如有干犯,主者收治。岁在戊寅,/月建乙丑,其日庚申,归于蒿里。/

【校注】

[1]下尽原地:前揭成都崇州市出土南宋嘉定元年(1208)佚名买地券作“下尽后(厚)地”。

[2]伏尸故气,盘载山泽,妖精鬼魅:前揭南宋嘉定元年(1208)佚名买地券作“所有旧冢伏尸故气,暨夫山择(泽)妖精鬼魅”,格式近同。

【图版】

拓片见《成都出土历代墓铭券文图录综释(上)》第447页图版二六一。

## 106. 南宋嘉定十一年(1218)罗承之等买地券

【解题】

2016年10—11月,成都文物考古研究院对成都市武侯区川音大厦工地进行考古发掘,在宋墓中出土买地券10方,红砂石质,阴刻楷书。其中M2:9磨损严重,字迹不存。M9:2,近正方形,长19.6、宽19.9、厚1.1厘米,从右至左(图五四)。M10:6近正方形,长20.5、宽19.5、厚1.4厘米,从右至左(图五五)。M11:1,近正方形,长20、宽19、厚1.4厘米,从右至左(图五六)。M12:1,厚2.6厘米,上有“甲申、□乙酉……从相、齐阡、交付、急急如律令。……□申巳……/……城邑,死安……/……(华)阳县富寿东……/……至青龙,西至……/……陈,分掌四域,丘……”(图五七:1—6)

【释文】

大宋嘉定十一年太岁戊寅/月己亥朔十一日己酉故罗承之、/镇□桂行地券。遂卜此,宜于/华阳县履贤乡福地,左至/青龙,右至白虎,前至朱/雀,后至玄武,中方勾陈,/分掌四域,存亡安吉。/(M9:2)

大宋嘉定十一年太岁戊寅/十月己亥朔十一日己酉故罗□□、/□氏□娘地券。遂卜此,宜于/华阳县履贤乡福地,左至/青龙,右至白虎,前至朱/雀,后

至玄武,中方勾陈,/分掌四域,存亡安吉。/(M10:6)

大宋嘉定十一年太岁戊寅/十月己亥朔十一日己酉故□/任世明、康八娘地券。遂卜此,宜于/华阳县履贤乡福地。左至/青龙,右至白虎,前至朱/雀,后至玄武,中方勾陈,/分掌四域,存亡安吉。/(M11:1)

【参考文献】

成都文物考古研究院:《成都市武侯区川音大厦工地唐宋墓葬发掘简报》,载《成都考古发现2015》,科学出版社2017年版,第591—641页。

【图版】

拓片分别见《成都考古发现2015》第632页图五四,第633页图五五,第634页图五六,第635页图五七。

107. 南宋嘉定十五年（1222）乐贰娘子买地券

【解题】

1975年,成都大邑县苏场乡香林村出土,陶质,高37.5、宽37、厚4厘米。从右到左正书13行,144字。

【释文】

皇宋太岁壬午嘉定十五年/二月庚辰朔二十七日壬寅,/大吉之辰,葬前妣孺人乐/氏贰娘子之灵,龟卜萧政乡/惟信里癸穴之原,愿安宅兆。/今将信弊(幣)葬此吉穴,今具四/隅界至诸神如后。/左至青龙,右至白虎,/前至朱雀,后至玄武。/上至勾陈,下至腾虵(蛇)。/伏愿神祇分掌四隅,保佑界/至,駈(驱)除百鬼,不得相忓。永庇/松楸茂盛。后人吉昌谨书记[1]。/

【校注】

[1]吉昌:刘雨茂、荣远大(2012:454)指出吉昌可能为券主乐氏后人。

【图版】

拓片见《成都出土历代墓铭券文图录综释(上)》第453页图版二六五。

108. 南宋绍定元年（1228）张□□等买地券

【解题】

2016年10—11月,成都文物考古研究院对成都市武侯区川音大厦工地进行考古发掘,在宋墓中出土买地券10方,红砂石质,阴刻楷书。其中M5:1,残存碎块,厚1.5厘米。M5:1—1:“元丰”(图四九:1);M5:1—2:“三年”(图四九：2）；M5：1—3："宜于华"（图四九：3）；M5：1—4："……谨用……/虎，南至朱雀，北至……/……掌四域，封步界畔……/……伯地下百鬼不得……/"（图四九：4）。M6：1残存小块，厚2.2厘米（图五〇），从左至右上刻"……年十一月八日□……/……□□福□……/……□□三月十……/……氏三娘子行年四……/……"。M8：4，残存碎块，厚1.5厘米，从右至左（图五三）上刻"……/安厝……/……西……/……勾陈，分……/……伯道路将……/……阡陌千……/"。M7：1，残损严重，方形，边长18.9、厚1.5厘米，从右至左（图五一）。M7：2左上角及右上角残损，正方形，边长19、厚1.5厘米，从右至左（图五二）。

【释文】

……绍定元年……岁次□/□三月□□朔初一日丙午，今/有男弟子张……行年四十八岁，……十五日生□□/此华阳县履贤乡预造□□/吉宅百载寿堂，以此良辰/……掩闭，伏愿掩吉之后福/……一如律令。/（M7：1）

……绍定元年太岁戊子/……子朔十七日丙午，今/……□氏八娘行年/四十八岁□月十六日生，遂/卜此华阳县履贤乡预造千/年吉宅百载寿堂，以此良辰/□□掩闭，伏□閇吉之后福/……岳，寿比松柏。一如律令。/（M7：2）

【参考文献】

成都文物考古研究院：《成都市武侯区川音大厦工地唐宋墓葬发掘简报》，载《成都考古发现2015》，科学出版社2017年版，第591—641页。

【图版】

拓片分别见《成都考古发现2015》第627页图四九，第628页图五〇，第629页图五一，第630页图五二。

## 109. 南宋绍定二年（1229）谢某买地券

【解题】

1992年10—12月，成都市西郊抚琴居民住宅小区北部金鱼村宋墓共出买地券8方。其中M5出土1方买地券，红砂石质，高18.5、宽19、厚1厘米，券石局部破损，部分券文漫漶不清，从右至左正书7行，存50多字。

【释文】

……绍定二年太岁乙丑/十月乙未朔三日丁酉，故/谢祖□地券。凭此于/成都县延福乡福地，左至/青龙，右至白虎，前至朱/雀，后至玄武。中方勾陈，/分掌四域。存亡安吉。/

【参考文献】

成都市文物考古工作队:《四川成都市西郊金鱼村南宋砖室火葬墓》,《考古》1997年第10期,第61—72页。

【图版】

拓片见《成都出土历代墓铭券文图录综释(上)》第459页图版二六八。

## 110. 南宋绍定三年(1230)吴荣祖为吴宣义、黄氏金娘买地券

【解题】

2001年11月,成都蒲江县甘溪镇共和村三组出土。红砂石质,券石局部残缺,高40、宽34、厚3.4厘米。从右到左正书9行144字。

【释文】

维皇宋邛州蒲江县皈宁乡静务里西界镇/孤哀子吴荣祖,奉亡父壬行宣义、母亲黄/氏金娘之柩,葬于本里佛头山乾山兑向之原,/谨以牲币告于后土,卜于斯址,创建幽堂,以/藏遗体。上极太虚,下尽厚地。东西南北无有/底止,所有先居伏尸故气暨夫山泽妖精鬼/魅,各仰明知。急急速避。如有干犯,主者收/治。太岁庚寅,月建卯□,葬日庚申,吉时掩/闭宅兆于兹,千秋宁敉[1]。/

【校注】

[1]敉:安宁。

【图版】

拓片见《成都出土历代墓铭券文图录综释(上)》第461页图版二六九。

## 111. 南宋绍定六年(1233)史仲元买地券

【解题】

1984年2月,成都蒲江县插旗乡金家村七组出土,红砂石质,高27、宽37.5、厚2.2厘米。从左到右正书13行149字。

【释文】

维皇宋绍定六年岁次癸巳八/月癸酉朔十二日甲申直,乃有邛州/蒲江县善何乡至和里任(住)逝者史朱/行郎讳仲元[1],久傧(殡)藁所。今卜得当/里地名六十亩田丁山甲水,用安神/识。先用信钱万万,买得此吉/地一所,东至青龙,南至朱雀,/西至白虎,北至玄武,四方标立界至/分明。赴当界龙神土地,拥护/万年宅穸一地,乌鸢蝼蚁莫/敢相食。则是孝子慈孙,所藏/之处,已有券

文。/乾元(瑶)母书。/

【校注】

[1]朱:刘雨茂、荣远大(2012:466)指出“朱”字可能为衍文或“氏”字之误。“行郎”二字之间可能脱漏具体排行数字。

【图版】

拓片见《成都出土历代墓铭券文图录综释(上)》第465页图版二七一。

## 112. 南宋绍定六年(1233)周氏买地券

【解题】

1984年2月,成都蒲江县插旗乡金家村七组出土,红砂石质,呈碑形,高27、宽37.5、厚3.1厘米。从左到右正书13行161字,部分文字漫漶不清。

【释文】

维皇宋绍定六年岁次癸巳八月一日/癸酉朔,乃有邛州蒲江县善何乡至/和里住逝者周氏爱娘□,奄经多年,/未卜安葬,召良师选得当里地/名六十亩田内,定得丁山甲水,已(以)十二日/甲申,直幡幢[1]相送,用安神魂。先用/信⿰(钱)万万九千九百贯文,买得此地一所。/四方标立界至分明,东至青龙,南至朱雀,西至/白虎,北至玄武。当界龙神土地,拥/护万年窀穸一地,乌鸢蝼蚁/莫敢相食。则是孝子慈孙,/所藏之处,已有券文。/乾元㚐(瑶)母书。/

【校注】

[1]幡幢:即幢幡,道场所用旌旗。

【图版】

拓片见《成都出土历代墓铭券文图录综释(上)》第467页图版二七二。

## 113. 南宋绍定六年(1233)史远孙买地券

【解题】

1984年2月,成都蒲江县插旗乡金家村七组出土,红砂石质,呈碑形,高28、宽33.5、厚2.3厘米。从左到右正书12行180字。

【释文】

维皇宋绍定六年岁在癸巳八月一日/癸酉朔,乃有邛州蒲江县善何乡至和/里住逝者史远孙郎讳远孙,奄经多/年,未卜安厝,召良师选得当里本家六/十亩田内,定得丁山甲水,以十二日甲申,直幡幢/相送,用安神魂。先用/信⿰(钱)

万万九千九百贯/文,买得此地一段。四方标立界至分明。昔/日钱财交度了,更无变悔。如有先悔,/天烈(裂)地绝证明。书契人:张坚固。读契/人:李定度、王桥、赤松子、地主东王父、西/王母。印契人:金主簿。故立此契券,令/远孙即地下照用者。乾元垚(瑶)母书。/

【图版】

拓片见《成都出土历代墓铭券文图录综释(上)》第469页图版二七三。

### 114. 南宋端平二年(1235)田宗道买地券

【解题】

2003年10月,成都温江区柳林乡和平村出土。陶质,高39.5、宽38.5、厚3.5厘米。从右至左正书11行125字。

【释文】

皇宋端平二年太岁乙未十月庚寅朔/十四日癸卯,剑南西川成都府温江县/江阴乡,殁故父亲田宗道地券。生居/城邑,死安宅兆。卜筮叶从,相地大吉。于/此本乡吉穴之原安厝。其界/左至青龙,右至白虎,/前至朱雀,后至玄武。/中方勾陈,分掌四域。丘丞墓伯,导(道)/路将军,今日直苻(符),不得忏犯。存亡/安吉,一如/律令。就祔葬田绍忠[1]。/

【校注】

[1]刘雨茂、荣远大(2012:474)指出:田绍忠与田宗道似为父子关系。

【图版】

拓片见《成都出土历代墓铭券文图录综释(上)》第473页图版二七五。

### 115. 南宋淳祐元年(1241)魏景四郎买地券

【解题】

1976年2月,成都蒲江县插旗乡白岩寺村二组出土,白砂石质。通高39、宽34、厚3.1厘米。从左到右正书10行,部分字漫漶不清,存60多字。

【释文】

皇宋淳祐元年太岁辛丑/四月十五日癸酉迁葬之日,/乃有/殁故魏景四郎,今用信/钱万万九千九百九十九/文,买得墓田一顷,/东至青龙,南至朱雀,/西至白虎,北至玄武。/……一如/……令。/

【图版】

拓片见《成都出土历代墓铭券文图录综释（上）》第475页图版二七六。

116. 南宋买地券

【解题】

2017年3—6月，成都文物考古工作队对成都市成华区海滨湾社区海滨村年家院子墓地进行清理，共出土墓券5方，红砂石质。其中M22东：4买地券，近方形，长25.5、宽22、厚2.2厘米，从右至左书写（图五四）。

【释文】

……/……地券生居/……箠……/……星桥乡福地之原安厝/……朱雀/……分掌四域，丘丞/……军……/……见人：岁/……保人：今日直符。□□安□/

【参考文献】

成都文物考古研究院：《成都市青龙乡海滨村年家院子墓地发掘简报》，载《成都考古发现2016》，科学出版社2018年版，第190—267页。

【图版】

拓片见《成都考古发现2016》第238页图五四。

## 二、云南

1. 大理宪宗广运二年（1139）佚名买地券

【解题】

1985年，云南保山市腾冲来凤山茶厂M124出土1块青灰色板瓦，长34、宽25、厚1.7厘米，凹面有布纹，凸面由左至右直行朱书文字12行（图一、图二）。

【释文】

维广运二年岁次己未十一月戊寅朔廿九日，/尔使者告墓中法主，中兴内堺。今有大理/府……游女伏好，生居城邑，死安宅屯[1]。□□/叶从[2]，相地集吉。置……山……宗安……/南里地……亡人买墓……用青钱[3]……九千九……/买得……墓地。东至青龙，西至白虎，南至朱雀，/北至玄武。……/……者，地府主……/……永……/……百□年……/……女……从……主人……已安吉，/……使者女青……律令。/

【校注】

[1]屯：摹本作“屯”，高朋（2011：291）亦释作“屯”。疑作“窀”，墓穴。或是“兆”之误摹。

[2]叶从：摹本作“古从”，高朋（2011：291）亦同。应是“叶从”。

[3]青钱：指青铜钱。

【参考文献】

黄德荣：《云南发现的大理国纪年文物》，《考古》2006年第3期，第94—95页。

【图版】

照片与摹本见《考古》2006年第3期第94页图一、二。

2. 元贞元三年（1297）佚名买地券

【解题】

1989年9—10月，云南省宜良县县城南孙家山顶部M18出土元成宗贞元三年（1297）买地木牍（M18：2），长方形，长22、宽11.6、厚0.6厘米，朱书楷书，顺逆相间，8行。另有一块木牍（M90-②：1），残长13.5、宽8.5、厚0.7厘米，无文字。

【释文】

□□岁次丁酉年十二月庚寅朔□□/□为亡人[1]□□□□姮神道墓□□/□□九千九百九十九□□，□此黄天□□/□□买得前件墓□。□□东有青龙，西有白/虎，南有朱雀，北有玄武。上至苍天，下至□/□，□天地神明了。保人：张坚固、李定度[2]。□□/□□东王公、西王母。□□ □功曹。□□契人：金主簿。□/□□，飞上□；□契人，入黄泉。高山□□□□□/

【校注】

[1]亡：《简报》（第1018页）释作“之”，有误。

[2]定度：《简报》（第1018页）释作“宝庆”，有误。

【参考文献】

黄德荣、李春、戴宗品：《云南宜良县孙家山火葬墓发掘简报》（此称《简报》），《考古》1993年第11期，第1012—1023页。

# 附　录

## 附录一："研究篇"所引图版来源

### 第一章

图 1—1：东汉熹平五年（176）刘元台买地券，照片引自徐良玉主编：《扬州馆藏文物精华》，江苏古籍出版社 2001 年版，第 44 页图 52。

图 1—2：后蜀广政二十五年（962）李才买地券，拓片引自《成都出土历代墓铭券文图录综释（上）》第 95 页图版五一。

图 1—3：金泰和元年（1201）刘瑀为父母买地券，照片引自《文物》2010 年第 12 期第 88 页图一。

图 1—4：南宋乾道八年（1172）吴氏十一娘买地券，拓片引自蒋晓春、员鑫：《西华师范大学博物馆所藏墓券述论》，《西华师范大学学报》2016 年第 5 期第 70 页图 1。

图 1—5：北宋宣和六年（1124）黄念（廿）四郎买地券，照片引自《四川文物》2000 年第 1 期第 96 页图四。

图 1—6：北宋大观二年（1108）邓士言买地券，照片引自《涪江遗珠：绵阳可移动文物》，科学出版社 2015 年版，第 182 页。

图 1—7：明崇祯十二年（1639）马贵良买地券，照片引自曹建强：《明崇祯十二年马贵良买地券石碑释读》，《古今农业》2017 年第 4 期第 65 页图一。

图 1—8：明谭氏买地券，照片引自龙恩海主编：《广东省佛山市高明区博物馆馆藏文物集》，广东科技出版社 2015 年版，上册第 296 页。

图 1—9：明正统二年（1437）李氏地券，摹本引自《大理民族文化研究论丛》

第四辑,民族出版社 2010 年版,第 248 页图六六。

图 1—10: 南汉大宝三年(960)刘氏二十四娘买地券,拓片引自易西兵:《广州出土五代南汉刘氏二十四娘买地券考》,《东南文化》2016 年第 3 期第 53 页图一。

图 1—11: 清乾隆元年(1736)薛氏买地券,拓片引自《新中国出土墓志·上海天津》,文物出版社 2009 年版,上册第 204 页。

图 1—12: 明天顺八年(1464)王玺妻曹氏、蔡氏、田氏买地券,照片引自四川省文物考古研究院、绵阳市博物馆、平武县文物保护管理所:《四川平武土司遗珍: 明代王玺家族墓出土文物选粹》,文物出版社 2018 年版,第 187 页。

图 1—13: 清康熙三十七年(1698)张华国买地券,拓片引自中国文物研究所、北京石刻艺术博物馆:《新中国出土墓志·北京(壹)》,文物出版社 2003 年版,上册第 385 页。

图 1—14: 明天启元年(1621)赵世显买地券,拓片引自黄荣春:《福州市郊区文物志》,福建人民出版社 2009 年版,第 736 页图 277。

图 1—15: 明嘉靖二十七年(1548)周仲杰买地券,拓片引自《成都出土历代墓铭券文图录综释(中)》第 825 页图版五四六。

图 1—16: 南宋绍熙三年(1192)汤百祥等买地券,拓片引自《成都出土历代墓铭券文图录综释(上)》第 406 页图版二三九。

图 1—17、图 1—18: 金皇统三年(1143)高丽僧世贤买地券,拓片引自李宇泰:《韩国的买地券》,[日]《都市文化研究》第 14 号第 112 页图 4、第 113 页图 5。

图 1—19: 南汉大宝五年(962)马氏二十四娘买地券,拓片引自《广州市文物志》,岭南美术出版社 1990 年版,第 245 页图 121。

图 1—20: 北宋天圣元年(1023)何氏买地券,拓片引自《成都出土历代墓铭券文图录综释(上)》第 115 页图版六一。

图 1—21: 北宋庆历三年(1043)吴氏买地券,拓片引自《海棠花馆藏江西新出宋元买地券整理与研究》第 118 页图 1。

图 1—22: 明正德五年(1510)赵琰买地券,拓片引自《成都考古发现 2005》第 455 页图一二。

图 1—23: 明弘治七年(1494)王氏十买地券,拓片引自《成都出土历代墓铭券文图录综释(中)》第 611 页图版三六六。

图 1—24: 明崇祯十二年(1639)僧智明买地券,拓片引自《成都出土历代

墓铭券文图录综释(下)》第 1090 页图版七六三。

图 1–25、图 1–26:明万历二十六年(1598)覃亨买地券,拓片引自《成都出土历代墓铭券文图录综释(下)》第 1003 页图版六八九、六九零。

图 1–27:明隆庆六年(1572)王氏买地券,摹本引自《考古与文物》1995 年第 2 期第 26 页图五。

### 第二章

图 2–1:鱼车图,引自《南阳汉代画像石墓》第 59 页图二八。

图 2–2:天公出行镜,引自《中国文物报》1996 年 5 月 26 日第三版。

图 2–3:仙人乘鹤图,引自《文物》2009 年第 2 期第 41 页图三三、三四。

图 2–4:鱼车、鹿车图,引自《淮北汉画像石》第 20 页。

## 附录二:东汉至元代散见买地券出土简表

**【说明】**

1. 本表收录范围排除以下:

(1)鲁西奇《中国古代买地券研究》,厦门大学出版社 2014 年版;

(2)拙著《两汉魏晋南北朝石刻法律文献整理与研究》,人民出版社 2016 年版;

(3)本书整理篇。

2. 本附表分东汉魏晋南北朝、隋代、唐代、五代、宋(辽、金)、元六部分。其中表 1—4 均按时代先后排序;表 5—6 则是先按不同省市排序,再按时间先后排序。

3. 凡原考古报告未载明具体出土信息者均阙如。

**附表 1 东汉魏晋南北朝买地券**

| 序号 | 券名 | 出土信息 | | 材质 | 资料出处 |
|---|---|---|---|---|---|
| | | 时间 | 地点 | | |
| 1 | 东汉买地券 | 1989 | 陕西安康汉滨区 | 锡 | 王晓洁:《陕西安康出土的墓莂》,《安康文化》2009 年第 4 期,第 37—39 页 |

续表

| 序号 | 券名 | 出土信息 | | 材质 | 资料出处 |
|---|---|---|---|---|---|
| | | 时间 | 地点 | | |
| 2 | 西晋买地券 | 1959 | 湖北丹江口市 | 铅 | 中国社会科学院考古研究所长江工作队：《鄂西北地区三座古墓》，《考古》1990年第8期，第712—716、702页 |
| 3 | 晋代买地券 | 1988 | 河南洛阳巩义市 | | 郑州市文物考古研究所：《巩义芝田晋唐墓葬》，科学出版社2003年版，第15页 |
| 4 | 北魏太和十二年（488）佚名买地券 | | 陕西安康石泉县 | 陶 | 王晓洁：《陕西安康出土的墓莂》，《安康文化》2009年第4期，第37—39页 |

**附表2　隋代买地券**

| 序号 | 券名 | 出土信息 | | 材质 | 资料出处 |
|---|---|---|---|---|---|
| | | 时间 | 地点 | | |
| 1 | 隋仁寿元年（601）买地券 | 20世纪50年代 | 湖北武昌 | | （1）权奎山：《武昌郊区隋唐墓出土陶俑的分期》，中国考古学会、沈阳市文物考古研究所编：《庆祝宿白先生九十华诞文集》，科学出版社2012年版，第214页表一。（2）权奎山：《说陶论瓷—权奎山陶瓷考古论文集》，文物出版社2014年版，第61页表一 |
| 2 | 隋代买地券 | 20世纪50年代 | 湖北武昌 | | 同上 |
| 3 | 隋代买地券 | 1993 | 河南安阳林州市 | 铁 | 《河南林州市城关隋墓发掘简报》，张增午、李向明《林州文物考古发微》，中州古籍出版社2009年版，第87—94页 |

**附表3　唐代买地券**

| 序号 | 券名 | 出土信息 | | 材质 | 资料出处 |
|---|---|---|---|---|---|
| | | 时间 | 地点 | | |
| 1 | 唐建中四年（783）买地券 | | 北京延庆 | 砖 | 王伯轩：《延庆三方墓志考释》，中央民族大学硕士学位论文，2014年，第3页 |
| 2 | 唐开成二年（837）张氏买地券 | 2008 | 山东曲阜 | 砖 | 刘汝国：《曲阜唐代砖室墓中出土的“买地券”》，《收藏快报》2010年10月12日，第17版 |
| 3 | 唐大中五年（851）刘自政买地券 | 1982 | 甘肃平凉 | 铁 | 刘玉林：《唐刘自政墓清理记》，《考古与文物》1983年第5期，第26—31页 |

续表

| 序号 | 券名 | 出土信息 | | 材质 | 资料出处 |
|---|---|---|---|---|---|
| | | 时间 | 地点 | | |
| 4 | 唐咸通五年（864）潮州刺史裴戎买地券 | 20世纪80年代 | 江西赣州章贡区 | 石 | （1）张嗣介:《客家社会与文化研究—赣南客家艺术》，黑龙江人民出版社2006年版，第112页；（2）王洁:《赣州出土的咸通年间前潮州刺史裴（戎）买地券考释》，第一届赣南师范大学—江西师范大学历史学专业学生学术论坛论文（赣州，2018年12月1日） |
| 5 | 唐中和四年（884）买地券 | 1956 | 河北唐山 | | 河北省文物管理委员会:《唐山市陡河水库汉、唐、金、元、明墓发掘简报》，《考古通讯》1958年第3期，第5—14页 |
| 6 | 唐光启二年（886）买地券 | 2003 | 北京延庆 | 砖 | 《北京市检察院延庆大案要案基地二、三期工程考古发掘报告》，宋大川主编，尚珩执笔《北京考古工作报告（2000—2009）• 延庆卷》，上海古籍出版社2011年版，第22—44页 |
| 7 | 唐代买地券 | 1955 | 四川成都华阳 | 石 | 《四川成都东郊沙河堡清理了汉、唐、宋代的墓葬十六座》，《文物参考资料》1955年第9期，第164—165页 |
| 8 | 唐代买地券 | 1956 | 河北唐山 | | 河北省文物管理委员会:《唐山市陡河水库汉、唐、金、元、明墓发掘简报》，《考古通讯》1958年第3期，第5—14页 |
| 9 | 唐代买地券 | 1963 | 江西赣州 | 砖 | 夏金瑞:《赣州市天竺山清理唐墓一座》，《文物工作资料》(《南方文物》) 1964年第2期，第2页 |
| 10 | 唐代买地券 | 2015 | 湖北十堰房县 | 陶 | 十堰市博物馆:《十堰市博物馆文集》，长江出版社2017年版 |

**附表4　五代买地券**

| 序号 | 券名 | 出土信息 | | 材质 | 资料出处 |
|---|---|---|---|---|---|
| | | 时间 | 地点 | | |
| 1 | 杨吴宣懿皇后买地券 | 1999 | 江苏南京 | 石 | 邵磊、贺云翱:《南京铁心桥杨吴宣懿皇后墓的考古发掘与初步认识》，《东南文化》2012年第6期，第66—78页 |
| 2 | 南唐保大七年（949）陶地券 | 2012 | 湖北武穴 | 陶 | 湖北省文物考古研究所、黄冈市博物馆、武穴市博物馆:《湖北武穴毛家美西晋唐宋墓清理简报》，《江汉考古》2018年第4期，第48—58页 |
| 3 | 五代买地券 | 1998 | 福建漳州漳浦县 | 砖 | 漳浦县博物馆:《漳浦唐五代墓》，《福建文博》2001年第1期，第40—45页 |

## 附表 5　宋（辽、金）买地券

| 序号 | 券名 | 出土信息 | | 材质 | 资料出处 |
|---|---|---|---|---|---|
| | | 时间 | 地点 | | |
| 1 | 辽代刘氏买地券 | | 内蒙古乌兰察布 | 砖 | 内蒙古乌兰察布博物馆藏 |
| 2 | 北宋熙宁元年（1068）陈仁德买地券 | 2018 | 甘肃清水 | | 张弛：《新见陇右买地券辑考》，《陇右文博》2019 年第 1 期，第 51 页 |
| 3 | 南宋建炎二年（1128）李泽买地券 | 1954 | 甘肃陇西 | 石 | 陈贤儒：《甘肃陇西县的宋墓》，《文物参考资料》1955 年第 9 期，第 86—92 页 |
| 4 | 宋代买地券 | 2011 | 甘肃天水清水 | 砖 | 张淑英：《金集宋墓出土买地券的初步研究》，《中文信息》2017 年第 9 期，第 298 页 |
| 5 | 金大定二年（1162）买地券 | 2004 | 山西翼城 | 砖 | 李永敏、范文谦、谢尧亭：《翼城县原村和武池村金元明清墓葬》，《中国考古学年鉴 2005》，文物出版社 2006 年版，第 149—150 页 |
| 6 | 金大定二十八年（1188）李□品买地券 | 1963 | 山西闻喜 | 砖 | 山西省考古研究所、山西省闻喜县博物馆：《山西省闻喜县金代砖雕壁画墓》，《文物》1986 年第 12 期，第 36—46 页 |
| 7 | 金大安二年（1210）[illegible]忠守买地券 | 1995 | 山西侯马 | 砖 | 山西省考古研究所侯马工作站（谢尧亭）：《侯马两座金代纪年墓发掘报告》，《文物季刊》1996 年第 3 期，第 65—78 页 |
| 8 | 金代买地券 | 1955 | 山西绛县 | | 张德光：《山西绛县裴家堡古墓清理简报》，《考古通讯》1955 年第 4 期，第 58—60 页 |
| 9 | 金代买地券 | 2013 | 山西昔阳 | 木 | 刘岩、史永红：《四面栏杆彩画檐—山西昔阳宋金墓的发现与保护》，《中国文物报》2015 年 6 月 5 日，第 8 版 |
| 10 | 北宋天圣元年（1023）李思柔买地券 | | 陕西 | | 陕西师范大学博物馆藏，见程义、李郁宏：《跋宝鸡政和七年〈马翁墓志〉》，《四川文物》2008 年第 3 期，第 95 页注 [14] |
| 11 | 北宋熙宁六年（1073）任台买地券 | 2015 | 陕西铜川 | | 《铜川年鉴 2016》第 211 页 |
| 12 | 北宋宣和元年（1119）王姓买地券 | 1956 | 陕西丹凤 | 砖 | 陕西省文物管理委员会（唐金裕）：《陕西丹凤县商雒镇宋墓清理简报》，《文物参考资料》1956 年第 8 期，第 39 页 |
| 13 | 北宋宣和二年（1120）李吉买地券 | | 陕西宝鸡 | | 宝鸡青铜器博物馆藏，见程义、李郁宏：《跋宝鸡政和七年〈马翁墓志〉》，《四川文物》2008 年第 3 期，第 95 页注 [14] |
| 14 | 北宋晚期买地券 | 1999 | 陕西商州 | 砖 | 商洛地区考古队、商州市文管办：《商州市城区宋代墓葬发掘简报》，《考古与文物》2002 年第 2 期，第 95—96、27 页 |

续表

| 序号 | 券名 | 出土信息 | | 材质 | 资料出处 |
|---|---|---|---|---|---|
| | | 时间 | 地点 | | |
| 15 | 宋代买地券 | 2001—2003 | 陕西西安 | 砖 | 陕西省考古研究院:《西安南郊孟村宋金墓发掘简报》,《考古与文物》2010年第5期，第16—23页 |
| 16 | 金代买地券 | 1988 | 陕西西安 | 砖 | 《中国考古学年鉴1989》，第262—263页 |
| 17 | 北宋大观二年（1108）敕（？）尚明买地券 | 1998 | 河南新密 | 砖 | 郑州市文物考古所、新密市博物馆:《河南新密市平陌宋代壁画墓》,《文物》1998年第12期，第26—32页 |
| 18 | 北宋早期买地券 | 2001 | 河南郑州 | 铁 | 郑州市文物考古研究院、荥阳市博物馆:《河南郑州市第十四中学砖雕墓发掘简报》,《中原文物》2016年第3期，第21—26页 |
| 19 | 北宋晚期买地券 | 1957 | 河南巩义 | 铁 | 河南省文化局文物工作队:《河南巩县石家庄古墓葬发掘简报》,《考古》1963年第2期，第71—79、86页 |
| 20 | 北宋末年买地券 | 2003 | 河南登封 | 砖 | 郑州市文物考古研究所、登封市文物局:《登封高村壁画墓清理简报》,《中原文物》2004年第5期，第4—12页 |
| 21 | 金明昌二年（1191）买地券 | | 河南周口淮阳 | 陶 | 高礼祥、王海燕:《淮阳环城湖的考古调查和发掘—再议环城湖的形成时代与成因》，凌全贞主编:《周口文物考古研究II》，中州古籍出版社2013年版，第54页 |
| 22 | 金代买地券 | 1986 | 河南禹州 | | 河南省文物研究所、禹州市文管会:《禹州市坡街宋壁画墓清理简报》,《中原文物》1990年第4期，第102—108页 |
| 23 | 金代买地券 | 1991 | 河南焦作修武 | 砖 | 焦作市文物工作队、修武县文物管理所:《河南修武大位金代杂剧砖雕墓》,《文物》1995年第2期，第54—63页 |
| 24 | 金正隆二年（1157）王□买地券 | 1999 | 河北内丘 | 砖 | 贾成惠:《河北内丘胡里村金代壁画墓》,《文物春秋》2002年第4期，第38—42页 |
| 25 | 北宋中后期买地券 | 1999 | 安徽芜湖无为 | 铁 | 何福安:《安徽无为县发现一座宋代砖室墓》,《考古》2005年第3期，第95—96页 |
| 26 | 宋代买地券 | 2011 | 安徽合肥肥东 | 砖 | 王素英:《发掘31处古墓葬，肥东发现宋人"买地券》，中安在线2011年5月9日 |
| 27 | 北宋早期买地券 | 1992 | 湖北襄樊 | 石 | 襄樊市文物管理处:《湖北襄阳刘家埂唐宋墓葬清理简报》,《江汉考古》1994年第3期，第19—25页 |
| 28 | 宋代华□娘买地券 | 1982 | 湖北黄冈浠水 | 石 | 王锦华:《浠水县出土地券文初探》,《武汉文博》2008年第4期，第28—31页 |

续表

| 序号 | 卷名 | 出土信息 | | 材质 | 资料出处 |
|---|---|---|---|---|---|
| | | 时间 | 地点 | | |
| 29 | 宋代买地券 | 2017 | 湖北荆州 | 陶 | 荆州博物馆：《318国道荆州段六朝、宋、明墓葬发掘简报》，《文博》2018年第1期，第8—19页 |
| 30 | 宋代买地券 | 2012 | 湖北黄冈武穴 | 陶 | 湖北省文物考古研究所、黄冈市博物馆、武穴市博物馆：《湖北武穴毛家美西晋唐宋墓清理简报》，《江汉考古》2018年第4期，第48—58页 |
| 31 | 北宋景德三年（1006）周真夫人黄氏地券 | | 江西 | | 何新所：《新出宋代墓志碑刻辑录（北宋卷）》，文物出版社2019年版，第89页 |
| 32 | 北宋皇祐五年（1053）程广平买地券 | 1986 | 江西九江德安 | | 于少先：《江西德安发现北宋皇祐五年墓》，《南方文物》1992年第3期，第32—33页 |
| 33 | 北宋中期大观、政和买地券 | 1984 | 江西抚州南丰 | 石 | 江西省文物工作队、南丰县博物馆：《江西南丰县桑田宋墓》，《考古》1988年第4期，第318—328页 |
| 34 | 北宋中期买地券 | 1988 | 江西九江 | 石 | 九江县文物管理所：《江西九江县发现两座北宋墓》，《考古》1991年第10期，第955—957、942页 |
| 35 | 南宋绍兴二十一年王桁（1151）买地券 | | 江西抚州 | 石 | 吴定安：《芗草集：金溪历史文化研究》，江西人民出版社2012年版，第317页 |
| 36 | 南宋嘉熙四年（1240）赵时諵及妻曹氏买地券 | 1965 | 江西九江永修 | 砖 | 薛尧：《江西南城、清江和永修的宋墓》，《考古》1965年第11期，第571—576页 |
| 37 | 北宋绍圣元年（1094）杨公佐之妻劭氏买地券 | 1959 | 江苏淮安 | 木 | 江苏省文物管理委员会、南京博物院：《江苏淮安宋代壁画墓》，《文物》1960年第Z1期，第43—51页 |
| 38 | 北宋政和六年（1116）吕氏二娘买地券 | 1981 | 江苏扬州 | 木 | 张南：《扬州发现北宋买地券》，《扬州大学学报》1981年第3期，第73页 |
| 39 | 北宋宣和五年（1123）买地券 | 1957 | 江苏扬州 | 铁 | 屠思华：《江苏凤凰河汉、隋、宋、明墓的清理》，《考古通讯》1958年第2期，第45—47页 |
| 40 | 北宋晚期买地券 | 2008 | 江苏常州 | 铁 | 王偈人：《常州市新闸宋墓》，《中国考古学年鉴2009》，第193—194页 |
| 41 | 北宋晚期或南宋早期买地券 | 1975 | 江苏镇江 | 铁 | 镇江市博物馆：《镇江宋墓》，《文物资料丛刊（10）》，第162—170页 |
| 42 | 南宋景定二年（1261）周瑀买地券 | 1975 | 江苏金坛 | 铁 | （1）镇江市博物馆、金坛县文管会：《江苏金坛南宋周瑀墓发掘简报》，《文物》1977年第7期，第18—27页。（2）镇江市博物馆等：《金坛南宋周瑀墓》，《考古学报》1977年第1期，第105—131页 |

续表

| 序号 | 券名 | 出土信息 | | 材质 | 资料出处 |
|---|---|---|---|---|---|
| | | 时间 | 地点 | | |
| 43 | 南宋买地券 | 2016 | 江苏常州 | 铁 | 黄督军:《江苏常州朱夏墅宋代墓群》,《大众考古》2017年第4期,第16—17页 |
| 44 | 南宋咸淳三年（1267）吕处淑买地券 | 1959 | 上海嘉定 | 砖 | 何继英主编《上海唐宋元墓》,科学出版社2014年版,第87页 |
| 45 | 南宋买地券 | 1959 | 上海嘉定 | 铁 | 何继英主编《上海唐宋元墓》第92页 |
| 46 | 南宋买地券 | 1978 | 上海宝山 | 铁 | 何继英主编《上海唐宋元墓》第131页 |
| 47 | 宋代买地券 | 1983 | 上海青浦 | 铁 | （1）上海博物馆:《上海福泉山唐宋墓》,《考古》1986年第2期,第135—137页。（2）何继英主编《上海唐宋元墓》第135页 |
| 48 | 宋代买地券 | 1983 | 上海宝山 | | 何继英主编《上海唐宋元墓》第136页 |
| 49 | 南宋淳熙十一年（1184）周汝士买地券 | 2016 | 浙江绍兴嵊州 | 铁 | 孙金玲:《宋故太常寺簿周公墓》,《东方博物》第六十六辑,第25—31页 |
| 50 | 北宋熙宁五年（1072）买地券 | 1958 | 福建福州 | 砖 | 《福州市西门外宋代火葬墓清理记》,《福建考古资料汇编(1953—1959)》,科学出版社2011年版,第237—238页 |
| 51 | 宋代买地券 | 1955 | 福建福州 | 砖 | 《福州市发现宋代砖墓一座》,《福建考古资料汇编(1953—1959)》,第217页 |
| 52 | 宋代买地券 | 1955 | 福建连江 | 陶 | 曾凡:《福建连江宋墓清理简报》,《考古》1958年第8期,第27—30页 |
| 53 | 宋代张氏夫妻买地券 | 1973 | 福建连江 | 石 | 《连江县文物志》第9页 |
| 54 | 宋代买地券 | 20世纪50年代 | 福建福州 | 砖 | 《福州市清泉山宋墓清理记》,《福建考古资料汇编(1953—1959)》,第210—212页 |
| 55 | 宋代买地券 | 1956 | 福建福州 | 砖 | 《康山出土陶俑记录》,《福建考古资料汇编(1953—1959)》,第218页 |
| 56 | 南宋嘉定三年（1210）买地券 | 1957 | 福建福州 | 砖 | 《福州市石油公司工地宋火葬墓清理记录》,《福建考古资料汇编（1953—1959）》,第215—216页 |
| 57 | 南宋早期买地券 | 1979 | 福建南平 | 铁 | 张文崟:《福建南平大凤发现宋墓》,《考古》1991年第12期,第1143—1145页 |
| 58 | 南宋早期买地券 | 1987 | 福建南平 | 砖 | 张文崟:《福建南平店口宋墓》,《考古》1992年第5期,第428—430页 |
| 59 | 南宋买地券 | 1989 | 福建福州 | 砖 | 福建省博物馆:《福州茶园山南宋许峻墓》,《文物》1995年第10期,第22—33、21页 |
| 60 | 宋代买地券 | 1990 | 福建福州闽侯 | 砖 | 林聿亮:《闽侯溪头遗址唐宋时期遗存清理简报》,《福建文博》1983年第1期,第78—84,102页 |

续表

| 序号 | 券名 | 出土信息 | | 材质 | 资料出处 |
|---|---|---|---|---|---|
| | | 时间 | 地点 | | |
| 61 | 宋代买地券 | 1999 | 福建福州 | 砖 | 福州市文物考古工作队:《福州大庙山宋墓发掘简报》,《福建文博》2005 年增刊,第 86—87 页 |
| 62 | 宋代买地券 | 2007 | 福建福州 | 陶 | 福州市文物考古工作队:《福州市新店镇罗汉山遗 2007 年度考古发掘简报》,《福建文博》2017 年第 3 期,第 2—8 页 |
| 63 | 宋代买地券 | 2001 | 福建武夷山 | 砖 | 陈枯朽:《武夷山发现宋代地契志》,《闽北日报》2007 年 10 月 26 日,第 5 版 |
| 64 | 大理大宝八年(1156)买地券 | 1998 | 云南腾冲 | 瓦 | 杨政业主编:《火葬墓研究与考古》,第 104—105 页 |
| 65 | 大理嘉会×年(1181—1184)买地券 | 1998 | 云南腾冲 | 瓦 | 同上,第 104—105 页 |
| 66 | 唐晚期至北宋买地券 | 2005 | 四川成都 | 石 | 成都市文物考古工作队:《成都市李家沱唐宋时期的墓葬》,《四川文物》2000 年第 2 期,第 65—67 页 |
| 67 | 北宋熙宁元年(1068)程氏夫妇买地券 | 1999 | 四川彭山 | | 刘志岩:《四川彭山正华村宋墓发掘取得重要收获》,《四川文物》2008 年第 4 期,第 95—96 页 |
| 68 | 北宋元丰元年(1078)何郯妻程氏买地券 | 1984 | 四川成都 | | 龚扬民:《成都市龙泉驿区大梁村宋代家族墓地》,《中国考古学年鉴 2017》,第 418—419 页 |
| 69 | 北宋元祐八年(1093)张确买地券 | 1984 | 四川成都 | | 成都市博物馆考古队(翁善良、罗伟先):《成都东郊北宋张确夫妇墓》,《文物》1990 年 3 期,第 1—13 页 |
| 70 | 北宋元祐年间买地券 | 1982 | 四川成都蒲江 | | 四川省文物管理委员会(陈显双):《四川省蒲江县发现两座宋墓》,《考古与文物》1986 年第 5 期,第 68—70 页 |
| 71 | 北宋元祐年间三妹买地券 | 1987 | 四川广汉 | | 四川文物考古研究所、广汉县文物管理所:《四川广汉县雒城镇宋墓清理简报》,《考古》1990 年第 2 期,第 123—130 页 |
| 72 | 北宋政和八年(1118)赵十一娘买地券 | 1985 | 四川雅安 | 石 | 陈蜀奎主编:《雅安地区文物志》,第 111 页 |
| 73 | 北宋政和八年(1118)买地券 | 1984 | 四川成都双流 | 石 | 刘平、王黎明:《双流县发现北宋砖室墓》,《成都文物》1984 年第 1 期,第 98—99 页 |
| 74 | 北宋早期买地券 | 2001 | 四川成都青羊区 | 石 | 成都市文物考古所:《成都博瑞“都市花园”汉、宋墓葬发掘报告》,《成都考古发现 2001》,科学出版社 2003 年版,第 120—162 页 |
| 75 | 北宋晚期买地券 | 2014 | 四川成都邛崃 | | 成都文物考古研究所、邛崃市文物管理局:《邛崃市临邛镇蒋庵子唐宋墓葬发掘简报》,《成都考古发现 2014》,科学出版社 2016 年版,第 460—500 页 |

续表

| 序号 | 券名 | 出土信息 | | 材质 | 资料出处 |
|---|---|---|---|---|---|
| | | 时间 | 地点 | | |
| 76 | 北宋宣和年间买地券 | 2001 | 四川成都青羊区 | | 成都市文物考古所:《成都博瑞"都市花园"汉、宋墓葬发掘报告》,《成都考古发现2001》,第120—162页 |
| 77 | 北宋中晚期买地券 | 2001 | 四川成都双流县 | 石 | 成都市文物考古研究所、双流县文物管理所:《成都市双流县华阳镇绿水康城小区发现一批砖室墓》,《成都考古发现2003》,科学出版社2005年版,第347—396页 |
| 78 | 北宋张氏买地券 | 2002 | 四川成都 | 石 | 成都市文物考古研究所:《成都市保和乡东桂村宋墓发掘简报》,《成都考古发现2002》,科学出版社2004年版,第359—383页 |
| 79 | 北宋高克明家族墓买地券 | 2017 | 四川成都龙泉驿区 | 石 | 龚扬民:《四川成都龙泉驿区宋代高克明家族墓群》,《大众考古》2018年第1期,第16—17页 |
| 80 | 南宋绍兴十三年(1143)买地券 | | 四川成都 | 石 | 陈建中:《成都市郊的宋墓》,《文物参考资料》1956年第6期,第49—50页 |
| 81 | 南宋绍兴十七年(1147)买地券 | | 四川成都 | 石 | 同上,第49—50页 |
| 82 | 南宋乾道二年(1166)佚名买地券 | 2015—2016 | 四川成都青羊区 | 石 | 四川大学考古系、成都文物考古研究院:《成都市清江东路张家墩隋唐至南宋砖室墓》,《考古》2018年第12期,第61—80页 |
| 83 | 南宋绍兴二十八年(1158)胡□及妻杜氏道喜娘子买地券 | 1955 | 四川德阳绵竹 | 砖 | 四川省文物管理委员会:《四川官渠埝唐、宋、明墓清理简报》,《文物》1965年第5期,第31—38页 |
| 84 | 南宋隆兴二年(1164)柳□买地券 | 1974 | 四川都江堰 | | 《都江堰市金石录》,四川人民出版社1999年版,第422页 |
| 85 | 南宋乾道六年(1170)张保娘买地券 | | 四川成都都江堰 | | 同上,第422页 |
| 86 | 南宋淳熙十五年(1188)买地券 | 2010 | 四川广元利州 | | 苗志勇:《广元发现宋代古墓群,出土淳熙十五年买地券》,《华西都市报》2010年12月2日 |
| 87 | 南宋嘉定五年(1212)张文德买地券 | 1989 | 四川雅安荥经 | 石 | 《雅安地区文物志》第113页 |
| 88 | 南宋嘉定八年(1215)赵氏四娘买地券 | 1989 | 四川雅安荥经 | 石 | 同上,第113页 |
| 89 | 南宋嘉定十二年(1219)李元志买地券 | 1981 | 四川成都蒲江 | | 龙腾:《蒲江北宋魏忻、魏大升墓清理简报》,《四川文物》1997年第6期,第72页 |

续表

| 序号 | 券名 | 出土信息 | | 材质 | 资料出处 |
| --- | --- | --- | --- | --- | --- |
| | | 时间 | 地点 | | |
| 90 | 南宋嘉定十五年（1222）买地券 | | 四川成都 | 石 | 陈建中：《成都市郊的宋墓》，《文物参考资料》1956 年第 6 期，第 49—50 页 |
| 91 | □□□三年买地券 | | 四川成都 | 石 | 同上，第 49—50 页 |
| 92 | 南宋早期买地券 | 2012 | 四川成都青白江区 | 石 | 成都文物考古研究所、青白江区文物保护管理所：《成都市青白江区和平村墓群发掘简报》，《成都考古发现 2011》，科学出版社 2013 年版，第 489—519 页 |
| 93 | 南宋中期买地券 | 2007 | 四川成都温江区 | | 成都文物考古研究所、温江区文物保护管理所：《成都市温江区“边城·香格里”工地宋代墓葬发掘简报》，《成都考古发现 2007》，科学出版社 2009 年版，第 540—563 页 |
| 94 | 南宋买地券 | 1997 | 四川成都武侯区 | 石 | 成都市文物考古工作队：《成都市石羊乡新加坡工业园区宋墓发掘简报》，《四川文物》1999 年第 3 期，第 103—107 页 |
| 95 | 南宋买地券 | 1998 | 四川成都 | | 成都市文物考古研究所：《成都北郊南宋墓清理简报》，《成都文物》1999 年第 4 期，第 39—41 页 |
| 96 | 南宋买地券 | 2005 | 四川成都青白江区 | 陶 | 青白江区文物保护管理所：《青白江区华逸工地宋墓发掘简报》，《成都文物》2006 年第 2 期，第 25—27 页 |
| 97 | 南宋买地券 | 2003 | 四川成都青白江区 | 陶 | 成都市文物考古研究所、青白江区文物管理所：《成都市青白江区景峰村五代及宋代墓葬发掘简报》，《成都考古发现 2003》，第 331—346 页 |
| 98 | 南宋买地券 | 2014 | 四川成都都江堰 | | 龙岗、王久良：《蒲阳镇花溪农场发现宋代墓葬》，都江堰市文物局《都江堰市考古资料集》，四川科学技术出版社 2018 年版，第 530 页 |
| 99 | 南宋买地券 | 2016 | 四川广安市岳池 | 石 | 刘化石：《岳池县小溪沟南宋石室墓》，《中国考古学年鉴 2017》，第 421—422 页 |
| 100 | 宋代买地券 | 1956 | 四川成都新凡县 | | 四川省博物馆：《四川东山灌溉渠宋代遗址及古墓清理简报》，《考古》1959 年第 8 期，第 430—435 页 |
| 101 | 宋代买地券 | 2008 | 四川成都 | | 成都文物考古研究所：《成都市高新西区富通光缆通信有限公司地点宋墓发掘简报》，《成都考古发现 2010》，科学出版社 2012 年版，第 562—579 页 |
| 102 | 宋代买地券 | 2009 | 四川成都新津 | | 成都文物考古研究所、新津县文管所：《成都市新津县方兴唐宋墓群发掘报告》，《成都考古发现 2009》，科学出版社 2011 年版，第 476—514 页 |

续表

| 序号 | 券名 | 出土信息 | | 材质 | 资料出处 |
|---|---|---|---|---|---|
| | | 时间 | 地点 | | |
| 103 | 宋代买地券 | 2012 | 四川成都青白江区 | 石 | 成都文物考古研究所、青白江区文物保护管理所：《成都市青白江区和平村墓群发掘简报》，《成都考古发现 2011》，第 489—520 页 |
| 104 | 宋代买地券 | 1955 | 四川绵阳 | 石 | 李复华、江学礼：《四川绵阳平政桥发现宋墓》，《考古通讯》1956 年第 5 期，第 49—50 页 |

**附表 6　元代买地券**

| 序号 | 券名 | 出土信息 | | 材质 | 资料出处 |
|---|---|---|---|---|---|
| | | 时间 | 地点 | | |
| 1 | 元中统二年（1261）崔仲仁买地券 | 1976 | 山西大同 | 铁 | 大同市文化局文物科：《山西大同东郊元代崔莹李氏墓》，《文物》1987 年第 6 期，第 87—90 页 |
| 2 | 元大德三年（1299）买地券 | 1974 | 山西襄汾 | 砖 | 陶富海：《山西襄汾县的四座金元时期墓葬》，《考古》1988 年 12 期，第 1116—1121 页 |
| 3 | 元泰定元年（1324）买地券 | 2018 | 山西盂县 | 砖 | 张光辉、赵培青、韩利中：《山西盂县发现元代纪年墓—确认首例元代墓地明堂》，《中国文物报》2019 年 5 月 5 日，第 8 版 |
| 4 | 元至正六年（1346）买地券 | 2004 | 山西翼城 | 砖 | 李永敏、范文谦、谢尧亭：《翼城县原村和武池村金元明清墓葬》，《中国考古学年鉴 2005》第 149—150 页 |
| 5 | 元代买地券 | 1956—1958 | 山西侯马 | | 山西省考古研究所侯马工作站：《侯马地区东周、两汉、唐、元墓葬发掘报告》，《文物》1959 年第 6 期，第 47—49 页 |
| 6 | 元代买地券 | 2012 | 山西忻州 | 砖 | 李培林：《元代古墓惊现遗山词》，《忻州日报》2012 年 12 月 15 日，第 001 版 |
| 7 | 元代早期买地券 | 2002 | 陕西西安 | 砖 | 陕西省考古研究所（马志军、高明韬）：《西安市曲江乡孟村元墓清理简报》，《考古与文物》2006 年第 2 期，第 16—25 页 |
| 8 | 元大德六年（1302）买地券 | 2016 | 陕西西安雁塔区 | | 吴晓丛主编：《陕西文物年鉴 2016》，第 240—241 页 |
| 9 | 元延祐四年（1317）王英买地券 | 1997 | 河南洛阳 | 砖 | 洛阳市第二文物工作队：《洛阳道北元墓发掘简报》，《文物》1999 年第 2 期，第 52—56 页 |
| 10 | 元大德十一年（1317）包姓买地券 | 1980 | 江西南昌 | | 吴志红、范凤妹：《介绍一批江西元代青白瓷器》，《江西历史文物》1983 年第 2 期，第 64—68 页 |

续表

| 序号 | 券名 | 出土信息 | | 材质 | 资料出处 |
|---|---|---|---|---|---|
| | | 时间 | 地点 | | |
| 11 | 元至正三年（1343）王氏孺人买地券 | 1963 | 江西抚州 | 石 | 程应麟、彭适凡:《江西抚州发现元代合葬墓》,《考古》1964 年第 7 期，第 370—372 页 |
| 12 | 元代买地券 | 1988 | 江西宜春万载 | | 陈美英、晏扬:《江西万载发现元代墓葬》,《南方文物》1992 年第 2 期，第 86 页 |
| 13 | 元后至元三年（1337）买地券 | 1957 | 广东雷州 | | 黄静:《广东雷州窑彩绘瓷器赏析》,《文物鉴定与赏析》2011 年第 5 期，第 24—28 页 |
| 14 | 元大德六年（1302）买地券 | 1998 | 云南腾冲 | 瓦 | 杨政业主编:《火葬墓研究与考古》，第 104—105 页 |
| 15 | 元至正十八年（1358）买地券 | 1998 | 云南腾冲 | 瓦 | 同上，第 104—105 页 |
| 16 | 元至元三十年（1293）罗季明买地券 | 2017—2018 | 贵州遵义 | 石 | 贵州省文物考古研究所、西南交通大学人文学院、遵义市播州区文物管理所:《贵州遵义市播州区播州罗氏土司家族墓调查简报》,《四川文物》2019 年第 2 期，第 14—34 页 |

# 主要参考文献

## 一、专著

[1][美]韩森著，鲁西奇译：《传统中国日常生活中的协商：中古契约研究》，江苏人民出版社2008年版。

[2][日]池田温：《中国历代墓券略考》，《东京大学东洋文化研究所创立四十周年记念论集（I）》（《东洋文化研究所纪要》第86册），东京大学1981年版。

[3][日]仁井田陞：《唐宋法律文书的研究》，东京大学出版会1937年版。

[4]陈槃：《于历史与民俗之间看所谓"瘗钱"与"地券"——附论所谓"镇墓券"与"造墓告神文"、附录续地券征存、续地券征存补编》，《中央研究院国际汉学会议论文集·历史考古组（中册）》，1981年。又见陈槃：《旧学旧史说丛（下）》，上海古籍出版社2010年版。

[5]褚红：《河南省古代契约文书整理与研究》，郑州大学出版社2018年。

[6]高朋：《人神之契：宋代买地券研究》，中国社会科学出版社2011年版。

[7]黄景春：《中国宗教性随葬文书研究》，上海人民出版社2018年版。

[8]刘雨茂、荣远大（成都文物考古研究所）：《成都出土历代墓铭券文图录综释》，文物出版社2012年版。

[9]鲁西奇：《中国古代买地券研究》，厦门大学出版社2014年版。

[10]罗振玉：《地券征存》（1918），《罗雪堂先生全集》第五编第3册，大通书局1973年版。

[11]张传玺主编：《中国历代契约会编考释》，北京大学出版社1995年版。

[12]张传玺：《契约史买地券研究》，中华书局2008年版。

[13]张传玺主编：《中国历代契约粹编》，北京大学出版社2014年版。

[14]张勋燎、白彬：《中国道教考古》，线装书局2006年版。

## 二、论文

### 1. 学位论文

[1] 蔡子鹤:《汉至唐宋买地券语言研究》，西南大学硕士学位论文，2009年。

[2] 陈锟键:《东汉到晋买地券文字研究》，台湾国立成功大学硕士学位论文，2006年。

[3] 陈杏留:《金元明清买地券词语研究》，西南大学硕士学位论文，2009年。

[4] 高朋:《江西地区出土宋代买地券研究》，中山大学硕士学位论文，2006年。

[5] 高朋:《人神之契：宋代买地券研究》，中山大学博士学位论文，2009年。

[6] 郭莉:《宋代买地券仪式研究》，山西大学硕士学位论文，2013年。

[7] 韩焕霞:《东汉买地券书迹研究》，泉州师范学院硕士专业学位论文，2018年。

[8] 韩姣姣:《东汉买地券研究》，山西大学硕士学位论文，2013年。

[9] 黄景春:《早期买地券、镇墓文整理与研究》，华东师范大学博士学位论文，2004年。

[10] 贾晓丽:《百石斋藏宋元买地券异体字研究》，河北师范大学硕士学位论文，2015年。

[11] 荆菁:《成都地区明代买地券的初步研究》，四川大学硕士学位论文，2016年。

[12] 李娟娟:《汉至唐五代买地券复音词研究》，河北师范大学硕士学位论文，2016年。

[13] 李桥:《海棠花馆藏江西新出宋元买地券整理与研究》，河北师范大学硕士学位论文，2016年。

[14] 刘丽飞:《百石斋藏宋元买地券释文及词语研究》，河北师范大学硕士学位论文，2015年。

[15] 罗操:《从买地券看东汉时期的土地买卖和土地契约》，苏州科技学院硕士学位论文，2011年。

[16] 邵海欢:《宋元买地券复音词研究》，河北师范大学硕士学位论文，2016年。

[17] 石英:《隋唐五代买地券的若干问题研究》，武汉大学硕士学位论文，2007年。

[18] 王海平:《宋元买地券复音同义词研究》，河北师范大学硕士学位论文，2016年。

[19] 员鑫:《四川地区宋代买地券整理与研究》，西华师范大学硕士学位论文，2017年。

[20] 祝庆:《元代买地券研究》，山西大学硕士学位论文，2015年。

### 2. 单篇论文

[1] [日] 江优子:《后汉时代の墓券に关する一考察：特に墓券の分类について》，《佛教大学大学院纪要》第33号，2005年。

[2] 蔡子鹤、陈杏留:《买地券词语考释三则—兼谈〈汉语大词典〉之不足》，《辞书研究》2009年第6期。

[3] 蔡子鹤:《买地券词语拾零》,《中国历史文物》2008年第6期。
[4] 曹岳森:《四川出土买地券的初步研究》,《四川文物》1999年第6期。
[5] 陈柏泉:《江西出土〈地券〉综述》,《江西历史文物》1981年第3期;另见陈柏泉:《江西出土地券综述》,《考古》1987年第3期。
[6] 陈进国:《考古材料所记录的福建“买地券”习俗》,《民俗研究》2006年第1期。
[7] 陈瑞青、池素辉:《花、药与酒:买地券所记宋代信众的曼妙死亡方式》,《宁夏社会科学》2017年第2期。
[8] 陈瑞青:《略论宋元时期墓葬中的祝文类买地券—以百石斋藏新出宋元买地券为中心》,《宋史研究论丛》第二十二辑,科学出版社2018年版。
[9] 陈杏留、蔡子鹤:《“买地券”录文札记十则》,《西华大学学报》2008年第2期。
[10] 陈杏留、蔡子鹤:《买地券中的“盗葬”考》,《文物春秋》2010年第6期。
[11] 陈杏留:《“买地券”中历日校补举隅》,《四川文物》2009年第4期。
[12] 陈杏留:《买地券中“复连、造葬”考》,《语文学刊》2009年第8期。
[13] 陈杏留:《汉至唐宋买地券校补记》,《华夏考古》2013年第1期。
[14] 褚红:《河南出土两汉买地券词语笺释》,《殷都学刊》2016年第1期。
[15] 褚红:《买地券的语言学价值与研究综述》,《盐城工学院学报》2016年第2期。
[16] 杜玉奇:《武威出土元代至元二十六年蒲法先买地券研究》,《西夏学》第十三辑。
[17] 范春义:《作为民间仪式文本的买地券文体研究》,《中南民族大学学报》2018年第5期。
[18] 方诗铭:《从徐胜买地券论汉代“地券”的鉴别》,《文物》1973年第5期。
[19] 方诗铭:《再论“地券”的鉴别—答李寿冈先生》,《文物》1979年第8期。
[20] 费和平:《从泰山到东海抑或是从东海到地下—关于北宋中期以前买地券中一类常见用语的讨论》,《东南文化》2012年第3期。
[21] 冯春艳、冯炳楼、周长明:《浅议“合同契券”与我国古代丧葬文化》,邢心田主编《焦作文博考古与研究》,中州古籍出版社2008年版。
[22] 冯西西:《对东汉“死人地券”的再讨论》,《简帛》第十九辑,上海古籍出版社2019年版。
[23] 何月馨:《隋唐墓葬出土铁券考》,《考古》2018年第2期。
[24] 华人德:《谈买地券》,《中国书法》1994年第1期。
[25] 黄景春:《作为买地券地价的“九九之数”》,《中国典籍与文化》2016年第3期。
[26] 黄景春:《买地券、镇墓文中的“死雅”》,《地方文化研究》2018年第4期。

[27] 黄文博:《南北朝至两宋时期买地券文“为佛采花”释读》,《中国国家博物馆馆刊》2016年第4期。

[28] 黄秀颜:《地券与柏人:宋元江西民俗刍探》,《中国文化研究所学报》新第6期(总第37期),1997年。

[29] 贾韬:《宋买地券书体、书风及相关问题研究》,《中国书法·书学》2019年第5期。

[30] 姜同绚、文静:《成都出土明代买地券的分类释析》,《西华师范大学学报》2019年第5期。

[31] 姜同绚、文静:《买地券道教文化词语拾零》,《漯河职业学院学报》2019年第5期。

[32] 姜同绚:《阆中所出宋代陈安祖买地券浅析》,《古籍整理研究学刊》2019年第6期。

[33] 李春圆:《元代买地券校录及类型学的初步研究》,刘迎胜、姚大力主编:《清华元史》第四辑,商务印书馆2018年版。

[34] 李福生:《福州地区买地券的发现及历史演变述论》,《福建文博》2013年第4期。

[35] 李桥:《武威所出西夏买地券再探》,《西夏学》第十三辑,甘肃文化出版社2016年版。

[36] 李寿冈:《也论“地券”的鉴别》,《文物》1978年第7期。

[37] 李裕群:《宋元买地券研究》,《文物季刊》1989年第2期。

[38] 凌僖、姜同绚:《成都出土的明朝买地券中丧葬词语释析》,《山西大同大学学报》2018年第4期。

[39] 凌僖:《东汉买地券中的若干丧葬词语考释——以〈中国古代买地券研究〉一书所录为例》,《龙岩学院学报》2019年第1期。

[40] 刘安志:《六朝买地券研究二题》,见刘安志《新资料与中古文史论稿》,上海古籍出版社2014年版。

[41] 刘昭瑞:《妳女地券与早期道教的南传》,《华学》第二辑,中山大学出版社1996年版。

[42] 陆帅:《南京江宁出土刘宋罗氏家族买地券研究——南徐州侨民与晋宋之际的建康社会》,《东南文化》2018年第2期。

[43] 吕志峰:《东汉买地券著录与研究概述》,《南都学坛》2003年第2期。

[44] 吕志峰:《东汉买地券、镇墓文异体字初探》,《中国文字研究》第十三辑,大象出版社2010年版。

[45] 马春香:《武威西夏出土买地券的文体探讨》,《西夏学》2018年第2期。

[46] 梅跃辉:《百石斋藏宋元地券书法初探》,《东方艺术》2012年第12期。

[47] 牛时兵:《买地券在三国时期的发展状况及成因》,《北方文学》2015 年第 12 期。

[48] 宋德金:《金代买地券考述》,《北方文物》2017 年第 1 期。

[49] 随文豪:《从新出土〈宋四娘地券〉看宋代地券书法价值》,《书法导报》第 17 期(2019 年 4 月 24 日)第六版。

[50] 汪震:《浅析买地券的演变与历史发展的联系》,《福建文博》2002 年第 1 期。

[51] 王亚:《宋元江西买地券中的梅福信仰》,《道学研究》2017 年第 1 期。

[52] 王亚军、常红萍:《"合法"的契约—以汉末三国长江中下游买地券为例》,《神州民俗》2008 年第 1 期。

[53] 王志高、董庐:《六朝买地券综述》,《东南文化》1996 年第 2 期。

[54] 王志高:《六朝墓志及买地券书法述略》,《第五届中国书法史论国际研讨会论文集》,文物出版社 2002 年版。

[55] 文静、姜同绚:《汉至魏晋南北朝买地券称谓语研究》,《齐齐哈尔大学学报》2019 年第 5 期。

[56] 吴丹丹:《两宋买地券研究—以使用者社会阶层分析为中心》,《文山学院学报》2018 年第 5 期。

[57] 吴会灵:《成都地区买地券道教词语研究》,《开封教育学院学报》2018 年第 11 期。

[58] 吴珺:《刍议北宋买地券避赵玄朗之讳—以〈刘守谦买地券〉等为例》,《澳门文献信息学刊》2019 年第 1 期。

[59] 吴天颖:《汉代买地券考》,《考古学报》1982 年第 1 期。

[60] 吴应汉:《安徽出土历代买地券研究》,《文物研究》总第 3 期。

[61] 许敏:《从买地券看北魏民间土地契约的构成要素》,《时代报告》2016 年第 5 期。

[62] 姚美玲:《唐宋买地券习语考释》,《运城学院学报》2004 年第 1 期。

[63] 易西兵:《南朝买地券综论》,《东南文化》2009 年第 3 期。

[64] 余继荣:《宋代买地券书法价值初探》,《中国书画》2018 年第 2 期。

[65] 袁维玉:《安徽合肥出土买地券中的佛教因素》,《文物春秋》2014 年第 1 期。

[66] 袁祖亮:《汉代〈徐胜买地券〉真伪考》,《郑州大学学报》1984 年第 1 期。

[67] 张传玺:《买地券文广例》,《国学研究》第十七卷,北京大学出版社 2006 年版。

[68] 张传玺:《买地券用名的历史考察》,《北大史学 12》,北京大学出版社 2007 年版。

[69] 钟向阳:《浅谈江西唐宋墓地券文与粤东客家地契文变化的特点及其成因》,《客家研究辑刊》2002 年第 1 期。

[70] 朱超龙:《"东海""高山""青天""深泉"与神灵—关于买地券与衣物疏中含混敷衍类用语的讨论》,《中国典籍与文化》2019 年第 4 期。

# 后 记

本书是全国高校古委会项目"新出唐—清买地券整理与研究"(1710)部分成果及西南大学中央高校基本科研业务费项目"巴蜀地区出土买地券整理与研究"(SWU1809013)成果。

笔者对于买地券的收集工作,始自2012年。目前已经搜集到东汉至清买地券信息约1500条,有图版(拓片、照片或摹本)的约有900种,另有少量民国买地券。各地文博机构(文物考古研究所、博物馆、档案馆、图书馆)保存了大量买地券(或者拓片),私人碑刻爱好者也收藏了大量买地券拓片。本书收集材料仅是冰山一角,权作抛砖引玉。尽管考古工作艰辛而漫长,但还是期待大量出土买地券能够早日正式公布,嘉惠学林。本书收录大量已经公开出版的买地券,由于非科学发掘,其真伪难辨,但考虑到其材料比较丰富,还是收录书中,请读者自行甄别。

由于篇幅所限,部分买地券材料在整理篇中未予收录,而是置于附录买地券出土信息表。地券图版亦未收录。以上情况可根据书中所出文献信息进行核查。

本书的出版,得到西南大学汉语言文献研究所基金资助,在此感谢所领导的支持。感谢导师张显成先生、陈伟武先生一直以来对我的关心。导师毛远明先生逝世已经两年多了,感谢毛老师开拓了我的研究视野,从此笔者才开始关注这类丧葬文书。谨以此书慰藉他的在天之灵。

在买地券搜集过程中,何山老师、学友徐海东、孔德超、贺璐璐、刘国庆、厦门大学彭达池先生、江南大学温俊萍女士等均提供了很大帮助,特此致谢。感谢澳门文献信息学会惠赠学刊。

感谢一路求学过程中老师、同学、朋友对我的关心、鼓励与鞭策，感谢家人对我一直以来的关注与宽容，感谢同事对我的帮助。

最后，以此书纪念去年腊月去世的母亲，怀念她平凡而曲折的一生，感恩母亲对我的告诫，“不要像小脚女人，整天哭哭啼啼，要拿得起，放得下”。尽管人到中年，但毕竟路还要继续前行！

**李明晓**

西南大学汉语言文献研究所

2019年10月31日